"十三五"江苏省高等学校重点教材

数据科学与大数据管理丛书

Information Analysis:
The perspective of data, methods and applications

信息分析
数据、方法与应用的视角

主　编 ◎ 李莉
副主编 ◎ 朱鹏　吴鹏　张哲

图书在版编目（CIP）数据

信息分析：数据、方法与应用的视角 / 李莉主编 . -- 北京：机械工业出版社，2022.6
数据科学与大数据管理丛书
ISBN 978-7-111-70689-2

I. ① 信… II. ① 李… III. ① 信息 - 分析 - 高等学校 - 教材 IV. ① G202

中国版本图书馆 CIP 数据核字（2022）第 094262 号

本书以信息搜集、信息整序、成果提供为基本程序，对于信息分析中涉及的预测和决策分析的主流方法进行详细的阐述，并且辅之以信息分析实践案例，注重基本理论与方法的说明，强调实际分析与运用能力的传授，注重定性方法与定量方法的有机结合，保持了信息分析与预判知识体系的完整性和系统性，反映了最近的信息分析与预测技术、方法及运用的情况。

本书既适合信息管理和信息系统专业、情报学专业、电子商务专业、图书馆学专业、工商管理专业、市场营销专业和其他管理专业及经济类专业的本科生使用，也适合相关专业的研究生作为学习研究的参考资料使用，还适合从事信息分析与预测工作、研究与开发工作、统计工作、咨询工作的有关企事业人员作为业余学习资料使用。

出版发行：机械工业出版社（北京市西城区百万庄大街 22 号 邮政编码：100037）
责任编辑：张有利 责任校对：马荣敏
印　　刷：河北鹏盛贤印刷有限公司 版　　次：2022 年 8 月第 1 版第 1 次印刷
开　　本：185mm×260mm 1/16 印　　张：20
书　　号：ISBN 978-7-111-70689-2 定　　价：55.00 元

客服电话：（010）88361066 88379833 68326294 投稿热线：（010）88379007
华章网站：www.hzbook.com 读者信箱：hzjg@hzbook.com

版权所有·侵权必究
封底无防伪标均为盗版

前言

随着互联网、云计算、物联网、移动商务和社交网络等新技术和新应用的不断涌现，全球的数据呈现出指数级巨量增长的态势，大数据（big data）正在成为工业经济向知识经济转变的重要特征。因此，数据和信息已成为人类经济活动、社会活动中最为关键的生产要素与产品形态，从海量数据中提取有价值的信息正在推动和牵引着信息分析工作进入知识分析与知识发现服务的新时代。这对于传统的信息分析工作而言，既具有重大的意义，也面临着巨大的挑战。为适应"大数据时代"数据体量大、类型多、速度快和价值密度低的特点，信息分析只有在原有方法体系的基础上，更多地拓展和融合计算科学、数学、统计学等多个学科领域的方法，才能够实现数据密集状态下的社会信息搜集、整理、鉴别、评价、分析、综合等系列化的加工过程，使信息产品服务于各种决策过程。

信息分析是较高层次的信息服务工作，是以信息搜集、信息整序、成果提供为基本程序，以智能研究向决策者提供增值信息成果为特征的活动。"信息分析方法"课程是信息管理与信息系统专业的主干课程之一，对于培养具有良好思维习惯、科研素质及各类定性定量方法技能的信息分析人才具有重要的作用。

由于承载着大量数据处理方法和模型的信息分析课程学习环境往往是抽象的、封闭的，因此，本书作者探索了多种情境教学理论在课程教学中的应用，编写了信息分析所涉及的主要流程、方法和模型以及大量包含实践情境的案例。本书既注重基本理论与基本方法的说明，也强调实际分析与运用能力的传授；既保持了信息分析与预测知识体系的完整性和系统性，也反映了最近的信息分析与预测技术、方法及运用的情况；既对各种定性和定量分析预测方法进行了详细介绍，也注重定性方法与定量方法的有机结合。在实际使用中，本书既可以作为教材，也可以满足自学的需要。本书除了介绍基本的信息分析与预测知识和方法之外，还专门结合案例增加了计算机信息分析系统软件的介绍，以适应当前信息分析工作中计算机统计软件和计算机系统普遍得到应用的实际。本书每章章末都附有思考题，以满足读者深入学习的需要。

本书在作者多年研究和教学实践的基础上编写而成，2017年曾在科学出版社出版，并于2020年获得江苏省教育厅江苏省重点教材项目资助。本书在2017年版本的基础上，一方面修改了原书中存在的讹误，另一方面也顺应大数据时代的需求，增加了决策树、随机森林、支持向量机、神经网络等分类分析方法，并调整了部分章节。在本书修订的过程中，南京理工大学的陈颖、曹秉坤、卞迎香、李昊、李顺、张华、陈白雪和周威同学在资料搜集、整理、编写与书稿校对方面做了大量的工作。此外，机械工业出版社华章分社的编辑给出了很多中肯的建议，在此一并表示感谢。

在本书编写的过程中，我们参考了不少国内外文献资料，引用了一些案例，在此对文献作者表示深深的谢意。

由于作者水平有限，书中难免存在缺点和错误，敬请各位专家和读者批评指正。

李 莉

2022年3月于南京

目录

前　言

第1章　信息与信息分析 /1

1.1　信息与信息分析的内涵 /2
 1.1.1　信息的内涵 /2
 1.1.2　信息分析的内涵 /3

1.2　信息分析的类型 /5
 1.2.1　按信息分析所属领域划分 /5
 1.2.2　按信息内容划分 /7
 1.2.3　按信息分析方法划分 /8

1.3　信息分析的功能和作用 /9
 1.3.1　信息分析的功能 /9
 1.3.2　信息分析的作用 /10

1.4　信息分析的产生及发展趋势 /14
 1.4.1　从文献学到情报学的发展历程 /14
 1.4.2　国内情报学的发展历程 /15
 1.4.3　信息分析方法的演进与发展趋势 /16

思考题 /18

第2章　信息分析工作的规范流程 /19

2.1　课题选择 /19
 2.1.1　课题来源 /19
 2.1.2　选题原则 /20
 2.1.3　课题类型 /21
 2.1.4　选题程序 /23

2.2　课题研究计划确定 /25
 2.2.1　制订课题研究计划 /25
 2.2.2　计划的审核与确定 /26

2.3　信息搜集、整理、鉴别与评价 /27
 2.3.1　信息源及其分类 /27
 2.3.2　信息搜集方法与类别 /29
 2.3.3　信息整理 /30
 2.3.4　信息鉴别与评价 /30

2.4　信息分析的主要步骤 /32
 2.4.1　浏览与分析初步整理的原始资料 /32
 2.4.2　提出假设 /33
 2.4.3　搜集、整理和评价信息 /33
 2.4.4　验证与确定前提 /34
 2.4.5　验证假设并形成推论 /34
 2.4.6　形成最终结论 /35

2.5　信息分析报告的撰写 /35
 2.5.1　信息分析报告的类型 /35
 2.5.2　信息分析报告的基本结构 /37
 2.5.3　信息分析报告撰写的基本程序 /39

2.6 信息分析产品的评价与利用 / 40
   2.6.1 信息分析产品的评价及方法 / 40
   2.6.2 信息分析产品的传播与利用 / 41
思考题 / 42

第3章 常用逻辑思维方法 / 43

3.1 分析与综合 / 43
   3.1.1 分析 / 43
   3.1.2 综合 / 47
   3.1.3 分析与综合的关系 / 48
3.2 比较与推理 / 49
   3.2.1 比较法的概念 / 49
   3.2.2 比较法应遵循的原则 / 51
3.3 推理 / 52
   3.3.1 推理的概念与类型 / 52
   3.3.2 推理应遵循的原则 / 60
3.4 案例 / 60
思考题 / 62

第4章 调查方法 / 63

4.1 社会调查法 / 63
   4.1.1 社会调查法的概念与类型 / 63
   4.1.2 社会调查的一般程序 / 68
   4.1.3 调查指标设计与问卷设计 / 71
   4.1.4 抽样设计 / 74
   4.1.5 抽样方法 / 75
4.2 专家调查法 / 77
   4.2.1 头脑风暴法 / 77
   4.2.2 德尔菲法 / 80
4.3 文献调查法 / 83
   4.3.1 文献调查法的概念和特点 / 83
   4.3.2 搜集文献的方法和途径 / 85
4.4 案例 / 87
思考题 / 89

第5章 信息分析建模 / 90

5.1 模型与模型方法 / 90
   5.1.1 模型与模型方法的概念 / 90
   5.1.2 模型的分类 / 91
5.2 信息分析建模的一般过程 / 94
   5.2.1 信息分析建模的主要步骤 / 94
   5.2.2 信息分析建模过程中应注意的主要问题 / 96
5.3 信息分析建模过程中的实例分析 / 97
   5.3.1 信息分析的典型定性模型建模实例：SWOT模型 / 97
   5.3.2 信息分析的典型定量模型建模实例 / 99
思考题 / 102

第6章 相关与回归分析法 / 103

6.1 相关分析 / 103
   6.1.1 相关系数的概念与种类 / 103
   6.1.2 相关系数的意义与计算 / 105
   6.1.3 相关系数的显著性检验 / 108
   6.1.4 偏相关与部分相关 / 109
   6.1.5 基于SPSS的相关分析 / 112
6.2 一元线性回归分析法 / 115
   6.2.1 回归分析法的概念与类型 / 115
   6.2.2 变量与回归方程假设 / 117
   6.2.3 参数估计与参数检验 / 118
   6.2.4 方程预测与区间估计 / 121
   6.2.5 基于SPSS的一元回归算例分析 / 122
6.3 多元线性回归分析法 / 124
   6.3.1 多元线性回归模型 / 124
   6.3.2 多元线性回归的参数估计与检验 / 125

  6.3.3 多重共线性判断 / 127
  6.3.4 SPSS的多元回归算例分析 / 128
 6.4 回归模型违反假设及其处理 / 131
  6.4.1 自相关问题及其解决 / 132
  6.4.2 异方差问题及其解决 / 134
  6.4.3 多重共线性问题及其解决 / 137
  6.4.4 其他回归模型 / 140
 思考题 / 142

第7章 数据降维方法 / 144

 7.1 因子分析法 / 144
  7.1.1 因子分析法的概念与数学模型 / 146
  7.1.2 因子分析法的主要步骤 / 147
  7.1.3 基于SPSS的实例分析 / 150
 7.2 多元尺度法 / 158
  7.2.1 多元尺度法的功能 / 158
  7.2.2 多元尺度法的基本理论 / 159
  7.2.3 多元尺度法的分析步骤 / 162
  7.2.4 基于SPSS的实例研究 / 164
 思考题 / 170

第8章 时间序列分析 / 171

 8.1 时间序列 / 171
  8.1.1 时间序列概述 / 171
  8.1.2 趋势分析与建模方法 / 172
 8.2 移动平均法 / 173
  8.2.1 移动平均法概述 / 173
  8.2.2 一次移动平均法 / 173
  8.2.3 二次移动平均法 / 174
 8.3 指数平滑法 / 175
  8.3.1 指数平滑法概述 / 175
  8.3.2 一次指数平滑法 / 175
  8.3.3 二次指数平滑法 / 176

 8.4 多项式曲线法 / 177
  8.4.1 一次曲线法及其特征 / 177
  8.4.2 二次曲线法及其特征 / 179
  8.4.3 三次曲线法及其特征 / 181
  8.4.4 基于SPSS的实例分析 / 182
 8.5 指数曲线法 / 188
  8.5.1 一次指数曲线法 / 188
  8.5.2 二次指数曲线法 / 189
  8.5.3 修正指数曲线法 / 190
  8.5.4 基于SPSS的实例分析 / 192
 8.6 生长曲线法 / 195
  8.6.1 生长曲线模型概述 / 195
  8.6.2 Logistic曲线 / 195
  8.6.3 Gompertz曲线 / 197
  8.6.4 基于SPSS的实例分析 / 198
 思考题 / 201

第9章 聚类与判别分析法 / 203

 9.1 聚类分析法 / 203
  9.1.1 聚类分析概述 / 203
  9.1.2 相似性计算 / 204
  9.1.3 层次聚类法 / 206
  9.1.4 非层次聚类法（K均值聚类）/ 211
  9.1.5 二阶聚类法 / 217
 9.2 判别分析法 / 222
  9.2.1 判别分析概述 / 222
  9.2.2 Bayes判别 / 223
  9.2.3 Fisher判别 / 225
 9.3 案例 / 225
 思考题 / 232

第10章 分类分析法 / 234

 10.1 决策树 / 234

10.1.1 决策树概述 / 234
10.1.2 决策树的构建 / 235
10.1.3 划分选择 / 235
10.1.4 决策树的应用实例 / 239
10.2 随机森林 / 241
10.2.1 随机森林概述 / 241
10.2.2 随机森林的特点 / 242
10.2.3 随机森林相关基础知识 / 242
10.2.4 随机森林的生成 / 243
10.2.5 袋外错误率 / 244
10.2.6 随机森林的应用实例 / 244
10.3 支持向量机（SVM）/ 246
10.3.1 间隔与支持向量 / 246
10.3.2 对偶问题 / 248
10.3.3 非线性数据 / 249
10.3.4 应用案例 / 251
10.4 神经网络分析 / 253
10.4.1 神经网络简介 / 253
10.4.2 神经网络的特点 / 254
10.4.3 神经元模型 / 255
10.4.4 常见的神经网络模型 / 256
10.4.5 神经网络的应用实例 / 259
思考题 / 263

第11章 结构方程模型 / 264

11.1 结构方程模型的建模步骤 / 265
11.1.1 模型设定 / 265
11.1.2 模型识别 / 268
11.1.3 模型参数估计 / 269
11.1.4 模型评价 / 270
11.1.5 模型修正 / 271

11.2 基于AMOS的建模实例分析 / 271
11.2.1 AMOS操作之前的准备 / 272
11.2.2 AMOS软件操作流程 / 273
思考题 / 278

第12章 层次分析法 / 279

12.1 层次分析法概述 / 279
12.1.1 层次分析法的产生 / 279
12.1.2 层次分析法的基本思想与基本概念 / 280
12.2 层次分析法的基本原理与计算方法 / 281
12.2.1 递阶层次结构 / 281
12.2.2 判断矩阵的建立 / 282
12.2.3 单一准则下的排序 / 283
12.2.4 一致性检验 / 285
12.2.5 层次总排序 / 286
12.3 层次分析法的应用实例 / 287
思考题 / 292

第13章 模糊综合评价法 / 293

13.1 模糊综合评价法概述 / 293
13.1.1 模糊综合评价法的产生 / 293
13.1.2 模糊综合评价法的基本思想与基本概念 / 294
13.2 基本原理与计算方法 / 296
13.2.1 模糊隶属度与隶属函数 / 296
13.2.2 数学模型 / 302
13.3 模糊综合评价法的应用实例 / 303
思考题 / 305

参考文献 / 306

CHAPTER 1

第 1 章

信息与信息分析

随着信息化水平的不断提升,以及云计算、物联网、移动互联网、人工智能和社会化商务等新技术和新应用的不断涌现,全球的数据呈现出指数级巨量增长的态势,与此同时,数据类型更加复杂多样,人类已经进入可以搜集、存储和分析蕴含着巨大价值的海量数据的"大数据时代"。

在人类社会发展到须臾不可离开信息的大数据时代,信息分析的意义极其重要,它不仅存在于科技和经济领域,而且遍及更为广泛的社会领域,并对社会的发展和变革产生影响。[一]近年来,在情报学、医学、经济学、计算机科学、生命科学等多个领域内,信息分析已成为研究热点。信息分析是管理学研究的主要构成,更是管理学信息管理科学的子学科——情报学下的两大核心研究内容(信息组织和信息分析)之一。[二]如果说单独划定某一特指领域或学科范畴内的信息分析活动为狭义的信息分析,将情报学学科范畴内所涉及的有关信息关联、信息挖掘、文献计量统计等问题定义为狭义的信息分析,那么广义的信息分析则是泛学科、跨领域界限的,对所搜集的信息采用定性、定量方法以及各类计算机辅助工具,进行整理、排序、筛选、组织、存储、加工和分析,能够探究事物运动、发展或变化规律,可以指导人类生产生活实践的智力活动。

[一] 田树林. 我国信息分析活动现状及其发展对策研究 [J]. 现代情报,2008(3):92-94.
[二] 车尧. 基于情报学的"信息分析"研究 [J]. 图书情报工作,2013,57(4):99-105.

1.1 信息与信息分析的内涵

1.1.1 信息的内涵

1948年，美国数学家、信息论的创始人香农在题为《通信的数学理论》的论文中指出："信息是用来消除随机不确定性的东西"；同年，美国数学家、控制论的创始人维纳在《控制论》一书中指出："信息就是信息，既非物质，也非能量"，是人类社会的三大资源之一。从广义上讲，信息（information）是事物运动时发出的信号所带来的消息，是事物存在方式和运动规律的一种表现形式。在这里，"事物"泛指一切可能的研究对象，包括外部世界的物质客体，也包括主观世界的精神现象；"运动"泛指一切意义上的变化，包括机械运动、化学运动、思维运动和社会运动。运动又包括两个属性，其中"运动方式"是指事物运动在时间上所呈现的过程和规律；"运动状态"则是指事物运动在空间上所展示的形状与态势。不同的事物具有不同的存在方式和运动规律，从而构成了各种事物的不同特征。信息普遍存在于自然界、社会界以及人的思维之中，是客观事物本质特征千差万别的反映。

从不同的视角看，信息存在多种形式的分类。
（1）按照与人的关系可分为：自然信息与社会信息。
（2）按照应用领域可分为：管理信息、社会信息与科技信息。
（3）按照管理的层次可分为：战略信息、战术信息与作业信息。
（4）按照加工顺序可分为：一次信息、二次信息、三次信息。
（5）按照反映的形式可分为：数字信息、文字信息、图像信息与声音信息。

信息与物质、能量同为人类的三大资源，但信息的传载、消费都与物质和能量有着显著的差异。一般地，我们认为信息具有以下特征：

（1）信息的传载性，指信息可以传递，并且在传递中必须依附于某种载体的特征。通常，语言、文字、声音、图像等都是信息的载体，用于承载语言、文字、声音、图像的物质也是信息的载体。例如，我们通过电视看新闻，声音和图像是信息的载体，同时电视机也是信息的载体。

（2）信息的共享性，这是信息区别于物质和能量的一个重要特征。信息在消费、分享的过程中，不仅不会产生损耗，而且可以广泛地传播和扩散，使更多的人共享。例如，老师上课就是一个信息共享的过程，老师并未因为信息传递而减少了自身的知识。信息的这种特征使得，一旦信息产品被研发出来，再次生产同类信息产品的边际成本就趋近于零。

（3）信息的可处理性，形如语言、文字、声音、图像等形式的信息都可以被加工、存储和传输，特别是经过过滤、分析、综合和提炼等加工，可以增加信息的使用价值。在当前大数据的环境中，海量的、多源的、异构的信息处理常常需要依托于计算机才能实现。

（4）信息的时效性，是指信息仅在一定时间段内对决策具有价值的属性。通常在合适的时间、合适的地点、为合适的决策主体提供合适的信息，这样信息才能发挥其价值。一旦过时，就会变成无效的信息。信息的时效性在很大程度上制约着决策的客观效果。就是说同一信息在不同的时间具有很大的性质上的差异，信息的时效性影响着决策的生效时间，也可以说是信息的时效性决定了决策在哪些时间内有效。

此外，信息不同于消息，消息只是信息的外壳，信息则是消息的内核；信息不同于信号，信号是信息的载体，信息则是信号所载荷的内容；信息不同于数据，数据是记录信息的一种形式，同样的信息也可以用文字或图像来表述。信息还不同于情报和知识，知识是反映各种事物的信息进入人们大脑，对神经细胞产生作用后留下的痕迹，知识是由信息形成的；情报是被传递的知识，是知识的激活，是运用一定的媒体，越过空间和时间传递给特定用户，解决科研、生产中的具体问题所需要的特定知识和信息。

总之，"信息是事物存在方式和运动规律的一种表现形式"这个定义具有最大的普遍性，不仅能涵盖所有其他的信息定义，还可以通过引入约束条件转换为所有其他的信息定义。例如，引入认识主体这一约束条件，可以转化为认识论意义上的信息定义，即信息是认识主体所感知或所表述的事物运动的状态与方式。换一个约束条件，以主体的认识能力和观察过程为依据，则可将认识论意义上的信息进一步分为先验信息（认识主体具有的记忆能力）、实得信息（认识主体具有的学习能力）和实在信息（在理想观察条件下认识主体所获得的关于事物的全部信息）。层层引入的约束条件越多，信息的内涵就越丰富，适用范围也就越小，由此构成相互间有一定联系的信息概念体系。

1.1.2 信息分析的内涵

信息是事物存在方式和运动规律的一种表现形式，并在客观世界中大量地存在、产生和传递。特别是在当前的大数据时代，数据产生的速度快、密集度高、体量大，在某种程度上导致了数据丰富但信息、知识和情报相对匮乏的现状。这种情况下，更需要采用一定的研究方法，借助计算机辅助工具对海量的数据进行挖掘和分析。在本书中，"分析"一词沿用了王伟军（2010）的定义，指的是通过揭示复杂对象各组成部分的本质属性和彼此之间的关系，研究复杂对象整体，揭示其中存在的规律，并发现知识。⊖

信息分析的产生是由于存在广泛的社会需求。在我国，一直以来，信息分析都作为情报学的核心研究内容，"信息分析"这一概念存在着与"情报研究"混用的现象，首先，我们来列举一些有代表性的"情报研究"的定义。

（1）情报研究是针对用户需要或接受用户委托，制定研究课题，然后通过文献调查和实情调查，搜集与课题有关的大量知识和信息，研究其间的相互关系和作用，经过归纳整理、去伪辨析、演绎推理、审议评价，使科技知识得以系统化、综合化、科学化、

⊖ 王伟军，蔡国沛. 信息分析方法与应用[M]. 北京：清华大学出版社，2010.

适用化，以揭示事物或过程的状态和发展（如背景、现状、动态、趋势、对策等）。[1]

（2）情报研究是根据特定目标，在已有情报中进行定向选择和科学抽象的研究活动，以揭示已知事物的内在变化规律及其与周围事物的联系，从而获得能满足特定用户需求的新情报或情报集合。[2]

（3）情报研究是根据社会用户的特定需求，以现代的信息技术和"软科学"研究方法为主要手段，以社会信息的采集、选择、评价、分析和综合等系列化加工为基本过程，以形成新的、增值的情报产品，为不同层次的科学决策服务为主要目的的一类社会化的智能活动。[3]

（4）根据特定的需求，通过系统化过程，将信息转化为情报的一种科学活动的统称，即信息的情报化。这类活动通常由名为科学技术情报研究所或行业信息中心这样一类以信息搜集和分析为主要业务的研究机构来实施，它们是为各级组织科学技术决策提供情报保障和智力支撑的专业化机构。[4]

从上述定义可以看出，情报研究都是以用户的需求牵引，服务于决策的研究活动，而且随着时间的推移，人们对情报研究的研究对象的认识逐渐由"情报"转移到"信息"，不再局限于对情报本身的研究。从国外的学科设置来看，"信息"（information）一词也远较"情报"（intelligence）一词更为广泛；从国内来看，20世纪90年代以来，"信息"一词逐渐被人们普遍接受，尽管"情报研究"在某些特定的领域仍然广为使用，如军事情报领域，但从更大的应用范围、更多的研究领域来看，"信息分析"已经逐步取代"情报研究"一词。在概念更迭的同时，其内涵与外延也发生了些许变化，以下列举的是近年来多位学者对信息分析概念的理解和阐述。

（1）信息分析旨在通过已知信息揭示客观事物的运动规律，其任务就是要运用科学的理论、方法和手段，在对大量的（通常是零散、杂乱无章的）信息进行搜集、加工整理与价值评价的基础上，透过由各种关系交织而成的错综复杂的表面现象，把握其内容本质，从而获取对客观事物运动规律的认识。[5]

（2）信息分析是对情报进行定向浓缩和科学抽象的一种科学劳动。[6]

（3）信息分析是指以社会用户的特定需求为依托，以定性和定量研究方法为手段，通过对文献的搜集、整理、鉴别、评价、分析、综合等系列化加工工程，形成新的、增值的信息产品，最终为不同层次的科学决策服务的一项具有科研性质的智能活动。[7]

（4）信息分析是分析人员根据用户的特定信息需求，利用各种分析方法和工具，对

---

[1] 中国大百科全书总编辑委员会. 中国大百科全书：图书馆、情报学、档案学卷 [M]. 北京：中国大百科全书出版社，1993.
[2] 包昌火. 情报研究方法论 [M]. 北京：科学技术文献出版社，1990.
[3] 包昌火. 对我国情报研究工作的认识和对策研究（上）[J]. 情报理论与实践，1997，20(3)：133-135.
[4] 包昌火，王秀玲，李艳. 中国情报研究发展纪实 [J]. 情报理论与实践，2010，33(1)：1-3.
[5] 查先进. 信息分析与预测 [M]. 武汉：武汉大学出版社，2000.
[6] 秦铁辉，王延飞. 信息分析与决策 [M]. 北京：北京大学出版社，2001.
[7] 朱庆华. 信息分析基础、方法与应用 [M]. 北京：科学出版社，2004.

搜集到的零散的原始信息进行识别、鉴定、筛选、浓缩等加工和分析研究，挖掘其中蕴含的知识和规律，并且通过系统的分析和研究得到有针对性、时效性、预测性、科学性、综合性及可用性的结论，以供用户决策使用。[一]

（5）信息分析是一项内容广泛的信息深加工处理和情报提炼活动，它以大量相关的原生信息为处理对象，通过对原生信息内容的分析、综合或评价，以提炼出对管理、决策等活动有支持作用的情报，为管理、决策等活动服务。[二]

从上述信息分析的定义来看，信息分析是以用户的特定需求为出发点，然后对所搜集的（原生）信息采用定性、定量方法以及各类计算机辅助工具，进行信息的深加工和分析活动，以获得新的信息产品，服务于用户决策。在当前的大数据环境中，有学者认为这一信息分析的定义是狭义的，很多广义层面的信息分析活动是不以服务社会用户需求为导向的，而是为了发现事物本身的客观运动规律或是客观存在，如生物信息分析、电磁信息分析，甚至通过搜索行为的信息分析预测流感暴发。因此，我们认为，广义的信息分析是对所搜集的（原生）信息采用定性、定量方法以及各类计算机辅助工具，进行识别、鉴定、筛选、浓缩等深加工和分析研究，发现事物本身的客观运动规律或是客观存在，获得新的信息产品，并最终服务于用户决策。

从概念上看，情报研究和信息分析的研究对象都是信息，二者均是对数据事实类的信息或信息片段进行组织、转化、加工并予以利用。相比之下，前者更侧重于信息自身的属性、形态、运动形式、载体形式以及信息的收集与存储等方面，而后者则更多地针对信息的加工处理、分析、评价和利用。情报研究和广义的信息分析在逻辑概念上存在交叉关系，即既存在包含与被包含的部分，如通过针对文献、市场的信息分析为特定用户提供信息服务，又存在各自独立的部分，如情报学关于知识组织检索等理论方法内容，以及信息分析中的经济信息分析部分。

1.2 信息分析的类型

多位研究者根据不同的划分标准，将信息分析划分成各种不同的类型。

1.2.1 按信息分析所属领域划分

从信息分析的工作领域来看，主要有科技信息分析、经济信息分析、社会信息分析（含军事政治信息分析）三大领域。[三]

（1）科技信息就是在基础研究、应用研究和开发研究等科学技术活动中所产生、存

[一] 王伟军，蔡国沛. 信息分析方法与应用 [M]. 北京：清华大学出版社，2010.
[二] 查先进. 信息分析 [M]. 武汉：武汉大学出版社，2011.
[三] 沙忠勇，牛春华. 信息分析 [M]. 北京：科学出版社，2009.

储、加工、转换、传播和利用的各种信息。科技信息的内容极为广泛，主要特点有：第一，以文献和技术样本作为主要载体，内容表达比较规范；第二，涉及众多科学技术领域，专业性强；第三，更新迅速，尤其是技术开发类信息。针对科技信息开展的信息分析工作是信息分析的传统领域，发展时间相对较长，已经形成了较为规范的研究范式。

科技信息分析主要有以下内容：

1) 科技发展战略信息分析，包括科技发展内外环境状况信息分析、科技发展预测分析、科技发展战略与策略分析等；

2) 科学前沿和发展态势分析，包括科学前沿领域的识别、学科之间关系网络分析、学科的认识地图等；

3) 技术预见与技术热点分析，包括技术预见的方法、国家关键技术的选择、热点技术识别、高新技术进展与趋势分析等；

4) 科技竞争力评价，包括科技竞争力的评价方法、国家科技竞争力评价、科研机构的竞争力评价、科技成果评价等；

5) 科研课题或项目的相关文献研究等。

（2）经济信息是对经济运动属性及其有关对象特征的一种表现形式，存在于一切经济运动过程之中。20世纪60年代以来，经济信息成为发展最快的信息源，特别是到了21世纪，伴随着互联网、物联网和计算机技术的发展，大数据时代推动经济信息呈现出爆发式的增长。经济信息的主要特点有：第一，数量巨大，2015年淘宝天猫双十一一整天的交易额就达到了912.17亿元，亚马逊每天会产生630万笔订单；第二，种类繁多，存在多种非文献记录形态的信息，诸如各种多媒体广告等音频和视频信息，也包括记录用户购买行为等的电子商务网站日志信息；第三，速度快，伴随着各类经济活动，经济信息更新速度极快；第四，大部分经济信息因涉及商业机密，常常无法在公开渠道获取。

上述经济信息特点对信息分析提出了更高的要求，不仅需要系统的数据积累，而且需要体系化的分析方法和工具，特别是在大数据环境下，计算机辅助的数据挖掘和知识发现显得尤为重要。总体上，经济信息分析的内容大致包括以下五方面：

1) 经济活动中的动态分析，包括宏观的经济监测与景气分析，市场变化的各种动向分析；

2) 经济预测和预警分析，包括月度、季度、年度和中长期的经济预测，以及对经济运行中可能出现问题的预警分析；

3) 企业竞争分析，包括竞争环境、竞争对手、竞争策略的分析等；

4) 企业运营战略和战术分析，包括盈利预测、财务信息分析、客户识别与分析等；

5) 面向社会公众的各种经济咨询分析，如投资、理财等。

（3）社会信息是指对人类社会运动变化状态和方式的客观描述的记录，是与反映自然界事物的存在和运动变化状态的信息，诸如机器信息、生物信息和自然信息等相对应的一个广义概念。社会信息包括社会现象描述信息和社会知识记录信息。社会现象描述信息是指反映社会发展过程中的具体事件、事实或数据等信息，也反映人与人之间交流的具有广义文化价值的社会动态信息。这种信息直接来源于社会实践，是对社会现象直接而客观的记述，属于感性认识的范畴。社会知识记录信息是指由人类创造的具有特定科学价值的社会科学信息，它一般是在社会实践中获得的感性材料的基础上，经过实证检验和逻辑推理而形成的理论知识。社会信息分析的主要内容包括：

1）社会发展态势分析，包括对社会进化的整体趋势，国内外重大的政治、经济、军事、文化和社会动向的分析等；

2）国情省情分析，包括综合国力分析、区域社会发展分析、城市竞争力评价等；

3）突发性危机事件预警分析，包括危机信息的识别、危机信息的预警、危机信息的评估、危机信息管理等；

4）公共政策的效果分析，包括公共政策的实施状况调查、公共政策的效果评估等；

5）社会科学学术信息分析，包括对社会科学各领域中理论、流派、人物、文献等的趋势分析、动向分析、比较研究等。

1.2.2 按信息内容划分

从信息内容角度划分，信息分析可以分为跟踪型信息分析、比较型信息分析、预测型信息分析和评价型信息分析。㊀

（1）跟踪型信息分析，其主要任务是信息搜集和加工，建立文献型、事实型和数值型数据库，并开展定性分析。跟踪型信息分析是一种基础性工作，无论哪种领域的信息分析研究，没有基础数据都是无本之木。跟踪型信息分析可以掌握各个领域的发展趋势，及时了解新动向、新发展，从而做到发现问题、提出问题。

（2）比较型信息分析，是通过比较的方法，认识同一时期的不同事物之间、相同事物在不同时期之间的差异，理解事物间的内在联系，把握事物的发展趋势，从而提出问题、确定目标、拟订方案，为科学决策提供参考依据。比较的方法既可以是定性的，也可以是定量的，或者是定性、定量相结合的，在技术经济信息分析中，常常采用多种定量方法进行比较研究。

（3）预测型信息分析，其目的是在所掌握的已知数据、信息和知识的基础上，运用定性、定量等多种方法，对研究对象的发展趋势和未来状况进行分析、估计和预测，可以为大到国家或地区的战略提供决策、小到单一企业乃至个人的运营决策和职业规划提供决策借鉴。根据不同的划分标准，预测可以分成许多不同的类型，如按预测对象和内容可以分为经济预测、社会预测、科学预测、技术预测和军事预测等。

（4）评价型信息分析，是从特定的目的出发，根据一定的准则，通过定性、定量等多种评价方法，对研究对象的价值、质量或水平做出合理判断的分析方法。对于相同的对象，由于选择了不同的评价准则，常常会获得迥异的评价结果，这就是俗语说的"各

㊀ 朱庆华. 信息分析基础、方法与应用 [M]. 北京：科学出版社，2004.

花入各眼"的现象。评价型信息分析常具有以下特点：

1）就具体对象而言，评价结果随不同的主体而不同；

2）评价主体在评价准则上会表现出某种程度的共同性和客观性；

3）通常缺乏计量的绝对尺度，要在多个评价对象之间进行比较，以获得方案、项目等评价对象的评价结果。

1.2.3 按信息分析方法划分

从信息分析方法的角度划分，信息分析可以分为定性信息分析、定量信息分析和半定量信息分析。⊖

（1）定性信息分析，是指根据社会现象或事物所具有的属性和矛盾变化，从事物的内在规律定性来研究事物的一种方法。定性分析一般不涉及变量关系，主要依靠从事信息分析的研究人员的理论和经验，采用逻辑思维来对信息进行分析，直接抓住事物属性特征的主要方面，掌握事物属性之间的相互联系。定性分析具有探索性、诊断性和预测性等特点，不追求精确的结论，但常常能够厘清复杂现象、抓住主要问题，进而得出感性认识，是引导定量分析应用的前提。常用的定性信息分析方法有对比法、分析法、综合法、演绎与推理、因果关系法等。

（2）定量信息分析，是指对研究对象的数量特征、数量关系与数量变化进行分析的方法。一般地，定量信息分析是从研究目的出发，根据事物本身存在的内在规律，做出必要的简化假设，运用适当的数学工具，获得一个数学结构的数学建模方法。换言之，也就是运用数学符号和数学结构对实际问题所进行的近似描述，定量信息分析即为寻找关于研究对象的抽象、简化的数学结构的方法。建立数学模型可以表达数据的内涵，揭示事物的本质和发展趋势。常用的定量信息分析方法有时间序列法、回归分析法、聚类分析法、因子分析法、多元尺度法、结构方程建模等。

目前在大数据时代，伴随着计算机技术的发展，面对海量的数据，计算机辅助的定量建模已经逐步成为定量信息分析的主流方法，数据挖掘、知识发现（knowledge discovery，KD）等技术的研究日益深入，应用也愈加广泛，信息分析已经开始从简单描述和预测客观世界，向发现知识、运用知识和主动提供服务的方向转变，即从海量原始数据中挖掘出决策所需的深层次信息，转化成知识并提供服务，这些知识通常具备有效性、新颖性、潜在有用性等特点。基于数据挖掘和知识发现的定量信息分析，通常是集数据库和数据仓库技术、人工智能、机器学习、统计学、模式识别、信息抽取、可视化等为一体的交叉性研究方法。

（3）半定量信息分析，是指既包含定性信息分析，又包含定量信息分析的综合方法。在半定量信息分析中，定性信息分析把握信息分析问题的核心和方向，侧重于问题的基

⊖ 王伟军，蔡国沛. 信息分析方法与应用 [M]. 北京：清华大学出版社，2010.

本描述；定量信息分析为信息分析提供数量分析和加工的依据，侧重于问题的推理和求解。随着信息分析问题的复杂性的不断提高，半定量信息分析的应用愈加普遍。常用的半定量信息分析方法有德尔菲法、层次分析法、内容分析法等。

1.3 信息分析的功能和作用

信息分析主要是一种为决策服务的研究工作，近年来，特别是大数据时代的到来使得信息服务出现了新模式——基于海量数据，利用信息分析方法，如数据挖掘、知识发现、文献计量、知识图谱、社会网络等，对数据进行加工并生成揭示组织竞争力、影响力以及发展定位、发展态势等客观化、知识化、个性化、嵌入化的信息产品，从而为大到国家、小到各类组织的决策部门进行科学决策提供参考。例如，在面向科研决策的信息分析中，利用科学计量和知识图谱等方法评价科研机构或学科的科研态势，已有大量的理论成果作为支撑。面向科学决策的信息服务以"量化""评价"为主要特征，是传统信息分析向知识咨询转变的重要路径，可以拓展和延伸信息分析机构的服务领域，深化服务层次，提升信息服务机构的影响力。那么，一般情况下，信息分析的功能和作用主要体现在哪些方面呢？大数据环境下，信息分析的作用在哪些方面得到了拓展和延伸？

1.3.1 信息分析的功能

现代信息分析活动种类繁多，构成一个庞杂的方法体系，服务于各类决策需求和研发工作。总的来说，信息分析的基本功能如下。

（1）数据鉴别、整序和筛选处理功能，指对社会、经济、科技等多种数据进行搜集，经过初步鉴别，去除无用信息，将原始信息进行数据鉴别、整序和筛选处理，或进行量化处理，使之由无序变为有序，可以直接使用，或进一步应用于更多的数据分析建模方法。大数据环境下，一个企业往往能够掌握全部的用户购买和访问的数据，但这些数据常常是庞杂的、稀疏的、充满噪声的，要应用这些数据首先需要对原生数据进行有效的清洗、整序和降维，需要涉及大量的数据库和数据挖掘方法的技术。目前学术界和业界在这一领域都已有大量的研究。

（2）信息浓缩功能，指的是对文献、微博等各类信息进行摘要提取、关键词提取和标签抽取等方面的工作，目的是为文献使用者提供有效的检索、分类依据，为学术研究和决策提供领域动态，有助于快速、全面地了解发展状况、抓住热点问题。目前，在海量信息的情况下，完全由人工完成的信息浓缩工作一般局限于较为有限的领域，在较大的领域中，这一工作通常都由计算机辅助完成，例如摘要自动抽取、标签自动抽取等。

（3）评估功能，体现为对信息价值进行评定，以达到去粗取精、去伪存真、辨新、评价和荐优的目的。科学的评估不仅需要大量可靠的信息，而且需要恰当的评估方法，如层次分析法、比较打分法、加权评分法等。

（4）预测功能，体现为通过对已知信息内容的推断性分析，来对未知信息或未来状况进行预测。对企业而言，信息分析的预测功能有助于发现市场上的机会和威胁，提醒企业经营者提前采取必要措施，预防和制止不利变化的发生或有效减少损失，利用即将发生的有利变化推动事物向积极的方向发展。

（5）反馈功能，体现为根据实际效果对评价和预测结论进行审议、修改和补充。

这五项基本功能是密切相关的，数据鉴别、整序和筛选处理功能，信息浓缩功能和评估功能是信息分析的基础性功能，而预测功能和反馈功能是信息分析的特征性功能。数据鉴别、整序和筛选处理功能，信息浓缩功能和评估功能是预测功能和反馈功能的基础与前提，而预测功能和反馈功能是数据鉴别、整序和筛选处理功能，信息浓缩功能和评估功能的拓展和延伸。作为特征性功能，预测和反馈的共同作用点在决策上，对于一个决策过程而言，预测用于初始决策，反馈用于跟踪实施决策或方案修正决策。

1.3.2 信息分析的作用

信息分析的基本功能决定了其在政治、经济和社会发展中将发挥重要作用。大数据时代，人们常常会面临"信息丰富，知识贫乏"的窘境，因而对信息分析也提出了越来越多、越来越高的要求。信息分析的作用概括起来就是为决策服务，体现在：为决策提供依据、论证和备选方案；对决策实施过程进行监测、评价和反馈。[①]

从信息分析服务的领域来看，在科学管理、研发与创新、市场开拓等活动中，信息分析都发挥着非常重要的作用，具体体现在以下几个方面。

1. 为科学管理服务

管理是指一定组织中的管理者，通过实施计划、组织、人员配备、指导与领导、控制等职能来协调他人的活动，使别人同自己一起实现既定目标的活动过程。科学管理旨在消减过程中的不确定性，本质上由一系列决策活动组成，因此，管理学家赫伯特·A. 西蒙（Herbert A. Simon）认为管理就是决策，并且认为科学决策就是为了实现特定的目标，运用科学的理论与方法，系统地分析主客观条件，提出各种预选方案，从中选出最佳方案，并对最佳方案进行监控的过程。这一过程包括从设定目标、理解问题、确定备选方案、评估备选方案，到选择、实施的全过程。

根据西蒙的观点，决策过程主要分为四个阶段：信息分析阶段、方案设计阶段、方案抉择阶段和实施评价阶段。其中信息分析阶段是初始阶段，包括决策环境的识别、所需信息的获取及分析，主要目的是识别问题、理解问题，并在此基础上设定决策的目标，是方案设计等后续阶段的基础。例如，当前我国由于正处于社会转型的关键时期，各种社会矛盾日渐突出，公共危机事件频发，这对政府面对危机事件的科学管理提出了很高

---

① 朱庆华. 信息分析基础、方法与应用 [M]. 北京：科学出版社，2004.

的要求。2007年5月，江苏无锡发生了由于水源地太湖中的蓝藻大量滋生导致数百万市民在长达一个多星期的时间里不能饮用自来水的饮用水危机。造成这场突如其来的危机的罪魁祸首是夏季湖水中经常出现的蓝藻，而蓝藻的出现可以追溯至20世纪80年代。虽然环境变化是导致危机的直接原因，但相关管理机构未能在危机爆发前监测到饮水危机可能形成的必要信息，错过了在危机爆发前进行预警、决策和行动的最佳时机，只能进行危机的善后处理。这个实例体现了危机信息监测和信息分析的重要性，而有效的危机信息分析首先要从找到引发危机的危险源因素开始。此后，政府实施了饮用水信息监测和分析，目标是通过对水环境变化的监控与饮用水危机发生时的各项条件进行比较，以获得较准确的饮用水安全信息。监测所得信息进入专门的信息分析环节，水危机发生模式决定了信息分析的手段和方法，将水危机等级与信息分析的结论进行匹配，进而得出水危机监测报告。信息分析过程中若捕获危机发生信息，可以直接将分析结果和危机发生模式进行对照，一旦符合危机出现的准则，则可以采用相应的危机应对措施。

此外，随着互联网的普及和网民数量的急剧增加，我国的公共舆论格局已经发生了很大变化，网络舆情逐渐成为政府了解民意的重要手段。据《中国危机管理年度报告（2014）》[一]披露，2014年影响较大的危机舆情事件，网络首发比例为67%，其中33%在事发当天曝光。我国各地党委宣传部和地方政府应急办等部门纷纷建立网络舆情信息分析与监测定期报告制度，制定舆情信息分析研判机制和磋商制度，将舆情工作和政府决策紧密结合。

国内网络舆情监测与研究机构在2008年开始大量出现，主要有四类：

第一类由软件公司和传统的市场调查公司成立，技术实力较为雄厚，抓取网络舆情数据能力较强；

第二类依托主流媒体，如人民网舆情监测室、新华网网络舆情监测分析中心，对时事热点和受众心理变化的敏感度较高；

第三类背靠高校或学术机构，如中国人民大学舆论研究所等，这类机构善于归纳、梳理网络舆情的变化和特点，总结一般规律；

第四类则由政府部门自身成立，主要监测群众对本地区、本部门工作的反馈，主要设在新闻办、宣传办等部门。

根据中国科学技术情报学会自2008年起对全国200多家国家级、省级、市级科技情报机构的调查结果，95.8%被调查机构的主要服务对象是政府。情报机构是为政府提供支撑服务的重要信息服务机构，为领导决策服务是其服务功能之一。针对政府部门舆情监测任务繁重、人手不足的现状，情报机构均把网络舆情分析作为决策情报服务工作的重要新方向，纳入政府内参工作系列，充分利用服务的渠道优势、人才优势和技术优势，开展网络舆情分析工作，为领导提供及时、客观、准确的舆情信息，帮助政府部门加强对网络舆论的及时监测，以积极化解网络舆论危机，提升政府公共事件的管理决策水平。

[一] 胡百精. 中国危机管理年度报告（2014）[M]. 北京：中国人民大学出版社，2014.

2. 为研发与创新服务

现代科学技术活动是以科学技术领域内的基础研究、应用研究和开发研究为核心的。这些活动都可以用研发（R&D）与创新来表征，其中，研发是指各种研究机构、企业为获得科学技术的新知识，创造性地运用科学技术、新知识，或实质性地改进技术、产品和服务而持续进行的具有明确目标的系统活动。因此，创新是研发活动的本质。熊彼特创新经济学理论中所提出的"创新是一个将新的要素和条件及其组合引入并成功应用到发展领域中的过程"，这一思想正在被越来越多的人接受，包括科学研究在内的创新活动已不再仅仅是科学家凭借兴趣发生的个人行为，而是国家和企业为争夺发展主动权所采取的重要手段之一。因此，目前研发与创新正逐渐成为企业、部门、行业乃至国家经济竞争力的焦点。许多发达国家和发展中国家都不遗余力地以提高科技生产力为目标，制定适合本国的创新战略，2016年我国的"十三五"发展战略更是提出让创新贯穿党和国家一切工作，把创新摆在国家发展全局的核心位置。

2016年2月，美国国家科学基金会发布的《美国科学与工程指标》显示，中国已成为不容置疑的世界第二研发大国。全球研发支出总体呈上升趋势，并仍集中在北美、欧洲、东亚和东南亚地区。美国仍然是世界第一研发大国，中国居第二位，中国的研发开支接近欧盟的总和。在按购买力平价计算的全球研发总支出中，中国约占20%，仅次于美国（27%）；日本居第三位，占10%；德国排名第四，占6%；接下来是韩国、法国、俄罗斯、英国和印度，分别占全球研发支出总额的2%~4%。

目前，在大数据环境下，信息分析在研发与创新中的作用不仅仅体现在为研发与创新活动提供背景知识，还可以通过知识挖掘与知识发现为研发与创新活动寻找新的方向和新的方法，帮助科研工作者寻找研发与创新的机会。例如，应用信息分析方法对专利信息进行分析，研究各种专利信息之间的关联性，最终形成专利竞争情报，简称专利信息分析，可以为企业或政府的科技创新发展战略提供深度的信息咨询服务，起到以下两方面作用：

第一，通过专利信息分析了解本行业技术发展动向。通过专利信息分析，可以了解某领域的技术演变过程，有利于判断新的研发动向，预测今后的发展路径，启迪技术创新思路，对现有技术中存在的问题进行技术革新，并提出新的解决方案，形成自主专利权；将不同的趋势指标一起分析，可以精确地判断某项技术的生命周期，清晰地看出技术新兴期、成长期、成熟期、衰退期的变化历程。技术生命周期的研究可以帮助企业了解技术发展的趋势、技术开发的新方向和该技术应用于工业生产以及形成新兴市场的可能性，预测该项技术下一步的发展方向，为企业管理者提供决策依据。通过对某项技术的专利分类矩阵图进行分析研究，可以判断某项技术领域的研发重点、难点以及技术空白点，再结合本企业的实际情况有针对性地确定企业的研发投入方向，从而提高研发效率，缩短研发周期，确保企业的研发方向正确，实现自主创新的根本目标。

第二，依据专利信息分析确定企业自身的创新竞争战略。通过专利信息分析，企业可以及早制定出适合自身发展的专利战略和竞争策略，确定市场开发方向。首先，通过将搜集到的某行业全部的专利信息,对专利权人进行聚类排序后可以确定本企业的主要竞争对手,可以绘制本行业主要竞争者全部专利技术类别的专利地图,借以评估主要竞争对手的研发重点及技术实力,准确判断竞争对手的技术发展策略及发展方向。其次,通过对专利信息所反映出的技术内容进行分析和比对,可以获知国内外该技术领域最新的发展和变化,对各种技术革新方案进行比较,对市场前景进行预测,进而确定企业自身的研发重点和研发投入方向,开发出领先国内同行的创新产品;通过对专利信息进行法律状态分析,可以在技术引进时及时了解某些专利的法律状态,有针对性地避开国外企业设置的专利壁垒和专利封锁,避免企业陷入侵权诉讼和赔偿的麻烦中。通过对专利文献进行经济信息分析,可以获知主要竞争对手的技术研发重点、产品分布域和市场占有意图,做到知彼知己,百战不殆,为企业制定自身的创新战略和竞争策略提供参考。

3. 为市场开拓服务

成功的市场开拓活动需要达到四个"合适",即在合适的地点、合适的时间、以合适的价格提供合适的商品。要做到这四个"合适",必须要有充分的市场信息分析的保障。这些信息分析通常包括三个方面:一是市场系统内部产生的与经济活动有关的信息分析,如市场供求状况、价格水平、消费者行为偏好等;二是市场系统外部产生的对市场营销活动有影响的信息分析,如对政治、法律、经济、文化、金融、科技和竞争对手等状况的分析[○];三是内部环境信息分析,主要分析企业自身的优势与劣势,主要包括企业财务状况、产品与竞争、生产设备、营销能力、研究与开发能力等方面,这些都会影响企业为其目标市场服务、实施市场营销战略的能力。

信息分析在市场开拓中的作用主要体现在通过开展上述三类信息的信息分析工作,帮助决策者寻找、识别和把握市场机会,选准市场突破口。例如,世界知名日化企业——宝洁(P&G)公司凭借其寻求和明确表达顾客潜在需求的优良传统,被誉为在面向市场开拓方面做得最好的美国公司之一。其婴儿尿布的开发就是一个例子。1956年,该公司开发部主任维克·米尔斯在照看其出生不久的孙子时,深切感受到一篮篮脏尿布给家庭主妇带来的烦恼。洗尿布给了他灵感,于是,米尔斯就让手下几个最有才华的人研究开发一次性尿布。

一次性尿布的想法并不新鲜。事实上,当时美国市场上已经有好几个牌子的一次性尿布了。但市场信息的调研和分析结果显示:多年来,这些一次性尿布只占美国市场的1%。原因首先是价格太高,其次是父母们认为这种尿布不好用,只适合在旅行或不便于正常换尿布时使用。信息分析结果还表明,一次性尿布的市场潜力巨大。美国和世界许多国家正处于战后婴儿出生高峰期,将婴儿数量乘以每日平均需换尿布次数,可以得出一个大得惊人的潜在销量。

宝洁公司产品开发人员用了一年的时间,力图研制出一种既好用又对父母有吸引力的产品。产品的最初样品是在塑料裤衩里装上一块打了褶的吸水垫子,但在1958年夏天

○ 查先进. 信息分析[M]. 武汉:武汉大学出版社,2011.

的现场试验中，除了父母们的否定意见和婴儿身上的痱子以外，一无所获。于是项目又回到图纸阶段。

1959年3月，宝洁公司重新设计了一次性尿布，并在实验室生产了37 000个，样子与现在的产品近似，在纽约州进行了现场试验。这一次，有三分之二的试用者认为该产品胜过布尿布。然而，接踵而来的问题是如何降低成本和提高新产品质量。为此要进行的工序革新，比产品本身的开发难度更大。一位工程师说它是"公司遇到的最复杂的工作"，生产方法和设备必须从零开始做起。不过，到1961年12月，这个项目进入了能通过验收的生产工序和产品试销阶段。

公司选择地处美国最中部的城市皮奥里亚试销这个后来被命名为"娇娃"的产品。皮奥里亚的妈妈们喜欢用"娇娃"，但不喜欢它10美分一片的价格。因此，价格必须降下来。降多少呢？在其他6个地方进行的试销进一步表明，定价为6美分一片，就能使这类新产品畅销，使其销售量达到零售商的要求。宝洁公司的几位制造工程师找到了进一步降低成本的解决办法，并把生产能力提高到使公司能以该价格在全国销售娇娃尿布的水平。

娇娃尿布终于成功推出，直至今天仍然是宝洁公司的拳头产品之一。这个案例表明，企业对市场真正需求的把握需要通过直接的市场信息调研与分析来论证。通过潜在用户的反馈来指导和改进新产品开发工作。企业各职能部门必须通力合作，不断进行产品试用和调整定价。最后，公司做成了一桩全赢的生意：新产品既减轻了令每个父母最为头疼的一件家务，又成为为宝洁公司带来收入和利润的重要新财源。

1.4 信息分析的产生及发展趋势

现代信息分析有两个来源。一个来源是科技情报领域。一般认为现代信息分析产生于科技情报工作鼎盛的1945～1960年间，其产生的重要标志之一就是美国国防系统信息分析中心的建立。按照美国情报学界的理解，信息分析中心与其他情报机构一起组成了科技情报系统。信息分析工作的另一个来源在非科技情报领域，如美国国会图书馆在二战期间进行的内容分析，兰德公司进行的咨询类信息分析，以及日本野村综合研究所进行的经济信息分析，等等。后者不但大大丰富与发展了信息分析的理论与方法，而且为社会科学情报工作中的信息分析提供了典范。

1.4.1 从文献学到情报学的发展历程

从信息分析的来源来看，信息分析起源于情报学，情报学则起源于文献学，其依据可以追溯到1895年比利时学者拉封丹（Henri La Fortaine）和奥特莱（Paul Otlet）等人创立的国际目录学会（Institute Internationale de Bibliographie，IIB）。IIB创建的宗旨是对人类社会所创造的科学知识进行加工整理。

首先，回顾从文献学到情报学的发展历程。1908 年 IIB 在第四届会议上接受了"文献学"（Documentation）这一术语。1931 年，IIB 更名为"国际文献学会"（International Federation of Documentation，IID），1937 年改为"国际文献联合会"（Federation International de Documentation，FID）。FID 是世界各国科学技术情报学会的前身，但在 20 世纪 90 年代初期停止，进而改为国际科学技术信息联合会（International Council for Scientific and Technical Information，ICSTI），目前仍在运作并且发展兴旺。㊀

文献工作和文献学于 19 世纪在欧洲开始，20 世纪 30 年代传到美国，随后兴起并得以发展。1937 年美国文献工作学会（American Documentation Institute，ADI）创建，并在 1938 年创办了《文献复制杂志》（*Journal of Documentary Reproduction*，*JDR*）。由于第二次世界大战，该杂志于 1943 年停办。在西方国家及中国发表的许多情报学著作都非常明确地指出，美国学者范内瓦·布什 1945 年在《大西洋月刊》上发表的一篇文章《诚如所思》是情报学诞生的标志，是影响信息科学发展的重要文献。《诚如所思》一文的价值主要体现在：指出了战后科学研究的发展方向是"使得那些令人困惑和混乱的知识存储更易于利用"，提出了解决人类如何利用知识的思路，其理论成果极大地启发了后世信息网络等学科的发展。《诚如所思》一文的理论性、实践性以及预见性使其理所当然地成为情报学诞生的标志。

二战后，情报学快速发展。1950 年《文献复制杂志》又以《美国文献工作》(*American Documentation*，*AD*）为名重新出现。1968 年，ADI 改名为美国情报科学学会（American Society for Information Science，ASIS），AD 也在 1970 年更名为《美国情报学会会志》（*Journal of American Society for Information Science*，*JASIS*）。2000 年 ASIS 加入了技术内涵，更名为美国情报科学与技术学会（American Society for Information Science and Technology，ASIST），会志也改名为《美国情报科学技术学会会志》(*Journal of American Society for Information Science and Technology*，*JASIST*）。

1.4.2 国内情报学的发展历程

我国情报学诞生的标志是 1956 年 10 月中国科技情报研究所，即现在的中国科技信息研究所的成立。武汉大学马费成教授将情报学的发展分为四个历程，这一分法在其他学者的文献中也有体现，故本书借用其对情报学发展历程的阐述对该问题进行说明。

（1）20 世纪 50 年代初期到 60 年代中期，这一时期是我国情报学的初创时期。这段时期内，相继成立了中国科学院文献情报中心、科学情报研究所，并创办了《科学情报工作》杂志。

（2）20 世纪 60 年代中期到 70 年代末期，随着计算机技术的发展，自动化情报检索

㊀ 马费城. 情报学发展的历史回顾及前沿课题 [J]. 图书情报工作，2013(2)：4-12.

系统及相应的处理技术得到了研究和发展，停滞的情报学得到复苏。情报学学会成立，《情报学学报》等杂志相继创办，武汉大学首次在国内设立情报学专业。

（3）20世纪80年代初期到90年代初期，这一阶段情报学理论研究得到重视，情报学教育发展势头良好。1984年，武汉大学和中国科技信息研究所设立了情报学硕士学位授权点。1990年，武汉大学建立了我国第一个情报学博士学位授权点。这期间，国内外学术交流也较为活跃。

（4）20世纪90年代至今，这一阶段为我国情报学发展的转折期。信息技术的发展使得情报学科研究的范围不断扩大和延伸，产生了许多新兴的研究领域。各学者对情报学学科的名称、属性、性质、定位以及与其他相关学科的关系等一直争论不休，延续至今。

1.4.3 信息分析方法的演进与发展趋势

信息分析活动是情报活动中一种具有相对特殊性的活动。信息分析通过对原始信息（包括情报机构收藏积累的信息，也包括它们通过搜集、检索而获取的信息）的识别、鉴定、筛选、浓缩，或分解、重组、综合、推断，从原始信息中获取用户最需要的信息。信息分析产品既是原始信息的科学浓缩与提炼的产物，同时又凝聚了情报人员的创造性工作的智慧。如果说一般情报工作侧重于通过对信息的搜集、整理、标引、检索及服务帮助用户更好地获取情报，那么信息分析工作则侧重于帮助用户更好地利用情报。

随着科学技术的高速发展，信息化进程的加快，信息资源已成为人类经济活动、社会活动的重要战略资源。信息分析越来越广泛地深入经济、社会、科技等各个领域。信息分析方法在20世纪70年代以定性分析方法为主，80年代开始将数学方法广泛应用，90年代一批定性与定量相结合的方法活跃在信息分析领域。进入20世纪80年代以后，随着发展中国家经济快速崛起，以及全球范围信息需求及其利用数量的不断增长，以解决和消除科学领域"信息爆炸"为己任的信息分析理论研究与实践，在情报需求不断增强和信息来源渠道趋于多样化的背景下变得日益广泛。

尤其是在大数据的环境下，已有理论体系正逐渐被打破，越来越多的计算机学科、统计学课的理论与方法纳入信息分析领域中来，甚至相关学科的研究者也开始跨学科关注和从事这一领域的研究，使得信息分析逐步跟上人类丰富多彩的创新实践活动，使理论研究前沿与实践更好地结合，使实际问题的解决得到理论的有效指导。大数据，这个概念描述的是当前数据环境的特征，顾名思义是大规模的数据集，但它又不仅仅是一个简单的数量的概念。IBM公司指出，大数据的特点是4个V：volume（大量）、velocity（高速）、variety（多样）及veracity（真实），它提供了在新的和正在出现的数据与内容中洞悉事物的机会，使业务更加灵活，并回答以往没有考虑到的问题。Gartner公司的报告也提出，大数据是大容量、高速和多样化的信息资产，它们需要新的处理方式，以提高决策能力、洞察力和流程优化。大数据分析与信息组织和信息分析都有密切的关系，在各个领域中都有应用。今天面对的商务、政务、医疗、安全、气候变化都是大数据的环境,不是数百篇文献可以涵盖的。目前,信息分析方法中除了常规的统计学、数学和决策科学的方法外,随着计算技术、互联网的发展,已经出现以下几种趋势。[①]

第一,综合利用多种信息源。有研究者从军事情报角度指出,军事情报界需要综合利用人际情报、信号情报、图像情报和外部情报,进行全资源信息分析(all-source analysis),即利用多种不同的信息资源来评估、揭示、解释事物的发展,发现新知识或解决政策难题。科技情报界也是如此,如利用科技论文和专利,发现科技之间的转换关系、预测技术发展方向,综合利用政府统计数据、高校网站、期刊、报纸、图书等来评估大学等科研机构。可见,综合利用多种信息源是从问题出发,系统化地整合所有相关信息资源来支持情报研究,信息源可以是学术论文、专利等不同类型的文献集合、文本和数据的集合,也可以是正式出版物与非正式出版物的集合等。

第二,注重新型信息资源的分析。随着网络应用的深入,出现了许多新的媒体形式。Andreas M. Kaplan 等人将构建于 Web 2.0 技术和思想基础上,允许用户创建、交换信息内容的基于网络的应用定义为社会化媒体(social media),包括合作项目(如维基百科)、博客、内容社区(如 YouTube)、社交网站、虚拟游戏世界和虚拟社会世界(如第二人生)等六种类型。这类媒体形式依托于 Web 2.0 等网络技术,以用户为中心来组织、传播信息,信息可以是用户创造性的言论或观点,可以是围绕自己喜好搜集的信息资源集合等。由于社会化媒体具有易用性、快速性和易获取性等特点,它们正迅速地改变着社会的公共话语环境,并引导着技术、娱乐、政治等诸多主题的发展。这些通过庞大的用户社区来传播的高度多样化的信息及其网络结构,为洞悉公众对某一主题的观点、研究信息扩散等社会现象、预测未来发展方向等提供了机会,有助于发现有共同兴趣的社群、领域专家、热点话题等,带来了网络舆情分析等研究内容。此外,这类信息结合其他类型的数据,产生了新的情报研究领域。例如,智能手机的普及和 GPS 的广泛应用,使得可以从社交网络和网络交互数据、移动传感数据和设备传感数据中获取社会和社区情报(social and community intelligence,SCI),揭示人类行为模式和社群动态。

第三,信息分析研究的智能化,数据挖掘和机器学习技术逐渐成为广泛应用的方法。大数据背景下的情报研究,对技术提出了更高的要求。正如美国国家科学基金会(NSF)发布的报告所说,美国在科学和工程领域的领先地位将越来越取决于利用数字化科学数据以及借助复杂的数据挖掘、集成、分析与可视化工具将其转换为信息和知识的能力。对于情报研究来说,应用智能化技术能自动进行高级、复杂的信息处理分析工作,在很大程度上把情报研究人员从烦琐的体力劳动中解放出来。尤其在信息环境瞬息万变的今天,及时搜集信息分析并反馈已经变得非常重要,这都需要智能化技术加以支撑。从信息源来讲,情报研究对象得以扩展,其中可能包含微博等社会化媒体信息,可能包含图片、新闻等,大量非结构或半结构化数据的涌入,必然需要技术将这些数据转化为结构化数据,以供后续分析。同时,多元化的信息需要根据分析需求加以融合,这可能需要

[①] 李广建,杨林. 大数据视角下的情报研究与情报研究技术 [J]. 2012(6):1-8.

语义层面上的技术支持。简单的统计分析已不能满足现在社会的决策需求，需要从大量信息中发现潜在模式，指导未来的发展，这就涉及数据挖掘、机器学习等技术。此外，要寻求情报研究的客观性，摒除过多的主观意愿，也需要多种技术来支撑。可见，这一发展趋势是大数据时代下的必然。各国都在积极建设的数字化基础设施，也推动着情报研究的智能化发展，如欧洲网格基础设施（european grid infrastructure，EGI）项目就致力于为欧洲各领域研究人员提供集成计算资源，从而推动创新。

◎ **思考题**

1. 简述信息分析的内涵。
2. 简述与"信息分析"相关的概念。
3. 从内容和方法两方面考虑，信息分析的类型有哪些？
4. 信息分析有何功能和作用？
5. 试论述信息分析发展的趋势以及今后的研究方向。

第 2 章

信息分析工作的规范流程

如第 1 章所述,信息分析工作的主要作用是服务科学管理、研发与创新、市场开拓活动,这些复杂活动都是以相关课题选择和立项为出发点的,因此,本书主要围绕信息分析科学管理、研发与创新、市场开拓活动相关课题研究这一主题展开,逐一阐述信息分析工作的规范流程,主要包括:①课题选择;②课题研究计划确定;③信息搜集、整理、鉴别与评价;④信息分析的主要步骤;⑤信息分析报告撰写;⑥信息分析产品的评价与利用。

2.1 课题选择

课题选择即选题,指选择信息分析的课题,从而确定信息分析的对象、目标和方向。它是信息分析工作的起点。准确的选题满足了用户个性化的信息需求,奠定了信息分析工作成功的基础;反之,不准确、不恰当的选题不仅不能满足用户的信息需求,使信息分析工作偏离正确的方向,而且会影响信息分析机构取得的经济效益,使其不能在社会上树立良好的形象。因此,如何选择课题是信息分析工作的关键。

2.1.1 课题来源

在实际工作中,信息分析的课题来源是非常广泛的。它既可以来自现实生活,企事业组织在运营实践中存在的问题,以及个人对于问题的思考、想法及观点,也可以从现有理论中发现值得研究的课题,甚至可以通过学术讨论从不同学科、不同领域的不同观点中产生有价值的课题。

2.1.2 选题原则

选题的重要性决定了信息分析人员在选择课题时必须慎重、严谨，使所选择的课题不仅能够准确定位，符合用户的信息需求，而且具有研究的可行性。因此，在选题的过程中，我们应遵循以下原则。

1. 政策性原则

这是信息分析活动首要遵循的原则。由于信息分析是为经济和社会发展各领域的科学决策、市场开发、调研活动服务的，因此选题必须符合各项政策的规定。政策具有明显的方向性和前瞻性，信息分析的选题必须在政策指导和约束下进行，一方面注重揭示未知信息的本质；另一方面注重预测、探究事物的未来发展趋势，充分体现出方向性和前瞻性，尤其在一些宏观课题的选择上，更要体现预测性和战略性。由此，信息分析人员在进行选题时，首先应该充分了解和掌握国家相关政策法规，领会政策内容的实质，并将其运用到信息分析的选题工作中，使各级各类选题符合政策规定。

2. 必要性原则

必要性是指信息分析选择的研究课题应该是必要的，而不是可有可无的或是重复的。为了确保社会的可持续发展，我们在发展国民经济以及进行生产、科研工作时都要讲求可持续性。因此，我们在选题时要按需进行。一般来说，符合国民经济和社会发展需要的课题和符合用户信息需求的课题都是必要的。此外，在按需选题时要正确处理好战略与战术需要之间、当前与长远需要之间、现实与潜在需要之间的关系，根据国民经济和社会发展的总体需要分出轻重缓急。

3. 可行性原则

可行性是指在完成某一信息分析任务时，要已经具备条件或经过努力可以具备条件。信息分析工作受到人力、物力、财力和时间等方面的限制，不可能将所有的必要课题都列入研究计划。在进行选题时，如果信息分析机构已经具备研究某一课题的条件，或者通过努力可以达到研究所需条件，则认为选择这样的课题是合适的、可行的。否则，不仅会浪费人力、物力、财力和时间等资源，而且会导致任务无法如期完成，进而影响信息分析机构在其服务领域中的良好形象。因此，信息分析机构在选题时要遵循可行性原则，在正确认识自身的条件和能力的基础上，按照科学的程序正确评估待选课题的可操作性，估计完成该课题所需具备的基本条件。只有这样，才能充分发挥信息分析人员的能力和水平，既不浪费现有资源、条件，又能避免因自身条件限制而出现无法完成课题的情况。

4. 针对性原则

针对性要求信息分析人员从本地区、本部门、本单位的实际需要出发，有的放矢，结合生产和科研工作中可能出现的问题来选题。在现实工作中，只有针对社会经济发展和用户实际需要的选题才能取得较好的实际效果和经济效益，获得有关部门和领导的重视和支持，从而得到人力、物力、财力的保证。为此，信息分析人员要注意与上级领导和科研机构保持密切联系，通过参加各种会议以及阅读各种相关材料来了解科研和生产的实际需要，从而选择适应本地区、本部门、本单位资源条件、生产条件和技术条件的课题。

5. 及时性原则

及时性要求信息分析人员要善于捕捉科学技术领域中的新思想、新动向，从而敏锐地抓住时机，进行选题。遵循及时性原则对于信息分析工作具有重大意义，在产品改造，技术更新，新学科、新方法的应用等方面，抓住信息快速传递的特点并及时分析，有利于掌握最新的思想、技术和方法，推动社会经济发展。同时，对关系到科学技术长远发展但可能尚未引起普遍关注的重大问题，信息分析人员也要予以重视，具备一定的远见和前瞻性。

6. 创新性原则

创新性选题指的是那些尚未解决或未完全解决的、预料经过研究可获得一定价值或产生新成果的课题，比如，新概念、新思路、新观点、新理论、新设计、新手段、新产品等。创新是科学研究工作的灵魂，要选择别人尚未提出过或尚未进行深入研究的问题，考虑别人尚未涉足的领域，使选题具有先进性和新颖性。

7. 效益性原则

信息分析的选题需要考虑效益，包括经济效益和社会效益。首先，信息分析活动本身属于经济活动的一部分，需要大量的人力、物力、财力和时间等成本的投入。如果只有投入而没有产出，或者入不敷出，长此以往，信息分析机构在激烈的市场竞争中必将无法生存。因此，经济效益是选择课题时需要考虑的重要因素。其次，信息分析也是社会服务体系的重要组成部分。分析和研究一个缺少社会效益或者蕴含社会负效益的课题不利于整个社会的健康发展，也不能被社会认可。因此，经济效益和社会效益共同组成了效益性原则的两个方面，当两者发生冲突时，我们应坚持社会效益优先的原则。

2.1.3 课题类型

在本书中，我们从课题提出者的角度来划分，将信息分析课题类型分为三类，即上级主管部门下达的课题、信息用户委托的课题和信息分析人员自己提出的课题。对于信息分析人员而言，前两类课题是被动性课题，一般只能按照要求的目标去开展信息分析活动；后一类课题是主动性课题，是信息分析机构为各级各类科学决策、研究与开发、市场开拓服务的重要体现。

1. 上级主管部门下达的课题

各级部门、企事业单位在制定规划、做出决策前，常会面对各种问题。其中，有涉及全局的宏观性问题，也有面向科研生产的实际性问题。为了有效地解决这些问题，国家各级部门、企事业单位常会以课题的形式下达给所属信息分析机构。这类课题大多为指令和随机性任务，具有任务紧急、内容要求明确具体的特点。其中涉及全局的宏观性课题大多关系到国家重大规划和决策的制定实施，因而带有战略性和先导性，并且费时长、难度大、成本高。

2. 信息用户委托的课题

在市场经济体制条件下，信息用户委托的课题正在逐年增多。各级各类信息用户由于科研、生产、教学、管理、营销推广的需要，常会以各种形式提出信息分析课题，委托信息分析机构帮助解决。其典型的做法是在信息供求双方之间的往来中，注入市场机制，以经济杠杆平衡供求比例、品种和质量。这种信息供求模式具备灵活性、开放性、竞争性、高效性等特点，因而广受信息用户和信息分析机构的青睐，目前已成为信息分析机构主要的课题来源渠道。

信息用户一般将这类课题以咨询委托书的形式提交给信息分析机构。咨询委托书的内容一般包括咨询内容和要求、形式、进度、经费等。

3. 信息分析人员自己提出的课题

这类课题主要是依靠信息分析人员根据长期积累和主动调查，针对国民经济和社会发展的实际需要总结出来的。由于信息分析人员长期从事信息分析工作，不仅积累了大量信息，熟悉社会信息需求，而且涉猎广泛、思路开阔，能在总体上把握某一学科或领域当前的动态、存在的问题、解决的办法和发展的趋势，因而由他们替代用户超前提出信息需求并形成的课题往往更具有前瞻性，课题的后续研究工作也易于开展，并取得丰硕的研究成果。

这类课题虽然是由信息分析人员提出来的，但目的仍然是满足用户的需要。因此，提出此类课题的基本出发点依然要面向用户，一切从用户的实际信息需要（一般是潜在的）出发，诚心诚意为用户服务。从实践上看，信息分析人员要想恰到好处地提出课题，必须具备这样一些条件：崇高的敬业精神、强烈的信息意识、坚实的信息业务素质、宽广的相关领域知识、丰富的实践经验以及灵活的头脑。一个优秀的信息分析人员在工作过程中要对周围的事物勤于观察，勤于思考。只有这样，信息分析人员才有可能捕捉到好的课题。

对于不同的信息分析机构，以及处于不同的用户需求和其他社会环境下的同一信息分析机构而言，上述各类课题并无固定的比例。有的上级主管部门下达的课题多一些，有的信息用户委托的课题多一些，有的信息分析人员自己提出的课题多一些。但从我国半个多世纪的信息分析工作实践来看，课题的构成还是呈现出了某些规律。例如，从机构性质来看，各级政府部门、企事业单位下属的信息分析机构一般接受上级主管部门下达的课题多一些,具有独立法人地位的信息分析机构承担的绝大多数为用户委托的课题,规模庞大、系统性强、人员素质较高的信息分析机构自己提出的课题多一些。再如,从经济体制和社会环境来看,在市场经济比较发达、用户信息意识比较强、社会信息化程度较高的地区,各级各类信息分析机构承担的用户委托类课题要多一些。从课题内容范围来看,为重大战略决策服务的宏观战略性课题多为上级主管部门所下达,为社会各类经济活动部门生产、经营和管理活动服务的微观课题多为用户所委托。由于不同来源的课题有不同的特点和要求,各级各类信息分析机构在制定课题来源策略时,应注意扬长避短,充分结合自身的特点、用户和社会环境予以合理地把握。

2.1.4 选题程序

选题作为一个决策过程,不能凭空进行,也不能轻易地受个人情感、外界压力或各种诱惑所左右。选题应该严格遵循科学研究和社会实践活动的规律,按科学的程序进行。选题的步骤通常包括课题提出、课题分析、初步调查、课题论证、课题选定和开题报告,如图 2-1 所示。

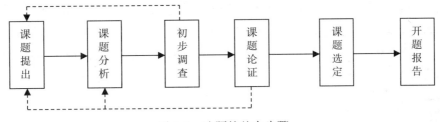

图 2-1 选题的基本步骤

1. 课题提出

课题提出是选题的第一步,它是发现问题和解决问题的过程。不论是哪种类型的课题,在提出的时候都一定要目标明确,任务范围具体,否则便会事倍功半。对于上级主管部门下达的课题和用户委托的课题,信息分析人员在这一阶段主要是对所提出的课题进行整理、归纳和粗略的分析研究,以使课题明确化,如初步明确其目的、意义、要求、内容、难度、费用、完成期限等,必要时还应该与上级主管人员进行洽谈,达成初步意向。

对于信息分析人员自己提出的课题而言,这一阶段的工作稍有一定的难度。这类课题通常没有用户的积极主动配合,并在很大程度上取决于信息分析人员的思路、知识、经验、风险和创新意识,取决于信息分析人员能否从别人认为平常的现象中发现问题并以适当的方式揭示出来。一般来说,信息分析人员自选的课题要注意联系实际,解决现实问题,同时要兼顾长远利益与短期利益、社会效益与经济效益。

2. 课题分析

对于已经提出的研究课题，课题分析的主要任务是进一步明确课题的目标、范围、对象、意义、要求、难度、费用以及完成期限。在这一阶段，信息分析人员要结合用户的信息需求和课题涉及领域的水平现状、存在问题和发展方向等，综合分析考虑选题的必要性问题。

3. 初步调查

初步调查要求信息分析人员围绕课题展开调查，采集信息资料和样本。对本部门、本地区的技术和资源条件、信息资料条件及可研究力量进行调查与分析，初步落实选题的可行性。如果初步调查表明该课题信息资料太多，就应该修改课题范围或在计划上做相应改变；如果信息资料极少或已有人对该课题做过研究，则应该考虑是否放弃或修改该课题。

4. 课题论证

在初步调查、掌握大量翔实的信息资料的基础上，要对课题实施的政策性、必要性、可行性、效益性等进行进一步论证。在必要性的基础上，如果分析研究结果还进一步表明该课题的材料太多、范围太宽，则需要考虑是否应在选题范围或完成期限、费用上做出相应的改变，如缩小选题范围、延长完成期限、开展联合攻关、提高收费额度等；倘若材料极少或国内已经有人选择并研究过这方面的课题，则应当考虑放弃该课题或调整该课题的研究方向和角度。

5. 课题选定

合适的课题一般不会只有一个，这就需要进行筛选和确定。这一阶段的实质是在多种可选课题中选择一个最恰当的课题。由于每个候选课题涉及的因素都非常多，这些因素之间的关系往往也异常复杂，因此，课题选定并不是一件很容易的事，既需要横向的比较，也需要纵向的分析，所需要考虑的问题远远超过课题分析和论证阶段，具有很强的综合性。为慎重起见，有必要邀请专家、用户等一起协商讨论，反复论证，以提高课题的使用价值，防止所选课题的一般化。

6. 开题报告

经过选定的课题一般要以开题报告的形式反映出来。开题报告是预研究的成果，通常以书面形式体现选题的目的、意义、依据、初步拟订的实施方案等，包括课题提出的理由和意义、研究概况和发展趋势、研究内容、预期目标、研究方法和手段、实施方案、已有条件和存在的主要问题、课题日程安排、课题组成员及分工、拟邀请协作单位和协作人员情况、用户单位基本情况、课题经费预算表、论证意见（选题的必要性、目标的先进性和现实性、方案实施的可行性、课题组成员组成的合理性、经费预算的经济性）、论证结论、相关部门审查意见、论证组成员名单等。开题报告经审批后，最终以课题合同书的形式固定下来。

2.2 课题研究计划确定

信息分析课题选定之后需要拟订课题计划。课题计划是行动的纲领，是课题任务全面而系统的筹划和安排。详细的课题计划可以把整个研究有机组织起来，使课题组成员以及其他相关人员都能明确各自的任务并做好协调，保证研究工作有序地进行。一般来说，课题越大、耗时越长、参与人员越多，课题计划就越要周密和具体。

2.2.1 制订课题研究计划

一个完整的课题研究计划至少应该包括以下几方面的内容。

1. 课题目的

为了使课题组成员明确研究工作的目标和努力方向，课题计划应清楚地阐述课题目的，主要包括课题来源、课题研究背景与研究意义、拟解决的主要问题、服务对象以及研究成果的预期效益等。

2. 调查大纲

明确课题目的后，应根据课题研究计划制订详细的调查大纲。调查大纲的作用在于统一课题组成员对调查目标的不同理解，决定搜集信息的范围和深度，使参与人员各司其职，防止调查过程中出现方向性错误和重复工作的情况，使信息分析人员有条不紊地搜寻需要的信息资料。调查大纲的内容一般包括：调查方式、调查范围（国内外情况、预计查找哪些信息资料、调查哪些单位和个人等）、调查的步骤和调查的广度与深度。由于资金、技术、人员、时间、课题任务要求等因素的影响，具体内容往往因具体的课题和环境条件要求而异。

3. 研究方法和路线

信息加工整理、分析有很多方法，不同的方法对信息采集有不同的要求。因此，我们应根据课题的性质和研究条件，在课题计划中列出课题研究可能采用的研究方法与路线。这样有助于提高信息加工整理、分析阶段的工作效率。

4. 预计产品形式

在现代信息技术的支撑下，信息分析产品的表现形式是多样化的。除传统的书面印刷形式外，还包括电子文档和多媒体形式等其他形式。我们要根据调查目的和用户需求，沟通和商定研究成果的形式以及提交方式。

5. 组织分工

课题组应根据参与人员的特点和课题研究的需要，按照调查大纲的要求对课题任务进行具体分工。一般先按单位分工，明确主要承包单位和协作单位各自应完成的任务。这种分工对于日后的利益分成以及单位之间的合作十分重要。在单位分工的基础上，还应将分工进一步细化到每个成员,根据每个课题组成员的能力和知识结构,给其分配一些合适的、具体的工作任务,尽可能充分地发挥各位成员的才能。例如,谁是课题组组长、谁负责对外联络、谁负责翻译外文资料、谁采集数据、谁对数据进行分析处理、谁撰写课题成果报告等。同时,也应注意加强各成员之间的联系和合作。

6. 完成时间与实施步骤

为了检查研究计划的执行情况,以便及时发现问题并予以补救,一般按照信息分析工作的程序将整个课题研究活动分为几个阶段,并提出各个阶段预计完成的时间和具体实施的步骤。这几个阶段包括信息资料的搜集阶段,信息资料的整理、评价和分析阶段,信息分析产品的制作、评价和使用阶段。

7. 其他

除了上述六项内容之外,课题研究计划还包括完成课题任务所需人员、经费、技术、设备等条件以及研究成果的出版交流。

在具体实践中,一些信息分析机构除了需要提交文字材料外,还需要提交一张格式化的课题计划表。填写课题计划表的目的是使课题计划的相关内容清晰明确、便于管理。课题计划表一般由各信息分析机构制定,需要时再领取和填写。表格内容是前述课题计划内容的全部或大部分,一般包括课题名称、课题目的、主要内容、完成期限及进度安排、研究条件、研究方法和技术路线、经费预算、预期目标及产品形式、课题负责单位或负责人、协作单位或协作人、人员组织分工等。

2.2.2 计划的审核与确定

为使研究计划真正达到科学、可行、实用,对拟出的课题计划一般要反复修订完善,最后由课题组负责人签字后申报信息分析机构或其上级主管部门领导审核批准和备案。这样有利于信息分析机构及其上级主管部门从总体上对各级各类课题的研究予以管理,防止出现课题重复或研究价值不高的情况。尽管如此,随着研究工作的开展,课题研究环境会发生变化,原有的计划仍可能会被修改、补充,还有可能被废止。因此,课题计划并不是一经拟订就一成不变的。

对课题计划的实施情况进行检查和调整是促进和保证计划顺利落实的有效手段。通过检查,可以及时发现问题并加以解决,从而推动课题计划和目标的实现。

课题计划的检查内容主要包括:①是否按进度实施计划;②是否按课题的目的、内容和质量要求进行;③各类资源调配是否恰当;④经费使用是否合理;⑤课题研究中是否出现新问题;⑥课题计划是否需要进行调整和改进。

课题计划检查的周期一般因课题量的大小和完成期限的长短而异,应该注意在检查后及时进行小结,并将主要情况及时通报有关部门。对于检查过程中发现的新情况、新问题,应积极协商解决。

2.3 信息搜集、整理、鉴别与评价

信息分析是建立在大量信息资料基础上的一项研究活动。因此，在进行信息分析之前，必须针对课题需要，对信息进行搜集、整理，并对信息的可靠性、适用性进行鉴别和评价。这些是信息分析的重要程序，关系到最终的研究成果。

2.3.1 信息源及其分类

信息源是指人们在科学决策、研究与开发、市场开拓等社会实践活动中获取信息的来源。信息源涵盖两个方面：一方面指信息及其发生源，包括产生各类信息的人或机构，如政府机构、科研院所、生产性企业、高校图书馆等；另一方面指负荷信息的各种物质载体或传递系统，如图书、期刊、文献资源数据库、互联网、产品样本、展销会等。

本书将信息源分为四类：文献信息、口头信息、实物信息以及网络信息。

1. 文献信息

文献信息源的特点是，将信息内容借助载体记录下来，并通过保管、复制、传播达到开发利用信息资源的目的。信息载体多种多样，主要有以下四种：

（1）印刷型文献。

这是一种以纸张为主要载体，以印刷为记录手段的文献形式，是人们普遍接受的一种信息源。其优点是便于阅读、携带和利用；缺点是信息存储量小、体积大，不便于收藏和管理。

（2）电子文献。

电子文献，又称电子出版物。我国新闻出版署于1996年颁发了《电子出版物管理暂行规定》，规定中指出：电子出版物系指以数字代码方式将图、文、声、像等信息存储在磁光电介质上，通过计算机或具有类似功能的设备阅读使用，用以表达思想、普及知识和积累文化，并可复制发行的文献信息源。电子文献的优点是：①信息存储密度高、存取速度快，可借助高速信息网络实现远距离传输；②内容丰富，既可以是文字等静态信息，也可以是融图、文、声、像为一体的动态信息，各种数据借助计算机实现任意组合编辑，可多次反复进行；③形式多样，生动直观，便于读者对文献信息内容加以理解和吸收。

随着科技的进步，图书馆的文献结构正在飞速改变，电子文献的崛起打破了纸质文献长期一统天下的局面，形成与纸质文献平分秋色的态势。尽管情况未必像一些学者说的"今后电子文献将取代纸质文献"一样，但毫无疑问，新载体取代旧载体是历史发展的必然趋势。电子文献将越来越多，其使用会越来越普及、越来越受读者欢迎。在相当长的时期内，电子文献与纸质文献将各显特色、优势互补、共生共存。

（3）缩微型文献。

这类信息源一般以感光材料为载体，利用缩微设备将印刷型文献源按照一定的缩小比例摄录在胶卷或胶片上，包括缩微胶卷、缩微胶片、缩微平片和缩微印刷品。其优点是存储量大、寿命长、易于复制和使用、可作为法律凭证。但存在信息衰减、不能直接阅读等缺点。

（4）声像型文献。

运用录音、录像、摄影等技术将声音和图像直接记录在磁性或光学材料上，如唱片、录音带、录像带等。这类信息源的优点是能给人以直观形象的感觉，逼真地再现事物和现象，在某些难以用文字描述的场合有着独特的作用。

2. 口头信息

口头信息是指通过各种讨论会、报告会、座谈会、参观访问或者个人之间的交谈等形式获得的信息。古语"听君一席话，胜读十年书"，形象地说明了口头信息的作用。口头信息的优点在于内容新颖、传递迅速，往往含有文献信息源所没有的信息，比如，发言者受当时语言环境、听众反映的影响，往往能临场发挥，产生许多有价值的信息。缺点在于信息搜集困难、容易失真且难以保存，而且信息的传递范围较小。

3. 实物信息

实物信息是指以实物为载体的信息。作为实物信息载体的实物有双重使用价值，一是体现于承载信息上，二是可以直接用于消费，满足人们的物质需求，通常指仪表、机器、元器件、苗木、种子等实物。其优点在于信息可靠、内容丰富。因为实物所承载的信息是多方面的，其本身已经过实践的检验。其缺点在于信息挖掘困难，且难以搜集、保存和传递。

4. 网络信息

网络信息包括所有存在于互联网中的电子化信息，它具有数量大、类型多、增长快的特点，但由于分布和构成缺乏组织，且信息的发布不需要经过严格的审查，所以具有很大的自由性和随意性。

按人类信息交流的方式，可将网络信息划分为三类：非正式出版信息、半正式出版信息和正式出版信息。其中，非正式出版信息流动性强、信息量大、信息质量难以保证，通常通过电子邮件、网络论坛等渠道发布；半正式出版信息指受到一定版权保护，但未纳入正式出版信息系统中的信息，又称"灰色信息"，常见于科研机构、政府机关及非政府组织提供的信息，各种内部电子期刊，会议文集，报告等；正式出版信息指受到版权保护、信息质量可靠、利用价值较高的信息。

2.3.2 信息搜集方法与类别

搜集大量的信息，需要按照科学的搜集方法进行，针对不同的信息源采用合适的方法。

1. 文献信息搜集方法

文献信息都是经过人工处理，并用文字符号或代码记录在某个载体上的。因此，我们通常用信息检索法、预定采购法和交换索要法来搜集这类信息。

信息检索法是获取文献信息最主要的方法，主要有三种方式：第一，系统检索法，根据文献的内容特征或外部标识，如主题、关键词、作者、题名等，通过检索工具进行查找，从而获得文献信息；第二，追溯检索法，以文献中引用的参考文献为线索进行追溯查找，或者通过引文索引进行搜索，从而获得文献；第三，浏览检索法，通过广泛地浏览各种相关文献以获取目标文献，这是对系统检索法和追溯检索法的重要补充。

预定采购法，是指通过购买的方式，向信息服务部门有偿获取一些重要的科学期刊、科技报告、标准资料等。

交换索要法，是指信息收集者可用已有信息与有关组织进行交换，以获取所需要的文献信息，或者采用向信息拥有者索取的方式。

2. 口头信息和实物信息搜集方法

对于非文献信息，如口头和实物信息，由于这些信息大多未经过系统化处理，未用文字或代码记录，因此难以搜集和利用。我们一般通过社会调查进行搜集，包括以下几种方式：

（1）现场调查法。现场调查法主要是指信息搜集者在现场对客观事物进行仔细观察，如实地参加各种学术会议、研讨会、报告交流会、出国考察等，从中获取所需的信息。通过现场获取的信息大部分是第一手信息，具有直观、形象、可靠的特点。

（2）访谈调查法。访谈调查法是指通过向受访者询问，以获取所需信息。传统的方式是直接面谈，即信息分析人员与受访者面对面交谈。这种访问调查形式的优点是灵活性高、信息交流和反馈直接迅速，可以捕捉到动作、表情等形体语言传递的信息，适用于讨论复杂的问题；缺点是费用高、受时空的约束和影响较大。随着通信技术的不断发展，电话访谈和网络访谈也成了访谈调查的形式。其优点是受时空的约束和影响较小，可以避免直接面谈时可能出现的尴尬局面；缺点在于不能捕捉动作、表情等形体语言传递的信息。

（3）问卷调查法。问卷调查法是社会调查法的主要方法，指信息分析人员向被调查者发放格式统一的调查表并由被调查者填写，通过调查表的回收获取所需要的信息。

问卷调查是一项有目的、有计划、有组织的搜集信息的活动，包括三个步骤：问卷设计、选择样本、实施调查。问卷调查表可以通过当面发放、函寄、网络等方式发放，通过问卷调查搜集信息方便可行，涉及面广且费用较低。

（4）样品调查法。样品调查法是搜集实物信息常用的方法。样品调查的内容包括：样品存放线索的调查、样品的获取方式和样品实物信息的挖掘。样品调查是获取实物信息的主要方法，广泛应用于商品市场信息分析和竞争情报研究。

（5）专家评估法。以专家作为索取信息的对象，依靠专家的知识经验对问题做出评判和预测。通常以座谈、讨论、分析等方式开展调查，获取信息。

3. 网络信息搜集方法

（1）浏览网页。通过对网页的搜索、浏览，获取所需要的信息。

（2）访问网络数据库。网络数据库是在网络上创建、运行的数据库，将数据存放在远程服务器上，用户通过互联网或中间商进行访问，是一种重要的网络资源。网络数据库中的信息量大、类型多、更新快，用户可随时利用，操作方便。

（3）使用搜索引擎。搜索引擎是一种引导用户查找网络信息的工具，一般包括数据收集机制、数据组织机制和用户利用机制。常用的搜索引擎有百度、Google、搜狐等。

2.3.3　信息整理

从各种渠道搜集的原始信息往往是真伪共存、杂乱无章的，并不能直接应用于信息分析活动。因此，信息分析人员首先必须对这些原始信息进行分类和整理，使之条理化、层次化、有序化。具体的工作包括分类、筛选、阅读、序化。

（1）分类。分类是为了使信息便于管理、检索和利用。通常用类号来标引各种信息概念，按照一定的标准，分门别类地将其组织起来，形成信息分类目录。经过分类整理，便能有效地显示出各类信息的性质及其相互之间的关系。在信息的分类整理过程中，一方面要遵循科学规律，依照科学分类法进行，另一方面要兼顾信息需求者的使用习惯，根据不同的使用要求和信息类型，对原始信息进行整合。

（2）筛选。在分类的基础上，还应该对信息进行初步筛选。根据研究的需要，从搜集的信息中选出符合要求的一部分，剔除无用信息。

（3）阅读。对原始信息进行分类和筛选之后，需要对信息进行阅读。阅读可分为浏览、略读、精读和摘录几个过程。阅读的实质是对原始信息进行内容整理。在这一过程中，要注意比较各种事实或观点，梳理不同的、矛盾的事实或观点，归纳相同的、相近的事实或观点。

（4）序化。序化是指将信息合理地排列为一个有序的整体，以便于信息使用者获取和利用。常用的序化方法有按信息类别进行组织、按信息主题进行组织、按信息产生时间进行组织、编号组织方法等。

2.3.4　信息鉴别与评价

除了进行信息整理，信息分析人员还需要对信息进行鉴别和评价。这不仅关系到原始信息的可用性，而且直接影响到最终信息分析产品的质量。信息的鉴别与评价主要是对所搜集到的信息进行可靠性鉴别、新颖性鉴别和适用性鉴别。

1. 可靠性鉴别

可靠性一般包括真实性、完整性、科学性和典型性四个方面。信息分析人员可以通过考察信息的以下方面来鉴别其可靠程度。

（1）作者。如知名专家、学者撰写的文献一般比较准确可靠，水平较高。

（2）出版机构。如政府机构、著名高校以及权威出版机构出版的文献质量较高，可靠性强。

（3）文献类型。如期刊论文、会议论文等经过严格的筛选、评判，较为可靠；专利、标准文献比一般书刊的可靠性强；学位论文具有一定的可靠性，科技图书一般比较成熟、可靠。

（4）被引用率。反复被他人引用的文献表明其内容得到多人的认可，可靠性更强。

（5）引文情况。所引用的文献权威性越强，可靠性也越强。

（6）信息密级。机密信息的可靠性强于公开信息，但弱于绝密信息。

（7）信息内容。文献本身的论点鲜明、论据充分、数据翔实、逻辑结构严谨，可靠性强。

（8）实践情况。已经被采用或被实践检验证明能达到预期目的的信息的可靠性强。

在信息内容的可靠性方面，可以通过其他信息源来进行反向佐证。如对来自互联网的信息，可通过印刷媒体或电话询问等方式进行查证。一般而言，经过两个或几个信息源证实的信息可视为是可靠的，而来自单一的信息源且不能被其他信息源证实的信息则应视为不可靠，应继续搜集以辨真伪。

为了更好地鉴别信息，信息机构可建立专门的系统来完成这项工作，以提高工作效率和信息鉴别的科学性。

2. 新颖性鉴别

新颖性是指信息所反映的内容是否在某一领域提出了新的理论、观点、假说和发现，或者是否对原有的理论、方法加以创造性的开发和利用。只要是反映各项社会实践的新进展、新突破的信息，都可以认为其具备新颖性。

新颖性是一个相对的概念，在具体实践中，可采用一些易操作的指标来评价。例如，对于文献信息的新颖性，可借助于文献外部特征、文献计量学特征、文献内容特征、信息实践效果等指标加以考察，具体如下：

（1）文献外部特征，如考察文献类型、出版机构和文献发表时间。一般认为进行中的项目的试验信息，以及最近更新的数据库信息具有新颖性，权威出版机构出版的文献具有很好的新颖性，而近期发表的文献信息的新颖性较强。

（2）文献计量学特征。根据文献数量的变化所反映的某一领域发展的阶段和水平，以及文献半衰期的变化所体现出来的文献信息老化规律，可判断信息是否新颖。

（3）文献内容特征。根据文献内容，如在理论上是否提出了新的理论、观点、假说、发现等，在应用上是否提出了新的原理、设计、方法等，可判断信息是否新颖。

（4）信息实践效果。根据文献信息对实践的贴近程度和超前水平以及信息使用后所产生的经济效益、社会效益和环境效益的大小可判断信息是否新颖。其中，经济效益可通过产量、品种、质量、生产效率等指标进行衡量。

3. 适用性鉴别

适用性是指原始信息在一定条件下对信息接收者来说可利用的程度。一般来说，原始信息的适用性取决于特定的研究课题和信息用户，包括研究课题的背景、内容、难易程度、研究条件以及信息用户的信息吸收能力、条件、要求等。

原始信息的适用性鉴别是在可靠性鉴别和新颖性鉴别的基础上进行的，通常可通过考察信息发生源和信息吸收者吸收条件的相似性、实践效果和战略需要来进行评价。首先，具备发生源或吸收者吸收条件相似性的原始信息一般是适用的；反之，是不适用的。其次，评价原始信息是否适用于信息分析课题和信息用户的需要可以从实践中得到印证，实践证明具有良好的经济、社会和环境效益的信息一般是适用的；反之，是不适用的。最后，信息分析课题多带有前瞻性，它不仅要解决当时、当地存在的问题，而且要符合国民经济和社会发展的长远需要，因此，判断原始信息是否适用，除了要考察其是否适应当时、当地的需要外，还应当考察其在未来是否适用。

2.4 信息分析的主要步骤

对信息进行分析和研究是一项综合性的工作，需要结合多种方法和手段，才能得到正确的结论。信息分析是一个复杂的过程，其本身没有统一的规章可循，需要信息分析人员根据不同的课题、不同的要求以及掌握的相关材料，选取不同的研究方法。因此，该过程充分体现了信息分析人员的创造性和能力水平。但我们可以归纳出信息分析工作的一般操作过程，具体总结为信息分析的六个步骤。

2.4.1 浏览与分析初步整理的原始资料

进行信息分析之前，我们已搜集了大量的原始资料。通过浏览这些原始信息，总体把握它们的内容和价值，是信息分析的第一步。

然后，我们需要对这些原始资料进行仔细分析，寻找这些资料的内在联系和外在联系，留意信息中可能出现的错误与矛盾，并将自己的想法与之联系起来，找出思考问题、解决问题的突破口。通常采用自我提问的形式来获得启发。例如：

（1）信息的主要内容是什么？

（2）信息内容与自己的想法之间有哪些矛盾？如何将它们联系起来？

(3) 如何解决课题中存在的问题？

最后，我们需要依据课题任务的进度，进行深入分析与研究，反复阅读、理解、分析，不断地消化信息内容。在这一过程中，我们可能会发现之前被忽略的有用信息，也会对自己的想法或观点进行修正，使其变得成熟。

综上可见，浏览与分析初步整理的原始资料是信息分析的基础。通过这一步骤，可以了解研究课题的基本情况，找出解决问题的突破口，形成自己的想法，为提出假设做准备。

2.4.2 提出假设

信息分析的目的在于提出解决问题的方案、意见或建议，而提出的假设为最终解决问题指明了方向。最初的假设是指从原始资料中抽象出来的、以解决问题或解释现象为目的、有待证明或反驳的理论，可表达为"5W1H"，即关键人物（who）、关键事物（what）、时间（when）、地理位置（where）、动机（why）及操作方法（how），"5W1H"是进行进一步推理的基础。

提出假设的方法有以下三种：

（1）推理法。这种方法主要通过大量案例的学习来形成结论。具体而言，我们在掌握大量信息的基础上，根据以往的经验推断出可能出现的结果。这种方法常用于科学研究，对假设的提出有重要作用。

（2）比较法。这种方法通过分析和比较以前的类似事件，得出当前事件与以前类似事件的关联之处，推断出当前事件可能产生的结果。它与推理法的不同之处在于，比较法注重以前事件与当前事件的密切联系，而非通过参照大量类似事件得出结论。这种方法为没有掌握足够信息的分析人员提供了便利。

（3）信息淹没法。这种方法主要是让信息分析人员完全沉浸在与研究课题相关的信息资料中，通过阅读和分析，让信息分析人员能够自发地、本能地提出假设，是一种比较客观的方法。

2.4.3 搜集、整理和评价信息

为了更好地验证或反驳已经提出的假设，我们需要再次进行信息的搜集、整理和评价。这一过程可以填补分析、思考过程中的信息遗漏，对假设进行拓展和深入。与前一次的工作相比，再次搜集、整理和评价信息具有两个方面的特点：第一，行为上更具目标性和指导性，要求信息分析人员明确信息分析过程中需要的信息以及缺少、遗漏的信息；第二，内容上更具针对性和准确性，根据具体的问题对应所需信息，要求搜集的信息具有针对性，这将关系到最终问题的解决。

信息的搜集、整理和评价并非一蹴而就，随着研究的深入，需要进行一次次的搜集、

整理和评价信息工作。在这一过程中，信息分析人员的思路和视野得以拓宽，提出的假设被不断修正和完善，为后续研究做好准备。

2.4.4 验证与确定前提

前提是指隐含在信息中与其他问题相关联的观点，用于支持证明或反驳假设的论据或推断。确定前提时，首先，从假设的每个子假设出发，结合已搜集的相关信息和自身的理解，从信息中提取支持、反驳或与子假设相关的信息；其次，根据提取的信息确定假设前提或支持假设的论据，确定与子假设相对应的观点；最后，在已经设立的问题后罗列出支持或反驳子假设的前提或事实，形成有一定假设前提的问题，这就是证明或反驳子假设的事实基础。

2.4.5 验证假设并形成推论

推论是指从前提信息中提炼的、前提信息所支持的结论。从前提信息中抽取、形成推论并进行拓展，是一个思维关联和思维抽象的过程。在这一过程中，我们可以根据前提对问题树中的每个子假设进行判断。如果存在多级假设，可根据子假设的判断结果，继续判断其上一级假设，并根据所有子假设的判断结果对最高一级假设进行验证。最后，对判断结果进行可能性分析。信息–前提–推论关联图如图 2-2 所示。

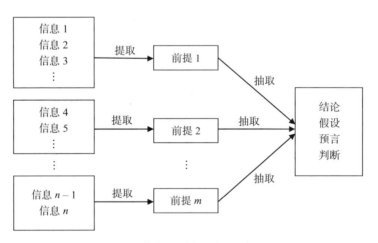

图 2-2　信息–前提–推论关联图

在这一步骤中，我们可采用多种信息分析方法来形成推论。比如，引文分析法、多元分析法、相关分析法、时间序列法等，这些方法将在后面的章节中详细介绍。

2.4.6 形成最终结论

通过前面几个步骤，我们厘清了信息–前提–推论的关系，得到了明确的分析结论。根据假设判断结果和可能性分析，形成信息分析的最终结论，并阐述得出结论的依据。此时，我们还需要考虑以下几个问题：

1）最初的假设是不是最佳假设？
2）是否已把关于假设的全部问题都想到了？
3）是否已考虑到关于该问题的全部关键驱动因素？
4）最终结论是否都可行、可证明？

如果最终结论偏离了信息分析的目的，可返回到"提出假设"步骤，重新创建假设，继续信息分析流程的其他步骤。由此可见，这是一个反复、渐进的过程。

2.5 信息分析报告的撰写

2.5.1 信息分析报告的类型

目前，对于信息分析报告而言，从不同的角度有不同的分类方法。在本书中，我们根据内容的特点，将信息分析报告分为系统资料类报告、信息报道类报告和研究报告类报告。

1. 系统资料类报告

系统资料类报告一般是信息分析人员根据不同的主题，在日常积累、系统搜集和全面调查、整理及分析的基础上完成的一种信息分析产品。这类报告的主要类型有手册、指南、汇编、年鉴、要览、数据图表、数据集、数据库等。

系统资料类报告具有以下特点：第一，时间跨度较长，完成这类报告需要搜集大量、全面的信息，并经过科学的分类、筛选和摘录等过程，因此需要花费几年、十几年甚至更长的时间；第二，这类报告属于基础性资料，是进一步进行信息分析和研究的重要工具。从总体上来说，系统资料类报告具有密度高、系统性强、完整性和准确性好的特点。用户通过这类产品，可以方便、清楚地查阅有关课题的基本情况、水平、动向和趋势，系统资料类报告具有其他信息分析产品所不能替代的优势。

2. 信息报道类报告

这是最简单的一种信息分析产品，主要是及时报道不同领域的国内外科学技术、技术经济、科技管理发展的最新水平、动向和趋势，具有明显的推荐性质。常见的形式有快报和动态：快报主要报道特定领域的动向性消息，如《高技术新材料快报》等，有定期和不定期两种报道方式；动态偏重综合性和专业性，并经过一定程度的分析加工，如《国外科技动态》《环境科学动态》等，多为定期报道。

因此，我们可以总结出信息报道类报告的一般特点，即内容简洁、新颖性强、报道迅速及时。此外，从这类报告的制作过程来看，它经过了信息分析人员的仔细搜集、整理和分析研究，因而具有极强的针对性和实用性。虽然这类报告的内容和报道方式与一般的新闻报道内容和方式有些类似，但其内在的价值通常远远高于一般的新闻报道。

3. 研究报告类报告

这类报告是信息分析产品的主力军，我们通常所说的信息分析产品主要就是指这类产品。研究报告类报告以数据统计和分析、归纳提炼、论证推测等为宗旨，具有结构严谨、分析深刻、结论明确等特点，通常有以下几种常见的类型。

（1）综述性研究报告。

综述性研究报告是在对特定范围内的某一课题的大量相关信息进行综合分析和加工之后形成的一种产品。在信息分析实践中，综述性研究报告一般包括综述、学科总结、专题总结、年度总结、年度进展等。它以简洁的形式对特定的课题做出概括性的描述，使人们能够在较短时间内了解有关课题的内容、意义、现状和发展趋势等方面的信息，具有叙述性、综合性、浓缩性、具体性等特点。

（2）述评性研究报告。

述评性研究报告是对综述的进一步发展。它通过对特定范围内的某一课题的大量相关信息进行综合分析和加工，进而对课题的内容、质量及应用情况进行综合评价，最后，提出相关的观点、评论及建议。在信息分析实践中，述评性研究报告一般包括述评、考察报告、专题报告等。由于述评性研究报告中包含了信息分析人员个人的评论、观点或建议，因而主观性较强，也充分体现了信息分析人员的创造性。高质量的述评性研究报告具有一定的可靠性和权威性，是进行各类科学决策、研究开发、市场开拓的重要依据。

（3）背景性研究报告。

这种信息分析产品是通过对某项具体任务的相关背景信息进行分析研究形成的，目的是获得广泛而全面的参考，使任务顺利完成。这类报告通常用于规划与战略的制定、出访、外交谈判等重大活动之中。由于信息量较大且需要考虑方方面面的因素，因此该类研究报告的信息源一般难以获取。

（4）预测性研究报告。

预测性研究报告是根据有关课题的大量原始信息，利用一定的科学方法和技术工具，对课题的发展前景及其对国民经济和社会发展的各种可能的影响进行预测、分析和研究，从而形成的一种信息分析产品。这类产品的具体形式有预测、展望、趋势等，如能源资源预测、粮食产量预测等。

（5）评估性研究报告。

这类报告是在掌握有关课题的大量原生信息的基础上，利用现代评估技术对课题的水平、方案、效益等方面进行分析、研究和评估而形成的一种信息分析产品。这类报告的类型主要有方案评估、能力评估、效益评估以及可行性研究等。

评估性研究报告的目的在于准确把握现状，以便于方案的选择。因此，这类报告的重点在于比较，在对原始信息进行必要的阐述后，应进行比较分析，从而得出结论。

信息分析报告类型多种多样，在本书中，我们仅列举信息分析实践中常见的一些报告类型。随着信息分析实践的发展，新的信息分析报告类型将会不断涌现，而一些不再适应用户需要的信息分析报告类型也将被逐渐舍弃。

2.5.2 信息分析报告的基本结构

1. 系统资料类报告的基本结构

系统资料类报告的特点在于信息密度较高，但它并不是大量信息的无序堆积。因此，在撰写这类报告时需要注重结构的安排。

年鉴的结构一般包括前言、主体和便览三部分。前言主要说明年鉴的性质、目的、意义、服务对象、编写过程等，其作用在于开宗明义，力求简明扼要、突出重点。主体是年鉴的主要部分，反映年鉴编写对象所属领域一年来的进展情况、取得的主要成就等内容，通常没有过多描述性的文字，而是提供大量的具体数据和事实信息，简单明了。主体的编排可以按月份顺序或专业的分支进行。便览主要记录与年鉴内容有关的参考信息，具有索引的功能。用户利用便览可查找原始信息的来源，从而方便核对或获取信息。

指南的撰写具有统一的结构，包括摘要、正文、索引和附录，编写时需注意内容的简要性和检索性；手册的撰写需突出系统性和结构性，注意内容的全面性和层次性；虽然数据库的类型较多，但其制作过程大致包括系统分析、结构设计、数据存储与校核、系统试行、成品包装几个阶段。

2. 信息报道类报告的基本结构

信息报道类报告的内容简洁明了、新颖性强且报道迅速及时，这些特点决定了这类报告的结构完整，篇幅短小精悍。因此，我们应仔细考虑整体上的谋篇布局。完整的信息报道类报告由导语、主体、结尾和背景四部分组成，但可根据内容需要进行取舍，并不要求结构形式的完整性。

导语是信息报道类报告的第一段或第一句话，是对最重要、最新鲜、最能引起读者兴趣的内容的简要概括。其作用在于揭示内容并吸引读者。因此，在撰写导语时，应注意内容的写实性和语言的形象性，写出所要揭示的内容的本质并将其生动形象地表现出来。

主体是信息报道类报告的主要部分，以简洁的文字对导语的内容进行解释和展开。根据内容的不同，主体的撰写既可以按照逻辑顺序，即根据事物的内在联系进行，也可以按时间顺序，即根据事件发生的先后顺序进行。但不论采取何种方式，都要注意条理清晰、层次分明并突出主题，而非空泛地议论。

结尾的作用在于让报道的事实更加全面和充实，从而深化主题。因此，结尾一般要注意和导语相呼应。它可以以小结形式归纳前面所揭示的内容，也可以给读者留下思考的余地；可以以号召性的口吻引起读者的响应，也可以以预示性的方式指出事物的发展方向。无论采用何种方法结尾，都要力求自然、新颖，达到画龙点睛的作用。

背景是指与本体事实有关的附属材料，如对比性、说明性、注释性的材料等。提供背景材料可以使主题更加鲜明、突出，使读者易于理解。运用背景材料要注意简要、恰当，避免喧宾夺主。

3. 研究报告类报告的基本结构

在通常情况下，研究报告的体系结构包括题目、序言、主体、结论、参考文献、附录六大部分。

题目通常由标题、内容简介、目录等几部分组成。标题是对研究报告内容的高度概括和提炼，是研究报告给予读者的第一印象，是不可或缺的一部分。因此标题在反映主题的前提下应注意简洁、醒目、新颖。根据需要，我们可选择单标题、主副标题和冒号并列标题三种形式。内容简介和目录是对标题的补充和说明。内容简介简要说明研究报告的主要内容、制作目的、读者对象、主要结论或建议等。目录是由研究报告的各章节的大小标题组成的，反映了研究报告的基本内容结构。

序言主要反映研究报告制作的原因、目的、意义、背景、方法等，阐明课题的基本情况，如目前的研究状况、遇到的困难、发展方向、趋势以及其他相关情况。序言的作用是为分析和论证主题做铺垫，因此，应注意简明扼要、条理清晰。

主体反映了研究报告的主要内容，是整个研究报告的核心。要根据课题的需要，对搜集到的信息进行归纳、整理、分析、论证、评价等。具体内容则根据研究报告类型的不同而不同，如综述性研究报告的主体主要叙述课题的历史背景、目前的状况以及未来的发展趋势；述评性研究报告的主体先进行描述，再进行评价；预测性研究报告的主体则要重点阐明预测的依据、方法（或模型）、过程和结果。

结论是对研究报告主要内容的总结，一般包括该课题研究中的主要观点、存在的问题、解决方案、意见或建议、研究的局限性和展望等方面的内容。结论或建议来自对主体的提炼，因此要与主体内容的论述紧密呼应。既要防止提出理由或论据不充分的结论或建议，也要避免轻易放弃应坚持的观点或必要的建议。

在研究报告的最后，必须详细列出撰写研究报告过程中参考和引用的文献，目的有三点：第一，为读者的进一步研究提供线索；第二，提高研究报告的可信度；第三，向提供这些参考文献的作者表示感谢。

参考文献可以按文献在研究报告中出现的先后顺序排列，也可以按文献对研究报告所起的参考作用的大小顺序排列。参考和引用文献的著录格式需要特别注意。

在研究报告中通常将一些经常引用或篇幅过大的图表、数据、公式、符号说明等集中起来构成附录，使主体对问题的阐述和论证更加紧凑、严密。但附录不是必要的内容，是否采用附录要根据实际情况而定。

2.5.3　信息分析报告撰写的基本程序

撰写信息分析报告是信息分析活动的重要组成部分，也是最后一个环节。以研究报告为例，一般分为构思、撰写初稿、修改及定稿三个阶段。

1. 构思阶段

在撰写报告之前，我们需要站在全局的角度对整个报告进行全面性的规划和设想。例如，如何确定主题、选择材料、安排结构、组织语言等。构思的目的在于厘清思路，确保能够准确、完整、清晰地表达观点、思想和建议。在构思过程中，我们要注意以下三点：

第一，注意主题的单一性和明确性。主题是一份研究报告所要体现的总的意图或基本观点，是衡量一份研究报告价值大小的重要因素。因此，我们需要从大量的材料中精心提炼出主题，这也是整个构思过程的中心环节。对于一份研究报告而言，其主题应该是明确且唯一的。

第二，注意合理地组织论据，并进行严密的论证。论据是指用于证明主题的理由和根据。所有的论据都要围绕主题展开，为主题服务，遵循必要充分、真实准确、新颖特色的原则。论证是运用论据证实论点的过程和方法，体现了论点与论据之间的逻辑关系。对于研究报告，论证主要采用逻辑推理的方法，包括归纳法、类比法、演绎法等，但无论采用何种方法，都要确保论证过程严谨、周密、完善。

第三，注意结构的完整性和统一性。结构是指研究报告各组成部分的总体布局和具体安排，其作用在于有效地表现主题。由于主题是一个完整的思想，因此最终的信息分析报告也必须有一个完整的结构，确保研究报告的各部分都齐全。此外，结构还应该协调统一、衔接连贯。我们要合理安排好各部分的先后次序和篇幅比例，并保持段落和层次之间的衔接，做到首尾呼应、层层推进。

构思的结果一般是形成一份写作提纲。提纲按照一定的逻辑关系逐层展开，由纲到目，层次分明。一般使用分级标题，比如，一级标题为"1"，二级标题为"1.1"，三级标题为"1.1.1"等。提纲是研究报告的框架，通过拟定提纲，可以明确主题，使内容条理清晰，防止出现重复、遗漏、无序等问题。

2. 撰写初稿阶段

初稿是研究报告的雏形。它既可以由一人单独完成，也可以由多人合作完成。但不论以哪种形式，撰写者在撰写前都应该认真地研读和对照提纲，并按实际情况对提纲进行修改。由多人合作的研究报告应由撰写人（课题组负责人或课题组其他成员）提出具体的修改意见，通过课题组全员讨论，统一意见后再进行修改，并由课题组负责人签字。

在撰写初稿时，应紧扣主题，合理地选用材料，并严密地进行论证，确保既无重大遗漏，也无明显重复。对于多人合作撰写的研究报告，还应注意协调统一，在观点的提出和专业术语的使用等方面不出现严重的分歧和矛盾。

3. 修改及定稿阶段

修改实际上是一个对初稿中出现的错误进行纠正，并对内容进行补充和完善的过程，需要反复进行推敲。在初稿形成后，一般先由撰稿人自己修改，如合理地调整结构，使之恰到好处地反映主题内容；删重补漏，使语言精练完整；纠正错误，确保内容正确无误。经撰写人修改完毕的初稿再提交课题组讨论，集思广益，使之进一步完善。在必要的情况下，还可将初稿呈送专家审阅、召开学术报告会讨论修改等。经过反复的修改，并由课题组负责人确认的初稿就可以定稿，形成最终的报告。

图 2-3 归纳了撰写综述性研究报告的一般程序。

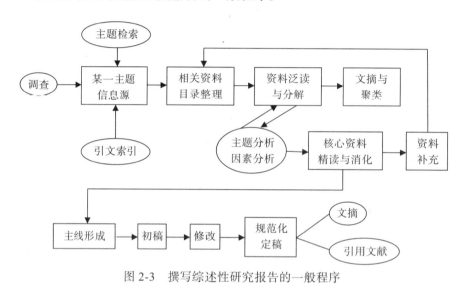

图 2-3　撰写综述性研究报告的一般程序

2.6　信息分析产品的评价与利用

2.6.1　信息分析产品的评价及方法

随着信息分析活动的发展，产生的信息分析成果也越来越多，信息分析产品在科技、经济、文化等领域中的作用也越来越大。因此，对于信息分析产品的评价是十分必要的，且具有重大意义。首先，评价信息分析产品是对信息分析人员工作的检验与认可，有利于稳定和发展信息分析人员队伍，激发和调动其工作的积极性、创造性。其次，通过评价信息分析产品，可将评价结果作为评判信息分析人员业务能力和水平的依据，以及评定职称的参考。再次，在评价信息分析产品的过程中，可发现信息分析工作中存在的不足之处，有利于产品质量的改进和提高，使其更加满足市场的需要。最后，通过对信息分析产品的评价，可衡量和判定产品的直接价值和潜在价值，有利于产品的宣传推广，也有利于使定价更准确，并有利于发挥产品的潜在价值。

由于信息分析产品的价值具有客观性、综合性和隐蔽性等特点，因此对信息分析产品的评价具有极大的必要性。在评价过程中，不仅要关注产品的内容质量，还要关注用户的使用效果，并对产品的直接价值和潜在价值分别进行评价。

由于信息分析产品类型较多、内容繁杂、分析对象和目的不尽相同、用户需求各异，因此，信息分析产品的评价指标并不统一，我们需要根据不同产品的特点采用其专用的评价指标体系。虽然没有统一的评价指标体系，但部分评价指标具有通用性，比如，针对性、准确性、创造性、效益性、加工制作水平等。

（1）针对性。针对性是指不同的信息分析产品对应不同的用户需求，体现出自身的特点。针对性越强，对信息分析产品的评价越高。

（2）准确性。准确性是指产品内容的可靠程度，体现了信息分析产品的科学性。搜集信息的准确度、信息分析人员的工作态度及研究水平都能影响信息分析产品的准确性。准确性越高，对信息分析产品的评价越高。

（3）创造性。创造性包含两个方面的内容：一是信息分析产品的主题、思想、方案是否创新；二是产品中提出的观点是否准确，对于方案的论证是否令人信服等。信息分析工作的本质就是一种创造性的活动，创造性越高，对信息分析产品的评价越高。

（4）效益性。信息分析产品的目标和价值在于创造效益，包括经济效益和社会效益。经济效益包括提升生产力水平、提高生产效率、降低成本等，社会效益包括改善社会关系、优化就业结构以及促进科技进步等。信息分析产品的效益依附于社会活动和经济活动，效益性越高，对信息分析产品的评价越高。

（5）加工制作水平。评价信息分析产品的加工水平包括两方面：一是加工难度，通过产品本身的复杂程度和投入的人力、物力、时间等因素进行衡量；二是加工深度，根据信息分析产品所揭示问题的深度以及分析人员的研究深度进行评价。信息分析产品的加工制作水平通过其内容的逻辑性和文字表达两方面进行评价：内容的逻辑性体现在推理、论证是否严谨、充分，文章结构是否具有条理性；文字表达体现在用词是否准确，行文是否流畅。信息分析产品的加工制作水平反映了分析人员的研究能力和认识水平，加工制作水平越高，对信息分析产品的评价越高。

2.6.2 信息分析产品的传播与利用

信息分析产品是科学决策、研究与开发、市场开拓的重要依据，信息分析功能和作用必须经过这些信息产品的有效传播才能实现。换言之，信息分析产品只有进行有效的传播，才能为用户所利用，信息分析产品的价值才能得以体现。信息分析产品的传播是信息分析产品从分析人员或分析机构走向用户的过程，是信息分析活动的必要环节。

信息传播一般分为单向主动传播、单向被动传播、多向主动传播和多向被动传播四种形式。在信息分析中，上级主管部门下达的课题、信息用户委托的课题通常属于单向被动传播形式，如图2-4所示；而信息分析人员自己提出的课题通常以单向主动传播形式传播，随着信息分析活动的普遍开展，这种传播形式也出现得越来越多，如图2-5所示。

由于信息分析产品是为满足特定的用户需要而生产的，因此极少出现多向主动传播或多向被动传播的形式。

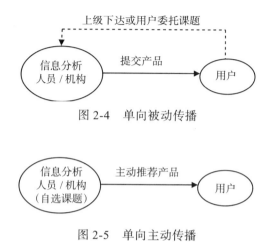

图 2-4　单向被动传播

图 2-5　单向主动传播

在信息分析产品的传播过程中，产品的定价和市场因素均会影响产品的有效传播。信息分析产品的定价以价值为基础，并受到内部和外部多种因素的影响，例如产品成本、生产周期、开发难度、市场供需情况、竞争形态、用户购买能力等。因此，信息分析产品的定价必须以产品效用为基础，综合考虑其他影响因素，确保合理性。此外，作为管理方的政府机构可通过组织、协调、控制、监督等方式减弱部分市场因素带来的影响，促进信息分析产品的有效传播。

信息的利用是一个复杂的过程。信息分析产品从信息分析机构传播过来以后，信息用户不仅需要考虑如何理解、消化和吸收信息的内容，而且需要考虑如何在科学决策、研究开发、市场开拓等社会实践活动中加以利用。在信息分析产品应用的过程中，产品利用的效果受到多方面因素的影响，如用户本身已有的知识结构、经验、消费习惯、经济承受力以及对信息内容的理解、消化和吸收能力等，都会对信息产品利用的效果产生影响。因此，信息分析产品利用的效果往往不尽如人意。

信息分析产品的利用过程不仅是发挥产品效用的过程，也是发现产品缺陷、不足之处的信息反馈过程。搜集信息分析产品利用的反馈信息是间接控制信息传播和利用效果的有效途径，信息分析活动中的许多调整和改进工作，以及新需求的发现均是以用户的反馈信息为依据的。

◎ **思考题**

1. 选题的原则有哪些？试论述选题的程序。
2. 简要描述信息源的类型、特点以及信息搜集的原则。
3. 试述信息分析的主要步骤。
4. 信息分析报告的类型有哪些？如何对信息分析产品进行评价？

CHAPTER 3

第3章

常用逻辑思维方法

在认识客观事物的过程中，人们通常会经历感性认识和理性认识两个阶段。在感性认识阶段，我们了解到事物的表象，而在理性认识阶段，我们认识到事物的本质。在理性认识阶段，我们通常采用逻辑思维，即运用概念、判断、推理等思维类型反映事物本质与规律的认识过程。逻辑思维又称抽象思维，它通过抽象概念来揭示事物的本质及其客观规律、联系，是信息分析中主要的思维方法。逻辑思维是人脑的一种理性活动，贯穿于信息分析的全过程，具有规范、严密、确定和可重复的特点。目前，常用的逻辑思维方法主要有分析、综合、比较、推理等。本章将对这些方法做详细的介绍。

3.1 分析与综合

客观事物包含整体和部分两个方面，而整体由具有内在联系的各个部分组成。因此，客观事物是复杂的、具有普遍联系的。人们在认识客观事物时，首先将事物分解为各个要素，从局部出发分别加以研究和分析，再将这些要素按其内在联系有机地整合，再从整体出发进行综合研究，从而掌握事物的本质属性和发展规律。因此，认识是一个分析、综合、再分析、再综合的过程。分析是综合的基础，而综合是分析的依据和指导，两者既有区别又有联系，并在一定条件下相互转化。因此，分析与综合是信息分析中重要的逻辑思维方法，人们对客观事物不断深化的认识过程离不开分析与综合的相互转化。

3.1.1 分析

任何事物都不是孤立存在的，事物之间以及事物内部各要素之间总会以不同的形式与其他事物发生各种各样的联系。对于某一事物本身，其各组成要素之间也并非彼此孤立，而是相互联系、相互影响的。分析就是把某一客观事物按照研究目的需要，分解为各个要素，并对事物或内部各要素之间的特定关系进行由此及彼、由表及里的研究，以实现对事物本质的认识的一种逻辑方法。

在对某一事物进行分析时，常常要将事物有逻辑地分解为各个要素。只有通过分解，才能找到这些要素并研究出其中影响客观事物发展变化的关键要素。由于客观事物中构成整体的各个要素是相互连接且不可分割的，因此，除了对事物进行简单的分解、罗列和研究之外，我们还需要在此基础上进行各要素的地位、作用和相互关系的研究，具体来说，就是把构成客观事物整体的各个要素放到各方面的相互联系中去，放到事物的矛盾运动中去。例如，在研究人体的生理结构时，我们首先把人体分为八大系统，即神经系统、呼吸系统、消化系统、运动系统、循环系统、生殖系统、泌尿系统和内分泌系统，并了解各个系统在人体生理结构中的地位和作用，然后通过了解各系统之间的内在联系，认识到在内分泌系统的作用下，各系统有机地结合起来，使人体成为有生命活动的整体。

人们在刚接触事物时，只能认识事物的表面现象。要想深入地了解事物的本质，掌握其规律，就必须对事物的各方面进行分析，从而把认识从具体上升到抽象，从现象上升到本质。因此，分析的过程是思维运动从整体到部分、从复杂到简单的过程。分析的基本步骤如下：

（1）明确分析的目标。这是进行信息分析的前提和基础，只有为分析活动确定具体、明确的目标，才能针对分析目标的要求选择合适的分析方法和工具。

（2）将研究对象分解为若干个相对独立的要素，并把握各要素的特点。

（3）探明构成事物的各要素之间的相互联系及作用，进而研究这些联系的性质、表现形式，以及在事物发展变化中的地位和作用等。

通常情况下，分析并不能一蹴而就，而是要经历若干次由此及彼、由表及里、由浅入深的分析过程，每次向更深入的分析前进一步，都需要对事物重新进行分解。可见，将事物分解成各个要素并不是分析的最终目的，而是一种认识的手段。在分析过程中，每次分解形成的要素可能会有差异，采用的分解方法也可能不同，但最终目的都是透过表面现象，把握本质的规律或联系。

分析法在信息分析中的应用十分广泛。比如，运用分析法研究影响某项新技术的开发可行性，研究某个行业或企业的发展背景、历程和趋势。通过分析，我们可以明确企业在市场竞争中的优势和劣势，把握发展的机会，并发现行业中存在的威胁。运用分析法研究市场供需状况和市场潜力，可为新产品的开发找准市场定位。

摩托罗拉公司创建于1928年，1965年进入彩色电视机市场，并于1967年开发推出美国第一台全晶体管彩色电视机，很快成为美国著名的电视机制造商。20世纪70年代，由于忽视市场竞争环境的变化和已迅速崛起的新的竞争对手，摩托罗拉公司于1974年退出电视机市场，被迫将国内电视机业务卖给了日本的Matsushita公司。20世纪80年代后，摩托罗拉公司开始认识到信息分析、预测研究与系统建设在企业经营发展中的重要作用。为了重新占领移动通信市场，摩托罗拉公司的信息分析人员用分析法对公司自身产品、竞争对手、市场环境等因素进行研究，重新审视自身产品的特点、质量和生产程序，并深入分析竞争对手的产品优势以及产品的市场需求，加强了以竞争情报为核心的信息管理。通过 20 多年的不懈努力，摩托罗拉公司重新在移动通信市场占有了一席之地，确立了世界顶级移动通信产品生产商的地位。此外，分析法还可应用于科技、经济、市场、环境等政策实施和管理的效应的研究。

分析法主要包括定性分析和定量分析。在信息分析中，针对不同的研究目的，常用的分析方法有因果分析、表象和本质分析、相关分析和典型分析等方法。

1. 因果分析

因果分析是客观事物各种现象之间的一种普遍的联系形式。当某一现象的发生会引起另一现象的发生时，表明两个现象之间存在因果关系。例如，二氧化碳排放过多会引起气候异常，出现温室效应。在这里，引起某种现象发生的现象就是原因，由原因的作用而发生的现象就是结果。任何现象都有其发生的原因，任何原因也都必然引起一定的结果。我们把先行现象称为原因，后续现象称为结果。因此，因果分析是指从客观事物的因果关系出发，由原因推导出结果，或从结果中总结出原因的分析方法。通过因果分析，可以找出事物发展变化的原因，认识和把握事物发展的方向及规律。由于事物之间相互联系的形式不同，所以因果分析也有不同的形式。在信息分析中，因果分析主要有求同法、求异法、共变法和剩余法四种形式。

（1）求同法。如果在不同的场合发现相同的现象，这些不同的场合各有若干个原因，但其中相同的原因只有一个，则可以初步确定这个共同原因就是产生该现象的原因。例如，俗话说"说话听声，锣鼓听音"，经过观察，发现各种物体的发声现象都伴有物体上空气的振动。由此可以断定，物体上空气的振动是发声的原因。

（2）求异法。如果我们发现的现象出现在第一种场合，而并未出现在其他场合中，且这些场合只有一个原因是不同的，则可初步确定这个不同的原因就是引起该现象产生的原因。例如，意大利的一位科学家利用求异法进行了一项实验，向四个广口瓶中放入鱼肉，并将其中两个瓶子蒙上纱布以阻止苍蝇进去，敞开另外两个瓶子的瓶口，使苍蝇能飞进去产卵。结果显示，封闭的两个瓶子中的鱼肉没有出现蛆，而敞开的两个瓶中的鱼肉很快出现了蛆。他因此断定，苍蝇产卵是鱼肉生蛆的原因。

（3）共变法。如果在所观察的现象发生变化的各种场合里，其他原因都没有变化，只有一个原因发生了变化，则可以初步确定发生了变化的原因是使所观察的现象发生变化的原因。例如，在研究温度对弱电解质电离度影响的规律时，设计如下实验：在烧杯中装入 0.01mol/L 的醋酸溶液 25mL，用测定溶液导电性的装置，做三次醋酸溶液在不同温度下的导电性强弱的实验。结果如下：0℃时通电，灯泡暗淡；50℃时通电，灯泡比较明亮；100℃时通电，灯泡非常明亮。由此可归纳出，温度升高是灯泡变亮的原因。

（4）剩余法。如果已知某一现象是所观察的现象的原因，并且又知先行现象的某一部分是后续现象中某一部分的原因,则可初步确定先行现象中的其余部分是后续现象中的其余部分的原因。

值得注意的是,利用因果分析法研究得到的结论不一定是完全正确的,需要结合其他分析方法进行进一步的分析和验证。

2. 表象和本质分析

表象和本质是揭示客观事物的外部表现和内部联系的相互关系的一对哲学范畴。表象是指事物的表面特征以及这些特征之间的外部联系,本质是构成事物的各种要素之间的内在联系,反映事物的根本性质。由于本质是通过表象表现出来的,因此两者之间存在着一定的关系。表象和本质分析就是利用事物的表象和本质之间的关系进行分析的一种方法。利用表象和本质分析的方法,可以由表及里,达到透过事物表象把握其本质的目的。

3. 相关分析

除了因果关系、表象与本质关系以外,客观事物之间以及事物内部各个要素之间还存在许多其他相关关系,如科技进步与综合国力的关系、市场供给与需求的关系、企业业绩与股票价格的关系、市场风险与收益的关系、经济发展水平与人口增长速度的关系等,它们之间均存在着或近或远、形式各异、性质不一的相关关系。在信息分析中,我们把利用事物的这些相关关系进行由此及彼、由表及里的分析,从已知事物推知未知事物的方法统称为相关分析。

按客观事物之间影响作用的方向来分类,相关关系可分为正相关和负相关关系。正相关是指一个事物的变化会引起另一事物产生相同方向的变化,例如,劳动生产率和单位时间的产量是正相关关系,劳动生产率越高,单位时间的产量越大。负相关是指一个事物的变化会引起另一事物产生相反方向的变化,例如,劳动生产率和单位产品的成本是负相关关系,劳动生产率越高,单位产品的成本越低。

在信息分析中,相关关系可以表现为多种具体类型。例如,通过分析某一领域专利文献的发表数量,可推断该领域的发展现状及其市场前景,因为专利发表数量与发展现状和市场前景之间存在着因果相关关系;又如,石油价格变动会引起天然气、煤炭等价格的变动,因为石油价格和天然气、煤炭等价格之间存在着伴随相关关系。此外,相关关系还可以表现为包容相关、并列相关等形式。相关分析的关键在于发现客观事物之间的相关性,这离不开对事物的仔细观察和总结,在很大程度上要依靠信息分析人员的经验。

4. 典型分析

典型分析是指对于一个或几个具有代表性的事例,找出其核心问题并进行深入分析和研究的方法。这种方法虽然涉及面不宽,但能使人们产生很深的印象,并能从中吸取教训、获得经验。例如,中国科学技术情报研究所曾对日本钢铁工业高速发展的原因进行了典型分析。日本的钢铁工业在第二次世界大战结束时几乎处于瘫痪状态，其年产量大幅度下降。但在随后几十年的发展过程中，日本在钢铁产量的增长速度、生产技术水平、钢铁产品质量、劳动生产率、各种原材料消耗量以及在国际市场上的竞争力方面都居于世界领先地位。究其原因，主要是日本政府采取了"倾斜钢铁"的政策。在这一政策的影响下，日本钢铁工业广泛引进国外先进的生产技术，采用合理的生产流程，新建沿海钢铁厂，制造大型生产设备，从而提高了钢铁产品的产量和质量，同时降低了生产成本，提高了经济效益，进而在世界各国的钢铁工业竞争中保持了优势。

3.1.2 综合

综合法是指人们在思维过程中，把与研究对象有关的各个要素、侧面、属性等联系起来考虑，将原本分散的部分整合起来，探索它们之间的相互关系，从整体的角度把握事物的本质和发展规律，通观事物发展的全过程，从而获得新知识，产生新结论的一种逻辑方法。它是与分析相对立的一种方法。

首先，综合并非主观地将研究对象的各个要素简单地堆砌在一起，而是按照各要素在研究对象内部之间的联系有机地结合，从总体上去把握事物。其次，它不是抽象地、从外部现象的联系上来理解事物，而是抓住事物的本质，探究其如何在事物的运动中展现出整体的特征。最后，综合法不是孤立、片面地理解事物，而是从全局出发，把对研究对象各要素之间的认识统一为整体的认识，从整体上把握事物的本质和发展规律。

在分析阶段，我们获得的对事物的认识较为抽象，仅仅停留在这一阶段是远远不够的，我们需要对抽象的概念进行综合判断，将理性的抽象上升到理性的具体，即综合考虑构成事物的各要素之间的内在联系，达到正确认识客观事物的目的。综合的基本步骤如下：

1）明确综合的目的。这是进行综合的前提，只有为综合制定一个明确的目标，才能将复杂、分散的信息综合为一个整体进行研究。

2）把握分析之后形成的研究对象的每个要素，了解各要素的结构及其内在联系形式。

3）将各要素按其内在联系重新组合形成一个整体，从总体的角度把握事物的本质规律和发展方向，从而获得新的知识和结论。

综合建立在分析的基础上，将分散的个别认识上升到整体的规律性认识，克服了分析法无法整体把握事物本质的局限性。在信息分析中，综合法有着广泛的应用。综合可以将各种来源的分散、片面的信息按特定的目的归纳、整理和提炼，从而形成全面而系统的知识和结论。从事物发展的连续性角度来看，运用综合法可以了解相关课题的历史背景和研究现状，并总结其发展规律，探究其发展趋势；从空间分布的整体性角度来看，运用综合法可以掌握各个地区、各个部门的有关情况及其发展规律；从内容范畴的内在联系角度来看，运用综合法可以揭示出内容范畴之间本质的固有的联系。概括其中的共性，提炼出其中的特性，从而获得新的思想、观点或结论。此外，还可以将这三个角度相结合，加以综合研究，使信息用户对有关课题的各个时期、各个地区、各方面内容的相关信息有一个总体的了解，掌握事物发展的规律和趋势，从而为信息用户提供启示，帮助信息用户拓宽思路、总结研究经验。

在信息分析中，常用的综合方法主要有简单综合、系统综合和分析综合三种。

1. 简单综合

简单综合是将搜集的与研究课题有关的信息（情况、数据、材料等）进行归纳和整理，从而获得新的认识。简单综合的信息来源于各个方面，要求信息分析人员留心观察、注意积累。例如，将当前世界各国关于人口数量、人口出生率、死亡率、自然增长率等方面的数据集中起来，进行归纳整理，就可得出关于世界人口发展趋势的相关结论。

2. 系统综合

系统综合是指从系统论的观点出发，对与研究课题有关的大量信息进行横向与纵向的研究，从而认识事物的本质及发展规律。横向综合包括研究课题相关的政策、资源、科技、发展水平等，纵向综合包括研究课题相关的历史、现状和发展趋势。相比于简单综合，系统综合并非简单的信息搜集、归纳和整理，而是一个创造性的深入研究的过程。例如，企业在对市场进行分析预测时，既要纵向综合企业自身发展水平、竞争对手实力、竞争环境因素等方面的历史、现状和发展趋势，又要横向综合与市场有关的这些因素之间的相互关系，进行全面研究和把握，从而为制定和实施企业竞争战略提供可靠的依据。

3. 分析综合

分析综合是对所搜集到的与研究课题有关的信息（情况、数据、材料等），在对比、分析和推理的基础上进行综合，以认识课题的本质、全貌和动向，从而获得新的知识和结论。分析综合的方法有三种：存优、浓缩和化合。存优，就是将各种信息进行对比分析，去伪存真，去粗取精，将优质内容保留下来综合考虑；浓缩和化合借用了化学术语，表示在思维活动中将各种信息进行浓缩、提炼，化合形成新的知识和结论。分析综合在信息分析中应用广泛，例如在企业开发新产品时，信息分析人员可以大量搜集同类产品、相似产品以及其他相关产品的规格、性能、质量、生产条件、市场前景、经济效益等信息，在此基础上进行对比、分析和推理，博采众家之长，综合出新产品设计的最佳方案。

3.1.3 分析与综合的关系

分析与综合既相互区别，又辩证统一。它们的关系具体表现在两个方面。一方面两者相互矛盾而又相互联系。分析是把原本是一个整体的事物分解为若干个简单要素及其联系，而综合则相反，是把各个要素按照其本质的固有的联系重新结合为一个整体。因此，分析是综合的基础，没有分析，认识就不能深入，对事物整体的认识只能是表面的、抽象的；只有分析而缺乏综合，认识就可能存在片面性，不能统观全局。事实上，任何分析总要从整体性出发，需要将对于研究对象的整体性认识作为指导，否则分析会产生很大的盲目性；同样地，任何综合离开了分析就无法进行概括和提炼。因此，只有将分析和综合两种方法结合起来运用，才能达到对客观事物较为全面的认识。

另一方面，分析和综合在一定的条件下可以相互转化。人们对事物的认识是一个由现象到本质、由个别到一般、由局部到全局的过程，这里的现象与本质、个别与一般、局部与全局本身是相对的。但对于某一事物的某一层次的认识，相对其上一层次而言，是现象、个别、局部，但相对其下一层次而言，又是本质、一般和全局。由此可见，人们对该事物某一层次的研究，相对其上一层次是分析，而相对其下一层次却是综合。从这种转化关系中反映出人们对客观事物的认识是一个不断深化和提高的过程。正如恩格斯所言："分析与综合是必然联系着的。"在信息分析中，分析与综合需要结合使用，人们对事物由浅入深的认识过程就是分析和综合相互转化的过程。

3.2 比较与推理

3.2.1 比较法的概念

比较就是对两个及两个以上的事物进行对比，以确定它们之间的差异点和共同点的一种逻辑思维方法。由于不同事物之间存在差异性和同一性，所以才能进行比较，完全相同或完全不同的事物都是无法进行比较的。通过比较法揭示客观事物发展变化规律，从而达到认识客观事物的目的。有了比较才能有鉴别，有了鉴别才能有选择和发展。信息分析是一个复杂的认识过程，运用比较能够更好地把握研究对象的相同点和不同点，加以鉴别与分析，进而发现并提出问题，最终得出解决方案。

从不同角度，按不同的标准，可将比较法分为以下几种类型。

（1）从时空的角度，比较可分为时间上的比较和空间上的比较。时间上的比较是一种纵向比较，将同一事物在不同时期的某些指标，如产品的品种、质量、产量、成本、价格等方面进行对比，把握事物的历史、现状和趋势，动态地认识该事物发展变化的过程。空间上的比较属于横向比较，将某一时期不同地区的同类事物进行对比，以分析差距，判断优劣。在实际工作中往往面临着复杂的情况，单纯依靠时间上的比较或空间上的比较难以达到分析的目的，因此，需要将两者结合起来运用。

（2）按比较内容的范围，比较可分为局部比较和全面比较。在运用比较法进行分析时，一般先从该事物的某一方面进行比较，进而由点及面，将该事物与研究目的相关的全部属性进行比较。因此，全面比较是以局部比较为基础的，更为系统的比较过程。在信息分析中，只有对研究对象的属性进行全方位的比较研究，才能更加深入地认识、把握事物的本质。

（3）按比较的性质，比较可分为定性比较和定量比较。定性比较是通过比较事物之间的本质属性，来判断事物未来的发展趋势；定量比较是运用相关数学模型，对事物进行量化分析，从而预测事物发展的水平、规模及趋势。在实际应用中，应综合运用定性比较与定量比较，追求两者的统一。

在信息分析过程中，比较法有着非常广泛的应用。其作用可归纳为以下三点：

第一，比较法可用于揭示事物之间的水平和差距。通过比较，我们可以发现事物间本质上的异同，揭示国家、地区、行业、部门、产品、技术等当前的水平和差距。例如，图3-1为我国城镇居民和农村居民人均可支配收入比较。从图3-1中可以看出，在2016~2020年间，我国居民的人均可支配收入呈增长趋势，且城镇居民的人均可支配收入总是高于农村居民，这在一定程度上反映了我国城镇地区和农村地区居民收入水平的差距。

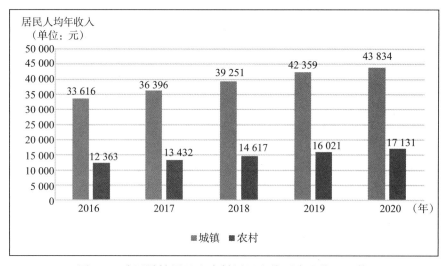

图3-1　我国城镇居民和农村居民人均可支配收入比较

资料来源：中华人民共和国国家统计局。

第二，比较法可用于认识事物的发展过程和规律。通过对事物在不同时期的发展状况和水平的比较，我们可以了解事物的发展轨迹，揭示其发展规律，判明其发展方向，以便于总结经验，预测未来的发展趋势。例如，通过如图3-2所示的我国境内外专利申请授权量历年变化情况，可看出境内外专利申请授权数量在2016~2020年间呈增长趋势，且境内专利申请授权数量多于境外，增长速度较快。这充分表明了我国科技事业的发展水平。

图 3-2　我国境内外专利申请授权量历年变化情况

资料来源：中华人民共和国国家统计局。

第三，比较法可用于判断事物的优劣和真伪。通过比较不同的方案，可以明确事物的优劣、真伪，从而为识别、判断和选择提供依据。例如，澳大利亚曾经对能源运输的三个方案进行比较研究。这三个方案如下所列。

方案一：把电站建在煤矿附近，就地发电，再进行高压输电。

方案二：把电站建在远离煤矿的地方，用铁路运煤到电站，再进行发电。

方案三：把电站建在远离煤矿的地方，用管道运煤到电站，再进行发电。

三个方案的比较结果如表 3-1 所示。

表 3-1　三种能源运输方案比较结果

方案	运输效率（%）	用水	土地利用	设备运转效率	经费投入（万美元）	
					基本投资	大修经费
一	90	难	无	高	15 100	2 596
二	94	易	有	低	14 200	3 197
三	96	易	无	高	10 700	2 035

通过对这三个方案的比较后发现，方案三的运输效率和设备运转效率最高，用水方便，无须占用土地，并且经费投入最少，因此，方案三是三个方案中的最佳方案。

3.2.2　比较法应遵循的原则

运用比较法进行分析研究时，应遵循以下几个原则：

第一，研究对象要具有可比性。所谓可比性，是指进行比较的各个对象具有一定的内在联系，一般包括时间上的可比性、空间上的可比性和内容上的可比性。时间上的可比性是指所比较的对象必须是同一时期的，例如在比较国内外软件市场的发展规模时，应该选择同一年份的数据进行比较；空间上的可比性是指在比较时要注意地区、行业等的差异，例如在比较某品牌手机在世界各地的销量时，可把欧洲的销量与亚洲的进行比较，但不能将欧洲的销量与中国的进行比较；内容上的可比性是指在比较时，要注意所比较的对象内容范畴的一致性，例如在比较企业技术经济的各种指标时，不能把合格率与成材率、全员劳动生产率与生产工人劳动生产率等指标混为一谈。

第二，比较要具有全面性。任何事物都是由多种要素组成的，因此在比较时，要对事物的多个方面进行比较，避免认识的局限性。例如，在购买某一产品时，要对该产品的性能、口碑、价格、质量等方面逐一进行比较，从而买到理想的产品。

第三，要确立一个比较的标准。在进行比较之前，只有确定一个科学可行的标准，才能进行深入的、精确的、有价值的比较。例如，不能将规模小的乡镇企业与规模大的跨国企业集团进行比较，因为它们之间的差异点远多于共同点，比较结果不适用于企业的实际决策。

第四，要合理地选择比较方式。不同的比较方式会产生不同的结果，并适用于不同目的的比较。例如，时间上的比较可反映某一事物的动态变化趋势，适用于预测事物未来的发展方向；空间上的比较可发现不同比较对象之间的水平和差距，有助于人们在进行决策时学习借鉴。因此，可针对不同的研究目的，选择合适的比较方式。

第五，要注意比较内容的深度。在比较时，不仅要对研究对象的表面现象进行比较，还应该深入其内在的本质，更准确地认识事物。越是深入了解研究对象的本质，比较的结果就越精确、越有价值。例如，企业在招聘员工时，不仅要比较应聘者的精神面貌、年龄、身高等表面特征，更应该注重其工作经验、知识水平、工作能力、性格等内在因素，这样才能对应聘者有一定深度的认识，从而选拔合适的人才。

3.3 推理

推理是指在已有知识结构的基础上，由一个或几个已知的判断推出一个新判断的思维过程。具体而言，推理就是在掌握一定的已知事实、相关数据的基础上，通过因果关系或其他相关关系逐步地推论，最终得出新结论的一种逻辑方法。推理法是沟通已知事物和未知事物的桥梁，是一种由此及彼的研究方法，在信息分析过程中经常使用。通过推理，我们可以正确认识客观事物，获得新的知识和结论。

3.3.1 推理的概念与类型

根据不同的划分角度，可将推理划分为不同的类型。根据前提的数量，可将推理分为直接推理和间接推理。其中，直接推理是指由一个判断推出结论的推理，间接推理则是指由两个或两个以上的判断推出结论的推理。根据组成推理的判断的类别，可将推理分为直言推理、假言推理、选言推理、联言推理等，它们分别以直言、假言、选言、联言为基础；根据推理的思维方向，可将推理分为归纳推理、演绎推理和类比推理，它们分别是由个别到一般、由一般到个别以及由个别到个别（或由一般到一般）的逻辑思维方向。

1. 归纳推理

归纳推理是根据一类事物的部分对象具有某种性质，推出这类事物的所有对象都具有这种性质的推理。它由前提和结论两个部分组成，前提包括若干个已知的个别现象，结论是由前提经过推理后得出的一般性猜想。因此，归纳是由个别到一般的过程，即由关于特殊对象的知识得出一般性的知识。民间的许多谚语，如"霜前冷，雪后寒""瑞雪兆丰年""一场秋雨一场寒"等，都是根据归纳推理得出的一般原理。

人们对客观事物的认识，总是从个别到一般，从不同事物的特殊本质中概括出同类事物的共同特征。在信息分析中，采用归纳推理，可以从大量信息中整理、归纳出一般性的结论，形成某些观点、概念为用户提供参考。从某些特殊现象出发，论证一般性的结论是否科学、合理，从而得出客观事物之间的规律性认识，为开展科学研究提供大量的课题。根据前提所考察对象范围的不同，归纳推理可分为完全归纳推理和不完全归纳推理。

（1）完全归纳推理。完全归纳推理是指根据某类事物的所有对象都具有（或不具有）某种属性，推出该类事物都具有（或不具有）该种属性的结论。其推理形式可表示为：

S_1 是（或不是）P；

S_2 是（或不是）P；

S_3 是（或不是）P；

⋮

S_n 是（或不是）P；

（其中，S_1，S_2，S_3，⋯，S_n 是 S 中的全部对象）

因此，所有的 S 都是（或不是）P。

例如，

太平洋中有鲸鱼；

大西洋中有鲸鱼；

印度洋中有鲸鱼；

北冰洋中有鲸鱼；

（太平洋、大西洋、印度洋、北冰洋是地球上的四大洋）

因此，地球上所有大洋中都有鲸鱼。

完全归纳推理使人们的认识从个别上升到一般。比如，上例中根据"地球上的大洋"这一类事物的每个对象都有"有鲸鱼"这一属性，得出"地球上所有大洋都有鲸鱼"的结论，体现了完全归纳推理的认识作用。由于完全归纳推理的前提和结论之间的联系是必然的，所以它常被用作强有力的论证方法。运用完全归纳推理必须在前提中考察一类事物的全部对象，且对每一对象都做出正确的断定，才能获得可靠的结论。因此，完全归纳法通常适用于归纳数量不多的事物。但在实际的研究中，人们需要面对复杂、繁多的对象，此时对考察全部对象进行完全归纳是不现实的，因此，我们通常采用不完全归纳法进行推理。

（2）不完全归纳推理。不完全归纳推理是指根据某类事物的部分对象都具有（或不具有）某种属性，推出该类事物都具有（或不具有）该种属性的结论。根据对象与属性之间是否具有因果关系，不完全归纳法又可分为简单枚举归纳法和科学归纳法。

在信息分析中，简单枚举归纳法是最常见的一种推理方式。它是通过考察某类事物的部分对象的情况，在枚举中又没有遇到与此相矛盾的情况，从而得出这类事物的所有对象都具有这种情况的归纳推理。这种方法并没有考察所有对象，无法判断是否存在不具有该属性的对象，因此得到的结论具有或然性。被誉为"数学王冠上的明珠"的哥德巴赫猜想就是用了简单枚举归纳推理提出来的。两百多年前，德国数学家哥德巴赫发现一些奇数都分别等于三个质数之和，但他无法把所有奇数都列举出来，只是通过验证少数几个例子就提出了一个猜想：所有大于5的奇数都可以分解为三个质数之和。

在信息分析的开始阶段，人们往往不能立即找到全部的根据，因此很难采用其他推理方式。借助简单枚举归纳推理，人们可以在已有的材料的基础上做出初步的概括或推论。运用简单枚举归纳法时要尽可能多地考察被归纳的某类事物的对象，考察的对象越多，结论的可靠性越大，从而防止出现"以偏概全"的逻辑错误。其推理形式可表示为：

S_1 是（或不是）P；

S_2 是（或不是）P；

S_3 是（或不是）P；

⋮

S_n 是（或不是）P；

（其中，S_1，S_2，S_3，…，S_n 是 S 中的部分对象，并且在枚举过程中没有出现与之矛盾的情况）

因此，所有的 S 都是（或不是）P。

例如：

金是导电的；

银是导电的；

铜是导电的；

铁是导电的；

铝是导电的；

（金、银、铜、铁、铝都是金属）

因此，所有的金属都是导电的。

科学归纳推理是根据某类事物中部分对象与某种属性间因果关系的分析，得出该类事物的所有对象都具有该种属性的推理。其推理形式可表示为：

S_1 是（或不是）P；

S_2 是（或不是）P；

S_3 是（或不是）P；

⋮

S_n 是（或不是）P；

(其中，$S_1, S_2, S_3, \cdots, S_n$ 是 S 中的部分对象，在枚举过程中没有出现与之矛盾的情况，并且 S 与 P 存在因果关系）

因此，所有的 S 都是（或不是）P。

例如，

金受热后体积膨胀；

银受热后体积膨胀；

铜受热后体积膨胀；

铁受热后体积膨胀；

（金、银、铜、铁都是金属，金属受热后，分子的凝聚力减弱，分子运动加速，分子间距离增大，从而导致体积膨胀）

因此，所有金属受热后体积都会膨胀。

同样地，科学归纳推理在前提中也只考察了某类事物的部分对象，其结论也带有或然性。但对于科学归纳推理来说，前提的数量不具有决定性的意义，只要充分认识对象与属性之间的因果联系，即使前提的数量较少，甚至只有一两个典型事例，也能得到可靠的结论。

2. 演绎推理

演绎推理是从一般性的前提出发，运用逻辑证明或数学运算方法，通过推导得出具体陈述或个别结论的过程。它是从一般到特殊的推理，其前提和结论之间具有必然的逻辑联系。演绎推理对人的思维保持严密性、一贯性有着不可替代的校正作用，通常应用于逻辑和数学证明中。在信息分析中，演绎推理常用于论证科学理论和假说，提出科学的解释和预测，是获得新认识的重要途径。

演绎推理有三段论、假言推理、选言推理等形式。

（1）三段论。三段论是将两个包含一个共同项的性质判断作为前提，得出一个新的性质判断作为结论的演绎推理。它是演绎推理中最普遍的形式，包含三个部分：大前提——已知的一般原理，小前提——所研究的特殊情况，结论——根据一般原理，对特殊情况做出判断。例如：

知识分子都应该受到尊重；

教师都是知识分子；

所以，教师都应该受到尊重。

其中，结论中的主项称为小项，一般用"S"表示，如上例中的"教师"；结论中的谓项称为大项，一般用"P"表示，如上例中的"应该受到尊重"；两个前提中共有的项叫作中项，用"M"表示，如上例中的"知识分子"。在三段论中，含有大项的前提叫大前提，如上例中的"知识分子都应该受到尊重"；含有小项的前提叫小前提，如上例中的"教师都是知识分子"。因此，三段论推理是根据两个前提所表明的中项 M 与大项 P、小项 S 之间的关系，通过中项 M 的媒介作用，从而推导出确定小项 S 与大项 P 之间关系的结论。其推理形式可表示为：

大前提：所有 M 是（或不是）P。

小前提：所有 S 是（或不是）M。

结论：所有 S 是（或不是）P。

（2）假言推理。假言推理是以一个假言判断的结论作为前提，顺次推出其后件或逆向推出其前件，进而通过肯定它的后件或前件，来论证、检验原先假言判断结论的正确性的一种推理方法。如果推导顺利，则表明前提与结论之间存在逻辑关系，假言判断成立；如果推导不符合逻辑，则说明假言判断不成立。根据遵循的原则不同，假言推理可分为充分条件假言推理、必要条件假言推理和充分必要条件假言推理三种。

1）充分条件假言推理。它以充分条件假言判断为前提，通过小前提对大前提的前件或后件进行判断，从而推导出结论。遵循的基本原则是：若小前提肯定大前提的前件，结论就肯定大前提的后件；若小前提否定大前提的后件，结论就否定大前提的前件。其形式可表示为：

大前提：如果 P，则 Q。

小前提：P。

结论：因此，Q。

例如：

大前提：如果一个图形是正方形，那么它的四边相等。

小前提：这个图形是正方形。

结论：这个图形的四边相等。

在这个例子中，小前提"这个图形是正方形"是对大前提前件的肯定，因此，结论就肯定大前提的后件，推出"这个图形的四边相等"。

或者：

大前提：如果 P，则 Q。

小前提：非 Q。

结论：因此，非 P。

例如：

大前提：如果一个图形是正方形，那么它的四边相等。

小前提：这个图形的四边不相等。

结论：因此，这个图形不是正方形。

在这个例子中，小前提"这个图形的四边不相等"是对大前提后件的否定，因此，结论就否定大前提的前件，推出"这个图形不是正方形"。

2）必要条件假言推理。它以必要条件假言判断为前提，通过小前提对大前提的前件或后件进行判断，从而推导出结论。遵循的基本原则是：若小前提肯定大前提的后件，结论就肯定大前提的前件；若小前提否定大前提的前件，结论就否定大前提的后件。其形式可表示为：

大前提：只有 P，才 Q。

小前提：Q。

结论：因此，P。

例如：

大前提：只有完成作业，才能通过考试。

小前提：他通过了考试。

结论：因此，他完成了作业。

在这个例子中，小前提"他能通过考试"肯定了大前提的后件，因此，结论就肯定大前提的前件，推出"他完成了作业"。

或者：

大前提：只有 P，才 Q。

小前提：非 P。

结论：因此，非 Q。

例如：

大前提：只有完成作业，才能通过考试。

小前提：他没有完成作业。

结论：因此，他没有通过考试。

在这个例子中，小前提"他没有完成作业"否定了大前提的前件，因此，结论就否定大前提的后件，推出"他没有通过考试"。

3）充分必要条件假言推理。它以充分必要条件假言判断为前提，通过小前提对大前提的前件或后件进行判断，从而推导出结论。遵循的基本原则是：若小前提肯定（或否定）大前提的前件，结论就肯定（或否定）大前提的后件；若小前提肯定（或否定）大前提的后件，结论就肯定（或否定）大前提的前件。其形式可表示为：

大前提：当且仅当 P，才 Q。

小前提：（或非）P。

结论：因此，（或非）Q。

例如：

大前提：当且仅当一个数字能被 2 整除时，它才是偶数。

小前提：这个数字能被 2 整除。

结论：因此，这个数字是偶数。

在这个例子中，小前提"这个数字能被 2 整除"肯定了大前提的前件，因此，结论就肯定大前提的后件，推出"这个数字是偶数"。

或者：

大前提：当且仅当 P，才 Q。

小前提：（或非）Q。

结论：因此，（或非）P。

例如：

大前提：当且仅当一个数字能被 2 整除时，它才是偶数。

小前提：这个数字是偶数。

结论：因此，这个数字能被 2 整除。

在这个例子中，小前提"这个数字是偶数"肯定了大前提的后件，因此，结论就肯定大前提的前件，推出"这个数字能被 2 整除"。

（3）选言推理。选言推理是以选言判断为前提的推理，可分为相容选言推理和不相容选言推理两种形式。

1）相容选言推理。它以相容的选言判断为前提，遵循的基本原则是：大前提是一个相容的选言判断，小前提否定了其中部分选言支，结论就要肯定剩下部分的选言支。其形式可表示为：

大前提：P 或 Q。

小前提：非 P（或非 Q）。

结论：因此，Q（或 P）。

例如：

大前提：李白是诗人或书法家。

小前提：李白不是书法家。

结论：李白是诗人。

在这个例子中，小前提"李白不是书法家"是对大前提中的第二个选言支的否定，因此，结论就肯定大前提中的第一个选言支，推出"李白是诗人"。

2）不相容选言推理。它以不相容的选言判断为前提，遵循的基本原则是：若小前提肯定大前提的一部分选言支，结论就否定大前提的其他选言支；若小前提否定大前提的其他选言支，结论就肯定大前提中未被否定的那部分选言支。其形式可表示为：

大前提：要么 P，要么 Q。

小前提：P（或 Q）。

结论：因此，非 Q（或非 P）。

例如：

大前提：明天要么去公园划船，要么去爬山。

小前提：明天去公园划船。

结论：因此，明天不去爬山。

在这个例子中，小前提"明天去公园划船"是对大前提中的第一个选言支的肯定，因此，结论就否定大前提中的第二个选言支，推出"明天不去爬山"。

或者：

大前提：要么 P，要么 Q。

小前提：非 P（或非 Q）。

结论：因此，Q（或 P）。

例如：

大前提：明天要么去公园划船，要么去爬山。

小前提：明天不去公园划船。

结论：因此，明天去爬山。

在这个例子中，小前提"明天不去公园划船"是对大前提中的第一个选言支的否定，因此，结论就肯定大前提中的第二个选言支，推出"明天去爬山"。

3. 类比推理

类比推理是根据两个或两类对象有部分属性相同，从而推出它们的其他属性也相同的推理过程。它是从个别到个别（或由一般到一般）的推理，是科学研究中常用的方法之一。例如，声和光有不少属性相同，如直线传播、反射、折射和可受到干扰等性质；声有波动性，由此推出光也有波动性。因此，类比推理的形式可表示为：

X 对象具有属性 a、b、c、d；

Y 对象具有属性 a、b、c；

因此，Y 对象也具有属性 d。

类比推理是一个从个别到个别（或由一般到一般）的推理过程，通过联想、类推，由一个事物的已知特征推出另一个事物的未知特征。进行类比推理时，通常包括以下步骤：

（1）选择合适的类比对象。类比推理要求两类对象具有相同或相似的属性。因此，在进行类比推理时，首先要根据研究目的选择合适的类比对象，从而进行比较、分析，得出正确的结论。

（2）全面地比较、分析类比对象，找出两者之间相同或相似的属性。

（3）进行联想、推理，用一类对象的已知特征去推测另一类对象的特征，从而得出结论。

类比推理具有或然性。如果前提中确认的共同属性很少，而且共同属性和推出的属性之间没有必然的关系，这样的类比推理就极不可靠。我们可以通过增加前提中类比的相同属性的数量，确保其相同属性均为对象的本质属性，提高类比的相同属性与所推出属性之间联系的密切程度，进而提高类比结论的准确性。

在信息分析中，类比推理通过分析不同研究对象之间的相似性，将不同的事物联系起来，从已知信息中合理推出未知信息，从而得出新的认识和结论。类比推理的作用主要体现在三个方面：

（1）启发和引导作用。类比推理通过激发人们的创造性思维，引导人们深入探索和研究，促进科学研究新发现的产生。

（2）作为模拟实验的逻辑基础。模拟实验需要借助类比推理的原理，根据模型和原型之间的相似性，推出两者之间的相同属性。

（3）作为一种重要的论证工具。在对某些现象或理论进行论证时，借助类比推理生动地将这些现象或理论与相似的事物进行类比，从而增加了论证结论的说服力。

例如，在建立 DNA 模型的过程中，沃森和克里克根据前人的研究成果，认识到蛋白质的空间结构呈螺旋形，于是他们由此推想，DNA 结构或许也是螺旋形的，从而明确了研究方向，并通过大量的实验进行论证，最终发现了 DNA 的双螺旋结构模型，开启了分子生物学时代，使遗传的研究深入分子层次。在这个例子中，运用类比推理，启发和引导人们对未知事物进行分析研究，从而获得了新的认识和发现。

3.3.2 推理应遵循的原则

运用推理法进行信息分析时，需要遵循以下三个原则：

（1）注意推理要素的完整性。任何推理都包含三个要素：前提、推理过程和结论。前提是指推理所依据的一个或几个判断，推理过程是指由前提到结论的逻辑关系形式，结论是指由已知判断所推出的新判断。因此，推理的语言形式就是由前提、推理过程以及结论这三个要素构成的语句。任何推理性的语言中，都应该包含这三个要素，缺一不可。

（2）注意推理前提的准确性。有些推理由于前提本身就是错误的，导致得出了错误的推理结论。因此，在运用推理法进行信息分析时，首先需要确保推理前提正确无误，才能进行下一步的推理过程。

（3）注意推理过程的合理性。有些推理的过程并不严密，不符合逻辑规律，往往会导致错误的结论。推理得到的结论并不一定都是正确的。因此，在运用推理法进行信息分析时，必须保证推理过程的合理性，使推理符合逻辑，这样才能得出可靠的结论。

综上可知，推理是一种重要的逻辑思维方法，在信息分析中有着广泛的应用。通过推理，可以把与观点或设想有关的事物联系起来，从而证实提出的观点或设想；通过对某些已知事实或相关数据的严密推理，可以获得一些未知的事实或数据，例如，掌握科技发展的动向，了解技术优势和缺陷、研发水平等；通过对某一领域的某一课题的历史、现状进行推理，可以推测出该领域、该课题的未来发展趋势。

3.4 案例

1. 归纳推理案例

有这样一个故事：有一个患头痛病的樵夫上山去打柴，一次，不慎碰破了足趾，出了一点血，他却感到头部不痛了。当时，他没有在意。后来，他头痛病复发，又偶然碰破了上次碰破过的足趾，头部的疼痛又好了，这次引起了他的注意。所以，以后凡是头痛复发时，他就有意地去刺破该处，结果，都有减轻或抑制头痛的效应。这个樵夫所碰的部位，就是现在人体穴位中的"大敦穴"。

案例解析： 这位樵夫后来每逢头痛病复发时，就去刺"大敦穴"，是因为他从几次偶然经历的事实中，经过归纳推理而得出了一个一般性的结论：只要刺破足趾的这个部位，就会减轻或抑制头痛。这是不自觉地运用了不完全归纳推理的一种形式——简单枚举归纳推理。

2. 演绎推理案例

某年，某酋长国的一位酋长乘敞篷车时遇刺。警方经过侦察，确认丹丹尼是凶手，于是丹丹尼被传讯。但当丹丹尼第一次出庭时，却突发急病死去了。这样，遇刺案成了一桩无头案。警方确认丹丹尼是凶手，提出的主要罪证是：

（1）这位酋长是在敞篷车驶近银行大厦时遇刺的，而有人证明说，那天丹丹尼在没有任何理由的情况下曾设法去过大厦的七楼；

（2）在银行大厦的七楼发现了一支 65mm 口径的步枪，而丹丹尼在三个月前，曾经化名"希南"购买了一支 65mm 口径的步枪。

丹丹尼死后，一位律师向法院提出，警方的证据是不充分的。他指出：

（1）假定子弹是从银行大厦的七楼射出的，那么当然只有当时在七楼的人才可能是凶手，假定丹丹尼当天确实去过七楼，但以此作为他是凶手的证据是不充分的；

（2）假定凶手确实是用 65mm 口径的步枪进行犯罪活动的，那么只有持 65mm 口径步枪的人才能成为凶手，而且，也假定丹丹尼确实在三个月前用"希南"的化名购进过一支这样的步枪，但以此就作为丹丹尼是凶手的证据，也是不充分的。

据检验测定，在银行大厦七楼发现的那支枪的最后一次使用，连续发射了五粒子弹。但警方在经过对行刺现场的仔细侦察后提出的报告中说，凶手只连续射出两粒子弹。这说明警方断定该步枪就是凶手行凶时的凶器，也是不成立的。

请结合以上内容，试分析这位律师对案件的分析是否合乎逻辑。

案例解析：这位律师对案件的分析，正确地运用了必要条件假言推理的形式，其结论也是必然正确的。

律师的第一点分析，指出警方采用了必要条件假言推理的一个不正确的形式，即：

只有当时在七楼的人，才是凶手；

丹丹尼是在七楼的人；

所以，丹丹尼是凶手。

而我们知道，按照必要条件假言推理的规则，肯定前件是不能必然肯定后件的。因而，以此为证据当然也就是不充分的。

律师的第二点分析，指出警方同样采用了必要条件假言推理的一个不正确的形式，即：

只有持有 65mm 口径步枪的人才会是凶手；

丹丹尼有 65mm 口径步枪；

所以，丹丹尼会是凶手。

这同样违反了肯定前件不能必然肯定后件的这一必要条件假言推理的规则。必须明确，运用必要条件假言推理的肯定前件式这种形式推出的结论，是没有必然性的，即真前提无法保证会推出真结论。因此，把这种形式推出的结论作为待证的假设、进一步研究和思考的线索是可以的，但决不能以此作为论证某一事实的充分根据。

律师的第三点分析，则是正确地运用了一个否定前件式的必要条件假言推理，即：

只有一次连续射出了两粒子弹的枪支，才是这次行刺的凶器；

发现的枪支一次连续射出了五粒子弹；

所以，该枪支不是凶手的凶器。

对于律师的这个推理，只要它的两个前提是真实的，它的结论也就必然是真实的。所以，警方确认丹丹尼是凶手的证据是不充分的。

◎ 思考题

1. 分析法在信息分析中有哪些应用？
2. 试述分析与综合的关系。
3. 比较法有哪些类型？简述比较法在信息分析中的应用。
4. 运用推理法需要遵循哪些原则？

第 4 章

调查方法

调查方法是指用科学的手段和方法搜集有关研究对象的客观事实材料，然后对所搜集来的事实材料进行整理和理论分析。调查能搜集到难以从直接观察中获得的资料。调查法可以不受时间、空间的限制：在时间上，观察只能获得正在发生的事情的资料，而调查可以在事后从当事人或其他人那里获得有关已经过去的事情的资料；在空间上，只要研究课题需要，调查甚至可以跨越国界，研究数目相当大的总体以及一些宏观性的问题。调查同时还具有效率较高的特点，它能在较短的时间里获得大量资料。本章将对一些常用的调查方法进行详细的介绍。

4.1 社会调查法

调查研究作为社会研究的一种方式，通常又被称作社会调查或社会调查研究。那么，何谓"调查""研究"呢？《汉书·晁错传》中讲："调立城邑，毋下千家。"颜师古注曰："调，谓算度之也。""查"，指查究、查核、考查。"研"，有细磨、审察之意。"究"，指穷尽、终极、追根究底。调查研究是一种有目的、有意识的自觉认识活动。其中，"调查"主要是通过对客观事物的寻检、考察和计算来了解社会事实的一种感性认识活动；"研究"则主要是通过对考察、了解的客观现象进行审察、追究和思维加工的一种理性认识活动。

4.1.1 社会调查法的概念与类型

1. 社会调查法的概念

社会调查法是指人们有目的地认识社会现象的一种活动。与自然科学界统一、严格界定的概念不同，社会生活的复杂性、或然性和意义关联性使人们可以从不同角度对社会现象进行概括、抽象和定义。由于人们对这种活动所涉及的范围和内容的看法不同，因而对社会调查这一概念的理解也不相同。

一些学者认为，社会调查是搜集社会资料的活动或过程。在《新社会学辞典》①中的定义为："社会调查是对生活在特定地理、文化或行政区域中的人的事实进行系统的收集。"《国际社会学百科全书》②中的表述为："社会调查是运用有目的的询问方法搜集社会资料的过程。"美国教科书③中将其定义为："对研究总体中抽取的样本询问问题的方法。"这些表述都把社会调查仅仅看作一种搜集资料的活动或过程，是社会调查研究的第一阶段和重要环节，强调直接从社会现实中获取第一手资料。在这种理解下，社会调查与社会调查研究是两个不同的概念，二者不可混用。

另一些学者认为，社会调查是对社会现象的完整的认识过程，既包括搜集资料的活动，也包括对资料的整理、分析和研究，以探求社会现象本质和发展规律的过程。例如，范伟达在《现代社会研究方法》④中将其定义为："社会调查是指在系统地、直接地搜集相关社会现象的经营材料之基础上，通过对资料的分析综合来科学地阐明社会生活状况及社会发展规律的认识活动。"王思斌在《社会学教程》⑤中的定义为："社会调查是运用科学的方法，系统、直接地搜集有关社会现象的真实情况，并对所得资料进行整理、分析，科学地阐明社会的状况及其变动规律的认识活动。"风笑天在《社会研究方法》⑥中的定义为："社会调查是一种采用自填式问卷或结构式访问的方法，系统地、直接地从一个取自某种社会群体的样本那里搜集资料，并通过对资料的统计分析来认识社会现象及其规律的社会研究方式。"日本社会学家福武直⑦将社会调查定义为："实证地抓获社会现象的一种方法，具有通过直接实地调查搜集所谓实在数据并由此进行分析的特色。"这些表述都是从较宽泛的意义上来理解社会调查的概念的，在此种观点下，无须对"社会调查"和"社会调查研究"做严格区分，社会调查也就是社会调查研究的简称，这两个概念是可以相互替代和混用的。

本书采用第二种观点，所谓社会调查，是指人们运用特定的方法和手段，从社会现实中搜集有关社会事实的信息资料，并对其做出描述和解释的一种自觉的社会认识活动。其中，特定的方法和手段主要包括观察、访问和问卷等。社会调查不仅包括以调查研究为代表的定量社会调查，还包括以实地研究为代表的定性社会调查。

对社会调查概念的理解，可以从构成这一定义的几个要素来进行：

第一，社会调查是一种自觉的认识活动，是人们有目的、有意识地观察和认识社会

---

① 米切尔. 新社会学辞典 [M]. 蔡振扬, 译. 上海：上海译文出版社, 1987.
② 曼. 国际社会学百科全书 [M]. 袁亚愚, 译. 成都：四川人民出版社, 1989.
③ SANDEM. W. B. The Conduct of Social Research [M]. New York: CBS, 1983.
④ 范伟达. 现代社会研究方法 [M]. 上海：复旦大学出版社, 2001.
⑤ 王思斌. 社会学教程 [M]. 北京：北京大学出版社, 2005.
⑥ 风笑天. 社会研究方法 [M]. 3 版. 北京：中国人民大学出版社, 2009.
⑦ 福武直. 社会调查方法 [M]. 长沙：湖南大学出版社, 1986.

现象的活动。

第二，社会调查的对象是社会事实，既包括像人口数量的变动、家庭规模的变动、青少年犯罪状况等客观存在的社会事实，也包括人们的态度、意见、意愿等主观范畴的社会事实。社会调查直接从生动的社会生活中搜集社会事实材料并进行分析研究，而不仅仅是对文献资料进行研究。直接从社会现实中搜集事实材料，是社会调查区别于理论研究的一个显著特点。

第三，社会调查的目的是透过现象揭示事物的真相和发展变化的规律性，进而寻求改造社会的途径和方法。社会调查绝不是对社会现象和社会事实的机械的、简单的、零碎的反映，而是要通过特定的方法和技术，在搜集资料的基础上，经过去粗取精、去伪存真、由此及彼、由表及里的整理加工和分析研究过程，逐步揭示事物的本质及其变化规律。

第四，社会调查是一门方法科学，而不是理论学科，这一点有别于哲学、经济学、社会学、政治学等社会科学学科。

在社会研究方法体系中，调查研究与实地研究的社会学学科性最强，文献研究是各个学科都采用的研究方式，实验研究在社会科学中主要为心理学、教育学等所采用，如图4-1所示。

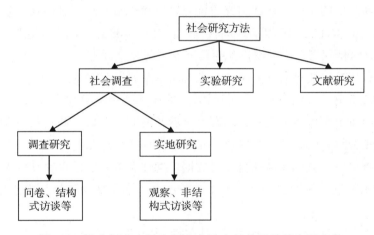

图4-1 社会调查在社会研究方法中的位置及其主要内容

2. 社会调查法的类型

社会调查的目的在于全面、及时、准确地认识客观事物，揭示社会事物发展变化的内在规律性。由于调查研究的具体目的不同，所涉及的调查范围和调查对象以及所用的具体调查方法也不同，因此，按照不同的标准，社会调查可做多种分类。

（1）按照社会调查的范围分类。

按照调查所涉及的调查对象的范围，可以将社会调查分为全面调查和非全面调查。

1）全面调查即普遍调查，简称普查，是指对构成总体的所有个体无一例外地逐个进行调查。一般来说，普遍调查的规模往往非常大，属于宏观的调查，比如某一范围内的普查或某一行业、某一系统的普查。普遍调查最典型的例子是人口普查。普查是从总体中的所有对象那里搜集资料，它涉及的调查对象多、空间分布范围广，因此这种调查方式最突出的特点就是工作量大，特别费时、费力、费钱。由于时间、人力、资金的消耗较大，一般个人和单位是无法实施普查的，它通常作为一项重要工作由政府出面主持，组织专门的调查小组，调拨专门经费，进行社会动员，由各部门通力合作完成。也正是因为花费代价大，普查不能频繁地进行，一般是按一定周期进行的，如人口普查一般就定为10年一次。由于普查覆盖的地域范围广，整个调查过程又相对较长，涉及的调查人员往往很多，因此普查需要高度集中的组织和统一的安排，以保证普查工作的一致性和条理性，从而保证调查结果的质量。通常情况下，调查范围的大小、调查对象的多少与调查项目的数量是成反比的，二者相互制约。如果调查范围小、对象少，则调查项目可以相对较多；反之，如果调查范围广、对象多，则调查的内容一般要限制在一定数量之内。由于上述特点，普查的调查内容不宜过于深入，一般只限于了解最基本的情况。

2）非全面调查就是按照一定规则对调查对象总体中的一部分进行调查，包括抽样调查、典型调查和个案调查等，其中，抽样调查是社会调查的主要调查类型。抽样调查是指从调查对象的总体中按照一定的方式抽取一部分对象作为样本，并以对样本进行调查的结果来推断总体的调查。抽样调查的核心思想和逻辑就是通过调查部分以反映整体。由于它有许多明显的优点，所以抽样调查在现代社会中被越来越广泛地应用，抽样方法与问卷法、统计分析仪器，成为现代社会调查方法的主要标志。

与普遍调查相比，抽样调查的优点突出表现在以下几个方面：

①抽样调查非常节省时间、人力和财力。抽样调查是从总体中抽取一部分样本，而不必对总体中的每个个体逐一调查，因而其所涉及的调查对象、调查范围也就大大减少，远少于普查，较少的工作量也极大减少了所需花费的时间、人力及财力。

②抽样调查可以十分迅速地获得资料数据。抽样调查的规范性和其较为成熟的技术，以及其较少的工作量，使得它在迅速提供有关信息和掌握变动的社会现象方面具有很大的优越性。

③抽样调查可以比较详细地搜集信息，获得内容丰富的资料。与普查相比，抽样调查的问卷所设置的题目丰富多样，可以得到关于调查对象的深入、全面的信息。

④抽样调查的应用范围广泛。抽样调查的性质决定了它有很大的便利性和灵活性，可以应用到各个领域、部门和课题中。

（2）按照社会调查的方式分类。

社会调查是一门研究方法性科学，其方法体系可由社会调查的方法论、各种具体方法和具体技术三个层次构成。从具体方法角度讨论社会调查的类型，可以将社会调查分为调查研究和实地研究两种方式。

1）调查研究是一种定量的社会调查方式。调查研究是调查者通过在自然状态下直接询问、观察或由被调查者本人填写而直接获得数据资料的社会调查方式。调查研究是社会学者在实际研究中最常用的一种研究方式，它在整个社会研究方法体系中占有非常重要的地位。概括地说，研究内容的广泛性、资料获取的及时性、描述的全面性和概括性、实际运用的普遍性等，是调查研究方式的主要特征。询问是调查方式中主要的资料搜集方法，而抽样、问卷、统计分析则是构成调查研究方式的三个基本元素，同时也是调查研究的三个关键环节。

2) 实地研究是一种定性的社会调查方式。实地研究是一种深入研究对象的生活背景中，以参与观察和无结构访谈的方式搜集资料，并通过对这些资料的定性分析来理解和解释现象的社会调查方式。它通常以参与观察、个案研究的形式进行。其基本特征是深入所研究对象的生活环境中，作为其中的一员与他们共同生活相当长的一段时间，通过参与观察和询问，去感受、感悟研究对象的行为方式及这些行为方式背后所蕴藏的文化内容，以逐步达到对研究对象及其社会生活的理解。实地研究者往往力求从所研究对象的角度，而不是从局外观察者的角度来认识和了解社会与世界。

（3）按照社会调查的目的分类。

根据社会调查具体研究目的和作用的不同，社会调查研究可分为探索性调查研究、描述性调查研究和解释性调查研究。在层次上，三种研究方法存在一定的递进关系：探索性调查研究主要揭示尚不明了的现象或问题，描述性调查研究和解释性调查研究往往更进一步，力图理解和解释社会问题。

1) 探索性调查是对处于产生与形成初期的社会现象或问题进行初步的考察，以获得大概的印象和感性认识，为以后周密的研究提供相关材料、经验和方向。

2) 描述性调查是对总体特征的分布情况进行详细的描述，它关注的焦点是事情是如何发生的，有谁牵扯其中，致力于回答社会现象"是什么"的问题，对社会现象的状况、特点和发展过程做出客观、准确的描述。

3) 解释性调查就是希望找出事情发生的原因，它关注的是事情为什么会以现在的样子呈现出来。在了解社会问题或现象"是什么"以及"怎么样"的基础上，需要进一步了解"为什么"的问题，这就上升到解释性调查研究。它能说明社会现象发生的原因，预测事物的发展，探讨社会现象之间的因果联系。

（4）按照社会调查的性质或应用领域分类。

按照性质或应用领域来划分，社会调查通常可划分为以下几种类型。

1) 行政统计调查。它主要包括由国家和各级政府部门所进行的人口调查、资源调查、行业调查、社会概况调查等。其特点是多为宏观的、概况性的调查，通常采用普查的方式进行。这类调查对于了解一个国家、地区或行业的基本情况有很重要的作用，其中最典型的例子就是全国人口普查。

2) 生活状况调查。它通常是对某一时期、某一地区或某一社会群体的社会生活状况所进行的调查。其目的在于了解人们日常社会生活各个方面的基本情况，以综合反映一个时期、一个地区或一个群体中人们总的社会生活状况，比如对某地区居民生活质量的调查或学生升学率的调查等。

3）社会问题调查。它是针对社会中所存在的各种社会问题进行的调查，目的在于找出问题的症结，并提供解决问题的参考意见，比如针对离婚问题、青少年犯罪问题的调查都是常见的社会问题调查。

4）市场调查。为拓展商品的销路，以便更好地为企业的生产和销售服务，而围绕某类产品或某种商品的市场占有率、顾客的购买情况、商品广告的宣传效果等进行的调查即为市场调查。

5）民意调查。民意调查也称民意测验或舆论调查，即围绕某些社会舆论的热点问题对社会中民众的意见、态度、意识等主观意向进行的调查，比如美国总统大选期间对选民进行的总统选举民意测验，某种政策出台后对人们的看法、意见进行的测验等。

6）研究性调查。研究性调查是广泛应用于社会学、政治学、人口学、教育学、传播学等社会科学领域的学术性社会调查。其目标常常针对某一学科中的学术问题，而不是具体的社会现象或社会问题，它致力于对某一社会现象所具有的一般规律或普遍法则进行探索和研究。

4.1.2 社会调查的一般程序

社会调查是依据一定的程序，运用特定的方法，搜集和分析有关社会事实材料，并对其做出正确的描述和解释的过程。作为一种系统的、科学的认识活动，社会调查有着比较固定的程序，这种固定的程序也是社会调查自身所具有的内在逻辑结构的一种体现。社会调查的一般程序可以分为四个阶段：准备与设计阶段、调查与搜集阶段、分析与研究阶段、总结与应用阶段，如图4-2所示。

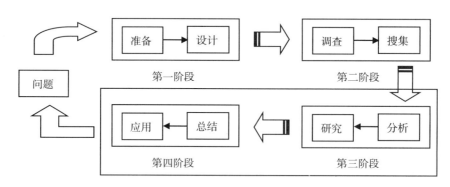

图4-2 社会调查的一般程序（四个阶段）

1. 准备与设计阶段

准备与设计阶段是整个社会调查的起始阶段，准备工作的好坏直接影响整个调查的效果，因此，社会调查必须认真做好准备工作。此阶段的主要任务有两项：一是确定调查课题和研究假设；二是设计调查方案。

确定调查课题包括选题、初步探索和提出研究假设等工作。调查者必须依据丰富的知识和科学的创造力,从社会实践的需求出发,勾画出一个恰当的课题,并通过对这一课题的理论分析,明确调查对象与调查内容,提出研究假设,同时对选定的调查课题的科学价值、社会价值及可行性做出初步的分析论证。

设计调查方案包括三方面的内容:

1)调查指标的设计。主要是根据课题分解出反映调查对象的类别、规模、水平、速度等特性的项目,构成调查指标体系,并明确其内在含义、时空界限和计算方法,为调查提纲、调查表和问卷表的制定奠定基础。

2)调查总体方案的设计。明确调查目标、调查对象、调查方法、时间安排,确定调查的组织形式,以及调查的经费筹措和物质准备。

3)对调查方案进行可行性研究。主要针对研究调查方案是否切实可行,即调查方案与客观实际是否一致,能否达到预期的效果,在实施过程中是否具有可操作性等进行认真细致的分析研究。

2. 调查与搜集阶段

调查与搜集阶段是社会调查方案的执行阶段,是整个调查研究过程中最重要的阶段。其主要任务是根据调查方案中确定的调查方法,以及调查设计的具体要求,进入调查现场搜集各方面的资料。这一阶段主要包括三方面工作:进入调查地区或单位、实施调查和搜集调查资料。三方面工作同时进行,相互影响。在第一阶段确定了调查方案后,相比之下,第二阶段持续的时间较短。

进入调查现场,与调查对象直接接触,是获取第一手资料的重要途径。调查者进入调查现场一般采用两种方式:一种是通过被调查者的上级领导介绍,另一种是通过自我介绍或是熟人介绍。无论采用哪一种方式,都必须真诚、客观地向被调查者说明调查的目的、内容和方法等,以取得对方的支持与协助。

调查者进入调查现场调查可以采用多种方式搜集资料。比较常用的有文献资料搜集法、访谈法、观察法、问卷法等。无论采用哪一种方法,都要做好记录,做到勤问、勤看、勤记,利用一切机会发现问题产生和发展的脉络。既要做好口头资料的搜集,也要做好文字资料的搜集。同时要及时集中、整理调查资料,做到边搜集资料边审核资料,以便及时发现问题,及时进行资料的补充调查和修正工作。

实施调查的方式有两种:自填问卷和访问调查。如果是自填问卷,则执行步骤为邮寄或送发问卷、监控问卷的回收、补寄问卷,没有进入调查地区或单位这一步骤;若是访问调查,则执行步骤为招募并培训访问人员、联络并找到被访者、询问主题并记录答案。

3. 分析与研究阶段

实地调查结束后,需要对新搜集的资料进行整理和分析,此时调查进入了分析与研究阶段。其主要任务是,在全面地占有调查资料的基础上,对资料进行系统的整理、分类、统计和分析。这一阶段包括三方面工作:资料处理、统计分析和理论研究。

资料处理分为两部分：一是资料的鉴别，即将调查阶段搜集到的资料进行全面审核，去粗取精、去伪存真，以保证资料的真实性、准确性和完整性；二是资料的整理，即将鉴别后的资料进行汇总和加工，使之系统化和条理化，并以集中、简明的方式反映调查对象的总体情况。常用的软件包括 SPSS、SAS、Excel 电子表格以及其他数据库软件等。

统计分析就是运用统计学的原理和方法，对所获得的调查资料进行数量关系的研究分析，从而揭示调查对象的发展规模、水平及其与其他事物之间的内在联系。通过统计分析，可以证明或推翻假设，为理论研究提供切实可行的数据资料，以说明调查对象的发展趋势。常用的统计分析软件有 MATLAB、R 等。

理论研究就是运用逻辑思维方法以及社会调查相关的各学科的科技理论与方法，对经过鉴别整理后的事实材料和统计分析后的数据，进行科学思维加工，揭示调查对象的内在本质，说明调查对象的前因后果，预测调查对象的发展趋势，做出调查者自身对调查对象的理论说明，并在此基础上有针对性地提出关于实际工作的具体建议。

研究阶段是社会调查的深化、提高阶段，是从感性认识向理性认识飞跃的阶段，整个社会调查最终能否得出成果，在很大程度上取决于研究阶段。因此，社会调查的领导者和组织者要花更多的时间和更大的精力，抓好这一阶段的工作。

4. 总结与应用阶段

总结与应用阶段是产生调查结果的阶段，也是回顾和评估调查过程的阶段。这一阶段的主要任务是：撰写调查报告、评估调查工作和应用调查结果。

撰写调查报告是整个社会调查研究成果的集中体现。调查报告要侧重说明调查结果或研究结论，并对调查过程、调查方法、调查成果等进行系统的叙述和说明，同时提出政策指导性的建议和解决存在问题的方式方法，从而尽可能使调查报告在理论研究或实际工作中发挥应有的社会作用。

评估调查工作，主要包括学术成果评估和社会成果评估。从学术成果评估来看，主要是对社会调查所提供的事实和数据资料、理论观点和说明，做出客观的评价。从社会成果评估来看，主要是对社会调查结论的采用率、转引率和对实际工作的指导作用，做出实事求是的估计。对社会调查成果的评估必须以实践为基础，在实践中应用调查结论和检验调查结论。

应用调查成果，即将调查报告中的研究成果应用到实践领域或理论领域。应用的方式主要有公开出版、学术讨论和交流、政策论证、内部简报或汇编等。调查研究报告不能只向上级和领导汇报之后就束之高阁，而应该把主要成果发掘和利用起来，为社会服务。

总结与应用阶段是社会调查的最后阶段，认真做好总结工作，对提高调查研究的能力和水平，深化对社会的认识，对制定解决社会问题的方针、政策和措施，都具有十分重要的意义。

社会调查的上述四个阶段，是相互关联、相互交错在一起的，它们共同构成社会调查的完整过程，去掉其中任何一个阶段，调查工作都将无法进行。

4.1.3 调查指标设计与问卷设计

1. 调查指标设计

调查指标是指调查过程中用来反映调查对象的特征、属性或状态的项目。它是概念的指示标志,社会现象的类别、状态、规模、水平、速度等特性的项目均可构成调查指标。例如,"生产总值""增长速度""经济效益"等是反映经济状况的指标,"消费结构""文化生活方式"等是反映人们生活方式的指标,"人口平均寿命""死亡率""文化程度"等是反映人口素质的指标。

设计调查指标既要反映研究假设内容,又要符合客观实际情况。调查指标的设计过程,一般都以一定的研究假设为指导设计出一套社会指标体系,然后将社会指标体系中的每一个社会指标具体化为若干个调查指标,这样就形成了一个具有层次性、系统性和完整性的调查指标体系,如图 4-3 所示。

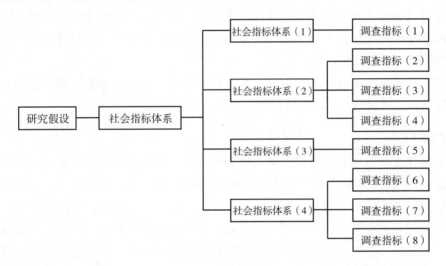

图 4-3 调查指标的设计过程

设计调查指标,必须设计两种定义,即抽象定义和操作定义。抽象定义是对调查指标共同本质的概括,例如,"人口增长"的抽象定义是"单位时间段内人口增长的总量"。在社会调查中,抽象定义的作用在于揭示调查指标的内涵,概括事物的本质,并把它与其他对象区别开来。但是抽象定义没有解决如何调查、如何操作的问题,要想具体度量某一调查指标,就必须在经验层面上为每一个调查指标进一步设计出明确的操作定义。

操作定义就是用可感知、可度量的事物、现象和方法对抽象定义所做的界定说明。在社会调查中,操作定义的作用在于界定调查指标的外延,解决调查过程中如何操作、如何搜集资料的问题。也可以说,操作定义是用变量和调查指标来反映抽象概念的方法,例如"三好学生"的操作定义可以表述为:没有任何违规事件、各科文化课成绩 80 分以上、体育成绩 75 分以上的学生。

操作定义的设计,在社会调查中具有重要的作用。首先,它有利于提高调查的客观性。其次,它有利于提高调查的统一性。在实际调查中,由于调查者或被调查者对调查指标的理解不同,因此往往会发生各种调查失误。有了明确的操作定义,不同的调查人对不同的调查对象进行询问时,就可以按照统一的标准、方法和过程进行调查,从而提高调查的统一性。最后,它有利于提高调查的可比性。有了操作定义,不管是横向对比还是纵向对比,都有了统一的标准、方法和过程进行调查,从而有利于提高调查结果的可比性。

设计操作定义,一般可采用三种方法:①用客观存在的具体事物来设计操作定义。例如,在调查农户的收入状况时,可将农户分为五类,即"贫穷户""温饱户""小康户""宽裕户"和"富裕户"。为了便于操作,可用"年人均纯收入"这一客观存在的具体事物给五类农户设计明确的操作定义。②用可直接观测到的社会现象来设计操作定义。例如,对于"劳动态度"这一类比较抽象的问题,不仅可以用工作的数量和质量这些具体的事物来下操作定义,而且可以用出勤率、参加义务劳动的次数和时数、技术革新件数、提合理化建议次数等社会现象来下操作定义。③用社会测量的方法设计操作定义。例如,对领导干部工作能力的考核,就很难用具体事物来做界定和说明,这时就需要采用社会测量的方法下操作定义。

不管采用哪种方法设计操作定义,都应该严格遵守对称性原则,即设计出来的操作定义必须与有关抽象定义的内涵相对称,不能过宽或过窄。

2. 问卷设计

问卷调查是目前调查业中广泛采用的调查方式,即由调查机构根据调查目的设计各类调查问卷,然后采取抽样的方式(随机抽样或整群抽样)确定调查样本,通过调查员对样本的访问,完成事先设计的调查项目,最后统计分析得出调查结果的一种方式。

问卷是问卷调查中搜集资料的工具。问卷的设计在很大程度上决定了问卷调查的回答质量、回复率、有效率,乃至整个调查工作的成败。因此,科学设计问卷,在问卷调查中具有关键性意义。

(1)调查问卷的结构。

问卷一般由卷首语、填写说明、问题和回答方式、编码、结束语和其他资料六个部分组成。

1)卷首语。它是问卷调查的"自我介绍信",又称封面信。卷首语的内容应该包括:调查的目的、意义;调查的主要内容;选择受调查者的途径和方法;调查的匿名和保密原则;调查的单位名称和时间;调查单位的联系人和联系方式等。为了能引起被调查者的重视和兴趣,争取他们的合作和支持,卷首语的语气要谦虚、诚恳、平易近人,文字要简明、通俗、有可读性。卷首语作为一封致受调查者的信,一般应放在问卷第一页或第一页上部。

2)填写说明。它是告诉受调查者如何正确填写问卷的指导书。它的内容应该包括:填答问卷的方式;对受调查者的希望和要求;填答问卷时应该注意的问题;回复问卷的时间。如果问卷较短，回答方式较为简单，填写说明可集中安排在卷首语后面，甚至可作为卷首语的一部分；如果问卷较长，回答方式比较复杂，填写说明应分散安排在每个问题的后面。

3）问题和回答方式。它是问卷的主体部分，一般包括调查所需要询问的问题、回答问题的方式，以及对回答方式的说明等。

4）编码。把问卷中询问的问题和受调查者回答的答案，转变为英文字母和数字，以便录入计算机并对问卷数据进行处理。

5）结束语。特别是自填式问卷，往往有一个结束语。它可以是简短的几句话，对受调查者的合作表示感谢；也可稍长一点，顺便征询一下对问卷设计和问卷调查的看法。

6）其他资料。它包括问卷名称、受访问者地址、单位和问卷编号，访问开始时间（一般设计在问卷前面），访问结束时间，访问完成情况，访问员、审核员、录入员姓名以及他们的看法或意见等。这些资料是审核和分析的重要依据，应该认真填写。

（2）设计调查问卷的原则。

1）目的性原则。问卷的主要目的都是提供管理决策所需的信息，以满足决策者的信息需要。问卷设计人员必须透彻了解调研项目的主题，能拟出可从被调查者那里得到最多资料的问题，做到既不遗漏一个问句，避免需要的信息资料残缺不全，也不浪费一个问句去取得不需要的信息资料。因此，要做到从实际出发拟题，问题目的明确，重点突出，没有可有可无的问题。

2）客观性原则。它是指设计的问题必须符合调查对象的客观情况。例如，在2009年调查农村居民拥有耐用消费品情况，如果仅仅设计手表、自行车、缝纫机等老"大几件"，就大大落后于实际；如果设计含高级别墅、豪华轿车、现代游艇等项目，则又超过了实际可能。

3）对称性原则。它是指设计的问题必须与调查主题相对称。问题过少、覆盖面过窄，就无法说明调查所要说明的主题；问题过多、覆盖面过宽，不仅会增加工作量，提高调查成本，还会降低问卷回复率、有效率和回答质量，而且也不利于说明调查要求说明的主题。

4）可能性原则。它是指设计的问题必须有可能得到真实的回答。凡被调查者不可能自愿真实回答的问题，都不应该正面提出。对这类问题，被调查者一般都不可能自愿做出真实回答，或者干脆不予理睬，因此一般都不宜正面提出。

5）自愿性原则。它是指必须考虑受调查者是否自愿真实地回答问题。凡受调查者不可能自愿真实回答的问题，都不应该正面提出。

（3）设计调查问卷的步骤。

1）准备阶段。准备阶段是根据调查问卷的需要，确定符合调查主题范围的调查项目，将所需的问卷资料一一列出，分析哪些是主要资料，哪些是次要资料，哪些是调查的必备资料，哪些是可要可不要的资料，并分析哪些资料需要通过问卷来取得，需要向谁调查等，对必要资料加以搜集。同时要分析调查对象的各种特征，即分析了解各调查对象的社会阶层、行为规范、社会环境等社会特征，文化程度、知识水平、理解能力等文化特征，需求动机、行为等心理特征，以此作为拟定问卷的基础。在此阶段，应充分征求各类有关人员的意见，以了解问卷中可能出现的问题，力求使问卷切合实际，能够充分满足各方面分析研究的需要。可以说，问卷设计的准备阶段是整个问卷设计的基础，是问卷调查成功的前提条件。

2）初步设计。在准备工作的基础上，设计者可以根据搜集到的资料，按照设计原则设计问卷初稿。在这一步中，主要任务是确定问卷结构，拟定并编排问题。首先要标明每项资料需要采用何种方式提问，并尽量详尽地列出各种问题，然后对问题进行检查、筛选、编排，设计每个项目。对提出的每个问题，都要充分考虑是否有必要，能否得到答案。同时，要考虑问卷是否需要编码，或是否需要向被调查者说明调查目的、要求、基本注意事项等。这些都是设计调查问卷时要做的十分重要的工作，必须精心研究，反复推敲。

3）试调查。一般来说，所有设计出来的问卷都存在着一些问题，因此需要将初步设计出来的问卷在小范围内进行试验性调查，以便弄清初稿中存在的问题，了解被调查者是否乐意回答和能否回答所有的问题，哪些语句不清、多余或遗漏，问题的顺序是否符合逻辑，回答的时间是否过长等。如果发现问题，应做必要的修改，使问卷更加完善。试调查与正式调查的目的是不一样的，它并非要获得完整的问卷，而是要求回答者对问卷各方面提出意见，以便于修改和定稿。

4）修改和定稿。根据在试调查阶段检验出来的问题，对问卷进行修改和补充，形成较为完善的调查问卷后才能定稿。只有经过检验、修改和完善后的问卷，才能送去印刷，并在调查中使用，否则调查有可能走弯路，从而造成浪费。

4.1.4 抽样设计

抽样调查是由点及面的调查方法，为了达到以样本推断总体的目的，对于抽样程序设计的要求非常严格。抽样设计一般可分为以下五个步骤：

（1）界定总体。它是指根据研究课题的要求，把调查对象的范围确定下来，从而确定抽取样本的对象和依据样本做出推断的范围。一般来说，界定总体不至于存在问题，但在实际调查中，有时也会出现一些难以界定的情况，诸如在家庭调查中，单身户是否可以算作家庭等。因而，在进行抽样设计时，就必须事先做出一些规定，使抽取样本的总体（抽样总体）与要得到信息的总体（目标总体）完全一致。有时，为了实用与方便，相较于目标总体而言，抽样总体在范围上会受到较多的限制，在这种情况下，如果我们要把结论运用到目标总体，就必须以其他来源的信息作为补充。

（2）选择适当的抽样方法。抽样方法可分为两类：随机抽样法和非随机抽样法。调查者可根据研究目的和要求，结合目标总体的具体情况，选取不同的研究方法。

（3）确定抽样单位，编制抽样框。抽样单位就是总体中的每一个最基本的抽样对象。

如在家庭年收入的调查中，每个抽样单位应该是一个家庭。在一个总体中，各个抽样单位必须互不重叠且能合成总体。有时候，单位是非常明显的，例如，在育龄妇女总体中，单位就是一个育龄妇女；有时候，单位是要进行选择的，例如，进行群众生活水平抽样时，单位可以是个人，也可以是家庭，这种情况下，应该在调查前对抽样单位加以确定。抽样框是一个完整的抽样单位一览表，样本是从抽样框中抽取出来的。

（4）确定样本大小。样本大小是指样本中含有单位的多少，确定样本大小需要考虑的因素主要有：①调查总体的规模大小，一般来说，调查总体的规模越大，所需样本数量就越多；②调查总体内部的差异程度，总体内各单位的差异程度较大的，样本数量应多一些，反之，样本数量就可以少一些；③对调查结果的可信度与精确度的要求，若要使调查结果有较高的可信度和较小的偏差度，样本数量应多一些，反之则可少些。

根据统计学的要求，样本数量一般不能少于 30（也有人认为不能少于 50）。由于社会调查大多涉及的范围较广，总体中的情况较复杂，故社会调查中抽取样本的数目一般比统计学的要求多一些。在理论上，抽样数目是可以用公式计算的，如在可重复抽样的条件下，简单随机抽样所需样本的计算公式为

$$n = \frac{z^2 \sigma^2}{\Delta^2}$$

其中，z 为置信度水平所对应的临界值，如 95% 的置信度水平对应 1.96 的临界值，σ 为总体标准差，Δ 为误差范围。

（5）搜集、整理和分析样本资料。这一步的任务是集中所有样本的实际资料，尽量减少和避免登记性误差。获取样本资料后，应着手进行审查、整理、分析，通过计算机软件进行编码整理，运用数理统计方法来分析样本资料，进而推断总体，找出对应样本总体的代表性、准确性程度，找出抽样误差，得出调查结果。

4.1.5 抽样方法

依照抽样调查的理论依据和特点，可将抽样调查的基本方法分为两大类：随机抽样和非随机抽样。随机抽样又叫概率抽样，它是一种按照概率原理来抽取样本，总体中的每一个单位都具有同等被抽中的可能性的抽样方法。随机抽样的方式主要有简单随机抽样、类型抽样、等距抽样、整群抽样和多阶段抽样等。非随机抽样又叫非概率抽样，它是根据研究者个人的方便，以个人的主观经验、设想来有选择地抽取样本并进行调查的。非随机抽样的方式主要有判断抽样、偶遇抽样、滚雪球抽样和定额抽样等。

1. 随机抽样

（1）简单随机抽样，又称纯随机抽样，是随机抽样的最基本也是最常见的类型。它是按随机的原则，直接从含有 N 个单位的总体中，抽取 n 个单位作为样本的一种抽样方法。简单随机抽样是各种概率抽样方法的基础，在实际中常配合其他抽样方法使用。

（2）类型抽样，又称分层抽样或分类抽样。它是将调查总体按一定的标准分为若干类型，然后从每一类型中按照相同或不同的比例随机抽取样本的一种抽样方法。例如，对企业进行调查时，将企业划分为煤炭、石油、电力、化工、机械等部门，然后在每一个部门中随机抽取若干企业进行调查。分类的基本原则：一是要使每一类型内部的差异尽量缩小，类型之间的差异尽量增大；二是要有清楚的界限，在划分时不致发生混淆或遗漏。

分类的具体做法可以分为分类定比抽样和分类异比抽样两类。分类定比抽样，是指按照各类型在总体中所占的比例在各类型内随机抽取样本；分类异比抽样，是指当某个类型所包含的个案数在总体中所占的比例太小时，为了使该类型的特征能在样本中得到足够的反映，需适当加大该类型在样本中所占的比例。

（3）等距抽样，又称机械抽样或系统抽样。它是把总体中的全部调查单位按某一标志排列起来，按固定的顺序和间隔抽取样本。例如，要在2 000名大学生中抽取100名大学生进行运动情况的调查，可将这些学生依次编码，用全部学生的人数除以调查的学生人数，计算出抽样间距为20，抽样的起点可从第一组20个人中用简单随机抽样法确定，然后每隔20个人抽1个人。如第一组中抽中的编码是5，则要抽的100个人的编号依次是25，45，65，…，直到抽满100个人为止。

（4）整群抽样。前面介绍的几种抽样方法都是以总体单位作为抽样单位的，在实践中，总体单位数目往往很大，而各单位在时间和空间上的分布又很分散，给抽样带来很大不便。为了便于组织调查，有时可以利用现成的集体，随机地抽取集体单位加以研究，由此推断总体的情况。这种从总体中随机抽取一些小的群体，由所抽出的小群体内的所有单位构成调查样本的抽样方法叫整群随机抽样，简称整群抽样。

（5）多阶段抽样。它是指将抽样过程分阶段进行，每个阶段使用的抽样方法往往不同，即将各种抽样方法结合使用。这种方法在大型流行病学调查中常会用到。其实施过程为，先从总体中抽取范围较大的单元，称为一级抽样单元，再从抽得的一级单元中抽取范围更小的二级单元，以此类推，最后抽取其中范围更小的单元作为调查单位。

2. 非随机抽样

非随机抽样的方法主要有四种。

（1）判断抽样，又称目的抽样，即由调查者根据研究的目标和主观判断选取样本的方法。在这种抽样中，凡总体中的具有代表性的单位都可作为样本，个别单位被抽取的概率是无法确定的，其抽样结果的精确度也无法判断。所以，这种判断抽样的准确程度取决于调查者的理论修养和实际经验、调查者对调查对象的了解程度以及调查者的判断能力。

（2）偶遇抽样，又称任意抽样，指调查者根据方便原则，任意抽选样本的方法。调查者可在车站附近、戏院门口、办公室大楼前、街道上等公共场所访问群众。但它与随机抽样有一个根本的差别，即偶遇抽样不能保证总体中的每一个成员具有相等的被抽中的概率。这种方法简便灵活，同时也使被调查者感到亲切，有参与感，可以作为一种较好的民意测试方法。它的缺点是样本的代表性差，有较大的偶然性。

（3）滚雪球抽样。这种方法是先找出较少个体，通过这些个体了解更多的个体。就像滚雪球一样，了解的个体越来越多，越来越接近总体，可以在不清楚总体的情况下了解总体。

（4）定额抽样，又称配额抽样，指事先规定一样的样本容量，并规定一些与研究内容相关的标准，然后把样本容量数按照不同标准加以分配，最后由调查者从符合标准的调查单位中随意地抽取样本单位进行调查。

4.2 专家调查法

专家调查法是通过规范的调查程序，征询相关领域或学科专家对预测对象未来发展的看法的一种半定量调查法。这种方法既能集中多数人的才智，又可充分发挥每个专家的个人能力，因而成为一种使用广泛并享有盛名的预测方法。专家调查法最大的优点是简便直观，无须建立烦琐的数学模型，而且在缺乏足够统计数据和没有类似历史事件可借鉴的情况下，也能对研究对象的未知或未来状态做出有效的预测。

在信息分析过程中，时常会出现缺乏足够的资料和数据的情况，使用专家调查法是解决这一问题的有效途径，依靠专家的相关知识和经验，对问题做出判断、评估和预测。专家调查法的常见类型包括头脑风暴法和德尔菲法等。

4.2.1 头脑风暴法

头脑风暴法（brain storming，BS），又称智力激励法。它是由美国创造学家 A. F. 奥斯本于 1939 年首次提出，并在 1953 年正式发表的一种激发创造性思维的方法。这种方法的原意是指精神病患者在精神错乱时的胡言乱语，后转用来指无拘无束、自由奔放地思考问题。头脑风暴法是借助专家的创造性思维来索取未知或未来信息的一种直观预测方法。它是一种通过小型会议的组织形式，让所有与会者在自由愉快、畅所欲言的气氛中，自由交换想法或点子，并以此激发与会者的创意及灵感，使各种设想在相互碰撞中激起脑海的创造性"风暴"。它适用于解决那些比较简单、严格确定的问题，比如研究产品名称、广告口号、销售方法、产品的多样化研究等，以及需要大量的构思、创意的行业，如广告业。头脑风暴法一般可概括为以下六步：

（1）准备阶段。组织者应事先对所议问题进行一定的研究，弄清问题的实质，找到问题的关键，设定会议所要达到的目标；同时选定参加会议人员，一般以 5～10 人为宜，不宜太多；然后将会议的时间、地点、所要解决的问题、可供参考的资料和设想、需要达到的目标等事宜一并提前通知与会人员，让大家做好准备。

（2）热身阶段。这个阶段的目的是创造一种自由、宽松、祥和的氛围，使大家得以放松，进入一种无拘无束的状态。主持人宣布开会后，先说明会议的规则，然后随便谈点有趣的话题或问题，让大家的思维处于轻松和活跃的状态。

（3）明确问题。主持人扼要地介绍有待解决的问题。介绍时须简洁、明确，不可过分周全，否则，过多的信息会限制人的思维，干扰创新的想象力。

（4）重新表述问题。经过一段时间的讨论后，大家对问题已经有了较深的理解。这时，为了使大家对问题的表述能够具有新角度、新思维，主持人或书记员要记录大家的发言，并对发言记录进行整理。通过记录的整理和归纳，找出富有创意的见解，以及具有启发性的表述，供下一步畅谈时参考。

（5）畅谈阶段。畅谈是头脑风暴法的创意阶段。为了使大家能够畅所欲言，需要制定规则：第一，不要私下交谈，以免分散注意力；第二，不妨碍及评论他人发言，每人只谈自己的想法；第三，发表见解时要简单明了，一次发言只谈一种见解。主持人首先要向大家宣布这些规则，随后引导大家自由发言，自由想象，自由发挥，使彼此相互启发，相互补充，真正做到知无不言，言无不尽，畅所欲言，然后将会议发言记录进行整理。

（6）筛选阶段。会议结束后的一两天内，主持人应向与会者了解大家会后的新想法和新思路，以此补充会议记录。然后将大家的想法整理成若干方案，再根据组织设计的一般标准，诸如可识别性、创新性、可实施性等标准进行筛选。经过多次反复比较和优中择优，最后确定1～3个最佳方案。这些最佳方案往往是多种创意的优势组合，是大家的集体智慧综合作用的结果。接下来介绍一个头脑风暴的实例：

案例 4-1

有一年，美国北方格外严寒，大雪纷飞，电线上积满冰雪，大跨度的电线常被积雪压断，严重影响通信。过去，许多人试图解决这一问题，但都未能如愿。后来，电信公司经理应用奥斯本发明的头脑风暴法，尝试解决这一难题。他召开了一种能让头脑卷起风暴的座谈会，参加会议的是不同专业的技术人员，要求他们必须遵守以下原则：

第一，自由思考，即要求与会者尽可能解放思想，无拘无束地思考问题并畅所欲言，不必顾虑自己的想法或说法是否"离经叛道"或"荒唐可笑"。

第二，延迟评判，即要求与会者在会上不要对他人的设想评头论足，不要发表"这主意好极了！""这种想法太离谱了！"之类的"捧杀句"或"扼杀句"。至于对设想的评判，会后会组织专人进行。

第三，以量求质，即鼓励与会者尽可能多而广地提出设想，以大量的设想来保证质量较高的设想的存在。

第四，结合改善，即鼓励与会者积极进行智力互补，在自己提出设想的同时，注意思考如何把两个或更多的设想结合成一个更完善的设想。

按照这种会议规则，大家七嘴八舌地议论开来。有人提出设计一种专用的电线清雪机；有人想到用电热来化解冰雪；也有人建议用振荡技术来清除积雪；还有人提出能否带上几把大扫帚，乘坐直升机去扫电线上的积雪。对于这种"坐飞机扫雪"的设想，尽管大家心里觉得滑稽可笑，但在会上也无人提出批评。相反，有一位工程师在百思不得其解时，听到坐飞机扫雪的想法后，大脑突然受到冲击，一种简单可行且高效率的清雪方法冒了出来。他想，每当大雪过后，出动直升机沿积雪严重的电线飞行，依靠高速旋转的螺旋桨即可将电线上的积雪迅速扇落。他马上提出"用直升机扇雪"的新设想，顿时又引起其他与会者的联想，有关用飞机除雪的主意一下子又多了七八条。不到一小时，与会的 10 名技术人员共提出了 90 多条新设想。

会后，公司组织专家对设想进行分类论证。专家们认为设计专用清雪机、采用电热或电磁振荡等方法清除电线上的积雪，在技术上虽然可行，但研制费用大，周期长，一时难以见效。在因"坐飞机扫雪"而激发出来的几种设想中，倒是有一种大胆的新方案，如果可行，将是一种既简单又高效的好办法。经过现场试验，发现用直升机扇雪真能奏效，一个久悬未决的难题，终于在头脑风暴会中得到了巧妙解决。

随着发明创造活动的复杂化和课题涉及技术的多元化，单枪匹马式的冥思苦想将变得软弱无力，而"群起而攻之"的发明创造战术则显示出了攻无不克的威力。

头脑风暴法按性质划分，可分为直接头脑风暴法和质疑头脑风暴法。直接头脑风暴法是指专家针对所要预测的课题畅所欲言，从而产生尽可能多的设想；质疑头脑风暴法是在直接头脑风暴法的基础上，对前者提出的计划、方案、设想等逐一质疑，分析其中现实可行的方法，通过质疑头脑风暴，可以对最初的设想进行修改和补充。

1. 直接头脑风暴法

直接头脑风暴法是按照一定的规则召开的鼓励创造性思维的一种会议形式。

为了在头脑风暴会议上创造一种无拘无束、自由奔放的环境，激发专家的创造性思维，达到预期的效果，组织头脑风暴会议时应遵循一些基本规则：

（1）会议主持人简要地说明会议主题，提出讨论的具体要求，并严格规定讨论问题的范围；

（2）鼓励与会者自由发表意见，但不得重复别人的意见，也不允许反驳别人的意见，以便形成一种自由讨论的气氛，激发与会者产生创造性思维的积极性；

（3）支持与会者吸取别人的观点，不断修改、补充和完善自己的意见，鼓励与会者在综合别人意见的基础上，提出自己的新想法，对要求修改或补充自己想法的人，提供优先发言权；

（4）会议的主持者特别是高级领导人和权威人士，不发表自己的意见，不表明自己的倾向，以免妨碍会议的自由气氛。

实践证明，头脑风暴法这种会议形式，有利于充分发扬民主，有利于自由发表意见，有利于各种观点互相启发、互相借鉴、互相吸收，有利于各种意见不断地修改、补充和完善。因此，它对于鼓励创造性思维，寻求新观点、新途径、新方法，具有一定的积极作用。

2. 质疑头脑风暴法

质疑头脑风暴法是对已经形成的设想、意见、方案进行可行性研究的一种会议形式。

这种会议形式的主要规则是：会议的参加者对已提出的设想、意见、方案禁止做确认论证，而只允许提出质疑或评论。

质疑头脑风暴法的一般程序是：

（1）对已经形成的设想、意见、方案提出质疑或评论，一直进行到没有问题可以质疑为止。质疑和评论的内容是，论证原设想、意见、方案不能成立或无法实现的根据，或者是说明要实现原设想、意见、方案可能存在的种种制约因素，以及排除这些制约因素的必要条件等。

（2）把质疑和评论的各种意见归纳起来，并对其进行全面的分析、比较和估价，最后形成一个具有可行性的具体结论。

4.2.2 德尔菲法

德尔菲法是专家调查法中很重要的一种方法，它是根据经过调查得到的情况，凭借专家的知识和经验，直接或经过简单的推算，对研究对象进行综合分析研究，寻求其特性和发展规律，并进行预测的一种方法。

它的最大优点是简便直观，无须建立烦琐的数学模型，而且在缺乏足够统计数据和没有类似历史事件可借鉴的情况下，也能对研究对象的未知或未来的状态做出有效的预测。

1. 德尔菲法的特点

（1）匿名性。

德尔菲法采用匿名的方式征求专家意见，被调查专家"背靠背"接受调查。这样可以让专家不受任何干扰，独立地对调查问题发表意见，或者参考前一轮的预测结果修改自己的意见，消除专家会议调查法中权威、会议氛围和潮流等因素对调查的影响。

（2）反馈性。

德尔菲法采用匿名调查方式，不能现场交流和沟通，专家意见往往比较分散，为此需要多次征询专家意见。经典的德尔菲法要进行四轮专家意见征询，每一轮调查表回收后，由预测者将各位专家提供的意见和资料进行综合、整理、归纳、分类后，再随同下一轮调查表一起发送给各位专家。这样通过意见反馈来组织专家之间的信息交流和讨论，可使专家们在匿名状态下相互影响和启迪，达到提高预测准确度的目的。

（3）统计性。

在应用德尔菲法进行信息分析与预测研究时，对研究课题的评价或预测，既不是由信息分析研究人员做出的，也不是由个别专家给出的，而是由一批有关的专家给出的，并且必须对诸多专家的回答进行统计学处理。所以，应用德尔菲法所得的结果带有统计学的特征，往往以概率的形式出现，它既可以反映专家意见的集中程度，又可以反映专家意见的离散程度。

2. 德尔菲法预测征询的过程

（1）选择专家。

这里所说的专家，指对所要预测的问题具有一定专门知识，经验丰富，能为解决预测问题提供较为深刻见解的人员。在选择专家时，要考虑专家们的代表性和广泛性。所选专家的人数一般在15～50人之间，人数太少不具有代表性，人数太多会增大工作量和经费开支。

（2）设计调查表。

调查表的设计应根据所研究的问题及所要调查的内容而定。在设计调查表时应注意以下几点：①表中所列的问题要清楚明了，而且不要带倾向性。②调查表要力求简化、简单、明了、清晰，调查表中问题的数量不要太多，以使填表者便于回答，也乐于回答。③不要提出令人为难的问题，例如不要提出涉及国家或企业机密的问题。④表中应注明专家交回调查表的最晚期限。

（3）发送调查表。

可根据专家意愿，采用发送电子邮件、派人或邮寄等方式发送调查表，同时应将供参考的资料也一起发送给专家。在需要专家寄回调查表时，应由调查部门预付邮费。

（4）处理调查意见。

对专家们应答的意见和提供的资料进行综合整理与分类。当专家们的意见比较统一，无原则分歧时，统一的意见就可作为预测结果。否则，还需进行下一轮调查。为此，应归纳总结专家们有几种不同的观点，并分别列出持这些观点的理由及所依据的资料，连同第二轮调查表一起发送给专家们，进行下一轮调查。这样往返多次，直至意见统一为止。一般经三四轮调查即可。

（5）做出预测报告。

经过几轮调查，专家们不再改变自己的观点之后，需要对专家们最后的意见进行分析和综合处理，得到预测结果。

3. 预测结果的数据处理及表达

德尔菲法的一项主要工作是在每轮调查之后对众多的专家意见进行分析和处理，将定性的预测结果量化。常见的数据处理与表达方式有以下几种。

（1）中位数法和上、下四分位数法。

当预测结果为一组可以比较大小的数据时，采用中位数和上、下四分位数处理专家答案。中位数代表专家预测意见的协调结果，即预测结果的期望值；用上、下四分位数反映专家意见的离散程度，下四分位数表示预测期望值区间的下限，上四分位数表示其上限。

设有 n 个专家，其相应的 n 个答案按从小到大的顺序排列为

$$x_1 \leqslant x_2 \leqslant x_3 \cdots \leqslant x_{n-1} \leqslant x_n$$

中位数（x 中）：当 n 为奇数时，中心点即为中位数；当 n 为偶数时，最接近中心点的两点的平均值即为中位数。

上四分点（x 上）：不含中位数的右半段序列的中位数。

下四分点（x 下）：不含中位数的左半段序列的中位数。

在求得序列的中位数、上四分点和下四分点后，就可做出如下预测：预测值（即期望值）约为 x 中，且有 50% 以上的专家认为在 x 下至 x 上之间。

（2）算术平均统计处理法。

算术平均统计处理，即将所有的专家预测结果的算术平均值，作为专家预测的协调结果。主要用于预测结果为数量的统计处理。

（3）对等级比较答案的处理。

有时需要请专家对某些非量化预测项目（如产品的品种、花色、规格、质量、包装以及新产品开发等）的重要性进行排序。如有 m 个项目需要排序，则第 1 名记 m 分，第 2 名记 $m-1$ 分，…，第 m 名记 1 分。然后算出每个项目的总分，以总分的多少决定排序名次。

案例 4-2

某针织品经营公司请专家对 1998 年以后的运动衣产业进行预测。在品牌、价格、式样、材料、颜色等项目中，选择影响销售的三个主要项目，并按重要性排序。评分标准规定为第一位 3 分，第二位 2 分，第三位 1 分。第三轮专家征询意见为：赞成"品牌"排第一位的专家有 61 人（专家总数为 82 人），赞成"品牌"排第二位的有 13 人，赞成"品牌"排第三位的有 1 人，则项目"品牌"的总评分值的比重为

$$\frac{61 \times 3 + 13 \times 2 + 1 \times 1}{82 \times (1+2+3)} = \frac{210}{492} \approx 0.43$$

也可直接以每一项目的总分进行排序，如上式中，品牌的重要性值为

$$61 \times 3 + 13 \times 2 + 1 \times 1 = 210$$

其余项目先按相同计算方法计算出重要性值，再按重要性值递减顺序排列各项目，排在前三位的项目即为影响销售的三个主要项目。

4. 派生德尔菲法

德尔菲法本身也有许多缺点，例如，许多专家不熟悉德尔菲法，或不了解有关预测问题的背景材料，因而难以做出正确的预测，甚至不知从何下手去做预测；由于是背靠背地书面回答预测意见，有关专家就无法知道别人进行预测的根据是什么；有的专家在获得前一次预测意见的汇总资料之后，再次预测时往往会出现简单地向中位数靠拢的趋势等。为了克服这些缺点，派生德尔菲法应运而生。派生德尔菲法可分为两类：

一是保持德尔菲法的基本特点，但做了某些局部的改进。例如，预测机构在发出预测问题的调查提纲时，同时提供预测事件一览表，介绍有关预测问题的某些背景材料，允许做出三种不同的预测方案，并对各种方案的成功概率做出估计，减少反馈的次数等。

二是改变德尔菲法某些基本特性的派生方法。例如，部分取消匿名性，有的是先匿名询问，公布汇总结果后进行面对面的口头辩论，然后再匿名做出新的预测；有的是专家们先公开阐明自己的观点和论据，再匿名做出预测，然后再公开辩论，再匿名预测。又如，部分取消反馈，有的是只反馈预测意见的幅度，而不反馈中位数，以防止盲目向中位数靠拢的倾向；有的是只向预测意见差别最大的专家或权威性专家反馈，而不向其他专家反馈等。

4.3 文献调查法

社会调查的具体方法有很多，主要有文献调查法、实地观察法、访问调查法、集体访谈法等。其中，文献调查法是一般社会调查的基础和前导。人们对社会现象的研究，不可能全部通过观察与调查，还需要对与现状有关的文献资料做出分析。根据一定的研究目的或课题，通过文献来获得相关资料，是人们全面、正确地了解和掌握所要研究问题的一种方法，也是科研人员一般首选的方法。

4.3.1 文献调查法的概念和特点

文献是指以文字、图像、符号、音频和视频等手段，记录和存储人类各类知识和情报信息的资料，包括图书、报刊、学术论文、档案、科研报告等书面印刷品，也包括文物、影片、录音、录像、幻灯片等实物形态的各种材料，以及计算机使用的磁盘、光盘和其他电子形态的数据资料等。文献的现代定义是已发表过的或虽未发表但已被整理报道过的记录知识的一切载体。

文献资料对于人类社会历史文化的发展和研究工作有着重要的价值。正是由于站在前人的肩膀上，吸收和借鉴已有的研究成果，人类社会才有可能发展得如此迅速。社会研究要充分地使用资料，必须进行文献研究，掌握研究动态，了解前人和他人已经取得的研究成果。文献调查是任何科研工作的必需阶段。

文献调查法是指搜集、鉴别、整理文献，并通过对文献的研究形成对事实的科学认识，从而了解教育事实，探索教育现象的研究方法。文献调查法不与研究对象直接打交道，而是间接地通过查阅各种文献获得信息，一般又称为"非接触性方法"。

文献调查法具有不同于其他调查法的特点，具体表现为：

（1）历史性。

从时间角度看，文献调查法是一种"历史"的研究，无论是上下五千年的远古文献，还是现在乃至当今的文献，只要是先于研究者当前研究活动的成果，研究者都可以进行研究。文献调查所得的资料反映的是过去的状况、观点、思想方法，因而具有历史性的特点。

（2）灵活性。

从操作角度看，文献调查法不受时空限制，具有较强的灵活性。例如，在空间上，文献研究不用亲临现场，在研究时不受环境等因素的制约和限制；在时间上，既可利用工作时间进行研究，也可利用业余时间进行研究，研究者完全可根据自己的情况灵活安排。

（3）继承性与创新性。

从效能角度看，文献调查法的运用是继承与批判的过程。文献调查法的根本目的在于比较和借鉴，通过检索、搜集、鉴别、研究与运用这一系统过程，最终实现对某一时代或社会的社会现象的某些特点或概貌的描述和评论，以此分析其形成的客观历史条件与原因，并用以比较当今社会现状，分析论证当前的社会改革与实践，从而得到深刻的启示，达到以"史"为鉴之目的。

在运用文献调查法进行科学研究的过程中，研究者总是以自己的观点、方法进行分析研究，取其精华、去其糟粕，体现了研究的批判性。在对文献资料进行深入探讨、分析、比较、鉴别的研究过程中，又对各种文献资料重新组合，寻找新的联系，发现新的规律，形成新的观点和理论，体现了研究的创新性。因此，文献资料研究是继承与创新的结合。

（4）不受研究对象"反应"的干扰。

运用文献调查法进行科学研究时，由于作为研究对象的人并不直接出现，因而避免了研究对象在被研究过程中的各种"反应"对研究的干扰。

（5）具有客观性。

大部分文献资料是作者自发地在特定的环境和时间里记录下来的，具有较高的"坦白程度"和真情实感，因此，这些文献资料具有客观性。另外，作为运用文献调查法进行研究的研究者，由于不参与前人或旁人的实践，看问题也会比较客观，分析问题较全面。

（6）信息容量大、费用低。

采用文献调查法进行研究时，由于信息容量不受限制，只要能够搜集到的文献资料都可以作为研究的对象，所以其需要的费用较低。

4.3.2 搜集文献的方法和途径

1. 搜集文献的具体方法

要搜集文献，必须先查找文献。现代社会的文献除了私人档案外，绝大部分都集中在图书馆和互联网上，研究者一般可以运用不同的检索工具从图书馆、档案馆和互联网上，尤其是图书馆中查找自己所需要的文献。查找文献主要有以下三种方法：

（1）检索工具查找法，即利用已有检索工具查找文献资料的方法。文献检索工具是指用于积累、保存文献和查找文献线索的工具。它分为两大类：一是手工检索工具；二是机读检索工具。

手工检索工具，按其著录形式可分为目录、索引和文摘等形式。一般来说，图书馆的藏书都有目录索引，通过其目录可以找到相关的著作。利用检索工具查找文献，可以采用顺查法，也可以采用倒查法。顺查法，即由远到近、逐年逐月按顺序查找；倒查法，即由近而远，回溯而上，按时间顺序往前查找。一般来说，顺查法有利于了解有关问题发展过程全貌，但要花费较多时间和精力；倒查法可以节省时间和精力，能够较快了解到有关问题的最新动态，但查找的文献可能不系统、不全面。无论是采用顺查法还是倒查法，都应按照调查课题的时间跨度来决定查找文献的时间跨度。

机读检索工具，按其信息的指向性可以分为图书馆的联机公共目录检索系统（online public access catalog）和网络搜索引擎。对于图书馆的联机公共目录检索系统，只要写入所要查询的"书名""作者""主题词""索引号"等，就可以进行检索和查询。在互联网中，图书馆目录发展成为联机公共目录检索系统（online public access catalog，OPAC），使用时人们通过目标图书馆目录的统一联网地址（uniform resources locator，URL），即可查询世界各大学图书馆、公共图书馆、专业图书馆的馆藏。网络搜索引擎查询更为简单，在专门的搜索工具如"Google""百度"等主页上输入所要查询的"主题"或"关键词"，或者进一步根据条件设置输入所要查询的"题目""摘要""作者""发表时间"等，就可以获得相当多的文献条目。打开以后可以先从比较大的范围里搜索，然后逐步缩小范围，也可以在与研究课题有关的几个不同的主题范围内进行搜索。

我们可以在专门的数据库中查询学术论文，如英文论文检索工具主要有社会科学索引（social science index，SSI）、社会科学引文索引（social science citation index，SSCI）。"中国期刊全文数据库（CJFD）"是目前世界上最大的连续动态更新的中国期刊全文数据库，收录国内 8 200 多种重要期刊，以学术、技术、政策指导、高等科普及教育类为主，同时收录部分基础教育、大众科普、大众文化和文艺作品类刊物，内容覆盖自然科学、工程技术、农业、哲学、医学、人文社会科学等各个领域，全部文献总量 2 200 多万篇，每日更新 5 000～7 000 篇。万方数据资源系统提供期刊、成果、学术会议、学位论文、标准等多种文献类型数据库，内容涉及自然科学和社会科学各个领域，汇聚了 12 大类 100 多个数据库，2 300 万数据资源，是目前收录文献类型最全的二次文献检索系统。万方数据资源系统分为五大子系统：学位论文全文子系统、会议论文全文子系统、数字化期刊子系统、科技信息子系统和商务信息子系统。维普信息资源系统是重庆维普资讯有限公司开发的产品，收录中文期刊12 000余种，全文2 300余万篇，引文3 000余万条，分3个版本（全文版、文摘版、引文版）和8个专辑（社会科学、自然科学、工程技术、农业科学、医药卫生、经济管理、教育科学、图书情报）。

（2）参考文献查找法，也称追溯查找法，即根据作者在文章、专著中所开列的参考文献目录，或在文章、专著中所引用的文献名目，追踪查找有关文献资料的方法。具体做法是，从已经掌握的文献资料开始，根据文献中所开列的参考文献目录和所引用、所介绍的文献名目，直接去查找较早一些的文献；再利用较早文献中所开列的参考文献目录和所引用、所介绍的文献名目，去查找更早一些的文献。如此一步一步地通过参考文献向前追溯查找，直到查找出比较完整的文献资料为止。

用参考文献查找法查找文献，不如用检索工具查找法所得的文献那样全面和广泛，但是它查找的文献比较集中，有效率也相对高一些，而且往往能及时捕捉到一些最新研究成果。

（3）循环查找法，也称为分段查找法，即将检索工具查找法和参考文献查找法结合起来交替使用，循环查找的方法。循环查找法，可先采用检索工具查找法，查找出有用文献资料，然后根据这些文献中所开列、所引用的参考文献名目，去查找更早一些的文献；也可先采用参考文献查找法，查找出更早一些的文献，然后再采用检索工具查找法，去扩大查找文献的线索。如此分阶段交替使用两种查找文献的方法，直到查找出自己所需要的文献为止。

2. 搜集文献的主要途径

在纸质文献调查中，主要有索取、交换、购买、拍照、录制、借阅、复制等常用的搜集文献的途径。

对于在大众传播媒介上公开出版，并正在市面上出售的各种书籍、刊物、报纸、磁带、光盘等文献，在经费许可条件下可采取购买的方法搜集；对市面上已停售的这类文献，则可到图书情报机构借阅。图书馆是汇集百科知识的宝库，是搜集各种文献与情报资料最主要、最重要的渠道之一。为了更好地利用图书馆的资料，研究者应该熟悉图书馆中的检索系统，掌握具体的检索知识与技能。查阅目录是研究者的一项基本功。

对于企事业单位、社会团体的规章制度、统计报表、总结报告，以及族规家谱等文献，可采取向有关单位索取、交换、复印、借阅等方法搜集，也可以到这些企事业单位的主管部门、社会组织的成员和各种档案管理机构去采取索取、复印、借阅等办法搜集。

对于个人写的日记、信件、自传、回忆录等文献，只能在征得文献主人同意的前提下，采取借阅、复印、拍照等办法搜集。其中，已公开出版、发行的日记、信件、自传、回忆录等，则可通过购买方式搜集。

对于官方的各种法律、法规、政府文件、统计资料等文献，凡公开出版发行的，可通过购买方式搜集，尚未公开出版发行的，可到有关行政管理部门去采取借阅、复印等方式搜集，历史性的有关文献则可到档案管理机构去采取借阅、扫描和复印等方式搜集。此外，在某些特殊情况下，还可通过上级主管部门下达指令采用征集、调拨等方式搜集。

对于网络文献，我们可以在搜索网站用关键词检索，将有用的信息下载，保存到相应的文档里。搜索引擎和虚拟图书馆是两种获取网络信息资源的重要途径，前者主要考虑检索的全面性，后者主要考虑检索的准确性。而网络信息资源数据库则兼顾了全面性和准确性，能够向用户提供相对全面和准确的网络资源。

4.4 案例

1. 随机抽样 SPSS 操作

假设某小区一共有 330 户居民，拟采用简单随机抽样的方法，从中随机抽取 33 户居民（10%）调查其家庭人均月收入情况，如表 4-1 所示，推断该小区居民整体的经济收入状况。

表 4-1 部分家庭收入情况

ID	INCOME	ID	INCOME
001	4 092	008	5 093
002	6 343	009	2 567
003	4 120	010	5 182
004	3 571	011	5 857
005	4 432	012	4 648
006	2 840	013	3 758
007	2 253		

我们首先介绍利用 SPSS 自带的"选择个案"的功能进行随机抽样。

（1）单击"数据→选择个案"，在弹出的对话框中，选择"随机个案样本"进行随机抽样，并在输出框中，选择将选定个案复制到新数据集，将随机抽样的样本重新生成一个新的数据集，并将新数据集的数据集名称命名为 newdt，如图 4-4 所示。

图 4-4 操作截图

（2）单击"样本"进入随机抽样的设置界面。根据抽取样本的大小，SPSS 提供了两种方法：

一种是近似法（approximately），它允许用户按照自己设定的比例进行不重复的抽样，用户不用告诉 SPSS 抽样的总体有多少个，只需要输入抽取的百分比是多少，SPSS 就会按照这个比例从总体中进行抽样，如图 4-5 所示。

图 4-5　近似法

另一种是精确法（exactly），对抽取的样本含量的控制是精确的，当用户设定了一个具体的样本大小后，SPSS 会严格按照这个数字从总体中随机抽取样本。例如本例中，在第一个输入框中填入 33，在第二个输入框中填入 330，表示在 330 个总体中随机抽取 33 个样本，如图 4-6 所示。

图 4-6　精确法

2. 德尔菲法案例

某公司研制出一种新兴产品，市场上还没有相似产品出现，因此没有历史数据可以获得。公司需要对可能的销售量做出预测，以决定产量。于是该公司成立专家小组，并聘请业务经理、市场专家和销售人员等 8 位专家，预测全年可能的销售量。8 位专家提出个人判断，经过三次反馈得到的结果如表 4-2 所示。

（1）平均值预测。在预测时，最终一次判断是综合前几次的反馈做出的，因此在预测时一般以最后一次判断为主。在本例中，如果按照 8 位专家第三次判断的平均值计算，则预测这个新产品的平均销售量为

$$\frac{415+570+770}{3}=585$$

表 4-2 专家反馈结果

专家编号	第一次判断			第二次判断			第三次判断		
	最低销售量	最可能销售量	最高销售量	最低销售量	最可能销售量	最高销售量	最低销售量	最可能销售量	最高销售量
1	150	750	900	600	750	900	550	750	900
2	200	450	600	300	500	650	400	500	650
3	400	600	800	500	700	800	500	700	800
4	750	900	1 500	600	750	1 500	500	600	1 250
5	100	200	350	220	400	500	300	500	600
6	300	500	750	300	500	750	300	600	750
7	250	300	400	250	400	500	400	500	600
8	260	300	500	350	400	600	370	410	610
平均数	345	500	725	390	550	775	415	570	770

（2）加权平均预测。将最可能销售量、最低销售量和最高销售量分别按 0.50、0.20 和 0.30 的概率加权平均，则预测平均销售量为

$$570\times0.5+415\times0.2+770\times0.3=599$$

（3）中位数预测。用中位数计算，可将第三次判断按预测值高低排列如下。

最低销售量：

$$300 \quad 370 \quad 400 \quad 500 \quad 550$$

最可能销售量：410　500　600　700　750

最高销售量：600　610　650　750　800　900　1 250

最高销售量的中位数为第四项的数字，即 750。

将可最能销售量、最低销售量和最高销售量分别按 0.50、0.20 和 0.30 的概率加权平均，则预测平均销售量为

$$600\times0.5+400\times0.2+750\times0.3=605$$

◎ 思考题

1. 什么是社会调查？如何理解这一概念？简述与信息分析相关的概念。
2. 按照范围划分，社会调查可以划分为哪些类型？信息分析有何功能和作用？
3. 试介绍社会调查的一般程序，并说明每个步骤的主要任务。
4. 请选择你感兴趣的课题设计一份调查问卷。
5. 简述抽样调查的方法。
6. 德尔菲法有哪些特点？

CHAPTER 5

第 5 章

信息分析建模

随着人们对客观世界的认知不断加强，人类开始使用与研究事物相关的模型来描述客观世界及其运动变化规律。无论是学术研究还是理论实践，"模型思维"或者说"建模"都已经逐渐成为不可或缺的方法论。"建模"对于信息分析有着无可替代的作用。本章首先对模型与模型方法的概率进行阐述，并将模型详细分类；接着介绍信息分析建模的一般过程；最后，根据建模的一般过程，分别用定性和定量的模型加以说明。

5.1 模型与模型方法

5.1.1 模型与模型方法的概念

1. 模型的概念

早年，钱学森教授给"模型"做过这样一种解释，他说，模型其实就是一幅图画，这幅图画在勾勒的过程中将问题本来的现象进行了分解，通过我们的考察所得出的原理，吸取了所有的主要因素，但是摒弃了所有的非主要因素。因此，模型是为了一定的目的，对客观事物的一部分进行简缩、抽象、提炼出来的原型的替代物，模型集中反映了原型中人们需要的那一部分特征。从这一概念可以看出，现实生活中的很多事物都可以叫作事物的原型，那么模型则是对这些原型进行模拟或者抽象。例如，玩具、照片、飞机、火箭模型等实物模型；水箱中的舰艇、风洞中的飞机等物理模型；数学模型、地图、电路图、分子结构图等符号模型。这种模拟或者抽象，并不是简简单单对原始事物的复制，而是突出原始事物的本质，描述出其最重要的特征。可以简单地理解为，模型可以反映出原型，但是又不完全等同于原型，它是原型的一种升华或者近似。

根据以上对模型的解释分析可知，模型的范围非常广泛，既包括数学中的相关概念、公式定理等，也包含社会科学中的原理、学说等。信息分析中应用最多的数学模型指的是对于一个现实对象，为了一个特定目的，根据其内在规律，做出必要的简化假设，运用适当的数学工具，得到的一个数学结构。换言之，数学模型就是用数学符号、数学结构对实际问题进行的近似描述，是针对现实世界基于一定目的而做出的抽象、简化的数学结构。

2. 模型方法的概念

模型是一个相对来说较为抽象的概念，然而基于客观事物的复杂性和动态性，相关的研究者需要通过模型方法对事物进行研究。研究者先对客观事物的本质特征进行抽象的理解，以科学性为基础，建立该问题的形式模型，并运用这一模型来求解所要解决的问题，通过对建立的模型进行定量或者定性的分析，来获得对原始事物客观、科学的认识。简而言之，模型方法就是研究者通过建立相关的模型来对相关事物进行研究的方法。在信息分析中常使用数学模型，数学建模方法就是通过建立数学模型来解决现实中的实际问题的过程，是一种数学思维方式，是对现实的现象通过心智活动构造出能抓住其重要且有用的特征的表示，常常是形象化的或符号的表示。

在此过程中需要注意的是，模型方法是将模型当作原始事物，这样使得研究变得没那么复杂，但是值得注意的是，研究者最终需要研究的不是模型，而是客观事物本身，因此，最后通过模型方法得出来的结论还需要通过相应的方法推到原型本身，这才能使得研究有意义。当然，最后得出的结论是否适用于原型，还需要通过相关的检验。

5.1.2 模型的分类

目前来说，对模型的分类还未形成统一的结论，本小节中仅介绍几种较为常见的分类方法：

1. 按模型表现形式进行分类

按模型表现形式，可将模型大致分为四类：物理模型、结构模型、数学模型以及仿真模型。

（1）物理模型：研究人员为了特定的目的根据较为相似的原理所构造出来的模型。物理模型又分为实物模型和类比模型。实物模型是指根据相关的理论或者原理将系统按照一定的比例放大或者缩小，例如建筑模型、在风洞中做实验的飞机模型；类比模型是指在物理学的相关领域内，不同的系统中的各个变量有时服从了相同的规律，根据这一相同规律就可以构造出物理意义不同的比拟模型，例如通过电路来模拟相关的气动系统。

（2）结构模型：主要强调的是系统之间的因果关系和结构特点，结构模型中最为常见的就是图模型。

（3）数学模型：数学模型顾名思义就是用数学符号和语言来体现和描述现实原型的

各种因素形式以及数量关系的一种数学结构，通常表现为定律、定理、公式、算法以及图表等，是信息分析中使用最多的模型，例如常见的贝叶斯先验概率公式、积分方程、拓扑结构等。

（4）仿真模型：指计算机上运行的程序所表示的模型。物理模型、结构模型和数学模型一般都可以转化为仿真模型。

2. 按照研究者对现实问题的掌握程度进行分类

按照研究者对现实问题的掌握程度，可将模型分为三类：黑箱模型、白箱模型以及灰箱模型。

（1）黑箱模型。黑箱模型（black box）或称经验模型，指针对一些内部规律还很少为人们所知的现象所建立的模型。例如，它是环境预测工作中应用较多的一类模型，是根据输入－输出关系建立起来的，反映了有关因素间的一种笼统的直接因果关系。用于环境预测的黑箱模型，只涉及开发活动的性质、强度与其环境后果之间的因果关系。如果未来的变化超出一定的范围，这类模型的可靠性会明显下降。黑箱模型本身不能表述过程，这类模型常见于社会科学、生命科学等领域。

（2）白箱模型。白箱模型（white box）是在能够依据所掌握的知识，了解所研究对象的内部运动变化规律的情况下，运用数学工具建立的能够明确反映输入信息与输出信息内在联系的模型。白箱模型不仅反映输入－输出关系，而且反映过程的状态。建立这类模型的前提是必须对所表述的要素或过程的规律有清楚的认识，对于各有关因素也有深刻的了解。

（3）灰箱模型。灰箱模型（gray box）或称概念模型（conceptual model），介于白箱模型与黑箱模型之间，它所针对的研究对象是那些知识背景不完全清晰的问题，一般难以完全提取模型暗含的规律性信息及经过训练学习的知识，如气象学、生态学、经济学等领域的模型。灰箱模型形象地说明了此类模型是指内部的规律还不是十分清楚，但是已经做了一定研究的模型。这类模型还处在摸索阶段，需要不断改进。

3. 按模型的所属学科进行分类

按照模型所属的学科，可将模型分为社会学的模型、经济学的模型、物理学的模型、数学模型以及交通学的模型等。

4. 按模型建立的目的进行分类

按模型建立的目的，可以将模型划分为预测模型、描述模型、对策模型、决策模型、优化模型、控制模型等。上述各类模型中的每一类都包含了大量的模型，下面以对策模型为例简要说明。

（1）博弈论的经典模型：威慑博弈模型。

威慑博弈的完整名称是进入威慑博弈，是参与者想进入某领域，而该领域已存在先入竞争者的博弈模型。假定有两个参与人，一个想进入某行业，称之为进入者，另一已在该行业占有一席之地,称之为先入者。对进入者来说,不管先入者是否设置壁垒,其目标都是进入。而对先入者来说,要设置壁垒,必须付出巨大成本,否则不如默许。进入威慑博弈模型的启示是:要做一件事情,必须确定一个可行的目标,不怕困难,全力以赴向目标努力,目标就会实现。

另外,不是所有的威慑都没有用处,付出巨大成本的威慑是起作用的。同时,进入威慑博弈也提出了一个问题,就是威胁和承诺的可信度问题。威胁实际上也是一种承诺。威胁和承诺是否可行,取决于其成本的大小,以及其成本和收益的比较。一般而言,成本巨大的,或者成本高于收益的威胁和承诺,可信度较高,反之则较低。实际生活中有些制度见效甚微,就是因为惩罚力度太小,使得违规者的违规收益高于违规成本。

(2)博弈论的经典模型:斗鸡博弈模型。

在西方,鸡是胆小的象征,斗鸡博弈(chicken game)指在竞争关系中,谁的胆子小,谁先失败。现在假设有两个人要过一座独木桥,这座桥一次只能过一个人,两个人同时相向而进,在河中间碰上了。这个博弈的结果,第一种是如果两个人继续前进,双方都会掉水里,双方丢面子,这是一种组合;第二种是双方都退下来,双方也都会丢面子,但是都不会掉到水里去;第三种是甲方退下来,丢面子,乙过去;第四种是乙退下来,丢面子,甲顺利通过。在这四种结果中,第一种是两败俱伤,第三、四两种是一胜一败,第二种是两败不伤,这就是斗鸡博弈。

在这个模型中,最优策略有两个,就是第三、四两种选择,即甲退下来乙先过去,或者乙退下来甲先过去。因为两种选择对整个社会来说效益最大,损失最小。这正是中国古语中描述的"狭路相逢勇者胜",如何处理竞争中的两个勇者之间的关系呢?一般有四种办法:第一种是谈判,双方约定一个条件,其中一个先退下来;第二种是制度,建立一种制度,规定从南到北的先退,或者从北到南的先退,或者后上桥者先退;第三种是时间,双方僵持一段时间,谁先忍耐不住谁先退;第四种是妥协,妥协不一定是最优策略,但是至少可以保证取得次优结果。

(3)博弈论的经典模型:情侣博弈模型。

假定一对热恋中的情侣,每周末约会一次。男的喜欢看足球,女的喜欢看电影。见面后,双方要选择看足球还是看电影。热恋中的情侣因为爱,会牺牲自己的爱好去满足对方。如果去看足球,男的满足程度为四个单位,女的满足程度是两个单位;如果去看电影,女的满足程度是四个单位,男的满足程度是两个单位。

在这个博弈中,有三个变量非常重要。第一个变量是顺序,就是谁先提出来,比如男的先提出来,女方尽管更愿意看电影,但是男方已经提出来了,她不愿意违背他,只好同意,结果他们就去看足球。相反的情况也是一样的。第二个变量是一次博弈还是多次博弈。如果是多次博弈,双方就会大体上形成一种默契,这周看电影,下周看足球。第三个变量取决于感情的深度。依赖程度比较高的一方,会对对方更加照顾一些。一般而言,情侣之间的博弈是一个动态过程,因为恋爱就是双方较长时期的磨合、了解过程。

如果我们假定情侣博弈是一个动态博弈，而且总是男的先决策，女的后决策，那么就会出现一种非常有趣的决策情景。对女方来说，无论男的是选择足球，还是选择电影，她的决策均为四个：一个是追随决策，就是男的选择什么，她就选择什么；二是对抗策略，就是男的选择什么，她偏不选什么；三是偏好策略，就是无论男的选什么，她都选电影，因为这是她的偏好；四是成全策略，就是无论男的选什么，她都选足球，因为足球是男的偏好，她宁可牺牲自己的偏好而成全男方。情侣博弈在现实生活中到处存在，它让人们思考如何去关心别人，理解别人，处理好人际关系。退一步海阔天空，就是从情侣博弈中总结出的道理。

（4）博弈论的经典模型：囚徒困境。

囚徒困境（prisoner's dilemma）至今仍然是博弈研究的重要课题。这个故事是说，两个人犯罪后被抓，分别关押，不能见面，警察审问时分别对他们说，坦白吧，坦白你会被放走，你不坦白另一个人坦白了，你将被判 10 年。实际上，两个囚徒面临的情况是：一个坦白，另一个不坦白，坦白的将被释放，不坦白的会被判 10 年；如果两个人都坦白，各被判 5 年；两个人都不坦白，都被释放。根据理性人的假设，甲、乙两个人都会寻找自己的最优目标，那就是自己被释放。如果两个人都不坦白，都会被释放，但甲会想：如果我不坦白，乙坦白了，他会被释放，我要被判 10 年；我坦白了，不管乙是否坦白，我最多被判 5 年，也有可能被释放。罪犯乙其实也是这么想的。结果他们都坦白了，分别被判了 5 年。在坦白这一点上形成了策略均衡。

实际上，囚徒困境这个模型揭示了合作与竞争（或对抗）的关系。生活中最常见的囚徒困境就是挤公共汽车。从集体理性的角度来看，按次序上车是最有效率的做法，但是如果你挤我不挤，我就可能上得慢，所以每个人的最优战略都是挤。其中的纳什均衡就是大家都挤，结果上车更慢了，每个人采取的都是最优战略，结果却是最劣的，原因在于个人理性和集体理性之间存在着冲突。

5.2 信息分析建模的一般过程

5.2.1 信息分析建模的主要步骤

在建模的过程中，由于建模研究目的、学科及分析方法的差异，构建的模型不存在固定的模式，但是大致的框架结构和一般的步骤还是可以归纳总结出来的。在建模的过程中，并非每一个模型都存在以下步骤，有时候各个步骤之间的界限也不是很清晰，但是熟悉一般步骤，对构建模型、解析模型、分析问题有着重要的启示作用。信息分析建模主要分为以下六个步骤㊀。

㊀ 在信息分析建模的步骤中，本节主要参考了邱均平教授主编的《信息分析》一书，对书中的步骤进行了总结归纳。

1. 建模前的准备

在进行建模前，首先要对研究问题进行了解，主要了解研究背景、研究目的、研究对象的特征，尽可能多地搜集相关的数据、资料和信息。

2. 精练与假设

在介绍模型的时候，本书就已经说明，模型其实是对原有事物的抽象，因此，我们在建模的过程中也会遇到诸如此类的问题，在对原始事物进行研究时，往往会涉及很多方面，不可能全面地考虑到所有的因素，这就要求我们在了解研究对象本质特征的基础上，对研究对象进行精练与假设。这是极为关键的一步，也是决定模型是否成立的一步，若对研究对象的精练与假设做得过于简单，最后可能得出错误甚至毫无意义的模型；若对研究对象的精练与假设做得过于烦琐，最后会导致研究过程同样异常烦琐，甚至得不出结论。因此在建立模型的过程中，必须做出科学且合理的精练与假设。

3. 模型的表达

基于第一步，此时我们需要选取相应的图表、符号、语言或者数学工具来刻画所要研究的变量之间的相互关系，并建立相应的结构。在模型表达的过程中，常常会使用类比的方法，如将所要研究的问题用已经存在的模型进行求解，这样不仅可以减少研究的工作量，还能确保模型建立的正确性。模型表达的过程中有一个很重要的原则，就是在确保正确性和科学性的基础上，尽量使用较为简单的模型，使模型的表达深入浅出。

4. 模型的求解

模型的求解有很多种方法，例如方程求解、画图求解、统计计算等，目前最常用的就是数学软件（SPSS、EVIEWS、MATLAB 等）和计算机技术这两种。

5. 模型结果的分析、检验与修正

在第四步中，我们已经得出了模型的结果，之后我们通常要对结果进行误差、统计、灵敏度等的分析，对假设进行稳健性的分析，然后将分析结果带入实际的问题或者现象中，从而检验模型的合理性及科学性。若得出的结果与实际情况不符合，则需要对模型进行调整。

6. 模型的实际应用

我们对一个问题进行研究，通常希望研究结果能被应用于实际中。模型分析也不例外，对模型的研究要完成相应的信息分析的任务，以便在决策过程中给人们提供参考意见。

总体来说，信息分析建模的主要步骤如图 5-1 所示。

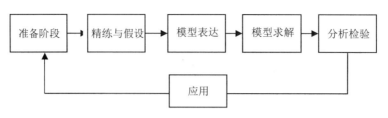

图 5-1　信息分析建模的主要步骤

5.2.2　信息分析建模过程中应注意的主要问题

1. 对现实问题的理解与分析

通过上一节的描述，我们大致了解了信息分析建模的主要步骤，从中可以清晰地看出，构建模型的最终目的就是解决现实中存在的问题，因此，我们需要对现实问题进行理解和分析。随着现代数学研究的不断深入，定量模型在各个领域中得到大量应用，甚至一些专家学者将定量模型的难易程度作为评判文章、著作、教材优劣的标准。其实这是一个极为片面的看法，我国著名应用数学家林家翘教授就并不认为"数学好，就能引用到任何问题中去"。

在分析现实问题时，没有哪一个现实问题仅仅依靠数学就能完全解决，现实问题必须结合大量学科背景，甚至是作者自己的经验等。例如，在经济学的问题中，最广为熟知的"蛛网模型"，是利用数学中的弹性理论来解释一些生产周期比较长的特殊商品在失去其均衡时会发生不同波动的一种动态理论。蛛网模型中最为经典的就是三个数学公式：

$$Q_{td} = \alpha - \beta P_t$$
$$Q_{ts} = -\delta + \gamma \cdot P_{t-1}$$
$$Q_{td} = Q_{ts}$$

式中　Q_{td} 为需求函数，Q_{ts} 为供给函数，α、β、γ、δ 均为常数。说明本期供给量 Q_{ts} 取决于前一期的价格 P_{t-1}，本期的需求量 Q_{td} 取决于本期的价格 P_t。

虽然蛛网模型的形式是抽象的，但如果将所构建的模型与定性研究和现实场景相结合，则很容易理解模型代表的实际意义。以猪肉价格的变化为例，在日常生活中有个最有趣的现象，在一定的时期内猪肉的上市量远远大于需求数量，由于供大于求，导致销售价格下降，供应商觉得销售猪肉赔钱，就会转向牛肉等其他肉类的销售。过一段时间，我们就会发现，猪肉的供应量下降了，价格又上涨了，人们重操旧业。在没有政府干预的情况下，这种现象就会如此循环往复。

在研究这个问题时，在建立模型之前，需要做大量的工作，我们必须对市场的特征进行深入分析。然后，必须做出合理的假设，例如理性人假设，市场处于完全竞争状态等，在这一系列的基础上才能使用蛛网模型。

2. 关于定性与定量模型的选择问题

前面已经说过，现在的学者在研究问题时，尤其是在信息分析时，越来越强调定量的研究。但是，社会问题往往是很复杂的，为了便于发现其相关规律，使用定性分析非常重要。当研究者寻求一个定量的模型来研究复杂的系统时，往往会只注重数学的逻辑关系，而忽略现实情况，使用这种模型得出的结果通常与真实情况背道而驰。在这种情况下，定性模型则可以起到关键作用。

例如，研究者在对行业竞争战略进行研究时，使博弈论的模型风靡一时。但是研究者逐渐发现，用博弈论的相关模型研究行业竞争战略时，效果并不理想，因为定量模型在研究行业竞争时忽略了人的心理乃至社会的复杂性等一系列不确定因素。直到20世纪80年代初，波特提出了"五力模型"，即通过五种竞争力量来分析行业竞争的基本态势。波特五力模型如图5-2所示。

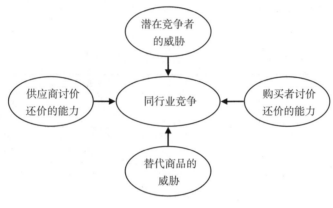

图 5-2 波特五力模型

根据波特五力模型不同的组合，可以准确地制定行业竞争战略。大多数行业在制定竞争战略时都会包含这五个因素，不同行业就根据不同的组合来制订各自的竞争战略。

在研究问题的过程中，很少有单纯的定量或者定性研究，研究者更倾向于将定量和定性模型相结合，这样的模型更具有合理性和科学性。

5.3 信息分析建模过程中的实例分析

5.3.1 信息分析的典型定性模型建模实例：SWOT 模型

在信息分析的模型中，SWOT 模型是最为常见，使用最频繁，也是最为典型的定性模型。

1. SWOT 模型简介

SWOT 模型就是指通过具体的所处环境进行调查研究，将和研究对象有着密切关系的外部因素（机会因素 O、威胁因素 T）和内部因素（优势因素 S、劣势因素 W）分别分析出来，按照矩阵的形式将上述四个因素进行排列组合，找出解决问题的对策方法。SWOT 分析方法有利于企业全面了解自身发展的现状及所处环境，从而科学、客观并且合理地制定企业今后发展的战略。

2. SWOT 模型建立的一般步骤

（1）对企业的所处环境进行 OT 分析。企业所处的环境主要包含以下几点：政治因素、经济因素、技术因素、文化因素、市场因素等。

（2）对企业自身发展的因素进行 SW 分析。企业自身发展的因素主要包括以下几点：管理能力因素、财务因素、营销因素、技术因素、文化背景因素等。

（3）构建 SWOT 矩阵。将分析出来的 S、W、O、T 以表格的形式填写，将因素按照重要程度进行排序，重要的排在前面，次要的排在后面。

（4）将影响因素进行排列组合。

具体见表 5-1。

表 5-1　SWOT 模型

外部环境	内部因素	
	S（优势） 1, 2, 3 …	W（劣势） 1, 2, 3 …
O（机会） 1 2 3 ⋮	SO 策略 S_1O_1　S_1O_2 … S_2O_1　S_2O_2 … ⋮	WO 策略 W_1O_1　W_1O_2 … W_2O_1　W_2O_2 … ⋮
T（威胁） 1 2 3 ⋮	ST 策略 S_1T_1　S_1T_2 … S_2T_1　S_2T_2 ⋮	WT 策略 W_1T_1　W_1T_2 … W_2T_1　W_2T_2 … ⋮

在进行 SWOT 分析时，可以进行两两组合，也可以进行多项组合。

（1）SO 组合（最大 – 最大组合），同时着重考虑机会因素和优势因素，使得得出的决策让这些因素趋于最大化。

（2）ST 组合（最大 – 最小组合），同时着重考虑企业的优势和威胁，使得得出的决策能最大程度化解威胁，发挥优势。

（3）WO 组合（最小 – 最大组合），同时着重考虑企业所处的劣势和机会，使得得出的决策充分化解威胁，把握机会。

（4）WT 组合（最小 – 最小组合），同时着重考虑企业所处的劣势和威胁，使得得出的决策能充分认识到严重性，未雨绸缪，弥补内部的劣势，化解外部的威胁。

3. 案例分析

W 企业从事软件开发业务，软件企业面临的市场竞争压力极大，W 企业急需通过对自身及外部环境的分析来制定相应的策略，提高自身的发展水平。通过对该企业的深入调查，分析了 SO、ST、WO、WT 策略，构建了该企业的 SWOT 模型，如表 5-2 所示。

表 5-2 W 企业的 SWOT 分析

外部环境	内部因素	
	优势（S） 1 W 企业在业界有着较强的技术 2 W 企业有能力较强的员工	劣势（W） 1 W 企业缺乏经验丰富的管理层 2 W 企业销售渠道分布不均匀
机会（O） 1 W 企业研发的某软件需求量增加 2 竞争者 L 企业开发的软件的市场份额降低	SO 策略 2-1 W 企业继续保持技术的优势，积极关注顾客群体 2-2 聘请竞争者 L 企业能力较强的员工	WO 策略 2-1 聘请经验较为丰富的管理者，制定出满足消费者需求的策略，保持竞争力
威胁（T） 1 目前市场出台了对于 W 企业不利的政策 2 竞争者 K 企业正在逐步成长并变得强大	ST 策略 1-1 尽可能地不断更新技术，以消除政策法规对企业的影响 1-2 定期对企业员工进行培训，提高福利，满足员工需求	WT 策略 1-1 加强管理，避免因缺乏管理手段而受政策的影响 1-2 尽量避免被竞争者 K 企业抢占市场份额

通过建立 SWOT 分析模型，W 企业就可以准确地制定对策。

其实，SWOT 模型的应用远远不只这些，随着对 SWOT 模型研究的不断深入，研究者将 PEST（政治 political、经济 economic、社会 social、技术 technological）环境分析模型与 SWOT 模型结合，形成了 PEST-SWOT 模型。SWOT 模型对信息分析在定性中起着举足轻重的作用，SWOT 模型也在随着研究的不断完善变得更加严谨、科学以及合理。

5.3.2 信息分析的典型定量模型建模实例

1. 线性规划模型

在现实生活中，我们经常会遇到这样的困惑：如何充分利用现有的资源来安排以后的生产，使得企业获得最大的经济效益？这就是一个典型的线性规划问题[⊖]。随着研究的不断深入，线性规划模型也逐渐走向成熟，这不仅仅是运筹学一个最为重要的分支，也成为信息分析建模中定量建模不可或缺的一部分。线性规划模型作为数学规划模型当中最为基础的模型，许多模型都是由其衍生而来的，例如：目标规划模型、整数模型、网络模型以及多目标模型等。近些年来，计算机在模型解析方面扮演着重要角色，线性规划模型可以集成很多约束条件和变量，因此对于线性规划模型的研究也越来越深入。

首先我们来看一个问题，某工厂生产Ⅰ、Ⅱ两种商品，工厂生产单位商品所需要的

⊖ 线性规划问题是由法国的数学家家 J.- B.- J. 傅里叶和 C. 瓦莱 – 普森提出的，但当时并未引起重视，直到 1947 年 G. B. Dantzing 提出使用单纯形表解决线性规划的问题，线性规划问题才逐渐进入人们的视野。

设备、材料，现有的生产条件以及每件商品的利润如表 5-3 所示。

表 5-3 某工厂的生产情况

项　目	商品 I	商品 II	现有的生产条件
设备	2 台时/件	4 台时/件	16 台时/件
原材料 A	8kg/件	0	32kg
原材料 B	0	8kg/件	24kg
利润/千元	4	6	

这是一个典型的线性规划问题，可以构建线性规划模型。设 y_1、y_2 为商品 I、II 的产量，称为决策变量，则构建的线性模型为

目标函数：$\max z = 4y_1 + 6y_2$

满足的约束条件为
$$\begin{cases} 2y_1 + 4y_2 \leq 16 \\ 8y_1 \leq 32 \\ 8y_2 \leq 24 \\ y_1, y_2 \geq 0 \end{cases}$$

通过这个问题我们可以看出，线性规划问题要满足三个条件：1）有目标函数、决策变量以及约束条件；2）目标函数是包含决策变量的线性函数；3）约束条件是包含决策变量的不等式或者线性等式。具备上述三个条件，就可以建立线性规划模型。

线性规划模型[一]的一般形式可以归纳为

目标函数：$\max(\min) z = c_1 x_1 + c_2 x_2 + \cdots + c_n x_n$

满足的约束条件为
$$\begin{cases} a_{11} x_1 + a_{12} x_2 + \cdots + a_{1n} x_n \leq (=, \geq) b_1 \\ a_{21} x_1 + a_{22} x_2 + \cdots + a_{2n} x_n \leq (=, \geq) b_2 \\ \qquad\qquad\qquad\vdots \\ a_{m1} x_1 + a_{m2} x_2 + \cdots + a_{mn} x_n \leq (=, \geq) b_m \\ x_1, x_2, \cdots, x_n \geq 0 \end{cases}$$

2. 线性规划模型的实例分析

我们说建立模型的目的就是更好地解决现实生活中的原始问题，所以，在实际问题中，将问题归纳成线性规划的数学模型是一个极其重要的步骤，数学模型建立得得当与否直接关系到模型的求解和实际问题的解决。在线性规划模型中寻找出科学、合理的决策变量才是关键。下面我们来看一个案例：

某工厂生产 I、II、III 三种商品，三种商品都需要在设备 L、M、N 上加工，有关参数如表 5-4 所示。请问如何安排生产，能使该工厂的利润最大化？

㊀ 其中 c_j 为价值系数，a_{ij} 为技术系数，b_i 为限额系数。

表 5-4 某工厂的生产情况

项 目	I	II	III	设备的有效台时（每月）
L	8	2	10	300
M	10	5	8	400
N	2	13	10	420
利润/千元	3	2	2.9	

设商品 I、II、III 的产量分别为 y_1、y_2、y_3，则构建的线性规划模型为

目标函数：$\max z = 3y_1 + 2y_2 + 2.9y_3$

满足的约束条件为 $\begin{cases} 8y_1 + 2y_2 + 10y_3 \leqslant 300 \\ 10y_1 + 5y_2 + 8y_3 \leqslant 400 \\ 2y_1 + 13y_2 + 10y_3 \leqslant 420 \\ y_1, y_2, y_3 \geqslant 0 \end{cases}$

将其进行标准化处理得：

目标函数：$\max z = 3y_1 + 2y_2 + 2.9y_3 + 0y_4 + 0y_5 + 0y_6$

满足的约束条件为 $\begin{cases} 8y_1 + 2y_2 + 10y_3 + y_4 = 300 \\ 10y_1 + 5y_2 + 8y_3 + y_5 = 400 \\ 2y_1 + 13y_2 + 10y_3 + y_6 = 420 \\ y_1, y_2, y_3, y_4, y_5, y_6 \geqslant 0 \end{cases}$

用单纯形表解上述模型，得到的结果如表 5-5 所示。

表 5-5 模型求解结果

C_B	X_B	c	3	2	2.9	0	0	0
		b	y_1	y_2	y_3	y_4	y_5	y_6
3	y_1	$\dfrac{338}{15}$	1	0	0	$-\dfrac{9}{100}$	$\dfrac{11}{60}$	$-\dfrac{17}{300}$
2	y_2	$\dfrac{116}{5}$	0	1	0	$-\dfrac{7}{50}$	$-\dfrac{1}{10}$	$-\dfrac{3}{50}$
2.9	y_3	$\dfrac{22}{3}$	0	0	1	$\dfrac{1}{5}$	$-\dfrac{1}{6}$	$\dfrac{1}{30}$
	$-z$	$-\dfrac{2\,029}{15}$	0	0	0	$-\dfrac{3}{100}$	$-\dfrac{4}{15}$	$-\dfrac{7}{150}$

因此我们就可以得出最大利润为 2 029/15，商品 I、II、III 的产量分别为 338/15、116/5、22/3。其中 L、M、N 三台机器的影子价格[○]分别为 3/100 千元/台时、4/15 千元/台时、7/150 千元/台时。

○ 即最优计划价格或计算价格，它是指依据一定原则确定的，能够反映投入物和产出物的真实经济价值，反映市场供求状况，反映资源稀缺程度，使资源得到合理配置的价格。

此外，在研究的过程中，其实还有许多非典型案例也可以转化为线性规划模型，这就需要我们在研究问题时懂得变通。

◎ **思考题**

1. 简述模型的分类。
2. 简述信息分析建模的主要步骤并画出流程图。
3. 简述信息分析建模中主要的定性研究方法、适用性及其特点。
4. 简述信息分析建模中较常使用的定量研究方法。
5. 简述定性研究方法的优点及缺点。
6. 简述定量研究方法的优点及缺点。

CHAPTER 6

第 6 章

相关与回归分析法

自然界中任何事物都不是独立存在的,而是存在着相互制约的依存关系,这种依存关系我们称为相关关系,例如正方形的面积随着边长的变化而变化,商品与原料的价格有关。虽然相关关系可以说明变量之间关系的方向和程度,但是不能说明变量之间具体的数量因果关系,需要用回归分析来解决这个问题。回归分析是通过建立数学模型来描述一个因变量与一个或几个自变量之间相关关系的可能形式和规律,是两种或两种以上变量间定量关系的一种确定方法。相关分析研究的是两个变量之间相关的方向和密切程度,而回归分析研究的是两个变量是否具有因果关系的数学形式。相关分析和回归分析都是研究两个变量相互关系的分析方法,两者相互补充,密切联系;相关分析需要回归分析来表明现象数量相关的具体形式,而回归分析应该建立在相关分析的基础上。本章将对这两种方法进行详细的介绍。

6.1 相关分析

6.1.1 相关系数的概念与种类

事物的联系是普遍的,客观世界中的许多事物之间都存在着相互影响、相互制约、相互关联的关系。客观现象尤其是经济现象之间的这种相互关联,都可以通过一定的数量形式反映出来,例如父母身高与儿女身高之间、家庭收入与消费支出之间、企业投入与产出之间、商品价格与商品需求量之间等,都存在一定的依存关系。

现象之间的数量关系,大致可以分为两种不同的类型:函数关系和统计相关关系。函数关系是现象之间存在的某种确定性的数量依存关系。在这种关系中,当某个或某些变量取任意一个值时，另一个变量会有一个确定值与之严格对应，并且这种对应关系可以用一个数学表达式来反映。例如，圆的半径与面积之间就存在函数关系，当圆的半径为 r 时，圆的面积 S 与半径 r 之间的数量关系为：$S = \pi r^2$。S 与 r 值之间存在着严格的一一对应关系，圆的面积随半径而变动，半径一旦确定，圆的面积也随之确定。

相关关系也称统计相关关系，是指现象之间存在的非确定性的数量依存关系，即现象之间虽然存在着数量依存关系，但是这种数量变化关系并不是严格一一对应的。在这种关系中，当一个变量数值确定时，另一个变量存在许多个可能的取值与之相应，这些数值围绕着它们的平均数上下波动。例如，商品价格和商品需求量之间存在着数量变动关系，价格升高，需求量一般会减少，但价格相同时，需求量未必不变。一般认为，若变量 y 与变量 x 为相关关系，则 y 除受主要因素 x 的影响外，还受其他因素的影响，但是这些因素对 y 的影响相比之下较小且具有随机性，因此，称这些因素为随机因素。相关关系的数学表达式一般形式为

$$y = f(x) + \varepsilon y = f(x) + \varepsilon \tag{6-1}$$

式中　ε 为随机误差项，用于反映随机因素对 y 的影响。

相关关系在现实世界中广泛存在，但值得注意的是，不能通过个别现象体现出相关关系的规律性，相关关系必须在大量现象中才能得到体现。因此，大量观察法思想应该在相关分析中加以贯彻。现象之间的相关关系通常要利用相应的函数关系式来表现，通常采用相关分析法来探求现象之间是否存在相关关系及其相关关系的密切程度。

广义上讲，对两个或两个以上现象之间数量上的不确定性依存关系进行的统计分析，即为相关分析。具体来说，相关分析的内容有以下四点：

（1）判断现象之间有无关系以及相关关系的具体表现形式。在进行相关分析时，首先通过理论定性的方法或利用图表观察的方法，判断现象之间是否有关系，然后判断现象之间相关关系的形态。

（2）确定相关关系的密切程度。根据变量数据的类型，选择适当的方法，计算出相关系数，确定相关关系的密切程度。

（3）检验现象统计相关的显著性，包括检验相关关系的存在性，检验相关关系强度是否达到一定水平，检验两对现象相关程度的差异性，估计相关系数的取值等。

（4）广义上讲，相关分析还包括对相关关系的数学形式加以描述，即拟合回归方程，检验回归方程的合理性，并且应用回归模型进行统计分析、预测和控制。

测定现象之间相关关系的一个重要的度量指标是相关系数。相关系数就是描述变量之间线性相关密切程度和相关方向的统计分析指标，用 r 来表示。

在具体的研究中，依据现象之间的不同相关特征，统计指标的名称有所不同。我们将反映两变量间线性相关关系的统计指标称为相关系数（相关系数的平方称为判定系数），将反映两变量间曲线相关关系的统计指标称为非线性相关系数（相关系数的平方称为非线性判定系数）将反映多变量线性相关关系的统计指标称为复相关系数或复判定系数等。

对于单相关情况，相关系数的测定方法与相关指标量化级别有关。对于定距变量或定比变量，通常采用皮尔逊线性相关系数来测定相关密切程度；对于定序变量，通常采用斯皮尔曼等级相关系数或肯德尔等级相关系数来测定相关密切程度；对于定类变量，常常采用列联系数等来测定相关密切程度。

6.1.2 相关系数的意义与计算

1. 相关系数的意义

相关系数一般可以从正负符号和绝对数值的大小两个层面理解。正负符号说明现象之间是正相关还是负相关；绝对数值的大小说明现象之间线性相关的密切程度。相关系数 r 的取值在 –1 到 +1 之间，其意义如下：

1）当 $r > 0$ 时，表明变量之间为正相关；当 $r < 0$ 时，表明变量之间为负相关。

2）当 $|r| = 1$ 时，表示两变量为完全线性相关，即函数关系。$r = +1$，为完全正相关；$r = -1$，为完全负相关。

3）当 $r = 0$ 时，表明两变量无线性相关关系。

4）当 $0 < |r| < 1$ 时，表示两变量存在一定程度的线性相关。r 的绝对值越接近于 1，表明线性相关关系越密切；r 的绝对值越接近于 0，表明线性相关关系越不密切。针对具有相关关系的密切程度判定，一般可按四个等级进行划分。$0 < |r| < 0.3$，无线性相关；$0.3 \leq |r| < 0.5$，低度线性相关；$0.5 \leq |r| < 0.8$，显著线性相关；$0.8 \leq |r| < 1$，高度线性相关。值得注意的是，以上说明必须建立在相关系数通过显著性检验的基础上。

2. 相关系数的计算

对于连续变量 x 和 y，测定它们之间的线性相关关系最常用的方法是采用皮尔逊相关系数。根据得到的资料、数据的形式不同，有不同的计算形式，其中的积差法是最基本的表达式。

皮尔逊相关系数的基本公式可定义为

$$r = \frac{S_{xy}^2}{S_x S_y} \tag{6-2}$$

式中　r——直线相关系数；

　　　S_x——变量数列 x 的标准差；

　　　S_y——变量数列 y 的标准差；

　　　S_{xy}^2——变量数列 x 与 y 的协方差。

其中：

$$S_x = \sqrt{\frac{\sum(x-\bar{x})^2}{n-1}}, \quad S_y = \sqrt{\frac{\sum(y-\bar{y})^2}{n-1}}, \quad S_{xy}^2 = \frac{\sum(x-\bar{x})(y-\bar{y})}{n-1}$$

因此，式（6-2）可写成下式：

$$r = \frac{\sum(x-\bar{x})(y-\bar{y})}{\sqrt{\sum(x-\bar{x})^2}\sqrt{\sum(y-\bar{y})^2}} \qquad (6-3)$$

下面用一个例子来说明相关系数的计算过程。

案例 6-1

已知某企业各年的销售额和流通费用资料，将其编制成简单相关表，如表 6-1 所示。

表 6-1 销售额与流通费用相关表

年份	销售额（万元）	流通费用（万元）
2002	10	1.8
2003	16	3.1
2004	32	5.2
2005	40	7.7
2006	74	10.4
2007	120	13.3
2008	197	18.8
2009	246	21.2
2010	345	28.3

资料来源：虚构数据，仅做举例之用。

积差法计算过程如下：

（1）做出计算过程表，如表 6-2 所示。

表 6-2 相关系数积差法计算过程表

序列	x	y	$(x-\bar{x})$	$(x-\bar{x})^2$	$(y-\bar{y})$	$(y-\bar{y})^2$	$(x-\bar{x})(y-\bar{y})$
1	10	1.8	−110	12 100	−10.4	108.16	1 144
2	16	3.1	−104	10 816	−9.1	82.81	946.4
3	32	5.2	−88	7 744	−7	49	616
4	40	7.7	−80	6 400	−4.5	20.25	360
5	74	10.4	−46	2 116	−1.8	3.24	82.8
6	120	13.3	0	0	1.1	1.21	0
7	197	18.8	77	5 929	6.6	43.56	508.2
8	246	21.2	126	15 876	9	81	1 134
9	345	28.3	225	50 625	16.1	259.21	3 622.5
合计	1 080	109.8	0	111 606	0	648.44	8 413.9

（2）计算 $\bar{x}$、$\bar{y}$、l_{xx}、l_{yy}、l_{xy}。

根据表 6-2 可得：

$$\bar{x} = \frac{\sum x}{n} = \frac{1\,080}{9} = 120\ （万元），\ \bar{y} = \frac{\sum y}{n} = \frac{109.8}{9} = 12.2\ （万元）$$

$$l_{xy} = \sum(x-\bar{x})(y-\bar{y}) = 8\,413.9，\ l_{xx} = \sum(x-\bar{x})^2 = 111\,606$$

$$l_{yy} = \sum(y-\bar{y})^2 = 648.44$$

（3）计算得出相关系数。

$$r = \frac{\sum(x-\bar{x})(y-\bar{y})}{\sqrt{\sum(x-\bar{x})^2}\sqrt{\sum(y-\bar{y})^2}} = \frac{l_{xy}}{\sqrt{l_{xx} \cdot l_{yy}}} = \frac{8\,413.9}{\sqrt{111\,606 \times 648.44}} = 0.989\,1$$

积差法在计算过程中要使用两个数列的平均数，当平均数的小数位很多或除不尽时，计算会比较烦琐且影响最终结果的精确性。因此，计算相关系数常常采用其简捷公式：

$$r = \frac{n\sum xy - \sum x \sum y}{\sqrt{n\sum x^2 - (\sum x)^2}\sqrt{n\sum y^2 - (\sum y)^2}}$$
$$= \frac{\overline{xy} - \bar{x} \cdot \bar{y}}{\sqrt{\overline{x^2}-\bar{x}^2}\sqrt{\overline{y^2}-\bar{y}^2}}$$

（6-4）

式中 $\bar{x} = \frac{1}{n}\sum_{i=1}^{n}x_i$，$\bar{y} = \frac{1}{n}\sum_{i=1}^{n}y_i$，$\overline{x^2} = \frac{1}{n}\sum_{i=1}^{n}x_i^2$，$\overline{y^2} = \frac{1}{n}\sum_{i=1}^{n}y_i^2$，$\overline{xy} = \frac{1}{n}\sum_{i=1}^{n}x_i y_i$。

此公式可由积差公式推导得出，推导过程读者可以自行完成。仍以案例 6-1 为例，此公式的计算过程如表 6-3 所示。

表 6-3 相关系数简捷法计算过程表

序列	x	y	x^2	y^2	xy
1	10	1.8	100	3.24	18
2	16	3.1	256	9.61	49.6
3	32	5.2	1 024	27.04	166.4
4	40	7.7	1 600	59.29	308
5	74	10.4	5 476	108.16	769.6
6	120	13.3	14 400	176.89	1 596
7	197	18.8	38 809	353.44	3 703.6
8	246	21.2	60 516	449.44	5 215.2
9	345	28.3	119 025	800.89	9 763.5
合计	1 080	109.8	241 206	1 988	21 589.9

根据表 6-3 可得：

$$n = 9, \sum x = 1\,080, \sum y = 109.8, \sum xy = 21\,589.9, \sum x^2 = 241\,206, \sum y^2 = 1\,988$$

$$r = \frac{9 \times 21\,589.9 - 1\,080 \times 109.8}{\sqrt{9 \times 241\,206 - 1\,080^2}\sqrt{9 \times 1\,988 - (109.8)^2}}$$

$$= \frac{75\,725.1}{76\,563.39}$$

$$= 0.989\,1$$

计算结果与基本公式计算结果相同。

6.1.3 相关系数的显著性检验

在很多情况下，样本相关系数是根据总体中抽取的随机样本的观察值计算出来的，它是对总体相关系数 ρ 的一个估计，因此样本相关系数会随着总体抽样的变动而变动，变成了随总体相关系数而波动的随机变量。在利用样本相关系数进行推断时，还需要经过正式的假设检验，才能做出科学可靠的判断和结论。样本相关系数的检验包括两类检验：

1）对总体相关系数是否等于 0 进行检验；
2）对总体相关系数是否等于某一给定的不为 0 的数值进行检验。

数学上可以证明，假设总体变量 X 与 Y 服从二元正态分布，从总体中随机抽取一个样本，计算该样本的相关系数 r，需要检验以下原假设与备择假设：

$$H_0: \rho = 0$$
$$H_1: \rho \neq 0$$

在 H_0 成立的情况下，有以下 t 统计量：

$$t = \frac{r\sqrt{n-2}}{\sqrt{1-r^2}} \sim t(n-2) \tag{6-5}$$

可以证明在原假设成立的条件下，式（6-5）的统计量 t 服从自由度为 $n-2$ 的 t 分布。因此，对总体相关系数是否为 0 的 t 检验主要包括以下步骤：

1）提出原假设和备择假设，假设样本相关系数 r 抽自具有零相关的总体，即

$$H_0: \rho = 0 ; \quad H_1: \rho \neq 0$$

2）规定显著性水平，并依据自由度 $n-2$ 确定临界值；
3）计算检验的统计量 t；
4）做出判断，将计算的统计量与临界值对比，若统计量大于临界值，表明变量间线性相关在统计上是显著的；若统计量小于临界值，说明相关关系在统计上并不显著。

对案例 6-1 进行相关系数检验，主要步骤如下：

提出原假设和备择假设。取显著性水平 $\alpha = 0.05$，自由度 $n - 2 = 9 - 2 = 7$。查 t 分布

表得，$t_{\alpha/2}(n-2)=t_{0.025}(9)=2.365$。计算检验的统计量 $t=\dfrac{r\sqrt{n-2}}{\sqrt{1-r^2}}$。

$$t=\frac{r\sqrt{n-2}}{\sqrt{1-r^2}}=\frac{0.9891\times\sqrt{9-2}}{\sqrt{1-0.9891^2}}=17.77$$

由于 $t>t_{\alpha/2}$，拒绝 H_0，表明变量间线性相关在统计上是显著的，即财政收入与工业总产值之间的相关系数是非常显著的。

6.1.4 偏相关与部分相关

1. 偏相关

偏相关（partial correlation）也称净相关，是指使一个变量或几个变量的效应维持恒定时，其他两个变量之间的相关。例如，$r_{12.3}$ 表示当变量 3 的效应维持恒定时，变量 1 和变量 2 的相关。相关系数下脚标圆点前的两个数字表示对其进行相关研究的两个变量，圆点后的数字表示控制变量，即使之效应保持恒定的变量。

计算偏相关之前，需将研究变量和控制变量之间的两两简单相关系数计算出来，然后代入下面的公式，求出偏相关系数：

$$r_{12.3}=\frac{r_{12}-r_{13}r_{23}}{\sqrt{(1-r_{13}^2)(1-r_{23}^2)}} \tag{6-6}$$

式中 r_{12} 为变量 1 与变量 2 之间的相关系数；r_{13} 为变量 1 与变量 3 之间的相关系数；r_{23} 是变量 2 与变量 3 之间的相关系数。

案例 6-2

某校根据某年级数学、外语和语文考试成绩分别计算出了数学与外语成绩的相关系数 $r_{12}=0.58$，数学与语文成绩的相关系数 $r_{13}=0.70$，外语与语文成绩的相关系数 $r_{23}=0.80$。问控制了语文成绩的影响之后，数学与外语成绩之间的相关为多少？

此题可直接利用式（6-6）求解。设数学成绩为变量 1，外语成绩为变量 2，语文成绩为变量 3。我们要控制变量 3 的影响，来求变量 1 和变量 2 的相关：

$$r_{12.3}=\frac{r_{12}-r_{13}r_{23}}{\sqrt{(1-r_{13}^2)(1-r_{23}^2)}}=\frac{0.58-0.70\times0.80}{\sqrt{(1-0.70^2)(1-0.80^2)}}=0.047$$

即数学与外语成绩的偏相关系数为 0.047，由此可以看出，控制了语文对数学和外语的影响后，数学和外语成绩的相关度变得很低。

当需要控制的变量不止一个时，可以用下面的公式计算部分相关：

$$r_{12.34} = \frac{r_{12.3} - r_{14.3}r_{24.3}}{\sqrt{(1-r_{14.3}^2)(1-r_{24.3}^2)}} \quad (6-7)$$

$$r_{12.345} = \frac{r_{12.34} - r_{15.34}r_{25.34}}{\sqrt{(1-r_{15.34}^2)(1-r_{25.34}^2)}} \quad (6-8)$$

式（6-7）是控制变量3和变量4，求变量1和变量2的相关系数的公式。

式（6-8）是控制变量3、变量4和变量5，求变量1和变量2的相关系数的公式。

偏相关系数的标准误由下式计算：

$$SE_{r_{12.34\cdots m}} = \frac{1-r_{12.34\cdots m}^2}{\sqrt{N-m}} \quad (6-9)$$

式中 N 为样本容量，m 为偏相关计算所包含的变量数。

偏相关系数的显著性检验可用下式表示：

$$t = \frac{r_{12.3}}{\sqrt{\frac{1-r_{12.3}^2}{N-3}}} \quad (自由度\ df = N-3) \quad (6-10)$$

计算偏相关时需要注意如下问题。

（1）计算偏相关的基本前提假设是，所有变量之间的关系都是线性关系。除非所有变量都满足了计算直线相关系数的条件，否则不能计算偏相关。

（2）偏相关计算结果往往不易正确解释。所以，如果能有其他方式进行实验控制，则尽量不要用偏相关的方法进行变量控制。在计算偏相关时，要用到很多个简单相关系数，如果这些简单相关系数是包含一定误差因素的，则计算偏相关时就需要把误差累计起来。对偏相关系数的实际意义做解释时，要考虑到误差的影响。

（3）进行研究和分析之前，应预先对变量的互相影响作用有个基本的估计，找出变量互相作用的因果链，在这个基础上再决定控制哪些变量的效应。控制某些自变量的效应，可能会使估计的精确度提高，但如果控制的是因变量，会导致错误的估计。例如，变量1和变量2相互独立，但这两个变量都对变量3有影响，如果控制变量3求变量1和变量2的偏相关，可能会得到一个很大的负相关系数。

2. 部分相关

部分相关（part correlation）也称复相关，是一个变量与一组变量之间相互关系的测度。

假设有三个变量，它们之间的简单相关系数分别为 $r_{12}=0.50$，$r_{13}=0.40$，$r_{23}=0.30$。现在如果我们将变量2和变量3视为一组变量，那么变量1与这组变量之间的相关程度有多高呢？这就是一个求部分相关的问题。

部分相关的计算在实际研究中非常有意义，人的心理和行为往往受几个方面因素的影响，而每一方面影响因素之中，又包含若干个变量。例如人对生活的满意度可能包括对家庭的满意、对工作的满意和对社会政治生活的满意等，对工作的满意可能又包括对领导的满意、对待遇的满意、对工作内容的满意和对同事关系的满意等。测量往往只能对非常具体的变量进行，当需要把若干变量的作用综合在一起时，就必须有综合的方法。一类变量之间的几个相关关系一般是互相重叠的，当需要进行综合时，不能用简单相加的方法。部分相关就是一种综合的方法，它可以用于研究两类变量之间的相互关系。

部分相关的计算公式为

$$R_{1.23}^2 = \frac{r_{12}^2 + r_{13}^2 - 2r_{12}r_{13}r_{23}}{1-r_{23}^2} \tag{6-11}$$

式中 R 为部分相关系数，$R_{1.23}$ 表示变量1与作为一组变量的变量2和变量3的相关。根据式（6-11）计算出来的是 R 的平方，将计算结果开方，即可求得部分相关系数。

案例6-3 ●—○—●—○

假设变量1是某大学一年级学生的综合学习成绩，变量2是这些学生的高中平均成绩，变量3是他们的高考成绩。已知：$r_{23}=0.30$，$r_{12}=0.50$，$r_{13}=0.40$。试问大学一年级学生的学习成绩与两个预测变量之间的相关系数为多少。

将高中成绩和高考成绩视为一组预测变量，它们与大学一年级学习成绩的相关即为 $R_{1.23}$，代入式（6-11）：

$$R_{1.23}^2 = \frac{r_{12}^2 + r_{13}^2 - 2r_{12}r_{13}r_{23}}{1-r_{23}^2} = \frac{0.50^2 + 0.40^2 - 2\times 0.50\times 0.40\times 0.30}{1-0.30^2} = 0.3187$$

$$R_{1.23} = 0.56$$

故大学一年级学生的学习成绩与高中成绩和高考成绩这组变量之间的相关系数为0.56。

部分相关系数 R 的意义和一般直线相关系数 r 的意义相同，只不过简单相关系数表示的是两个变量的相关程度，部分相关系数表示的是一个变量和一组变量的相关程度。

计算部分相关系数所要注意的问题与计算偏相关系数相同。

如果要求变量1和其他三个变量（变量2、变量3、变量4）的部分相关系数，可以采用式（6-12）或式（6-13）：

$$R_{1.234}^2 = r_{12}^2 + r_{13.2}^2(1-r_{12}^2) + r_{14.23}^2(1-r_{1.23}^2) \tag{6-12}$$

$$R_{1.234}^2 = R_{1.23}^2 + r_{14.23}^2(1-R_{1.23}^2) \tag{6-13}$$

由式（6-13）可以推广到更多变量的情况。例如求变量1和一组变量的部分相关，这一组变量包括 g 个变量（变量2，3，…，9），于是式（6-13）的推广式为

$$R^2_{1.23456789} = R^2_{1.2345678} + (r^2_{19.2345678})(1 - R^2_{1.2345678}) \quad (6\text{-}14)$$

影响社会现象的变量有很多，这些变量之间往往又是相互关联的，这就形成了一种十分复杂的因果交织的局面。我们在研究工作中，如果仅从诸多有关变量中抽出两个变量进行分析研究，则很难得出非常有意义的结果。如果能对变量的相互影响作用预先做出某种推测，灵活运用多元相关分析技术，控制某些变量的效应，综合某些变量的作用，则往往可以得到更有价值的研究结果。

6.1.5 基于 SPSS 的相关分析

案例 6-4

已知我国 2001～2011 年的工业总产值和财政收入如表 6-4 所示。

表 6-4　工业总产值与财政收入相关表

年份	工业总产值 x（亿元）	财政收入 y（亿元）
2001	43 580.60	16 386.00
2002	47 431.30	18 903.60
2003	54 945.50	21 715.30
2004	65 210.00	26 396.50
2005	77 230.80	31 649.30
2006	91 310.90	38 760.20
2007	110 534.90	51 321.80
2008	130 260.20	61 330.40
2009	135 239.90	68 518.30
2010	160 722.20	83 101.50
2011	188 470.20	103 874.40

用 SPSS 软件进行相关分析过程如下：

（1）将数据输入 SPSS，建立数据文件，如图 6-1 所示。

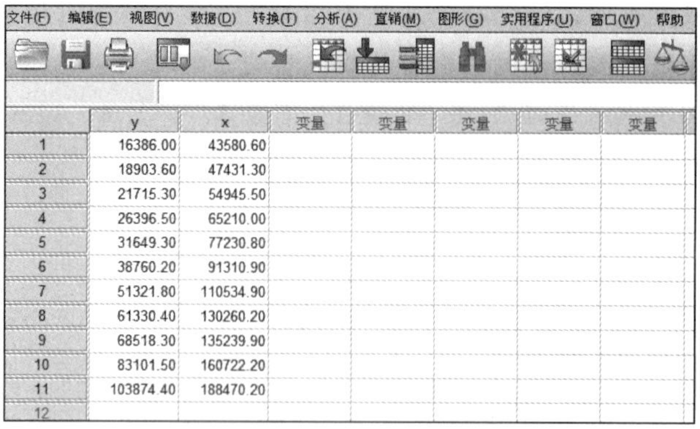

图 6-1　x 和 y 的原始数据文件

（2）绘制散点图。选择图形，在下拉菜单中选择散点图，出现对话框如图 6-2 所示。选择"简单分布"，单击"定义"，出现对话框如图 6-3 所示。将图 6-3 中的 y 和 x 分别填入图 6-4 中对应的 Y 轴与 X 轴，然后单击"确定"。SPSS 输出结果如图 6-5 所示。

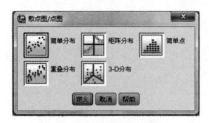

图 6-2　散点图对话框

图 6-3　简单散点图对话框 1

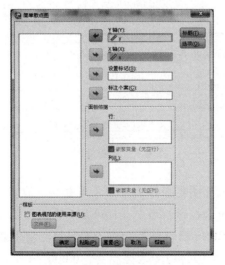

图 6-4　简单散点图对话框 2

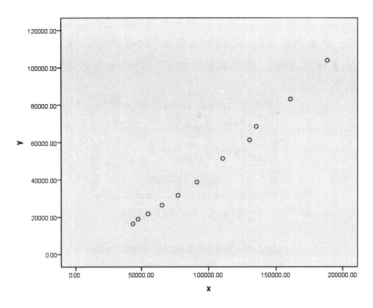

图 6-5　散点图

（3）计算相关系数。SPSS中既可以通过"分析→相关系数"单独计算相关系数，也可以用"分析→回归→线性回归"直接进行直线回归，在结果中SPSS会输出直线相关系数。下面介绍单独计算相关系数的过程。选择"分析→核准→双变量"，出现对话框如图6-6所示。

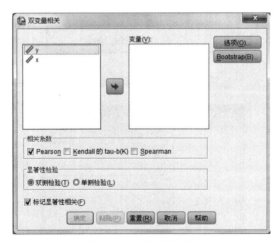

图 6-6　双变量相关

（4）将变量x和y选入变量框内，选中相关系数框中的"Pearson"复选框，选中显著性检验框中的双侧检验单选按钮，选中"标记显著性相关"复选框，如图6-7所示。

（5）单击确定按钮。SPSS输出结果如表6-5所示。结果表明，x与y的相关系数为0.996，呈高度相关，显著性（双侧）P值显示为"0.000"（指小数第一个有效数字位于第三位之后），小于0.01通过显著性检验，认为x和y是显著相关的。

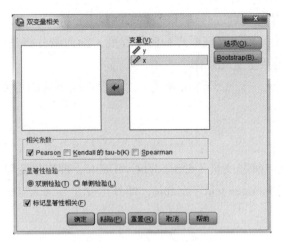

图 6-7　填写双变量相关

表 6-5　相关性

		y	x
y	Pearson 相关性	1	0.996①
	显著性（双侧）		0.000
	N	11	11
x	Pearson 相关性	0.996②	1
	显著性（双侧）	0.000	
	N	11	11

①②在 0.01 水平（双侧）上显著相关。

6.2　一元线性回归分析法

6.2.1　回归分析法的概念与类型

1. 回归分析法的概念

如前所述，在社会经济现象中，各种经济变量之间相互联系、相互制约。通过相关分析，可以了解现象之间相关关系的方向和相关的密切程度。但相关分析不能判断现象之间具体的数量变动依存关系，也不能根据相关系数来估计或预测因变量 y 可能出现的数值。因此，为了探究经济变量之间的具体数量变动关系，一般要在相关分析的基础上再进行回归分析。

一般来说，回归是研究自变量与因变量之间关系的分析方法，其研究目的是根据已知的自变量来估计和预测因变量的总平均值。回归分析就是对具有相关关系的两个或两个以上变量之间数量变化的一般关系进行测定，确定因变量和自变量之间数量变动关系的数学表达式，以便对因变量进行估计或预测的统计分析方法。因此，相关分析的主要任务是研究变量间相关关系的表现形式和密切程度，而回归分析是在相关分析的基础上，进一步研究现象之间的数量变化规律。

如果设变量 $x_1, x_2, x_3, \cdots, x_p$ 与随机变量 y 之间存在较显著的相关关系，则有以下的回归模型：

$$y = f(x_1, x_2, x_3, \cdots, x_p) + \varepsilon$$

式中 y 称为因变量或被解释变量（dependent variable，即内生变量），$x_1, x_2, x_3, \cdots, x_p$ 称为解释变量或自变量（independent variable，即外生变量），ε 为随机变量。常用的回归模型是以下的线性形式：

$$y = \beta_0 + \beta_1 x_1 + \beta_2 x_2 + \cdots + \beta_p x_p + \varepsilon$$

对于样本量为 n 的调查数据，即第 i 组数据 $(y_i, x_{i1}, x_{i2}, \cdots, x_{ip})(i = 1, 2, \cdots, n)$，线性模型可表示为

$$y = \beta_0 + \beta_1 x_{i1} + \beta_2 x_{i2} + \cdots + \beta_p x_{ip} + \varepsilon_i \ (i = 1, 2, \cdots, n)$$

为了满足估计参数的需要，古典线性回归模型总是假设 ε_i 服从均值为零、方差是常数（等方差）、两两独立（不相关）的正态分布，即 $\varepsilon \sim N(0, \sigma^2 I_n)$。

2. 回归分析法的类型

按照回归模型的形式不同，回归模型可以进行如下划分。

（1）按模型中的自变量数划分。

一元回归模型：如果因果关系中只涉及因变量和自变量两个变量，可以据此建立一元回归模型。例如，根据股民的盈亏与股市的升跌的相关关系建立的回归模型。

多元回归模型：如果因果关系中存在一因多果或多果同因，即存在两个以上的变量，据此可以建立多元回归模型。例如，根据一个地区的电子产品的销售量与其市场容量、居民购买力和消费观念的相关关系建立的回归模型。

（2）按模型中的变量关系划分。

线性回归模型：如果因果关系中涉及的自变量和因变量的关系基本呈线性关系，据此可以建立线性回归模型。例如，耐用消费品的销售量和居民可支配收入的关系。

非线性回归模型：如果因果关系中涉及的自变量和因变量的关系呈非线性关系，据此可以建立非线性回归模型。例如，某商店的商品流通费用率与销售额的关系。

（3）按模型中有无虚拟变量划分。

普通回归模型：如果因果关系中涉及的自变量都是数量变量，据此可以建立普通回归模型。例如，上海市外来人口迁入数量与上海市总人口数量的关系。

虚拟变量回归模型：如果因果关系中涉及的自变量既有数量变量，又有虚拟变量，据此可以建立虚拟变量回归模型。例如，大学生的就业情况不仅受到大学毕业人数、就

业市场容量等数量变量的影响，还会受到国家政策、就业观念、国际经济状况等虚拟变量的影响。

（4）按自变量与时间关系划分。

与时间无关的相关关系：在这种关系中，变量之间的相关关系与时间无关。例如，全国大学生的新增人数在一定时间内主要与高中毕业人数相关。虽然从长时间来看，随着经济的发展，越来越多的人有机会接受高等教育，但在一定的历史时间内，主要与高中的升学率有关。

相对时间的滞后性的相关关系：在这种关系中，自变量和因变量之间的联动变化存在一个时间差，即自变量发生变化一段时间后，因变量才发生相应的变化。例如，某个商家为了扩大市场份额，开展了一系列的优惠活动并投放了大量广告，但在一段时间后商家才会感受到销售额的快速增长。

时间序列关系：在这种关系中，自变量和因变量之间的相关关系服从一定的函数分布，也可以认为是因变量随着时间变化呈现一定的趋势变化规律。例如，一年之中某地的降水量就随着季节变化呈现一定的规律性。

6.2.2 变量与回归方程假设

一元线性回归分析法是回归方法中最基本的方法，是在观察两个变量之间的线性关系形态后，借助回归分析法拟合出该变量之间的线性关系方程式，以描述变量之间的变化关系，并据此对研究对象未来的数量状态进行预测和控制。

对于有一定联系的两个变量 x 和 y，通过观测或实验得到 n 组数据：$(x_1, y_1), (x_2, y_2), \cdots, (x_n, y_n)$。将以上各组数据绘制在直角坐标系中形成散点图，若发现这些点都均匀地分布在一条直线的周围，则表明这两个变量之间存在线性关系。一元线性回归方程的一般形式为

$$y_i = \alpha + \beta x_i + \varepsilon \tag{6-15}$$

$$\hat{y}_i = a + bx_i \tag{6-16}$$

在数学分析中，上式中的 α、β 为回归参数或待定系数，a、b 为相应的估计值。a、b 值确定后，估计的直线方程就确定了。式（6-16）称为 y 对 x 的直线回归方程，由该方程确定的直线称为回归直线，其中 a 表示直线的截距，b 表示直线的斜率。将给定的自变量 x_i 值代入上述方程中，可求出因变量 y_i 的估计值 $\hat{y}_i$。但这个估计值不是一个实际的变量数值，而是 y_i 的许多可能值的平均数，所以用 $\hat{y}_i$ 表示。

6.2.3 参数估计与参数检验

1. 回归模型的参数估计

拟合回归直线的主要任务是估计待定参数 a、b 的值，常用的方法是最小二乘法，用这种方法求出的回归直线是原始数据的"最优"拟合直线。最小二乘法的原理是使实际值 y_i 与估计值 $\hat{y}_i$ 的离差平方和最小。据此拟合直线方程的具体方法如下：

$$Q = \sum(y_i - \hat{y}_i)^2 = 最小值 \tag{6-17}$$

将直线方程 $\hat{y}_i = a + bx_i$ 代入式（6-17）得：

$$Q = \sum(y_i - a - bx_i)^2 = 最小值 \tag{6-18}$$

分别求 Q 关于 a 和 Q 关于 b 的偏导数并令它们等于零：

$$\begin{cases} \dfrac{\partial Q}{\partial a} = \sum 2(y - a - bx)(-1) = 0 \\ \dfrac{\partial Q}{\partial b} = \sum 2(y - a - bx)(-x) = 0 \end{cases} \tag{6-19}$$

整理可得出下列两个方程式所组成的标准方程组为

$$\begin{cases} \sum y = na + b\sum x \\ \sum xy = a\sum x + b\sum x^2 \end{cases} \tag{6-20}$$

解得：

$$b = \frac{n\sum x_i y_i - \sum x_i \sum y_i}{n\sum x_i^2 - (\sum x_i)^2} \tag{6-21}$$

$$a = \bar{y} - b\bar{x} \tag{6-22}$$

案例 6-5

某企业对车间 9 名学徒工进行调查，得到学徒期限与每天产量情况如表 6-6 所示，要求建立以日产量为因变量的回归方程。

表 6-6　简单线性回归方程计算表

编号	学徒期（年）x	日产量（件）y	xy	x^2	$\hat{y}$	$(y-\hat{y})^2$
1	0.5	50	25	0.25	44.58	29.376 4
2	1	80	80	1	88.33	69.388 9
3	1	100	100	1	88.33	136.188 9
4	1.5	130	195	2.25	132.08	4.326 4

（续）

编号	学徒期（年）x	日产量（件）y	xy	x^2	$\hat{y}$	$(y-\hat{y})^2$
5	2	150	300	4	175.83	667.188 9
6	2	170	340	4	175.83	33.988 9
7	2	180	360	4	175.83	17.388 9
8	2.5	220	550	6.25	219.58	0.176 4
9	2.5	240	600	6.25	219.58	416.976 4
合计	15	1 320	2 550	29	1 320	1 375

根据表 6-6 的数据进行计算，由式（6-21）、式（6-22）得：

$$b=\frac{n\sum x_i y_i - \sum x_i \sum y_i}{n\sum x_i^2 - (\sum x_i)^2}=\frac{9\times 2\,550-15\times 1\,320}{9\times 29-15^2}=\frac{3\,150}{36}=87.5$$

$$a=\bar{y}-b\bar{x}=\frac{1\,320}{9}-87.5\times\frac{15}{9}=0.83$$

最终可得估计的 y 对 x 的直线回归方程式为 $\hat{y}=0.83+87.5x$。

计算表明，该回归直线的斜率为 87.5，即学徒期每增加一年，日产量平均增加 87.5 件。根据这一方程，可以根据自变量 x 的值计算因变量 y 的估计值 $\hat{y}$，如表 6-6 所示。从表 6-6 中可以看到，$\sum y = \sum \hat{y} = 1320$，即 $\sum(y-\hat{y})=0$；每个 $\hat{y}$ 与 y 之间都有误差，其误差平方和为 $\sum(y-\hat{y})^2=1375$，在所有可能拟合的直线中，这个值为最小值，也就是说这条回归线是最能代表所有观测点的直线。

根据得到的线性回归方程，可以绘制回归直线，如图 6-8 所示。

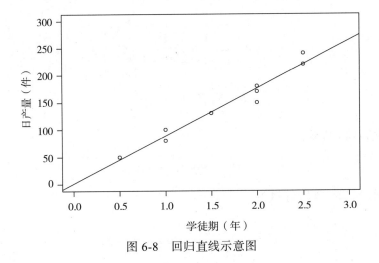

图 6-8　回归直线示意图

对斜率 b 的公式进行数学形式转换，可得到 b 的另一个表达式：

$$b = \frac{S_{xy}^2}{S_x^2} = \frac{\overline{xy} - \overline{x} \cdot \overline{y}}{\overline{x^2} - \overline{x}^2} = \frac{\sum(x-\overline{x})(y-\overline{y})}{\sum(x-\overline{x})^2} \tag{6-23}$$

由前面的内容我们得到相关系数积差法的计算公式为

$$r = \frac{S_{xy}^2}{S_x S_y}$$

我们进一步可得回归系数 b 和相关系数 r 的关系式：

$$b = r \cdot \frac{S_y}{S_x} \tag{6-24}$$

由式（6-24）可以看出，回归系数 b 和相关系数 r 是有联系的。另外可知，由于 $\frac{S_y}{S_x} > 0$，所以 b 和 r 具有相同的符号，即 r 大于零时，b 也大于零。因为当相关系数 r 大于零时，x 和 y 是正相关的，此时回归直线是向上倾斜的，因此直线的斜率 b 也大于零，反之亦然。

2. 模型参数显著性的检验

模型参数显著性检验主要是判断每一个自变量对于回归模型是否必要。在一元线性回归模型中，主要检验模型系数理论值 α 和 β 是否显著等于零。若 α 等于零，则意味着模型的截距项可舍去，能构造无截距回归模型；若 β 等于零，则意味着方程中的自变量对于回归模型是不显著或不重要的。

如果模型的误差项符合模型假设，则有：

$$a \sim N\left(\alpha, \left(\frac{1}{n} + \frac{\overline{x}^2}{\sum(x-\overline{x})^2}\right)\sigma_{yx}^2\right)$$

$$b \sim N\left(\beta, \frac{\sigma_{yx}^2}{\sum(x-\overline{x})^2}\right)$$

因此，截距项 t 检验：

$$H_0: \alpha = 0 \quad H_1: \alpha \neq 0$$

在原假设成立时，t 统计量为

$$t = \frac{a}{\hat{\sigma}_{yx}\sqrt{\frac{1}{n} + \frac{\overline{x}^2}{\sum(x-\overline{x})^2}}} \sim t(n-2)$$

式中 $\hat{\sigma}_{yx}$ 是 σ_{yx} 的无偏估计量，表示回归估计标准误，公式为

$$\hat{\sigma}_{yx} = \sqrt{\frac{1}{n-2}\sum(y-\hat{y})^2}$$

在给定显著性水平 α 之下，若该 t 统计量值大于 $t_{\frac{\alpha}{2}}(n-2)$，则拒绝原假设，认为截距项显著。否则，应该考虑拟合无截距项的直线回归模型。

同样地，回归系数的 t 检验：

$$H_0: \beta = 0 \quad H_1: \beta \neq 0$$

在原假设成立时，t 统计量为

$$t = \frac{b}{\hat{\sigma}_{yx}\sqrt{\dfrac{1}{\sum(x-\bar{x})^2}}} \sim t(n-2)$$

式中 $\hat{\sigma}_{yx}$ 含义同上。若该 t 统计量值大于 $t_{\frac{\alpha}{2}}(n-2)$，则拒绝原假设，认为回归系数对方程的影响是显著的，或自变量是重要的。否则，说明该参数显著为零，该自变量对模型的影响不重要，应该考虑更换或变换该变量。

6.2.4 方程预测与区间估计

根据回归方程和回归估计标准误，可以进一步对因变量 y 进行估计或预测，其中最常用的就是根据给定的 x 值来估计 y 的数值，称为置信区间估计。

按照误差为正态分布的原理，当样本容量 n 大于 30 时，我们可以做以下的假定：

（1）y 的实际观测值在对应的每个估计值 $\hat{y}$ 周围都是正态分布的；

（2）所有的正态分布都具有相同的标准差，即所谓的同方差性。

根据以上两条假设，如果观测值的点在回归直线两侧呈正态分布，则约有 68.27% 的点落在回归直线 $\pm\hat{\sigma}_{yx}$ 范围内，约有 95.45% 的点落在回归直线 $\pm 2\hat{\sigma}_{yx}$ 范围内，约有 99.73% 的点落在回归直线 $\pm 3\hat{\sigma}_{yx}$ 范围内，具体如图 6-9 所示。

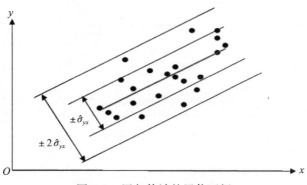

图 6-9 回归估计的置信区间

置信区间估计的步骤为：由样本数据 x 求出估计值 $\hat{y}$ 及其标准差 $\hat{\sigma}_{yx}$，再利用标准化正态分布曲线下的面积查对表，就可在一定的概率保证下对总体估计值做出置信区间估计。置信区间的公式为

$$\hat{y} - t\hat{\sigma}_{yx} \leqslant y \leqslant \hat{y} + t\hat{\sigma}_{yx} \tag{6-25}$$

以表 6-6 中的资料为例，在 95% 的概率保证下，求学徒工的学徒期为 3 年时的平均日产量的置信区间。

因为 $\hat{y} = 0.83 + 87.5x$，当 $x=3$ 时，$\hat{y} = 0.83 + 87.5 \times 3 = 263.33$（件）。

计算得 $\hat{\sigma}_{yx} = 14$ 件，又知当 $f(t) = 95\%$ 时 $t = 1.96$，所以：

$$263.33 - 1.96 \times 14 \leqslant y \leqslant 263.33 + 1.96 \times 14$$

得：$235.56 \leqslant y \leqslant 290.77$。

也就是在 95% 的概率保证下，学徒期为 3 年的学徒平均日产量的置信区间为 235.56～290.77 件。

6.2.5 基于 SPSS 的一元回归算例分析

案例 6-6

对案例 6-4 中我国 2001 年到 2011 年的财政收入和工业总产值（见图 6-1）数据进行回归分析，用 SPSS 软件建立一元线性回归方程的过程如下：

（1）选择"分析→回归→线性回归"，出现对话框如图 6-10 所示。

图 6-10 线性回归

（2）将左侧框中的 y 与 x 分别填到右侧对应的自变量与因变量框中，然后单击"确

定"。SPSS 输出结果如表 6-7～表 6-10 所示。

表 6-7 输出结果（1）

模型	输入的变量	输出的变量	方法
1	x[②]	.	输入

输入/输出的变量[①]

[①]因变量：y。
[②]已输入所有请求的变量。

表 6-8 输出结果（2）

模型汇总

模型	R	R^2	调整 R^2	标准估计的误差
1	0.996[①]	0.992	0.991	2 763.975 98

[①]预测变量：(常量)，x。

表 6-9 输出结果（3）

Anova[①]

模型		平方和	df	均方	F	Sig.
1	回归	8 248 084 337.916	1	8 248 084 337.916	1 079.654	0.000[②]
	残差	68 756 068.970	9	7 639 563.219		
	总计	8 316 840 406.885	10			

[①]因变量：y。
[②]预测变量：(常量)，x。

表 6-10 输出结果（4）

系数[①]

模型		非标准化系数		标准系数	t	Sig.
		B	标准误差	Beta		
1	(常量)	−11 981.544	1 991.506		−6.016	0.000
	x	0.592	0.018	0.996	32.858	0.000

[①]因变量：y。

输出结果包含 4 个内容：输入或输出的变量（variables entered removed）、模型汇总（model summary）、方差分析（anova）、回归系数（coefficients）。

在模型汇总中的 R 即为相关系数，其余分别是可决系数、校正可决系数、估计标准误差。

输出结果（1）表明该模型中的 x 是输入变量，没有输出变量，具体的输入或输出方法为按 Enter 键；输出结果（2）是模型的拟合优度情况简报，表明 x 和 y 的相关系数为 0.996，决定系数为 0.991；输出结果（3）是模型的检验结果，回归模型 F 值为 1 079.654，P 值为 0.000，回归模型通过了检验，可以用于预测；输出结果（4）表明回归模型为 $y = -11 981.544+0.592x$。

6.3 多元线性回归分析法

在信息分析与预测领域中，由于客观事物的复杂性，分析中所要研究的因变量常常受到一个以上自变量的影响。如进行 IT 投资的总成本，不仅与直接的劳动消耗有关，还与所需要的硬软件设施的规模和数量有关。这就需要根据变量之间的相关关系，建立多个变量的多元线性回归模型对其进行分析。多元线性回归分析的原理和一元线性回归分析基本相同，只是它涉及的变量更多，方法更复杂，计算量也更大。

6.3.1 多元线性回归模型

设因变量 y 和自变量 $x_1, x_2, x_3, \cdots, x_i$ 有线性关系，通过实验或观测得到 n 组数据：

$$(x_{11}, x_{21}, \cdots, x_{k1}, y_1)$$
$$(x_{12}, x_{22}, \cdots, x_{k2}, y_2)$$
$$\vdots$$
$$(x_{1n}, x_{2n}, \cdots, x_{kn}, y_n)$$

则它们之间的线性关系可以表示为

$$y_i = b_0 + b_1 x_1 + b_2 x_2 + \cdots + b_i x_i + e_i \tag{6-26}$$

$$\hat{y}_i = b_0 + b_1 x_1 + b_2 x_2 + \cdots + b_i x_i \tag{6-27}$$

式中　y_i——第 i 组的预测目标，称为因变量；

　　　$\hat{y}_i$——y_i 的估计值（即回归值）；

　　　x_i——第 i 组可以控制或预先给定的影响因素，称为自变量；

　　　b_i——回归模型参数，其中 b_0 表示回归常数，b_i 表示回归系数；

　　　e_i——回归余项，是实际观测值 y_i 与回归参数值 $\hat{y}_i$ 之间的离差，呈正态分布。

与一元回归模型一样，式（6-26）反映了自变量与因变量之间的相关关系，但只在理论上存在。$b_0, b_1, \cdots, b_i$ 是无法得到其精确值的，唯一可行的办法是通过对 y 和 x 的大量实际观测值做统计处理，得到其估计值。式（6-27）是在对有限样本分析的基础上，对总体进行观测的。

同一元线性回归分析一样，多元线性回归模型是以下列假设为前提的：每个观察值 e 受随机影响的程度相同，可以取不同的值，但其平均值为零；任意两个观察值 e 之间是线性无关的，且由 x 和 e 组成的矩阵是满秩的。

需进一步假设 e 服从正态分布，即 $e \sim N(0, \sigma_e^2)$。

6.3.2 多元线性回归的参数估计与检验

1. 回归模型的参数估计

与一元线性回归模型的参数估计一样，可以利用最小二乘法计算多元线性回归模型的参数，其目的是选择参数 $b_0, b_1, \cdots, b_k$，使因变量 y 的实际值与由式（6-27）得到的回归估计值的离差平方和最小；设 Q 为全部的回归值 $\hat{y}_i$ 与实际观测值 y_i 之间存在的总离差平方和，使 Q 达到最小值。

$$Q = \sum e_i^2 = \sum(y_i - \hat{y}_i)^2 = \sum(y_i - b_0 - b_1 x_{1i} - b_2 x_{2i} - \cdots - b_k x_{ki})^2 \quad (6\text{-}28)$$

通过分别对式中的 $b_0, b_1, \cdots, b_k$ 求偏导数，然后令它们等于零，从而得到一个由 $(k+1)$ 个线性方程组成的方程组，如下所示：

$$\begin{cases} \dfrac{\partial Q}{\partial b_0} = 0 \\ \dfrac{\partial Q}{\partial b_i} = 0 \quad (i = 1, 2, \cdots, k) \end{cases} \quad (6\text{-}29)$$

求解上述方程组需要借助相关计算机软件，可直接利用 Excel 或 SPSS 得出回归结果。

2. 多元线性回归模型的检验

建立了多元线性回归模型，利用样本数据估计了回归方程后，在模型进行实际应用前还应对模型进行检验。

（1）回归方程的拟合优度评价。

1) 多重判定系数。同一元线性回归一样，在多元线性回归模型中，为了衡量模型与数据拟合效果是否良好，需要利用多重判定系数来评价其拟合程度。在多元回归分析中，回归平方和占总平方和的比例称为多重判定系数，有的教材上也称为复决定系数。其计算公式为

$$R^2 = \dfrac{\text{SSR}}{\text{SST}} = 1 - \dfrac{\text{SSE}}{\text{SST}} \quad (6\text{-}30)$$

式中 $\text{SSR} = \sum(\hat{y}_i - \bar{y})^2$ 为回归平方和，$\text{SST} = \sum(y_i - \bar{y})^2$ 为总平方和，$\text{SSE} = \sum(y_i - \hat{y}_i)^2$ 为残差平方和。

利用 R^2 来评价多元线性回归方程的拟合程度时，有一点值得注意：由于自变量个数的增加，将影响到因变量中被估计回归方程的变差数量，因此，当增加自变量时，会使预测误差变得比较小，从而减少残差平方和 SSE，由于回归平方和 SSR = SST − SSE，当

SSE 变小时，SSR 就会变大，从而使 R^2 变大。如果模型中增加一个自变量，即使这个自变量在统计上并不显著，R^2 也会变大。因此，为避免增加自变量而高估 R^2，统计学家提出用样本量 n 和自变量的个数 k 去修正 R^2，计算出修正的多重判定系数。

修正的多重判定系数的计算公式为

$$R^2 \text{修正值} = 1 - \frac{n-1}{n-(k+1)}\frac{\text{SSE}}{\text{SST}} = 1 - \frac{n-1}{n-(k+1)}(1-R^2) \quad (6\text{-}31)$$

式中 n 为样本容量，k 是模型中自变量的个数，$n-1$ 和 $n-(k+1)$ 实际上分别是总离差平方和与残差平方和的自由度。

修正的多重判定系数具有如下性质：

A. R^2 修正值的解释与 R^2 类似，R^2 修正值越大，说明回归直线的拟合效果越好；R^2 修正值越小，说明回归直线的拟合效果越差。

B. R^2 修正值 ≤ R^2。因为 $k \geq 1$，所以根据 R^2 修正值和 R^2 各自的定义式可以得出这一结论。对于给定的 R^2 值和 n 值，k 值越大，R^2 修正值越小。与 R^2 不同，R^2 修正值不会由于模型中自变量个数 k 的增加而越来越接近于 1。因此，在多元回归分析中，通常用修正的 R^2 值对回归模型进行评价。

2）估计的标准误差。线性回归中随机误差项的方差在确定模型的有效性方面起着关键性的作用。

$$S_y = \sqrt{\frac{\sum(y_i-\hat{y})^2}{n-(\text{被估计参数的个数})}} = \sqrt{\frac{\text{SSE}}{n-(k+1)}} = \sqrt{\text{MSE}} \quad (6\text{-}32)$$

式中 n 为样本容量，k 是模型中自变量的个数。使用这一公式计算较为烦琐，实际问题中可通过统计软件求解。各实际观测值越靠近直线，则 S_y 越小，回归直线对各个观测值的代表性就越好；若实际观测值全部落在直线上，则 $S_y = 0$。

（2）显著性检验。

多元线性回归中的显著性检验包括对回归方程线性关系的检验和对回归系数的检验。在一元线性回归中，这两种检验是等价的，但在多元回归分析中，它们不再等价。线性关系检验主要是检验因变量同多个自变量的线性关系是否显著。在 k 个自变量中，只要有一个自变量同因变量的线性关系显著，F 检验就能通过，但这不一定意味着每个自变量同因变量的关系都显著。回归系数检验则是对每个回归系数分别进行单独的检验，它主要用于检验每个自变量对因变量的影响是否都显著。如果某个自变量没有通过检验，就意味着这个自变量对因变量的影响不显著，也许就没有必要将这个自变量放进回归模型中了。因此在多元回归分析中，既要进行 F 检验，也要进行 t 检验。

回归方程线性关系检验是检验因变量 y 与 k 个自变量之间的关系是否显著，也称为总体显著性检验。检验的具体步骤如下：

1）建立原假设：

$H_0: \beta_1 = \beta_2 = \cdots = \beta_k = 0$，即回归方程模型整体不显著；

H_1：β_i 不全等于 0（$i = 1, 2, \cdots, k$），即回归方程模型整体显著。

2）计算检验的统计量：

$$F = \frac{\dfrac{SSR}{k}}{\dfrac{SSE}{n-1-k}} \sim F(k, n-1-k) \quad (6-33)$$

3）做出统计决策。给定显著性水平 α，根据分子的自由度为 k，分母的自由度为 $n-1-k$，查 F 分布表得临界值 $F_\alpha(k, n-1-k)$。若 $F > F_\alpha$，则拒绝原假设；若 $F < F_\alpha$，则不能拒绝原假设。根据统计软件输出的结果，可直接利用显著性 P 值做出决策：若 P 值小于显著性水平 α，拒绝原假设；若 P 值大于 α，则不能拒绝原假设。

3. 回归系数的显著性检验

多元回归中进行这一检验的目的主要是检验各自变量对因变量的影响是否显著，以便对自变量的取舍做出正确的判断。一般来说，当发现某个自变量的影响不显著时，应将其从模型中删除。这样才能够做到以尽可能少的自变量去达到尽可能高的拟合优度。

多元回归中的回归系数的检验同样采取 t 检验，其原理和基本步骤与一元回归模型中的 t 检验基本相同。检验的具体步骤如下。

（1）建立原假设：

$$H_0 : \beta_i = 0;\ H_0 : \beta_i \neq 0$$

（2）计算检验统计量 t 值：

$$t = \frac{b_i - E(b_i)}{S_{b_i}} = \frac{b_i - \beta_i}{S_{b_i}} = \frac{b_i}{S_{b_i}}$$

式中 $S_{b_i} = \dfrac{S_{yx}}{\sqrt{\sum(x_i - \bar{x})^2}} = \dfrac{S_{yx}}{\sqrt{\sum x_i^2 - n\bar{x}}}$，$S_{yx} = \sqrt{\dfrac{\sum(y - \hat{y})^2}{n-2}}$ 是回归估计标准误。

t 统计量服从自由度为 $n-k-1$ 的 t 分布，即 $t \sim t(n-k-1)$。

（3）确定显著性水平 α（通常取 $\alpha = 0.05$），并根据自由度 $n-k-1$ 查 t 分布表，找出相应的临界值 $t_{\alpha/2}$。

（4）得出检验结果。若 $|t| > t_{\alpha/2}$，拒绝 H_0；若 $|t| < t_{\alpha/2}$，则不能拒绝 H_0。拒绝 H_0 表示回归系数通过了显著性检验；若接受 H_0，则表示回归系数未通过显著性检验。一般情况下，在建立回归模型中，应把未通过检验的自变量剔除掉，当存在多个回归系数未通过显著性检验时，并不是一次性把这些变量都剔除掉，最简单的办法是一次只剔除一个，剔除 t 值最小的那个变量，直到所有变量的系数都通过了统计检验为止。

6.3.3 多重共线性判断

在应用回归模型进行信息分析时，我们经常会遇到多重共线性问题。多重共线性问题的表现是：多个变量有共同的变化趋势。此问题必须恰当解决，才能得出科学的结论，引导正确的决策。

从数学上看，若向量 X_j 可以表达为另外一些向量 X_t、X_s 等的线性组合（系数不全为 0），例如，$X_j = aX_t + bX_s$（a、b 不全为 0），或者说，X_i 与其他自变量 X_t、X_s 的复相关系数 $R_{i.ts}$ 接近 1，则 $|X^TX| \approx 0$，称变量 X_j、X_i、X_s 具有多重共线性。

判断是否存在多重共线性的方法主要有：

（1）容许（tolerance）法。如前所述，当 X_i 与其他所有自变量 X_t、X_s、$\cdots$ 的相关系数 $R_{i.ts\cdots}$ 接近 1 时，$|X^TX| \approx 0$，自变量具有明显的多重共线性，故定义容许度 $Tol_i = 1 - R^2$。Tol_i 越小，说明共线性越强，但需注意，观测值与正态分布相去甚远，此值不适合作为共线性的度量指标。

（2）方差膨胀因子（$VIF = \dfrac{1}{Tol_i}$），其实质与 Tol_i 相同。

（3）用软件输出的相关统计判断。若输出的 F 统计值很大，R 趋近于 1，同时，许多 t 统计值很小（显著性概率大于 α），估计系数的标准差 $\hat{\sigma}_{\hat{\beta}_j}$ 很大（SPSS 软件输出的 Coefficient 表的 Std. Error 列），则表明存在多重共线性问题。

6.3.4 SPSS 的多元回归算例分析

案例 6-7 ●—○—●—●

已知我国 1995～2014 年城镇居民消费水平、城镇居民家庭人均可支配收入、人均国内生产总值以及商品零售价格指数的数据，如表 6-11 所示。建立城镇居民消费水平关于其他三个指标的回归模型，并进行回归分析。

表 6-11 样本数据

年份	城镇居民消费水平（元） y	城镇居民家庭人均可支配收入（元） x_1	人均国内生产总值（元） x_2	商品零售价格指数（上年=100） x_3
1995	4 769.00	4 283.00	5 074.00	114.80
1996	5 382.00	4 838.90	5 878.00	106.10
1997	5 645.00	5 160.30	6 457.00	100.80
1998	5 909.00	5 425.10	6 835.00	97.40
1999	6 351.00	5 854.00	7 199.00	97.00
2000	6 999.00	6 280.00	7 902.00	98.50
2001	7 324.00	6 859.60	8 670.00	99.20
2002	7 745.00	7 702.80	9 450.00	98.70
2003	8 104.00	8 472.20	10 600.00	99.90
2004	8 880.00	9 421.60	12 400.00	102.80

（续）

年份	城镇居民消费水平（元）	城镇居民家庭人均可支配收入（元）	人均国内生产总值（元）	商品零售价格指数（上年 =100）
	y	x_1	x_2	x_3
2005	9 832.00	10 493.00	14 259.00	100.80
2006	10 739.00	11 759.50	16 602.00	101.00
2007	12 480.00	13 785.80	20 337.00	103.80
2008	14 061.00	15 780.80	23 912.00	105.90
2009	15 127.00	17 174.70	25 963.00	98.80
2010	17 104.00	19 109.40	30 567.00	103.10
2011	19 912.00	21 809.80	36 018.00	104.90
2012	21 861.00	24 564.70	39 544.00	102.00
2013	23 609.00	26 467.00	43 320.00	101.40
2014	25 449.00	28 843.85	46 612.00	101.00

（1）将数据输入 SPSS 中，建立数据文件如图 6-11 所示（节选 1995 ～ 2005 年）。

	y	x1	x2	x3
1	4769.00	4283.00	5074.00	114.80
2	5382.00	4838.90	5878.00	106.10
3	5645.00	5160.30	6457.00	100.80
4	5909.00	5425.10	6835.00	97.40
5	6351.00	5854.00	7199.00	97.00
6	6999.00	6280.00	7902.00	98.50
7	7324.00	6859.60	8670.00	99.20
8	7745.00	7702.80	9450.00	98.70
9	8104.00	8472.20	10600.00	99.90
10	8880.00	9421.60	12400.00	102.80
11	9832.00	10493.00	14259.00	100.80

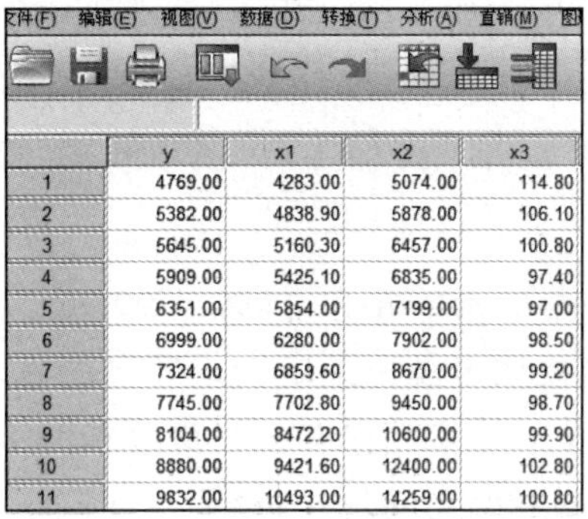

图 6-11　SPSS 原始数据文件

（2）对样本数据进行回归分析，用 SPSS 软件建立多元线性回归方程过程如下：选择“分析→回归→线性回归”，出现对话框如图 6-12 所示。

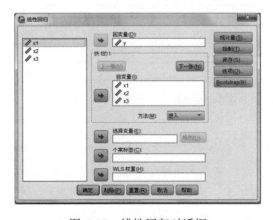

图 6-12　线性回归对话框

将左侧框中的 y 与 x_1、x_2、x_3 分别填入右侧对应的因变量与自变量框中,然后单击"确定"。SPSS 输出结果如表 6-12 ~表 6-15 所示。

表 6-12 输出结果(1)

输入/输出的变量[①]			
模型	输入的变量	输出的变量	方法
1	商品零售价格指数(上年=100),城镇居民家庭人均可支配收入(元),人均国内生产总值(元)[②]	.	输入

[①] 因变量:城镇居民消费水平(元)。
[②] 已输入所有请求的变量。

表 6-12 表明该模型中的商品零售价格指数(x_3)、城镇居民家庭人均可支配收入(x_1)和人均国内生产总值(x_2)是输入的变量,没有输出变量。

表 6-13 输出结果(2):模型汇总

模型汇总				
模型	R	R^2	调整 R^2	标准估计的误差
1	1.000[①]	0.999	0.999	193.816 94

[①] 预测变量:(常量),商品零售价格指数(上年=100),城镇居民家庭人均可支配收入(元),人均国内生产总值(元)。

根据表 6-13 可知,多重判定系数 $R^2 = 0.999 = 99.9\%$,其实际意义是:在城镇居民消费水平(y)的变差中,能被城镇居民家庭人均可支配收入(x_1)、人均国内生产总值(x_2)和商品零售价格指数(x_3)的多元回归方程所解释的比例为 99.9%。估计的标准误差 = 193.816 94,其含义是用城镇居民人均可支配收入(x_1)、人均国内生产总值(x_2)和商品零售价格指数(x_3)预测城镇居民消费水平(y)时,平均的预测误差为 193.816 94 元。

表 6-14 输出结果(3)

Anova[①]						
模型		平方和	df	均方	F	Sig.
1	回归	816 486 551.699	3	272 162 183.900	7 245.099	0.000[②]
	残差	601 040.101	16	37 565.006		
	总计	817 087 591.800	19			

[①] 因变量:城镇居民消费水平(元)。
[②] 预测变量:(常量),商品零售价格指数(上年=100),城镇居民家庭人均可支配收入(元),人均国内生产总值(元)。

根据表 6-14 的方差分析表显示 F 值为 7 245.099,相应的 P 值为 0.000,所以,拒绝模型整体不显著的原假设,即该多元线性回归模型是整体显著的。F 检验表明:城镇居民消费水平与商品零售价格指数、城镇居民家庭人均可支配收入以及人均国内生产总值之间的线性关系是显著的,但并不意味着城镇居民消费水平与每个变量之间的关系都显著,

F 检验只能说明总体的显著性。需要进一步对各回归系数分别进行检验，来判断每个自变量对城镇居民消费水平的影响是否显著。

表 6-15 输出结果（4）

模型		非标准化系数		标准系数	t	Sig.
		B	标准误差	试用版		
1	（常量）	5 569.187	1 313.304		4.241	0.001
	城镇居民家庭人均可支配收入（元）	0.258	0.126	0.308	2.042	0.058
	人均国内生产总值（元）	0.332	0.072	0.692	4.586	0.000
	商品零售价格指数（上年=100）	−31.878	11.874	−0.020	−2.685	0.016

系数①

① 因变量：城镇居民消费水平（元）。

根据表 6-15 可知，自变量"城镇居民家庭人均可支配收入"对应的回归系数统计量 $t_1 = 2.042$；"人均国内生产总值"对应的回归系数统计量 $t_2 = 4.586$；"商品零售价格指数"对应的回归系数统计量 $t_3 = -2.685$。根据显著性水平 $\alpha = 0.05$，自由度 20−3−1=16 查 t 分布表，找出相应的临界值 $t_{\alpha/2}(16) = t_{0.025}(16) = 2.120$。可以看出，$t_2 > t_{\alpha/2}$，$t_3 < t_{\alpha/2}$，因此，"人均国内生产总值"对应的回归系数和"商品零售价格指数"对应的回归系数均通过了检验，而"城镇居民家庭人均可支配收入"对应的系数未通过显著性检验。这说明人均国内生产总值和商品零售价格指数与城镇居民消费水平之间的关系显著，而城镇居民家庭人均可支配收入与城镇居民消费水平之间的关系不显著。也可以直接观察 P 值：只有"城镇居民家庭人均可支配收入"对应的回归系数 P 值大于 0.05，不能通过显著性检验，其余两个系数对应的 P 值均小于 0.05，通过了显著性检验。

根据输出结果（4），得到多元线性回归方程为

$$\hat{y} = 5\,569.187 + 0.258x_1 + 0.332x_2 - 31.878x_3$$

6.4 回归模型违反假设及其处理

在进行线性回归模型的参数估计时，回归方程必须满足以下原则：

（1）解释变量 $X_1, X_2, \cdots, X_p$ 是确定变量，不是随机变量，而且要求矩阵 $\boldsymbol{X}$ 的秩 $R(X) = p+1 < n$，说明数据矩阵 $\boldsymbol{X}$ 中的解释变量列间线性无关，样本容量个数应当大于解释变量个数，$\boldsymbol{X}$ 为一个满秩矩阵。违反该假设时，称模型存在多重共线性问题。

（2）随机误差项具有均值 0 和等方差 δ^2，且 $X_1, X_2, \cdots, X_p$ 之间相互独立，不存在序列相关，即有：

$$\begin{cases} E(\varepsilon_i) = 0, \ i = 1, 2, \cdots, n \\ \mathrm{Cov}(\varepsilon_i, \varepsilon_j) = \begin{cases} \delta^2, & i = j \\ 0, & i \neq j \end{cases} \ (i, j = 1, 2, \cdots, n) \end{cases}$$

当 $D(\varepsilon_i) \neq D(\varepsilon_j)$，$i \neq j$ 时，称回归模型存在异方差问题；
当 $\text{Cov}(\varepsilon_i, \varepsilon_j) \neq 0$，$i \neq j$ 时，称回归模型存在自相关问题。

（3）正态分布假定：

$$\begin{cases} \varepsilon_i \sim N(0, \delta^2), i=1,2,\cdots,n \\ \varepsilon_1, \varepsilon_2, \cdots, \varepsilon_n \text{ 相互独立} \end{cases}$$

如果模型违反上述假设，就不能使用最小二乘法估计回归系数了。下面介绍回归模型违反假设时的处理方法。

6.4.1 自相关问题及其解决

对于研究的实际问题，获得 n 个样本 $(X_{i1}, X_{i2}, \cdots, X_{ip}, Y_i), i=1,2,\cdots,n$，则回归分析模型为

$$Y_i = \beta_0 + \beta_1 X_{i1} + \beta_2 X_{i2} + \cdots + \beta_p X_{ip} + \varepsilon_i, \quad i=1,2,\cdots,n$$

在上述回归模型的基本假设中，随机误差 $\varepsilon_1, \varepsilon_2, \cdots, \varepsilon_n$ 应当独立，即当 $i \neq j$ 时 $\text{Cov}(\varepsilon_i, \varepsilon_j) = 0$。当 $\text{Cov}(\varepsilon_i, \varepsilon_j) \neq 0, i \neq j$ 时，称回归模型存在自相关问题。

1. 自相关问题诊断

检验模型是否存在自相关问题，除了使用残差图外，杜宾－瓦特森（DW）检验是常用的方法。DW 检验方法的基本思想如下：

使用最小二乘法对回归模型进行拟合，求出残差 ε_i 的估计值 e_i，$i=1,2,\cdots,n$，计算 DW 统计量，根据 DW 统计量判断是否存在自相关。DW 统计量的计算公式为

$$\text{DW} = \frac{\sum_{i=2}^{n}(e_i - e_{i-1})^2}{\sum_{i=1}^{n} e_i^2} \tag{6-34}$$

可以证明 DW 的取值范围为 $0 \leq \text{DW} \leq 4$。根据样本容量 n、指标数量 p、显著性水平 α 和 DW 统计分布表，可以确定临界值的上界和下界 d_U、d_L，然后根据表 6-16 可以确定回归模型的自相关情况。

表 6-16 使用 DW 统计量相关判断表

$0 \leq \text{DW} \leq d_L$	残差项存在正相关关系
$d_L \leq \text{DW} \leq d_U$	无法确定
$d_U \leq \text{DW} \leq 4-d_U$	残差项不存在相关关系
$4-d_U \leq \text{DW} \leq 4-d_L$	无法确定
$4-d_L \leq \text{DW} \leq 4$	残差项存在负相关关系

2. 自相关问题的解决

当模型存在自相关问题时，可以采用差分法来解决自相关问题，差分法的具体计算过程如下：

令 $\Delta y_i = y_i - y_{i-1}$，$\Delta x_{ij} = x_{ij} - x_{i-1,j}$，其中 $i = 1, 2, \cdots, p$，根据 Δy_i 和 Δx_{ij} 的数据，采取最小二乘法对下述回归模型的参数进行拟合，可以求出经验回归参数 $\beta_j, j = 1, 2, \cdots, p$。

$$\Delta y_i = \sum_{j=1}^{p} \beta_j \Delta x_{ij} + \varepsilon_i \quad (6\text{-}35)$$

3. 自相关问题处理实例

案例 6-8

某公司 2001～2015 年的研发经费和新产品利润数据如表 6-17 所示。利用回归分析研究研发经费对新产品利润的影响。

表 6-17　企业研发经费和新产品利润数据

年份	研发经费（万元）	新产品利润（万元）	残差	Δy_i	Δx_{i1}
2001	35	690	91.72		
2002	38	734	66.60	3	44
2003	42	788	28.44	4	54
2004	45	870	41.32	3	82
2005	52	1 038	48.04	7	168
2006	65	1 280	−9.48	13	242
2007	72	1 434	−16.76	7	154
2008	81	1 656	−2.12	9	222
2009	103	2 033	−132.00	22	377
2010	113	2 268	−127.40	10	235
2011	119	2 451	−82.64	6	183
2012	133	2 819	−37.20	14	368
2013	159	3 431	−24.24	26	612
2014	198	4 409	55.20	39	978
2015	260	5 885	102.72	62	1 476

设因变量 Y 表示新产品利润，解释变量 X 表示研发经费，ε 为随机误差，我们构造研究新产品利润和研发经费关系的一元线性回归模型如下：

$$Y = \beta_0 + \beta_1 X + \varepsilon$$

采取普通最小二乘法计算的经验回归模型为

$$\hat{Y} = -208.12 + 23.04X$$

计算残差 e_i，结果如表 6-17 所示。

利用 DW 计算公式 $DW = \dfrac{\sum_{i=2}^{n}(e_i - e_{i-1})^2}{\sum_{i=1}^{n} e_i^2}$，得：

$$DW = \dfrac{\sum_{i=2}^{15}(e_i - e_{i-1})^2}{\sum_{i=1}^{15} e_i^2} = 0.48$$

样本容量 $n = 15$，指标数量 $p = 1$，显著性水平 $\alpha = 0.05$，根据 DW 统计分布表，可以确定临界值 $d_L = 1.08$，$d_U = 1.36$。DW $= 0.48 < d_L = 1.08$，所以模型存在自相关问题。

采取差分法，使用表中 Δy_i 和 Δx_{ij} 的数据对的差分模型为

$$\Delta y_i = \sum_{j=1}^{p} \beta_j \Delta x_{ij} + \varepsilon_i$$

采用最小二乘法估计回归系数，得 $\Delta y_i = 24\Delta x_{i1}$。

此时 DW $= 2.08$，接近 2，所以无自相关问题，因此该模型可以使用。从模型可以看出，研发经费每增加 1 万元，新产品利润增加 24 万元。

6.4.2 异方差问题及其解决

对于研究的实际问题，获得 n 个样本 $(X_{i1}, X_{i2}, \cdots, X_{ip}, Y_i), i = 1, 2, \cdots, n$，则回归分析模型为：

$$Y_i = \beta_0 + \beta_1 X_{i1} + \beta_2 X_{i2} + \cdots + \beta_p X_{ip} + \varepsilon_i, \quad i = 1, 2, \cdots, n$$

在上述回归模型的基本假设中，随机误差 $\varepsilon_1, \varepsilon_2, \cdots, \varepsilon_n$ 项应当具有相同的方差，当 $D(\varepsilon_i) \neq D(\varepsilon_j), i \neq j$ 时，称回归模型存在异方差问题。

1. 异方差的检验

检验模型是否存在异方差问题，除了使用残差图外，Spearman 等级相关系数是常用的检验方法。Spearman 等级相关系数的检验步骤如下：

（1）使用最小二乘法对回归模型进行拟合，求出残差 $e_i, i = 1, 2, \cdots, n$；

（2）针对每个 X_i，将 X_i 的 n 个观测值和 $|\varepsilon_i|, i = 1, 2, \cdots, n$ 按照递增或递减顺序排序，求出相对应的秩；

（3）针对每个 X_i，计算 Spearman 等级相关系数 $r_i^s, i = 1, 2, \cdots, p$；

（4）检验 Spearman 等级相关系数 $r_i^s, i = 1, 2, \cdots, p$ 的显著性。

若在 $r_i^s, i = 1, 2, \cdots, p$ 中存在一个 r_i^s 显著相关，则回归方程存在异方差。

2. 异方差问题的处理

对于多元回归模型：

$$Y_i = \beta_0 + \beta_1 X_{i1} + \beta_2 X_{i2} + \cdots + \beta_p X_{ip} + \varepsilon_i, \quad i = 1, 2, \cdots, n$$

最小二乘法就是寻找参数 $\beta_0, \beta_1, \beta_2, \cdots, \beta_p$ 的估计值 $\hat{\beta}_0, \hat{\beta}_1, \hat{\beta}_2, \cdots, \hat{\beta}_p$，使离差平方和达到最小，即找出 $\hat{\beta}_0, \hat{\beta}_1, \hat{\beta}_2, \cdots, \hat{\beta}_p$，满足：

$$Q(\hat{\beta}_0, \hat{\beta}_1, \hat{\beta}_2, \cdots, \hat{\beta}_p) = \sum_{i=1}^{n}(y_i - \hat{\beta}_0 - \hat{\beta}_1 x_{i1} - \hat{\beta}_2 x_{i2} - \cdots - \hat{\beta}_p x_{ip})^2$$

$$= \min_{\hat{\beta}_0, \hat{\beta}_1, \hat{\beta}_2, \cdots, \hat{\beta}_p} \sum_{i=1}^{n}(y_i - \beta_0 - \beta_1 x_{i1} - \beta_2 x_{i2} - \cdots - \beta_p x_{ip})^2$$

当存在异方差问题时，上述平方和的每一项的地位是不同的，随机误差 ε_i 方差较大的项在平方和中的作用较大。为了调整各项平方和的作用，使其对离差平方和贡献基本相同，我们常常采取加权的方法，即为每个样本的观察值构造一个权 $w_k, k = 0, 1, 2, \cdots, n$，即找出 $\hat{\beta}_{w_0}, \hat{\beta}_{w_1}, \hat{\beta}_{w_2}, \cdots, \hat{\beta}_{w_p}$，满足：

$$Q(\hat{\beta}_{w_0}, \hat{\beta}_{w_1}, \hat{\beta}_{w_2}, \cdots, \hat{\beta}_{w_p}) = \sum_{i=1}^{n}(y_i - \hat{\beta}_0 - \hat{\beta}_1 x_{i1} - \hat{\beta}_2 x_{i2} - \cdots - \hat{\beta}_p x_{ip})^2$$

$$= \min_{\hat{\beta}_0, \hat{\beta}_1, \hat{\beta}_2, \cdots, \hat{\beta}_p} \sum_{i=1}^{n} w_i (y_i - \beta_0 - \beta_1 x_{i1} - \beta_2 x_{i2} - \cdots - \beta_p x_{ip})^2$$

令：

$$\hat{\beta}_w = (\hat{\beta}_{w_0}, \hat{\beta}_{w_1}, \cdots, \hat{\beta}_{w_p})^{\mathrm{T}}, W = \begin{bmatrix} w_1 & & \\ & \ddots & \\ & & w_n \end{bmatrix},$$

则 $\hat{\beta}_w = (\hat{\beta}_{w_0}, \hat{\beta}_{w_1}, \cdots, \hat{\beta}_{w_p})^{\mathrm{T}}$ 的加权最小二乘估计公式为

$$\hat{\beta}_w = (x^{\mathrm{T}} W x)^{-1} x^{\mathrm{T}} W y$$

如何确定权系数呢？检验异方差时，计算 Spearman 等级相关系数 r_i^s，$i = 1, 2, \cdots, p$。选取最大 r_i^s，$i = 1, 2, \cdots, p$ 对应的变量 X_i 所对应的观察值序列 $x_{i1}, x_{i2}, \cdots, x_{in}$ 构造权数，即令 $w_k = \dfrac{1}{x_{ik}^m}$，其中 m 为待定参数。

3. 异方差问题处理实例

案例 6-9

随机抽取 15 家企业，研究企业人力和财力投入对企业产值的影响，具体数据如

表 6-18 所示。

表 6-18 企业人力和财力投入数据

产值（万元）	人力（个）	财力（万元）	残差	残差绝对值 D	权重
244	170	287	−453.670	453.67	7.17E−07
123	136	73	−0.570	0.57	2.20E−05
51	41	61	−32.930	32.93	3.44E−05
1 035	6 807	169	121.430	121.43	2.69E−06
418	3 570	133	−140.490	140.49	4.90E−06
93	48	54	27.200	27.2	4.67E−05
540	3 618	232	−286.660	286.66	1.22E−06
212	510	94	2.440	2.44	1.17E−05
52	272	70	−74.440	74.44	2.44E−05
128	1 272	54	−35.720	35.72	4.67E−05
1 249	5 610	272	156.180	156.18	8.20E−07
205	816	65	48.390	48.39	2.94E−05
75	190	42	29.880	29.88	8.75E−05
365	830	73	185.910	185.91	2.20E−05
1 291	503	287	566.690	566.69	7.17E−07

设因变量 Y 表示产值，解释变量 X_1 表示人力投入，X_2 表示财力投入，ε 为随机误差，我们构造如下多元回归理论模型：

$$Y = \beta_0 + \beta_1 X_1 + \beta_2 X_2 + \varepsilon$$

采用普通最小二乘法计算经验回归模型为

$$\hat{Y} = -82.22 + 0.08 X_1 + 2.67 X_2$$

计算残差 e_i 及其绝对值 $|e_i|$，残差绝对值用变量 D 表示，如表 6-18 所示。

计算残差绝对值和 X_1、X_2 的 Spearman 等级相关系数矩阵如下：

	X_1	X_2
X_2	0.410 03	
残差绝对值	0.425 00	0.712 63（显著）

相关系数矩阵表明，财力投入和残差绝对值的 Spearman 等级相关系数显著，因此该回归模型存在异方差问题。

下面采用加权最小二乘法估计回归系数，首先构造权重矩阵。

根据 Spearman 等级相关系数，我们选取 X_2 构造权重矩阵，假定 $m = 2.5$（可以从 $m = 1$ 开始，每次将 m 增加 0.5，依次计算加权回归，选择 R^2 值最大的 m 作为权重的指数）。

根据 $w_k = \dfrac{1}{x_{2k}^m}, k = 1, 2, \cdots, n$，得到权重矩阵 W。

根据 $\hat{\beta}_w = (x^T W x)^{-1} x^T W y$,我们得到 $\hat{\beta}_w = (-59.03, 2.49, 0.08)^T$,所以加权最小二乘法的经验回归模型为

$$\hat{Y} = -59.03 + 0.08X_1 + 2.49X_2$$

6.4.3 多重共线性问题及其解决

在使用最小二乘法进行回归参数估计时,要求矩阵 X 的秩 $R(X) = p+1 < n$,说明数据矩阵 X 各列间没有相关性,样本容量的个数应当大于解释变量个数,X 为一个满秩矩阵。在实际问题中,由于样本抽取数量大于解释变量的个数,所以矩阵 $x^T x$ 行列式的值接近 0,这样 $x^T x$ 对角线上元素的值较小,$(x^T x)^{-1}$ 对角元素较大,这时回归系数的 t 检验往往无法通过。当观测值矩阵 $x^T x$ 行列式的值接近 0 时,我们称回归模型存在多重共线性。

虽然经济变量之间存在完全多重共线性的现象并不多见,但是,由于许多经济变量都有密切的相关性,而且随着经济规模的扩大而近似有同步增长的趋势,因此往往存在近似多重共线性。当存在多重共线性时,会使 $\beta_0, \beta_1, \beta_2, \cdots, \beta_p$ 估计值的方差很大,影响自变量对因变量的解释,甚至出现估计值的经济意义无法解释的情况,因此必须利用回归模型对共线性进行检验,并消除共线性对回归模型的影响。

1. 多重共线性问题的处理

在 6.3.3 节中我们已经介绍了多重共线性的判断方法,可以通过方差膨胀因子等方法进行相关性的检验。下面重点介绍多重共线性问题的解决方法。

由于多重共线性是由解释变量之间的近似相关造成的,因此,可以去掉一些解释变量,减弱解释变量之间的近似相关性。我们可以通过逐步回归的方法完成这一步骤,其基本思想是将解释变量一个一个地引入,引入变量的条件是其偏回归平方和经过检验是显著的。同时,每引入一个新变量,对已入选的变量逐个进行检验,将不显著的变量剔除,保证最后所得的变量子集中的所有变量都是显著的。经过若干步骤后便得到"最优"变量子集。逐步回归法采用迭代算法,因而常常通过计算机进行求解。

2. 多重共线性问题处理实例

案例 6-10

企业在技术创新过程中,新产品的利润往往受到研究开发人力、财力以及以往技术水平的影响,现在我们以历年专利申请量代表技术水平,各项指标的数据如表 6-19 所示。根据 20 家企业的数据,分析新产品利润的主要影响因素及其对新产品利润的影响程度。

表 6-19　20 家企业技术创新数据

新产品利润（万元）	人力（个）	专利申请（件）	财力（万元）
1 178	47	230	49
902	31	164	38
849	24	102	67
386	10	50	38
2 024	74	365	63
1 566	70	321	129
1 756	65	407	72
1 287	50	265	96
917	43	221	102
1 400	61	327	268
978	39	191	41
749	26	136	32
705	20	85	56
320	8	42	32
1 680	61	303	52
1 300	58	266	107
1 457	54	338	60
1 068	42	220	80
761	36	183	85
1 162	51	271	222

设因变量 Y 表示新产品利润，解释变量 X_1 表示人力投入，X_2 表示专利申请累计量，X_3 表示财力投入，ε 为随机误差，可以构造如下多元线性回归模型：

$$Y = \beta_0 + \beta_1 X_1 + \beta_2 X_2 + \beta_3 X_3 + \varepsilon$$

采用普通最小二乘法计算经验回归模型为

$$\hat{Y} = 185.39 + 18.01 X_1 + 1.16 X_2 - 1.26 X_3$$

由 X_1 对 X_2 和 X_3 的复决定系数 $R_1^2 = 0.939$ 可知，$\text{VIF}_1 = 16.5$；由 X_2 对 X_1 和 X_3 的复决定系数 $R_2^2 = 0.938$ 可知，$\text{VIF}_2 = 16.15$；由 X_3 对 X_1 和 X_2 的复决定系数 $R_3^2 = 0.202$ 可知，$\text{VIF}_3 = 1.25$。从方差膨胀因子可以看出，解释变量之间存在严重的多重共线性，模型不可使用。

采用逐步回归方法的经验回归模型为

$$Y = 178.16 + 24.17 X_1 - 1.27 X_3$$

从该经验模型可以看出，技术创新产出的关键要素是人才，没有计划地投入过多研发经费反而使技术创新产出下降。

3. 多重共线性诊断及逐步回归的 SPSS 求解

（1）将数据输入 SPSS 中，建立 SPSS 数据文件。

（2）选择"分析→回归→线性回归"，出现对话框如图 6-13 所示。

（3）将左侧框中的 Y 与 X_1、X_2、X_3 分别填入右侧对应的因变量与自变量框中。

（4）单击"数据"，出现如图 6-14 所示对话框。

（5）选取共线性诊断复选框，然后单击"继续"返回如图 6-13 所示的对话框，然后单击"确定"。SPSS 输出结果如表 6-20 所示。

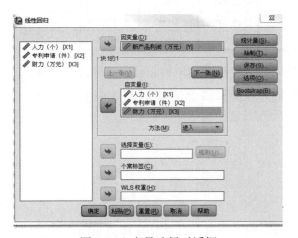

图 6-13　变量选择对话框

图 6-14　回归统计选项对话框

表 6-20　多重共线性检验

模型		非标准化系数		标准系数	t	Sig.	共线性统计量	
		B	标准误差	试用版			容差	VIF
1	（常量）	185.385	63.250		2.931	0.010		
	人力（个）	18.014	5.333	0.773	3.377	0.004	0.061	16.504
	专利申请（件）	1.156	0.963	0.272	1.201	0.247	0.062	16.150
	财力（万元）	−1.256	0.458	−0.173	−2.739	0.015	0.798	1.253

人力和财力投入变量的方差膨胀因子分别为 16.50 和 16.15，超过了 10，所以解释变量之间存在严重的多重共线性，需要减少解释变量的数量。

逐步回归的 SPSS 求解过程如下：

（1）选择"分析→回归→线性回归"，出现对话框如图 6-13 所示。

（2）将左侧框中的 Y 与 X_1、X_2、X_3 分别填入右侧对应的因变量与自变量框中。

（3）在方法列表框中选取使用的回归

图 6-15　逐步回归方法选择对话框

方法为 Stepwise，对话框如图 6-15 所示，然后单击"确定"。SPSS 输出结果如表 6-21 所示。

表 6-21 逐步回归主要输出结果

模型		非标准化系数		标准系数	t	Sig.	共线性统计量	
		B	标准误差	试用版			容差	VIF
1	(常量)	150.440	73.438		2.049	0.055		
	人力（个）	22.340	1.551	0.959	14.404	0.000	1.000	1.000
2	(常量)	178.158	63.775		2.794	0.012		
	人力（个）	24.169	1.488	1.038	16.240	0.000	0.798	1.253
	财力（万元）	−1.270	0.464	−0.175	−2.736	0.014	0.798	1.253

从表 6-21 中可以看出，通过逐步回归将第二个变量专利申请累计量删除，只保留人力和财力投入两个解释变量，这时两个变量的方差膨胀因子都为 1.253，小于 10，因此通过逐步回归消除了多重共线性。

6.4.4 其他回归模型

1. 虚拟变量回归模型

在回归分析中，因变量不仅受解释变量的影响，还常常受某些定性变量的影响。例如，不同季节商品销售量不仅受促销费用的影响，同时也受季节的影响，因此，在回归分析模型中应当考虑季节这个定性变量对商品销售量的影响。同样，工资水平不仅受到学历和工作年限的影响，同样也受性别的影响，在用回归模型研究工资水平与学历和工作年限之间的关系时，应当考虑性别这个定性变量的影响。

为了将定性变量引入回归模型，常常要使用虚拟变量。

比如，在研究工资水平同学历和工作年限的关系时，以 Y 表示工资水平，以变量 X_1 和 X_2 分别表示学历和工作年限，同时我们引入虚拟变量 D，虚拟变量的取值如下：

$$D = \begin{cases} 1 & 男性 \\ 0 & 女性 \end{cases}$$

可以构造下述理论回归模型：

$$Y = \beta_0 + \beta_1 X_1 + \beta_2 X_2 + D + \varepsilon$$

在研究销售量和广告费用的关系时，以变量 Y 表示销售量，以变量 X 表示广告费用，同时引入 3 个虚拟变量，虚拟变量取值如下：

$$D_2 = \begin{cases} 1 & 第二季度 \\ 0 & 其他季度 \end{cases}$$

$$D_3 = \begin{cases} 1 & \text{第三季度} \\ 0 & \text{其他季度} \end{cases}$$

$$D_4 = \begin{cases} 1 & \text{第四季度} \\ 0 & \text{其他季度} \end{cases}$$

可以构造下述理论回归模型：

$$Y = \beta_0 + \beta_1 X + \beta_2 D_2 + \beta_3 D_3 + \beta_4 D_4 + \varepsilon$$

在引入虚拟变量时，如果一个定性变量分为 m 个分类，仅需引入 $m-1$ 个定性变量即可，而不需要引入 m 个定性变量，否则将会产生多重共线性问题。如研究性别对工资的影响时，定性变量分为男、女两类，我们就引入一个虚拟变量；研究季节对销售量的影响时，定性变量分为春、夏、秋、冬 4 类，仅引入 3 个虚拟变量即可。

2. 可以化为线性回归的曲线回归

实践中经常遇到的问题是，经济变量之间的关系并非线性关系，而是呈现出某种曲线关系。此时就必须根据具体数据情况为两个变量配合一个恰当的曲线回归模型。常见的曲线回归模型包括指数曲线模型、对数曲线模型和双曲线模型等。

（1）指数曲线模型。

当自变量 x 做等差的增加或减少时，因变量 y 做等比的增加或减少，则 x 与 y 之间的关系为指数函数关系，可以拟合指数曲线模型，其回归方程为

$$\hat{y} = ab^x \tag{6-36}$$

式中 a 和 b 是待估计的参数。

对式（6-36）两边取对数，即 $\lg \hat{y} = \lg a + x \lg b$。

设 $\lg \hat{y} = \hat{y}'$，$\lg a = a'$，$\lg b = b'$，则可得到简单线性模型：$\hat{y}' = a' + b'x$。

再根据最小二乘法原理，得到：

$$\begin{cases} \sum y' = na' + b' \sum x \\ \sum xy' = a' \sum x + b' \sum x^2 \end{cases} \tag{6-37}$$

式中 $y' = \lg y$，代入数据即可解出 a' 和 b' 的值。由于 $\lg a = a', \lg b = b'$，所以对 a' 和 b' 分别求反对数即可得到指数曲线模型的参数 a 和 b。

（2）对数曲线模型。

对数曲线回归方程为

$$\hat{y} = a + b \lg x \tag{6-38}$$

令 $x' = \lg x$，则可得到线性回归方程为

$$\hat{y} = a + bx'$$

(3) 双曲线模型。

双曲线回归方程为

$$\frac{1}{\hat{y}} = a + b\frac{1}{x} \tag{6-39}$$

令 $\hat{y}' = \frac{1}{\hat{y}}, x' = \frac{1}{x}$，则线性回归方程为 $\hat{y} = a + bx'$。

(4) 幂函数曲线模型。

幂函数曲线回归方程为

$$\hat{y} = ax^b \tag{6-40}$$

两边同时取对数：$\lg \hat{y} = \lg a + b \lg x$。

令 $\hat{y}' = \lg \hat{y}, x' = \lg x, a' = \lg a$，则：$\hat{y} = a + bx'$。

(5) 抛物线模型。

抛物线回归方程为

$$\hat{y} = a + bx + cx^2 \tag{6-41}$$

设 $x_1 = x, x_2 = x^2$，则得到：$\hat{y} = a + bx_1 + cx_2$。

这是一个二元线性回归模型，按照前面介绍的二元线性回归模型的参数求解方法，即可得到拟合的抛物线回归方程。

◎ 思考题

1. 简述进行相关分析的一般步骤。
2. 说明偏相关与部分相关的异同。
3. 结合你的理解谈谈相关和回归分析在现实生活中的应用。信息分析有何功能和作用？
4. 有 10 个同类企业的生产性固定资产年平均价值和工业总产值资料如表 6-22 所示：

表 6-22 思考题 4 数据

企业编号	生产性固定资产年平均价值 x_i（万元）	工业总产值 y_i（万元）
1	318	524
2	910	1 019
3	200	638
4	409	815
5	415	913
6	502	928

（续）

企业编号	生产性固定资产年平均价值 x_i（万元）	工业总产值 y_i（万元）
7	314	605
8	1 210	1 516
9	1 022	1 219
10	1 225	1 624
合计	6 525	9 801

1）说明两变量之间的相关方向；
2）建立生产性固定资产年平均价值 x_i 和工业总产值 y_i 的直线回归方程。
5. 对上题中提到的回归方程的回归系数进行检验（$\alpha=0.05$）。
6. 自相关问题检验的常用方法是什么？简述其基本思想。

CHAPTER 7

第7章

数据降维方法

在数据原始的高维空间中,常常包含冗余信息和噪声信息,会在实际应用中引入误差,影响准确率,而降维可以提取数据内部的本质结构,减少冗余信息和噪声信息造成的误差,提高应用中的精度。降维直观的好处是便于计算和可视化,其更深层次的意义在于有效信息的提取综合及无用信息的摒弃。

数据降维常用的方法有因子分析法和多元尺度法。因子分析法可在许多变量中找出隐藏的具有代表性的因子,将相同本质的变量归入一个因子,可减少变量的数目,也可检验变量间关系的假设。多元尺度法可将多维空间的研究对象(样本或变量)简化到低维空间进行定位、分析和归类,同时又保留对象间的原始关系。本章将对这两种数据降维方法进行详细介绍。

7.1 因子分析法

我们在研究过程中,往往会遇到如下的问题。搜集到我国19个省(自治区、直辖市)的13个经济指标,指标的原始数据如表7-1所示。

表7-1 我国19个省(自治区、直辖市)的相关经济指标的原始数据

地区	地区生产总值(亿元)	年末人口(万人)	城镇人口(万人)	农业总产值(亿元)	工业总产值(亿元)	货物进出口总额(万美元)	分地区居民存款额(亿元)
北京	19 500.56	2 115	1 825	170.4	18 624.82	42 899 581	23 086.4
天津	14 370.16	1 472	1 207	217.2	27 011.12	12 850 179	7 612.3
河北	28 301.41	7 333	3 528	3 473.3	45 766.25	5 491 157	23 357.2
山西	12 602.24	3 630	1 908	932.1	18 404.65	1 579 098	13 339.4

（续）

地区	地区生产总值（亿元）	年末人口（万人）	城镇人口（万人）	农业总产值（亿元）	工业总产值（亿元）	货物进出口总额（万美元）	分地区居民存款额（亿元）
内蒙古	16 832.38	2 498	1 466	1 328.1	19 550.83	1 199 457	7 455.2
辽宁	27 077.65	4 390	2 917	1 673.9	52 150.4	11 447 819	19 659.5
吉林	12 981.46	2 751	1 491	1 261.7	21 950.72	2 583 174	7 745.3
黑龙江	14 382.93	3 835	2 201	2 856.3	13 569.81	3 887 909	10 058.6
上海	21 602.12	2 415	2 164	172.3	34 533.53	44 126 822	20 486.3
江苏	59 161.75	7 939	5 090	3 167.8	132 270.4	55 080 227	33 823.9
浙江	37 568.49	5 498	3 519	1 336.8	61 765.48	33 578 871	28 923
安徽	19 038.87	6 030	2 886	2 003.3	33 079.46	4 551 897	12 924.9
福建	21 759.64	3 774	2 293	1 376.3	32 847.14	16 932 090	11 847.3
江西	14 338.5	4 522	2 210	1 072.8	26 700.22	3 674 663	9 725.2
山东	54 684.33	9 733	5 232	4 509.9	132 319	26 653 153	29 796.1
河南	32 155.86	9 413	4 123	4 202.3	59 454.79	5 995 687	20 232.1
湖北	24 668.49	5 799	3 161	2 678.1	37 864.54	3 638 008	15 507
湖南	24 501.67	6 691	3 209	2 726.8	31 616.57	2 517 531	14 539.7
广东	62 163.97	10 644	7 212	2 444.7	103 655	1.09E+08	49 891.3

地区	居民的可支配收入（元）	平均工资（元）	地方财政收入（亿元）	客运量（万人）	货运量（万吨）	开发新产品收入（万元）
北京	40 321	93 006	3 661.11	64 161	25 748	36 727 656
天津	32 293.6	67 773	2 079.07	17 995	45 233	55 696 886
河北	22 580.3	41 501	2 295.62	61 718	198 009	29 160 256
山西	22 455.6	46 407	1 701.62	34 899	156 045	10 272 735
内蒙古	25 496.7	50 723	1 720.98	20 819	164 346	6 285 040
辽宁	25 578.2	45 505	3 343.81	91 735	206 868	40 931 774
吉林	22 274.6	42 846	1 156.96	34 148	44 811	7 031 878
黑龙江	19 597	40 794	1 277.4	45 566	61 094	5 825 023
上海	43 851.4	90 908	4 109.51	11 691	84 305	76 883 835
江苏	32 537.5	57 177	6 568.46	151 444	181 775	1.97E+08
浙江	37 850.8	56 571	3 796.92	135 348	188 679	1.49E+08
安徽	23 114.2	47 806	2 075.08	126 710	396 391	43 790 809
福建	30 816.4	48 538	2 119.45	55 107	96 674	34 400 997
江西	21 872.7	42 473	1 621.24	65 067	135 172	16 829 309
山东	28 264.1	46 998	4 559.95	75 074	264 100	1.43E+08
河南	22 398	38 301	2 415.45	136 237	184 823	47 914 474
湖北	22 906.4	43 899	2 191.22	91 522	131 000	46 544 784
湖南	23 414	42 726	2 030.88	159 726	184 535	57 246 324
广东	33 090	53 318	7 081.47	153 120	349 011	1.8E+08

资料来源：《2015 年中国统计年鉴》，网址为 http://www.stats.gov.cn/tjsj/ndsj/2015/indexch.htm。

这 13 个经济指标之间相互独立，如果单独分析这 13 个经济指标，意义不大。如何寻找一个办法，使经济指标得到削减，同时又不会造成信息大量缺失呢？这就需要用到本节介绍的因子分析法。

7.1.1 因子分析法的概念与数学模型

1. 因子分析法的概念与功能

在诸多的研究领域中，例如经济、社会、医学、政治等，通常需要了解反映客观事物的诸多变量，并搜集变量的原始数据进行相关的分析。一般情况下，在研究初期，各个变量之间都存在一定的并未被觉察的关系，这些变量在研究的过程中将成为因子。因子分析法就是用少数几个因子来刻画大多数指标之间的关系，或者说以较少的几个因子在最大程度上反映原始信息的方法。其中，各个变量或者因子之间不存在一定的相关性。

因子分析法的特点如下：

（1）最后得出的因子的个数远低于原始变量的个数，这样能减少因子分析的工作量；

（2）利用因子分析法最终得出的因子不是在原始变量中进行简单的删减，而是基于降维的思想，将原始数据进行重新组合，将意义相近的因子归为一类，即对某一类变量的综合；

（3）各个变量之间不存在相关关系或者说相关性较弱，使得研究变得更加简单；

（4）为最终得出的因子命名，命名因子能够有效对分析结果进行评价。

2. 因子分析法的相关数学模型

因子分析法是用少数的因子来反映原始数据中的大部分信息的。因子分析的数学模型为

$$\begin{cases} x_1 = \alpha_{11}f_1 + \alpha_{12}f_2 + \alpha_{13}f_3 + \cdots + \alpha_{1n}f_n + \varepsilon_1 \\ x_2 = \alpha_{21}f_1 + \alpha_{22}f_2 + \alpha_{23}f_3 + \cdots + \alpha_{2n}f_n + \varepsilon_2 \\ x_3 = \alpha_{31}f_1 + \alpha_{32}f_2 + \alpha_{33}f_3 + \cdots + \alpha_{3n}f_n + \varepsilon_3 \\ \qquad \vdots \\ x_k = \alpha_{k1}f_1 + \alpha_{k2}f_2 + \alpha_{k3}f_3 + \cdots + \alpha_{kn}f_n + \varepsilon_k \end{cases}$$

该方程式也可以表示为 $X=AF+\varepsilon$，其中 $x_1, x_2, x_3, \cdots, x_k$ 是经过标准化处理后的 k 个原始变量，其均值为 0，标准差为 1；$f_1, f_2, f_3, \cdots, f_n$ 表示 n 个因子变量，$k<<n$；$\varepsilon_1, \varepsilon_2, \varepsilon_3, \cdots, \varepsilon_k$ 称为残差，也叫特殊因子，用来解释原始变量中不能加以解释的部分。

接下来对因子分析过程中需用到的几个概念进行说明。

（1）因子载荷。

α_{ij} 称为因子载荷，反映的是因子 f_j 与原始变量 x_i 之间的相关系数，$\alpha_{ij} \leq 1$，其绝对值与 1 越接近，就表明两者之间的关联度越大，两者越相关。

（2）变量共同度。

变量共同度也叫公共方差或者变量方差，变量 x_i 的共同度与 α_{ij} 之间的关系为

$$h_i^2 = \sum_{j=1}^{n} \alpha_{ij}^2 \qquad (7\text{-}1)$$

变量 x_i 的共同度即因子载荷矩阵中第 i 行相关元素的平方和。x_i 的方差可以分为 h_i^2 和 ε_i^2 两个部分，$h_i^2+\varepsilon_i^2=1$。h_i^2 反映的是最终得出的公共因子对原始变量方差能给出解释的比例。该值越接近 1，则说明公共因子能够解释原始变量的大部分信息。该值也是衡量变量流失的信息量的一个重要指标。ε_i^2 表示的是原有的变量方差中不能够被公共因子解释的部分。

一般来说，如果大部分变量的共同度都大于 80%，说明提取的公共因子较好地反映了原始信息，分析的效果较为理想。

（3）公共因子 f_j 的方差贡献。

公共因子 f_j 的方差贡献的表达式为

$$S_i^2 = \sum_{j=1}^{k} \alpha_{ij}^2 \qquad (7\text{-}2)$$

公共因子 f_j 的方差贡献是因子载荷矩阵中第 j 行相关元素的平方和。公共因子 f_j 的方差贡献反映的是该公共因子对原始的所有变量的总方差的解释能力，其数值越高，则表明该公共因子越重要。

7.1.2 因子分析法的主要步骤

因子分析法中存在着两个关键的问题，即如何提取公共因子以及如何对公共因子进行命名。基于这两个关键的问题，因子分析法分为四个步骤：

（1）检验研究的问题是否适合进行因子分析；
（2）提取公共因子；
（3）通过因子旋转使得因子变量更加具有解释性；
（4）计算因子得分。

1. 检验研究的问题是否适合进行因子分析

因子分析法的最终目的是将众多的原始指标或者变量归为一类或者几类因子，这其实就对原始指标提出了一个潜在的要求，即原始变量之间存在着一定的相关关系。这不是很难理解，如果原始变量之间不存在相关关系，就无法将具有同一特征的因子归为一类，因子分析法也就失去了意义。研究的问题是否适合因子分析，说到底就是研究原始变量之间是否存在相关关系。检验变量之间的相关关系一般有以下三种方法：

（1）巴雷特球度检验。

巴雷特球度检验是一种检验各个变量之间相关性程度的方法。一般在做因子分析之前都要进行巴雷特球度检验，用于判断变量是否适合做因子分析。巴雷特球度检验是以变量的相关系数矩阵为出发点的。它的零假设相关系数矩阵是一个单位矩阵，即相关系数矩阵对角线上的所有元素都是1，所有非对角线上的元素都为0。巴雷特球度检验的统计量是根据相关系数矩阵的行列式得到的。如果该值较大，且其对应的相伴概率值小于用户心中的显著性水平，那么应该拒绝零假设，认为相关系数不可能是单位矩阵，即原始变量之间存在相关性，适合做因子分析；相反，不适合做因子分析。

以原始指标的相关系数为矩阵，设为A，将其作为出发点做出原假设，假设矩阵A是单位矩阵。其检验的统计量是根据相关系数矩阵的行列式计算而来的，近似服从X^2分布。若该统计量的数值较大，并且相对应的概率值p小于用户研究者心中设定的显著性水平α，则拒绝原假设，认为A矩阵不是单位矩阵，该研究的问题适合做因子分析，否则不适合做因子分析。

（2）KMO检验。

KMO（Kaiser-Meyer-Olkin）检验是因子分析中最常用的检验方法，是用于比较变量之间简单相关系数和偏相关系数的指标。KMO统计量的计算公式如下：

$$\text{KMO} = \frac{\sum\sum_{i \neq j} r_{ij}^2}{\sum\sum_{i \neq j} r_{ij}^2 + \sum\sum_{i \neq j} p_{ij}^2} \tag{7-3}$$

在此公式中，r_{ij}^2是两个变量之间的简单相关系数，p_{ij}^2是偏相关系数。

KMO的值越接近1，说明$\sum\sum_{i \neq j} r_{ij}^2 + \sum\sum_{i \neq j} p_{ij}^2$越适合做因子分析，否则不适合做因子分析。

KMO的评价标准如表7-2所示。

表7-2　KMO的评价标准

KMO值	KMO≥0.9	0.8≤KMO<0.9	0.7≤KMO<0.8	0.6≤KMO<0.7	KMO<0.6
评价标准	非常合适	合适	一般	不太合适	不合适

（3）计算反映像相关矩阵。

反映像相关矩阵的检验是以原始变量之间的偏相关系数为出发点的，设偏相关系数矩阵为B，反映像相关矩阵C是将B中每个元素取反得到的。

反映像相关矩阵对角线上的元素为某个变量的MSA（measurement system analysis）的统计量，其计算公式如下：

$$\text{MSA}_i = \frac{\sum_{i \neq j} r_{ij}^2}{\sum_{i \neq j} r_{ij}^2 + \sum_{i \neq j} p_{ij}^2} \tag{7-4}$$

变量的含义与 KMO 检验方法中的相同，MSA_i 的值越接近 1，说明变量 x_i 与其他相关变量之间的相关性就越强，越适合做因子分析，否则不适合做因子分析。

2. 提取公共因子

在因子分析法中，提取公共因子的方法较多，例如主轴因子法、最小二乘法、极大似然法等，但最常用的还是主成分分析法。本节将主要介绍主成分分析法。

主成分分析法是通过坐标变换，将原来的 k 个具有相关性的变量进行线性变化，得出另一组不相关的变量 z_i，新的一组变量可以表示为

$$\begin{cases} z_1 = u_{11}x_1 + u_{21}x_1 + \cdots + u_{k1}x_k \\ z_2 = u_{12}x_1 + u_{22}x_1 + \cdots + u_{k2}x_k \\ z_3 = u_{13}x_1 + u_{23}x_1 + \cdots + u_{k3}x_k \\ \qquad\qquad \vdots \\ z_k = u_{1k}x_1 + u_{2k}x_1 + \cdots + u_{kk}x_k \end{cases}$$

式中　$u_{1l}^2 + u_{2l}^2 + \cdots + u_{kl}^2 = 1$，$1 \in (1, k)$，$z_1, z_2, z_3, \cdots, z_k$ 是原始变量当中的第 1、2、3、$\cdots$、k 个主成分，其中 z_1 在总的方差中所占比重最大，所包含的信息量也最大，其余的主成分占有的信息量和比重都逐渐减小。主成分分析法的实质就是选择前几个方差占比重较大的成分作为主成分，这样既能达到使用较少因子的目的，又能反映绝大部分的信息。

主成分分析法的相关步骤：

（1）将数据进行无量纲化的处理。设处理后的数据为 X'，则 $X' = \dfrac{x_{ij} - x_j}{s_j}$，其中 $i = 1, 2, \cdots, m$，m 为样本数。$j = 1, 2, \cdots, k$，k 为研究问题中原始变量的数量。将其用矩阵形式表示为 $[X']_{m \times k}$。

（2）将 $[X']_{m \times k}$ 的矩阵记为 R。

（3）计算出 R 中的特征值以及相对应的特征向量，特征值为：$\gamma_1 \geqslant \gamma_2 \geqslant \gamma_3 \geqslant \cdots \geqslant \gamma_h$，对应的特征向量为：$\mu_1 \geqslant \mu_2 \geqslant \mu_3 \geqslant \cdots \geqslant \mu_h$。

（4）在上一步的基础上计算因子载荷矩阵

$$A = \begin{bmatrix} \alpha_{11}, \alpha_{12}, \cdots, \alpha_{1m} \\ \alpha_{21}, \alpha_{21}, \cdots, \alpha_{21} \\ \cdots \\ \alpha_{k1}, \alpha_{k1}, \cdots, \alpha_{k1} \end{bmatrix} = \begin{bmatrix} \mu_{11}\sqrt{\gamma_1}, \mu_{12}\sqrt{\gamma_2}, \cdots, \mu_{1h}\sqrt{\gamma_h} \\ \mu_{21}\sqrt{\gamma_1}, \mu_{22}\sqrt{\gamma_2}, \cdots, \mu_{2h}\sqrt{\gamma_h} \\ \cdots \\ \mu_{k1}\sqrt{\gamma_1}, \mu_{k2}\sqrt{\gamma_2}, \cdots, \mu_{kh}\sqrt{\gamma_h} \end{bmatrix}$$

确定 m 通常有两种方法：特征值法，即根据特征值大于 1 的个数来确定因子的个数；累计方差贡献率法，选择累计方差贡献率大于 85%（有时也可放宽至 80%）时特征根的个数为因子的个数，累计方差贡献率的计算公式为

$$\alpha_k = \dfrac{\sum_{i=1}^{h} \gamma_i}{\sum_{i=1}^{k} \gamma_i} \tag{7-5}$$

3. 因子的命名

为因子命名是因子分析方法中又一个极为重要的步骤。至此，我们已经提取出了相应的主成分因子，这些主成分因子是对原始变量的综合。每个原始变量都有其含义，那么提取的主成分因子的含义是什么呢？这就需要借助载荷矩阵 A。

在矩阵 A 的某一行中，可能包含多个数值比较大的 a_{ij}，则说明原始变量中的一个与这几个有着较大的联系；在矩阵 A 的某一列中，可能也包含多个数值比较大的 a_{ij}，则说明某个主成分因子可以解释这几个原始变量。此时将这些原始变量查看归类，对主成分进行命名。很多时候单单考虑载荷矩阵仍不够准确，还需要通过因子旋转的矩阵综合分析，使命名更加准确。

因子旋转的方法一般采用极大方差法，在此方法中，只考虑两个因子的正交旋转。令原始的因子载荷矩阵 L 右乘一个正交矩阵后得到新的矩阵 B：

$$B = \begin{bmatrix} b_{11} & b_{11} \\ b_{21} & b_{22} \\ \vdots & \vdots \\ b_{k1} & b_{k2} \end{bmatrix}$$

为了实现因子旋转的相关目的，这里应当要求 $(b_{11}^2, b_{21}^2, \cdots, b_{k1}^2)$ 和 $(b_{12}^2, b_{22}^2, \cdots, b_{k2}^2)$ 这两个数据的方差尽可能的大，即要求下式中的 G 最大：

$$G = \frac{1}{k^2}\left[k\sum_{i=1}^{k}\left(\frac{b_{i1}^2}{l_i^2}\right)^2 - \sum_{i=1}^{k}\left(\frac{b_{i1}^2}{l_i^2}\right)^2\right] + \frac{1}{k^2}\left[k\sum_{i=1}^{k}\left(\frac{b_{i2}^2}{l_i^2}\right)^2 - \sum_{i=1}^{k}\left(\frac{b_{i2}^2}{l_i^2}\right)^2\right] \quad (7\text{-}6)$$

可以通过求导的方式解出参数。

当因子的个数大于 2 时，需两个一组地进行旋转，这样通过 C_k^2 次旋转之后，重复下一轮旋转，直到 G 值不变或者达到了指定的迭代次数之后停止。

4. 计算因子的得分

这是因子分析法的最后一步。主成分因子确定之后，我们都希望针对原始的样本，在不同的主成分因子上获得一个具体的数据值，这就是因子得分，它与原始变量的得分相对应。

计算最终的因子得分首先要将因子变量表示为原有变量的线性组合，记为

$$f_j = \beta_{j1}x_1 + \beta_{j2}x_2 + \cdots + \beta_{jk}x_k \ (k = 1, 2, \cdots, h)$$

估计因子得分的方法有很多，就不在这里赘述了，请大家参考统计学或者 SPSS 等其他方法的书籍。

7.1.3 基于 SPSS 的实例分析

对于类似表 7-1 的问题该如何利用较少的因子替代原有的数据指标，并且可以保留

大部分信息，不造成信息的缺少呢？现在这些问题就迎刃而解了，我们还以表 7-1 中的数据为例。

1. 基于 SPSS 的因子分析操作

（1）选择菜单中的"分析→降维→因子分析"，并将左侧的变量填入右侧的变量框中，如图 7-1 所示。

图 7-1　因子分析窗口

（2）在图 7-1 的窗口中，单击"描述"，出现如图 7-2 所示的对话框。

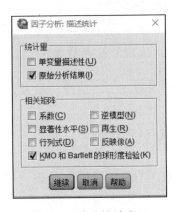

图 7-2　描述统计窗口

描述表示指定的输出结果，选择"原始分析结果"和"KMO 和 Bartlett 的球度检验"复选框。

（3）单击"继续"，回到图 7-1 的主界面，单击"抽取"，出现如图 7-3 所示的对话框。

抽取表示提取因子采用的方法，其中主成分分析法是因子分析法中最常用的方法，选择"相关系数矩阵""未经旋转的因子载荷矩阵"以及"碎石图"，其他选择默认选项即可。

（4）单击"继续"，回到图 7-1 的主界面，单击"旋转"，出现如图 7-4 所示的对话框。

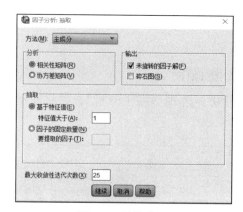

图 7-3　抽取窗口

图 7-4　旋转窗口

旋转表示选择因子旋转所采用的方法，选择"最大方差法""旋转解"以及"载荷图"，其他选项选择默认。

（5）单击"继续"，回到图 7-1 的主界面，单击"得分"，出现如图 7-5 所示的对话框。

（6）单击"继续"，回到图 7-1 的主界面，单击"选项"，出现如图 7-6 所示的对话框。

图 7-5　因子得分窗口

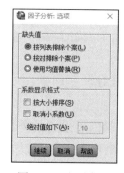

图 7-6　选项窗口

选项表示的是因子分析中缺失项的处理方法。

最后回到图 7-1 的主界面，单击"确定"就可以得到相应的分析结果。

2. 对输出的分析结果进行分析

（1）检验研究的问题是否适合进行因子分析。

我们在使用因子分析建立模型之前，应当充分考虑该研究问题是否适合因子分析，本案例中采用的是 KMO 和巴雷特球度检验，输出的结果如表 7-3 所示。

表 7-3　KMO 和巴雷特球度检验

取样足够度的 KMO 度量		0.811
巴雷特球度检验	近似卡方	722.256
	df	78
	Sig.	0.000

从表 7-3 中我们可以得出，巴雷特球度检验的值为 722.256，其相对应的概率为 0，说明在显著性为 0.05 的情况下，应当拒绝原假设，认为相关系数矩阵不是单位矩阵，该研究适合因子分析。同时，KMO 的值为 0.811，根据 KMO 检验结果的要求，适合因子分析。综合这两个方面，该研究适合因子分析。

（2）提取公共因子。

提取公共因子是因子分析方法中比较重要的一步，这里使用的是主成分分析法提取公共因子。

1）因子分析的初始解，如表 7-4 所示。

表 7-4　公共因子方差

	初始	提取
地区生产总值	1.000	0.974
年末人口数	1.000	0.952
城镇人口数	1.000	0.981
农业总产值	1.000	0.845
工业总产值	1.000	0.867
货物进出口总额	1.000	0.855
分地区居民存款额	1.000	0.948
居民的可支配收入	1.000	0.895
平均工资	1.000	0.879
地方财政收入	1.000	0.973
客运量	1.000	0.711
货运量	1.000	0.698
开发新产品收入	1.000	0.885

表 7-4 的第一列表示原始指标的指标名称。第二列代表根据因子分析的初始解所计算出来的变量的共同度，利用主成分分析法得出来 9 个初始解，以及其特征值，可以根

据这 9 个特征值对应的特征向量计算出因子载荷矩阵。第三列代表的是根据因子分析中的最终解得出的变量共同度。例如，第一列的 0.974 可以表示为提取出的所有因子变量共同解释了原变量中 97.4% 的信息。

2）因子提取和因子旋转结果，如表 7-5 所示。

表 7-5 解释的总方差

成分	初始特征值			提取平方和载入			旋转平方和载入		
	合计	方差的 %	累计 %	合计	方差的 %	累计 %	合计	方差的 %	累计 %
1	8.703	66.948	66.948	8.703	66.948	66.948	7.400	56.924	56.924
2	2.761	21.242	88.189	2.761	21.242	88.189	4.065	31.266	88.189
3	0.465	3.577	91.766						
4	0.328	2.525	94.291						
5	0.279	2.149	96.440						
6	0.231	1.779	98.219						
7	0.098	0.752	98.971						
8	0.050	0.385	99.356						
9	0.036	0.277	99.633						
10	0.027	0.210	99.842						
11	0.012	0.090	99.932						
12	0.006	0.045	99.977						
13	0.003	0.023	100.000						

表 7-5 可以分为三个部分来分析，即第 2～4 列为第一部分，第 5～7 列为第二部分，第 8～10 列为第三部分。

第一部分表示的是初始因子分析情况。例如，第一个因子对应的特征根为 8.703，解释了原有 13 个变量的总方差的 66.948%，累计的方差贡献率为 66.948%。

第二部分描述的是因子解的相关情况，可以看出，本案例提取了两个公共因子，一个解释了原有变量的 88.189%，这表明丢失的信息较少，因子分析结果良好。

第三部分是最终的因子解的相关情况，其数据的意义与第二部分相同，因子经过旋转之后更加清晰，更易于解释。

3）通过碎石图可以更加清晰地看出，在本研究案例中，应当提取两个公共因子，如图 7-7 所示。

4）因子载荷矩阵，如表 7-6 所示。

表 7-6 成分矩阵

	成分	
	1	2
地区生产总值	0.987	−0.002
年末人口数	0.877	−0.428
城镇人口数	0.975	−0.172

（续）

	成 分	
	1	2
农业总产值	0.659	−0.641
工业总产值	0.931	−0.021
货物进出口总额	0.778	0.499
分地区居民存款额	0.964	0.133
居民的可支配收入	0.510	0.797
平均工资	0.088	0.933
地方财政收入	0.942	0.294
客运量	0.783	−0.315
货运量	0.760	−0.349
开发新产品收入	0.910	0.238

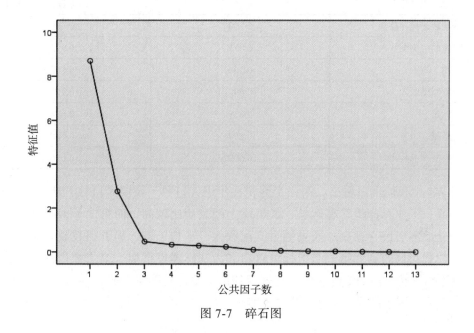

图 7-7　碎石图

因子载荷矩阵是因子分析中较为核心的内容，根据表 7-6 可写出因子分析的模型：

$$地区生产总值 = 0.987f_1 - 0.002f_2$$
$$年末人口数 = 0.877f_1 - 0.428f_2$$
$$城镇人口数 = 0.975f_1 - 0.172f_2$$
$$\vdots$$
$$开发新产品收入 = 0.910f_1 - 0.238f_2$$

可以看出，这 13 个变量在第一个主成分因子上的载荷都是较高的，说明第一个因子比较重要，但是这两个因子的经济意义还不够明确，若要对因子进行命名，还有些困难。

（3）因子命名。

本案例中采用的是极大方差法对因子载荷矩阵进行旋转，旋转后的结果如表 7-7 所示。

表 7-7　旋转成分矩阵

	成分	
	1	2
地区生产总值	0.873	0.461
年末人口数	0.975	0.032
城镇人口数	0.942	0.305
农业总产值	0.883	−0.258
工业总产值	0.832	0.417
货物进出口总额	0.454	0.806
分地区居民存款额	0.790	0.569
居民的可支配收入	0.077	0.943
平均工资	−0.360	0.866
地方财政收入	0.695	0.701
客运量	0.839	0.088
货运量	0.834	0.048
开发新产品收入	0.693	0.636

从表 7-7 中我们可以看出，第一个因子在年末人口数、城镇人口数、地区生产总值、农业总产值、工业总产值、客运量、货运量上的载荷比较高，而第二个因子在货物进出口总额、分地区居民存款额、居民的可支配收入、平均工资、地方财政收入、开发新产品收入上的载荷比较高。第一个指标可以命名为基础建设指标，第二个指标可以命名为收入指标。与旋转之前的矩阵相比，旋转后的矩阵的含义较为清晰。

两个主成分因子的线性关系如表 7-8 所示。

表 7-8　成分得分协方差矩阵

成分	1	2
1	1.000	0.000
2	0.000	1.000

表 7-8 表示的是两个主成分因子的协方差矩阵，可以看出，两个主成分因子之间不存在线性相关性，达到了因子分析的目标。

（4）计算相关因子的得分。

本案例采用回归方法来估计因子的得分系数，得出的结果如表 7-9 所示。

表 7-9　成分得分系数矩阵[⊖]

	成分	
	1	2
地区生产总值（$X1$）	0.100	0.053
年末人口数（$X2$）	0.162	−0.090
城镇人口数（$X3$）	0.128	−0.002
农业总产值（$X4$）	0.176	−0.170
工业总产值（$X5$）	0.098	0.043
货物进出口总额（$X6$）	−0.006	0.202
分地区居民存款额（$X7$）	0.075	0.094
居民的可支配收入（$X8$）	−0.083	0.283
平均工资（$X9$）	−0.149	0.303
地方财政收入（$X10$）	0.046	0.145
客运量（$X11$）	0.133	−0.059
货运量（$X12$）	0.136	−0.071
开发新产品收入（$X13$）	0.052	0.125

根据表 7-9，可以写出因子得分的函数：

$$f_1 = 0.1X1 + 0.162X2 + 0.128X3 + 0.176X4 + 0.098X5 - 0.006X6 + 0.075X7$$
$$- 0.083X8 - 0.149X9 + 0.046X10 + 0.133X11 + 0.136X12 + 0.052X13$$
$$f_{12} = 0.053X1 - 0.090X2 - 0.002X3 - 0.170X4 + 0.043X5 + 0.202X6 + 0.094X7$$
$$+ 0.283X8 + 0303X9 + 0.145X10 - 0.059X11 - 0.071X12 + 0.125X13$$

（5）各个主成分的得分及综合得分。

各个主成分的得分及综合得分如表 7-10 所示。

表 7-10　指标得分表

地区	因子得分 1	因子得分 2	因子得分 3
北京	−1.207 96	2.470 186	−0.212 81
天津	−1.117 15	1.063 983	−0.490 95
河北	0.903 015	−0.721 11	0.430 329
山西	−0.288 5	−0.368 29	−0.281 76
内蒙古	−0.463 59	−0.183 15	−0.354 28
辽宁	0.452 666	−0.041 93	0.292 728
吉林	−0.489 04	−0.483 7	−0.443 74
黑龙江	−0.018 26	−0.906 03	−0.230 57
上海	−1.151 72	2.733 861	−0.111 64
江苏	1.715 799	1.526 135	1.515 668
浙江	0.589 123	1.354 134	0.720 469
安徽	0.786 896	−0.655 09	0.368 556

⊖　为了避免表达式的冗长，这里笔者使用函数表达式来表示。

(续)

地区	因子得分1	因子得分2	因子得分3
福建	−0.228 46	0.270 537	−0.087 64
江西	−0.070 93	−0.547 34	−0.179 36
山东	1.955 308	0.273 615	1.374 042
河南	1.469 025	−0.996 12	0.742 712
湖北	0.534 269	−0.547 62	0.225 45
湖南	0.850 893	−0.728 21	0.393 747
广东	2.258 63	1.933 823	1.977 075
广西	−0.019 22	−0.670 86	−0.174 53
海南	−1.105 78	−0.372 17	−0.829 46
重庆	−0.459 04	−0.070 39	−0.324 07
四川	0.918 084	−0.571 75	0.476 408
贵州	−0.442 78	−0.584 62	−0.437 11
云南	−0.197 27	−0.604 19	−0.277 58
西藏	−1.448 27	−0.161 73	−1.007 87
陕西	−0.092 16	−0.463 16	−0.173 28
甘肃	−0.610 4	−0.729 83	−0.584 25
青海	−1.271 27	−0.346 32	−0.933 94
宁夏	−1.198 3	−0.289 02	−0.871 31
新疆	−0.553 61	−0.583 66	−0.511 03

本案例中，对于综合得分使用的加权平均法，公式为 $F=\omega_1 f_1+\omega_2 f_2$，$\omega_1$、$\omega_2$ 表示的是 f_1、f_2 的权重，通常情况下会采用专家打分的方法，这里仅仅从数量上加以考虑，采用的是两个主成分因子方差的累计贡献率，使得 $\omega_1=0.669$，$\omega_2=0.241$。

7.2 多元尺度法

7.2.1 多元尺度法的功能

在现实生活中，假如给出一组城市，我们总是能够在地图上测量出任意两个城市间的距离，但是我们也会遇到以下问题，如表 7-11 所示。

表 7-11　12 个城市之间的距离

城市	1	2	3	4	5	6	7	8	9	10	11	12
1	0											
2	345	0										
3	319	451	0									
4	385	178	470	0								
5	298	268	448	343	0							

(续)

城市	1	2	3	4	5	6	7	8	9	10	11	12
6	413	545	195	564	542	0						
7	316	322	251	337	380	346	0					
8	570	684	352	699	699	270	481	0				
9	267	343	217	358	370	311	156	450	0			
10	313	154	399	173	271	493	269	632	291	0		
11	354	426	158	441	460	244	218	265	193	374	0	
12	371	269	385	265	378	479	244	520	274	212	357	0

表 7-11 给出了 12 个城市之间的距离，仅仅通过该表是否能够确定这 12 个城市的相对位置呢？答案显然是否定的。我们在日常生活中还会遇到这样的问题，例如在市场分析中，我们想调查本公司的 10 种饮料产品在消费者心中相对的相似程度，怎样才能确定呢？这就需要用到多元尺度法。

多元尺度法可以解决如下的问题：当在 K 个研究对象中，各组对象之间的距离或者相似性已经确定时，将这些对象在低维的空间中表示出来，并尽可能地与原始数据的相似性相匹配，使得由降维引起的任何变化处于最小的状态。假设我们将多维空间中的每个研究对象记为一个点，点与点之间的距离与相似程度有关，点与点之间的距离越短，说明两个点之间的相似性越高，否则相似性越低。这里的多维空间通常指的是二维或者三维的欧几里得或者非欧几里得空间。

总的来说，多元尺度法，也称多维标度法（multi-dimension analysis，MDS），是一种降维的思想，是将高维的研究对象转化为低维进行研究。具体来说，MDS 方法就是在高维的空间内按照某种依据（距离、相似系数等），在低维的空间内给出研究对象的位置或者标度，能够较为准确地将原始研究对象进行分类。

接下来我们主要介绍多元尺度方法中的度量的 MDS 和非度量的 MDS。

7.2.2 多元尺度法的基本理论

多元尺度法是在已经确定的维数空间里估计一组研究对象分类的方法，它的原始数据所对应的是研究对象之间的距离。多元尺度模型有两因子或者三因子的度量或者非度量的模型。在模型求解的过程中，样品的数据组成的可能是一个或多个对称或不对称的矩阵。这些数据称为相似性数据。

1. 与多元尺度法相关的概念

（1）距离矩阵。

如果一个 $p \times p$ 的矩阵 $\boldsymbol{D}=(d_{lm})_{p \times p}$ 满足以下两个条件：

1）$\boldsymbol{D}=\boldsymbol{D}'$，即矩阵为对角阵；

2）$d_{lm} \geq 0$，$d_{ll}=0$，即在矩阵中，对角线上的元素为 0，其余的元素大于等于 0。称

D 矩阵为距离矩阵。

（2）欧几里得矩阵。

如果在矩阵 D 中，存在着某个正整数 q 以及 q 维空间中所对应的 p 个点 $y_1, y_2, \cdots, y_p$，使得 $d_{lm}^2 = (y_l - y_m)'(y_l - y_m)$，则称该矩阵为欧几里得矩阵，简称欧式矩阵。

（3）相似系数矩阵。

如果一个 $p \times p$ 的矩阵 $C = (c_{lm})_{p \times p}$ 满足以下两个条件：

1）$C = C'$，即矩阵为对角阵；

2）$c_{lm} \leq c_{ll}$，即在矩阵中，非对角线上的元素均小于对角线上的元素。称 C 矩阵为相似系数矩阵。

2. 多元尺度的相关的基本原理

在 q 维空间里所对应的 p 个点 $y_1, y_2, \cdots, y_p$，用矩阵表示为 $y = (y_1, y_2, \cdots, y_p)'$，在多元尺度法中我们将 Y 称为距离矩阵的一个拟合构图，求得 p 个点之间的距离，称为距离矩阵，记为 $\hat{D}$，$\hat{D}$ 也称作矩阵 D 的拟合距离矩阵。如果 $\hat{D} = D$，即称为 Y 是 D 矩阵的一个相关构图。

我们设有 p 个城市，对应欧几里得空间的 p 个点，将距离矩阵记为 D，所对应的空间维数为 q，其中第 L 个城市对应的点记为 y_l，则 y_l 的坐标可以记为 $y_l' = (y_{l1}, y_{l2}, \cdots, y_{lq})$。

设 $A = (a_{lm})_{p \times p}$，$a_{lm} = \dfrac{1}{2}\left(-d_{lm}^2 + \dfrac{1}{p}\sum\limits_{m=1}^{p} d_{lm}^2 - \dfrac{1}{p^2}\sum\limits_{l=1}^{p}\sum\limits_{m=1}^{p} d_{lm}^2\right)$，在此公式当中 d_{lm}^2 表示两个城市之间的距离，则可得一个 $p \times p$ 的距离矩阵 D 是欧几里得矩阵的充分必要条件是 $A \geq 0$。

首先考虑命题的必要性：设矩阵 D 是欧几里得矩阵，存在 $y_1, y_2, \cdots, y_p \in Q^q$，使得：

$$\begin{aligned}d_{lm}^2 &= (y_l - y_m)'(y_l - y_m) = y_l' y_l + y_m' y_m - y_m' y_l - y_l' y_m \\ &= y_l' y_l + y_m' y_m - 2 y_l' y_m\end{aligned} \quad (7\text{-}7)$$

$$\frac{1}{p}\sum_{l=1}^{p} d_{lm}^2 = y_m' y_m + \frac{1}{p}\sum_{l=1}^{p} y_l' y_l - \frac{2}{p}\sum_{l=1}^{p} y_l' y_m \quad (7\text{-}8)$$

$$\frac{1}{p}\sum_{m=1}^{p} d_{lm}^2 = y_l' y_l + \frac{1}{p}\sum_{m=1}^{p} y_m' y_m - \frac{2}{p}\sum_{m=1}^{p} y_l' y_m \quad (7\text{-}9)$$

$$\begin{aligned}\frac{1}{p}\sum_{m=1}^{p}\left(\frac{1}{p}\sum_{l=1}^{p} d_{lm}^2\right) &= \frac{1}{p^2}\sum_{l=1}^{p}\sum_{m=1}^{p} d_{lm}^2 \\ &= \frac{1}{p}\sum_{l=1}^{p} y_l' y_l + \frac{1}{p}\sum_{m=1}^{p} y_m' y_m - \frac{2}{p}\sum_{l=1}^{p}\sum_{m=1}^{p} y_l' y_m\end{aligned} \quad (7\text{-}10)$$

根据式（7-7）、式（7-8）、式（7-9）和式（7-10）可以得到：

$$a_{lm} = \frac{1}{2}\left(-d_{lm}^2 + \frac{1}{p}\sum_{m=1}^{p}d_{lm}^2 - \frac{1}{p^2}\sum_{l=1}^{p}\sum_{m=1}^{p}d_{lm}^2\right)$$
$$= \frac{1}{2}\left(2y'_l y_m - \frac{2}{p}\sum_{m=1}^{p}y'_l y_m - \frac{2}{p}\sum_{l=1}^{p}y'_l y_m + \frac{2}{p}\sum_{l=1}^{p}\sum_{m=1}^{p}y'_l y_m\right) \quad (7\text{-}11)$$
$$= (y'_l y_m - y'_l \bar{y} - \bar{y}y_m - \bar{y}'\bar{y})$$
$$= (y_l - \bar{y})'(y_m - \bar{y})$$

其中：
$$\bar{y} = \frac{1}{p}\sum_{l=1}^{p} y_l$$

用矩阵的形式可以表示为

$$\mathbf{A} = (a_{lm})_{p \times p} = \begin{bmatrix}(y_1 - \bar{y}) \\ \vdots \\ (y_p - \bar{y})\end{bmatrix}(y_1 - \bar{y}, \cdots, y_p - \bar{y}) \geq 0$$

我们先将 $\mathbf{A}$ 定义为 $\mathbf{Y}$ 的中心化内积，再考虑命题的充分性，设 $\mathbf{A} \geq 0$，我们要证明 $\mathbf{Y}$ 为 $\mathbf{D}$ 的一个构图，并且距离矩阵 $\mathbf{D}$ 是欧几里得矩阵。

记 $\beta_1 \geq \beta_2 \geq \cdots \geq \beta_q \geq 0$ 为 $\mathbf{A}$ 的特征根，$\beta_1, \beta_2, \cdots, \beta_q$ 相对应的单位特征向量是 $e_1, e_2, \cdots, e_q$，$\mathbf{\Gamma} = (e_1, e_2, \cdots, e_q)$ 是单位向量组成的矩阵，则 $\mathbf{Y} = (\sqrt{\beta_1}e_1, \sqrt{\beta_2}e_2, \cdots, \sqrt{\beta_q}e_q) = (y_{lm})_{p \times q}$，在 $\mathbf{Y}$ 矩阵中，每一行都对应着空间里的一个点。令 $\mathbf{\Lambda} = \text{diag}(\beta_1, \beta_2, \cdots, \beta_q)$，则：

$$\mathbf{A} = \mathbf{YY}' = \mathbf{\Gamma \Lambda \Gamma}' \quad (7\text{-}12)$$

$$\mathbf{Y} = \mathbf{\Gamma \Lambda}^{1/2} \quad (7\text{-}13)$$

即 $a_{lm} = y'_l y_m$。已知：

$$a_{lm} = \frac{1}{2}\left(-d_{lm}^2 + \frac{1}{p}\sum_{m=1}^{p}d_{lm}^2 - \frac{1}{p^2}\sum_{l=1}^{p}\sum_{m=1}^{p}d_{lm}^2\right)$$

则可知：
$$(y_l - \bar{y})'(y_m - \bar{y}) = y'_l y_l + y'_m y_m - 2y'_l y_m$$
$$= a_{ll} + a_{mm} - 2a_{lm} = d_{lm}^2$$

这就说明 $\mathbf{Y}$ 正好是 $\mathbf{D}$ 的构图，而 $\mathbf{D}$ 为欧几里得矩阵。

从上述的推导公式中我们可以看出，只要按照式（7-5）即可求解出每个样本点之间的内积，然后求得矩阵 $\mathbf{B}$ 的 q 个非零的特征值以及特征向量，再根据相似系数表达式就可以求出 $\mathbf{Y}$ 矩阵中的 q 个点的坐标或者列向量。

7.2.3 多元尺度法的分析步骤

在了解多元尺度法的分析步骤之前,首先介绍 MDS 的古典解以及非度量方法。

1. MDS 的古典解

根据上述多元尺度法的基本原理可以给出 MDS 解法的一般步骤,具体如下:

(1) 由已知的距离矩阵 $D=(d_{lm})$,根据式(7-5)构造矩阵 A,其中 $A=(a_{lm})=\left(-\frac{1}{2}d_{lm}^2\right)$;

(2) 令 $R=(r_{lm})$,使得 $r_{lm}=a_{lm}-\bar{a}_{l.}-\bar{a}_{.j}+\bar{a}_{..}$,则称 R 为内积矩阵;

(3) 计算出上一步中内积矩阵 R 的特征根,记为 $\beta_1, \beta_2, \cdots, \beta_q$,其中 $\beta_1 \geq \beta_2 \geq \cdots \geq \beta_q$。如果特征根均大于等于 0,则证明矩阵 $R \geq 0$,从而说明矩阵 D 是正定矩阵,否则,矩阵 D 不是正定矩阵。令:

$$a_{1,k} = \frac{\sum_{l=1}^{k}\beta_l}{\sum_{l=1}^{p}|\beta_l|}$$

$$a_{2,k} = \frac{\sum_{l=1}^{k}\beta_l^2}{\sum_{l=1}^{p}\beta_l^2}$$

与因子分析法相比较,这两个计算公式相当于因子分析法中的累计贡献率。在这里,我们期望的是 K 的取值不要太大,使 $a_{1,k}$、$a_{2,k}$ 尽可能的大。

(4) 当 K 值确定之后,用 $\hat{y}_{(1)}, \hat{y}_{(2)}, \cdots, \hat{y}_{(k)}$ 表示 $\beta_1, \beta_2, \cdots, \beta_k$ 的正交化特征向量。$\hat{Y}_{(k)}$ 是根据式(7-7)计算而来的,这里通常要求 $\beta_1, \beta_2, \cdots, \beta_k \geq 0$,若 $\beta_k<0$,则需缩小 K 的值。

(5) 令 $\hat{Y}_{(k)}=\hat{y}_{(1)}, \hat{y}_{(2)}, \cdots, \hat{y}_{(k)}$,其行向量即为所求的古典解。

2. 非度量的方法

古典解其实是基于主成分分析思想的,我们来看下一个模型:

$$d_{lm}=\hat{d}_{lm}+\varepsilon_{lm}$$

在上式中,$\hat{d}_{lm}$ 是拟合于 d_{lm} 的值,ε_{lm} 表示为误差项。有的时候,$\hat{d}_{lm}$ 和 d_{lm} 的拟合关系还可以用函数关系式来表达:

$$d_{lm}=F(\hat{d}_{lm}+\varepsilon_{lm})$$

式中 F 函数是一个单调递增函数,我们能用来构造 $\hat{d}_{lm}$ 的可用条件就是 d_{lm} 的秩,将 d_{lm},$l<m$ 中的元素从小到大进行排列:

$$d_{l_1 m_1} \leq d_{l_2 m_2} \leq \cdots \leq d_{l_s m_s}$$

在上述公式中我们将 d_{lm} 中的数值进行排名,我们将排名之后的顺序称为 d_{lm} 的秩。

我们想要寻找一个拟合的构造点，使得构造点之间的距离也能有以上的顺序，构造点如下：

$$\hat{d}_{l_1 m_1} \leqslant \hat{d}_{l_2 m_2} \leqslant \cdots \leqslant \hat{d}_{l_s m_s}$$

并可以记为

$$\hat{d}_{lm} \xrightarrow{\text{单调}} d_{lm}$$

可以看出，这种模型是按大小顺序排列的，并不是刚才介绍的距离矩阵，无法用刚才的古典解求出。这种模型大多是相似系数矩阵，强调的是事物之间的相似性，并非距离。此时我们就需要借助非度量的方法。求解此类模型一般采用的是 Kruskal 算法，其步骤如下：

（1）已知一个相似系数矩阵 $C=(c_{lm})$，将其处在非对角线上的元素进行排序：

$$\hat{c}_{l_1 m_1} \leqslant \hat{c}_{l_2 m_2} \leqslant \cdots \leqslant \hat{c}_{l_s m_s}, \text{ 其中 } s = \frac{1}{2}n(n-1)$$

（2）设 $\hat{Y}(n \times k)$ 表示 k 维的拟合构造点，其相对应的距离矩阵是 $\hat{C} = (\hat{d}_{lm})$，令：

$$S^2(\hat{Y}) = \frac{\min \sum_{l<m}(c_{lm}^* - \hat{c}_{lm})^2}{\sum_{l<m} c_{lm}^2} \quad (7\text{-}14)$$

极小的概念是从式（7-14）中的 $\{\hat{c}_{lm}\}$（$\hat{c}_{lm} \xrightarrow{\text{单调}} c_{lm}$）得来的，使得式（7-14）达到极小的 $\{\hat{c}_{lm}\}$，我们称之为 $\hat{c}_{lm}$ 对 $\{c_{lm}\}$ 最小二乘的单调回归。当 $c_{lm}^* = \hat{c}_{lm}$，S 的值为 0 时，我们就称 $\hat{Y}$ 是 C 的构造点。

（3）如果 K 已经固定不变，对于固定值 K，我们通常使用梯度法进行迭代[⊖]，能够存在一个 $\hat{Y}_0$，确保

$$S(\hat{Y}_0) = \min_{\hat{Y}:n \times k} S(\hat{Y}) \equiv S_k \quad (7\text{-}15)$$

则称 $\hat{Y}_0$ 是属于 K 维的最佳的拟合构造点，也是非度量方法的解。

（4）S 表示的是压力指数，在方程中我们使 k 尽量小，对于找到的拟合点的拟合程度，有如下的判断标准：

1）当 $S_k = 0$ 时，表示最佳拟合；

2）当 $0 < S_k \leqslant 2.5\%$ 时，表示拟合效果非常好；

3）当 $2.5\% < S_k \leqslant 5\%$ 时，表示拟合效果好；

4）当 $5\% < S_k \leqslant 10\%$ 时，表示拟合效果一般；

5）当 $10\% < S_k \leqslant 20\%$ 时，表示拟合效果差。

3. 多维标度法的一般步骤

（1）确定需要研究问题的目的。

（2）在研究的问题中选择需要比较的样本个体和原始的变量。

⊖ 梯度迭代法在这里就不多加赘述，有兴趣的读者可以阅读方开泰《实用多元统计》。

(3）判断矩阵的类型，如果是距离矩阵，则在下一步选择用古典法求解；如果是相似系数矩阵，则在下一步使用非度量法求解。

（4）选择适当的维数，用古典法或者非度量法进行求解，并将求得的结果以最直观的效果呈现出来。

（5）对分析的结果进行解释。

（6）检验模型，并对模型的拟合情况做出判断。

7.2.4 基于 SPSS 的实例研究

案例 7-1

美国某十座城市的航空距离如表 7-12 所示，通过 SPSS，使用多元尺度法在地图中确定这十座城市的相对位置。

表 7-12 美国某十座城市的航空距离

	1	2	3	4	5	6	7	8	9	10
1	0									
2	587	0								
3	1 212	920	0							
4	701	940	879	0						
5	1 936	1 745	831	1 374	0					
6	604	1 188	1 726	968	2 339	0				
7	748	713	1 631	1 420	2 451	1 092	0			
8	2 139	1 858	949	1 645	347	2 594	2 571	0		
9	2 182	1 737	1 021	1 891	959	2 734	2 408	678	0	
10	543	597	1 494	1 220	2 300	923	205	2 442	2 329	0

（1）SPSS 操作流程。

1）单击"分析→度量→多维尺度"，出现如图 7-8 所示的初始界面。

图 7-8 多元尺度法的对话框

○ 数据来源于朱建平《应用多元分析》表 10.1 的数据。

2）将左侧的变量添加到变量框中，在"数据为距离数据"中选择"正对称"，表示原始数据的矩阵为对称矩阵。其余为默认选项。

3）在图 7-8 的窗口中，单击"模型"，出现如图 7-9 所示的对话框。

图 7-9　模型窗口

模型表示设定变量取值的类型，其中度量水平选择"区间"，表示原始的数据取值为连续性数值，其他为默认选项。因为本案例的数据较少，故只选择了 2 次迭代，读者可以根据需要自行选择迭代次数，一般为 3 次。

4）单击"继续"，回到图 7-8 的主界面，单击"选项"，出现如图 7-10 所示的对话框。

图 7-10　选项窗口

选项表示结果显示的形式，选择"组图"表示输出多元尺度图，其余为默认选项。

（2）对输出结果的重点分析。

1）压力指标的检验结果，如图 7-11 所示。

从图 7-11 中可以看出，Young 指标值为 0.002 91，Stress=0.002 72，处在 2.5%～5.0%之间，RSQ=0.999 96，非常接近于 1，说明该研究问题的欧几里得距离模型的拟合效果很好。

2）美国十座城市的航空距离在二维空间的坐标如表 7-13 所示。

```
Iteration history for the 2 dimensional solution (in squared distances)
                Young's S-stress formula 1 is used.
        Iteration        S-stress        Improvement
            1             .00291

                        Iterations stopped because
                        S-stress is less than    .005000

                                        Stress and squared correlation (RSQ)
in distances
                        RSQ values are the proportion of variance of the scaled
 data (disparities)
                                        in the partition (row, matrix, or
entire data) which
                                        is accounted for by their
corresponding distances.
                                        Stress values are Kruskal's stress
 formula 1.

                        For   matrix
        Stress =    .00272    RSQ =   .99996
```

图 7-11　压力结果检验

表 7-13　拟合点的坐标图

拟合点的坐标图			
序数	城市名称	坐标	
		1	2
1	城市 1	0.957 5	−0.190 5
2	城市 2	0.509 0	0.454 1
3	城市 3	−0.641 6	0.033 7
4	城市 4	0.215 1	−0.763 1
5	城市 5	−1.603 6	−0.519 7
6	城市 6	1.510 1	−0.775 2
7	城市 7	1.428 4	0.691 4
8	城市 8	−1.892 5	−0.150 0
9	城市 9	−1.787 5	0.772 3
10	城市 10	1.305 1	0.446 9

3）美国十座城市航空距离的匹配图如图 7-12 所示，它是将各个变量（城市），按照实际的距离所计算出来的相应距离在空间里进行排列，由于其解释不是唯一的，所以与真实位置略有差别，差别就在于将坐标系进行了旋转，相对位置不变。

4）欧式距离的线性拟合散点图如图 7-13 所示。

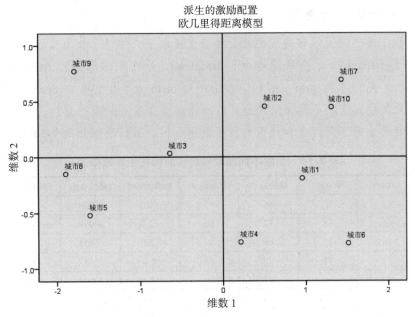

图 7-12 二维空间的匹配图

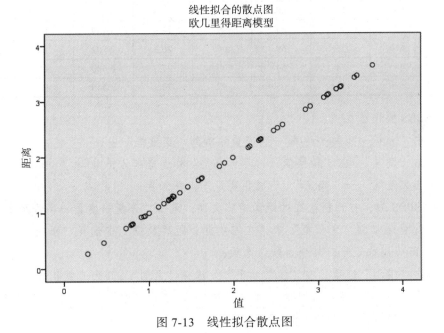

图 7-13 线性拟合散点图

在多元尺度法中，如果数据的拟合程度较好，则散点会在一条直线上。从图 7-13 中可以看出，所有的点都在一条直线上，不存在偏离直线的点，所以该研究问题的拟合性较高。

案例 7-2

为了分析东欧不同国家和地区的社会经济发展水平,构建了如下指标体系:urban(城市人口比例)、lifeexpf(女性平均寿命)、lifeexpm(男性平均寿命)、literacy(识字率)、babymort(婴儿死亡率)、gdp_cap(人均GDP)、birth_rt(出生率)、death_rt(死亡率)。请运用多元尺度法对东欧不同国家和地区的社会经济发展水平进行分析。

以某年度的东欧不同国家和地区的指标数据为例。原始数据如表 7-14 所示。

表 7-14 东欧不同国家和地区的相关指标数据表

	urban	lifeexpf	lifeexpm	literacy	babymort	gdp_cap	birth_rt	death_rt
白俄罗斯	65	76	66	99	19.0	6 500	13	11
波斯尼亚	36	78	72	86	12.7	3 098	14	6
保加利亚	68	75	69	93	12.0	3 831	13	12
克罗地亚	51	77	70	97	8.7	5 487	11	11
爱沙尼亚	72	76	67	99	19.0	6 000	14	12
格鲁吉亚	56	76	69	99	23.0	4 500	16	9
匈牙利	64	76	67	99	12.5	5 249	12	13
拉脱维亚	71	75	64	99	21.5	7 400	14	12
立陶宛	69	77	68	99	17.0	6 710	15	10
波兰	62	77	69	99	13.8	4 429	14	10
罗马尼亚	54	75	69	96	20.3	2 702	14	10
俄罗斯	74	74	64	99	27.0	6 680	13	11
乌克兰	67	75	65	97	20.7	2 340	12	13

(1)SPSS 操作流程。

1)单击"分析→相关→距离",将变量添加到"变量框"中;

2)单击"度量",在"转换值"的"标准化"处选择"Z得分";

3)单击"继续"→"确定",生成距离矩阵,并保存;

4)在 SPSS 中,打开新生成的距离矩阵文件,单击"分析→度量→多维尺度";

5)将变量添加到"变量框"中,在"数据为距离数据"中选择"正对称",表示原始数据的矩阵为对称矩阵,其余为默认选项;

6)单击"模型"选项,在"度量水平"处选择"区间",其余为默认选项;

7)单击"继续",回到主界面,单击"选项",选择"组图",其余为默认选项,单击"继续"→"确定",即可输出结果。

(2)对输出结果的重点分析。

1)压力指标的检验结果如图 7-14 所示。

从图 7-14 可以看出,Young 指标值为 0.110 98,Stress=0.138 30,处于 10%~20%,RSQ=0.924 91,比较接近于 1,说明该研究问题的欧几里得距离模型的拟合效果一般。

```
Iteration history for the 2 dimensional solution (in squared distances)

Young's S-stress formula 1 is used.

Iteration    S-stress    Improvement
    1         0.13207
    2         0.11300       0.01907
    3         0.11106       0.00194
    4         0.11098       0.00008

Iterations stopped because
S-stress improvement is less than 0.001000

Stress and squared correlation (RSQ) in distances

RSQ values are the proportion of variance of the scaled data (disparities)
   in the partition (row, matrix, or entire data) which
   is accounted for by their corresponding distances.
      Stress values are Kruskal's stress formula 1.

  For matrix
Stress = 0.13830    RSQ = 0.92491
```

图 7-14 压力测试结果

2）在二维平面上直观反映了 13 个东欧国家或地区所处的位置，如图 7-15 所示。从中可以很清楚地看到，处在同一象限或间隔距离很近的国家或地区，它们在社会经济发展方面具有很大的相似性，如匈牙利和乌克兰。此外，白俄罗斯、爱沙尼亚、拉脱维亚和俄罗斯的社会经济发展水平较高，而保加利亚和克罗地亚的社会经济发展水平最低。

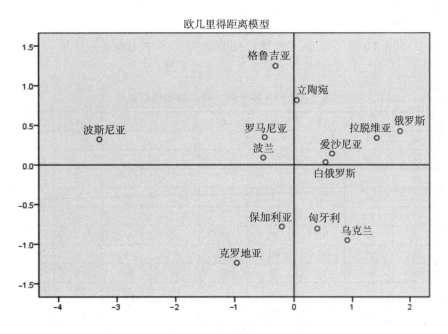

图 7-15 二维空间的匹配图

3）欧氏距离的线性拟合散点图如图 7-16 所示，欧氏距离（实际距离）与差异点（拟合距离）是在 y=x 直线附近的，这说明模型拟合的效果是比较理想的。

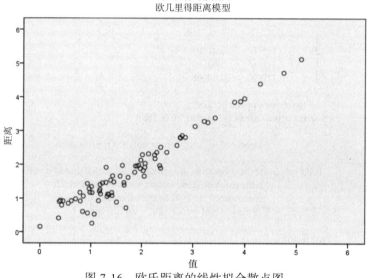

图 7-16　欧氏距离的线性拟合散点图

◎ 思考题

1. 简述因子分析法可应用于哪些方面。
2. 在进行因子分析的过程中，为什么要进行因子旋转？最大方差因子旋转的基本思路是什么？
3. 简述多元尺度法的作用以及一般步骤。
4. 表 7-15 是 10 种不同女装品牌的相似矩阵，其中 100 表示完全不相同，0 表示完全相同，根据多元尺度法利用 SPSS 对其进行处理。

表 7-15　10 种不同女装品牌的相似矩阵

女装品牌	1	2	3	4	5	6	7	8	9	10
1	0									
2	34	0								
3	79	54	0							
4	86	36	70	0						
5	76	30	51	66	0					
6	63	40	37	90	35	0				
7	57	86	77	50	76	77	0			
8	62	80	71	88	67	54	66	0		
9	65	23	69	66	22	35	76	71	0	
10	26	60	70	89	63	67	59	33	59	0

5. 简述结构方程模型的建模步骤，并对每一步进行简单说明。

第 8 章

时间序列分析

时间序列分析是定量预测方法之一，它是根据系统的有限时间长度的运行记录，通过观测、调查、统计、抽样等方法取得被观测系统时间序列的动态数据，建立能够比较精确地反映序列中所包含的动态依存关系的数学模型，并借以对系统的未来进行预报。时间序列依据其特征，分为长期趋势变化、季节性周期变化、循环变化、随机性变化。本章主要对长期趋势变化及其分析方法进行介绍。长期趋势分为线性趋势和非线性趋势两种，线性趋势的分析方法有移动平均法、线性模型法等，非线性趋势的分析方法有指数平滑法、多项式曲线法等。下面将对几种常用的趋势分析方法进行介绍。

8.1 时间序列

8.1.1 时间序列概述

统计学发展至今，人们研究和处理过的数据类型纷繁复杂，但从数据的形成及特点来看，可以简化为两大类。一类是所谓的横截面（cross section）数据，是指大体上处于同一时刻，或与时间无关的不同现象的观测值组成的数据；另一类则称为时间序列（time series），是指同一现象在不同时间上的相继观察值排列而成的数据，这类数据反映的是现象的发展变化规律。

时间序列的概念可以从三个方面理解：从统计意义上讲，时间序列是指某个指标在不同时间点上的数值根据时间的先后顺序排列而成的数列；从数学意义上讲，时间序列是随机过程的一个特例，即由有序的随机变量组成的序列；从系统意义上讲，时间序列是某一系统在不同时间上的响应，即系统在不同时刻的状态值。时间序列具有比较独特的性质，它往往表现出某种随机性，彼此之间存在着依赖关系，这种相依性使预测未来成为可能。

在不同学科领域中，根据研究问题和对象的不同，可以获得各种时间序列。问题在于怎样根据这些时间序列，找出相应系统的发展规律性，从而提取出我们需要的准确信息。用来实现上述目的的方法统称为时间序列分析，其基本思想是根据已有的观测数据，建立能够比较精确地反映时间序列中所包含的动态依存关系的数学模型，并据此对系统的未来行为进行预测。

8.1.2 趋势分析与建模方法

时间序列的构成因素，按性质和作用的不同，可以归纳为以下四种：

（1）长期趋势（secular trend）：从长期看时间序列朝着一定的方向持续增加、减少或停留在某一水平上的倾向。

（2）季节变动（seasonal fluctuation）：在一年或更短的时间内的周期性波动。

（3）循环波动（cyclical fluctuation）：时间超过一年的周期性波动。

（4）不规则波动（irregular variations）：不可预期的偶然因素对时间序列的影响，包括随机变动和突然变动两种。随机变动是指现象受到各种偶然因素影响而呈现出的变动；突然变动是指战争、自然灾害或其他社会因素等意外事件引起的变动。

上述四种因素对现象发展的影响方式不同，常见的时间序列模型可以分为以下两种类型：

（1）加法模型：$Y_i=T_i+S_i+C_i+I_i$。

（2）乘法模型：$Y_i=T_i \times S_i \times C_i \times I_i$。

式中 Y_i 表示某个现象的观测记录，T_i 表示长期趋势，S_i 表示季节变动，C_i 表示循环波动，I_i 表示不规则波动。

加法模型假定四种因素的影响是独立起作用的，各成分都用绝对量表示；乘法模型假定四种因素对现象发展的影响是相互的，其中长期趋势以绝对量表示，其余成分均以比率表示。在现实中乘法模型的使用频率较高。

在时间的四种构成因素中，长期趋势是时间序列中最基本的构成要素，也是影响时间序列的根本性因素，本章主要对长期趋势及其分析方法进行介绍。通过趋势分析，能够认识和掌握现象随时间演变的趋势和规律，为制定相关政策和进行管理提供依据，进而通过对现象过去变动规律的认识，对事物的未来发展趋势做出预计和推测。长期趋势分为线性趋势和非线性趋势两种，线性趋势的分析方法有移动平均法、线性模型法等，非线性趋势的分析方法有指数平滑法、多项式曲线法等。下面将对几种常用的趋势分析方法进行介绍。

8.2 移动平均法

8.2.1 移动平均法概述

移动平均法（moving average method，MA）是一种用来测定长期趋势的统计方法。该方法的基本思想是，通过扩大原时间序列的时间间隔，并按一定的间隔长度逐期移动，分别计算出一系列移动平均数，这些平均数形成的新的时间序列对原时间序列的波动起到一定的修匀作用，削弱了原时间序列中短期偶然因素的影响，从而呈现出现象发展的变动趋势。

利用移动平均法分析趋势变动时，应注意以下两个问题：

（1）注意应把移动平均后的趋势值放在各移动项的中间位置。若移动间隔长度 n 为奇数，只需一次移动平均；若 n 为偶数，则需在一次移动平均之后再对数列进行一次相邻两平均值的移动平均，称为移正平均。

（2）移动间隔的长度应长短适中。若移动间隔过长，有时会脱离现象发展的真实趋势；若移动间隔过短，个别观察值的影响作用会过大，也有可能不能完全消除时间序列中短期偶然因素的影响，因而看不出现象发展的变动趋势。一般来说，如果现象的发展具有一定的周期性，应以周期的长度为移动间隔的长度：若时间序列是季度资料，应采用 4 项移动平均；若时间序列是月份资料，则应采用 12 项移动平均。

移动平均可以平滑数据，消除周期波动和不规则波动的影响。平均项数越大，对数列的平滑修匀作用越强。平滑后的数据可以用来进行外推预测，其主要使用是短期预测，多用于短期的商业、经济、市场预测。

8.2.2 一次移动平均法

一次移动平均法是指搜集一组观察值，计算这组观察值的均值，将这一均值作为下一期的预测值的方法。参加平均的历史数据的个数（即跨越期数）是固定不变的，在吸收一个新的观察数据参加平均的同时，就从原来的数据中剔除一个最早观察数据。

设观测序列为 $y_1, y_2, \cdots, y_t$，正整数 $n < t$，一次移动平均法的预测模型为

$$\hat{y}_{t+1} = M_t^{(1)} = \frac{y_t + y_{t-1} + \cdots + y_{t-n+1}}{n} \tag{8-1}$$

式中 $\hat{y}_{t+1}$ 为 $t+1$ 期的预测值；$M_t^{(1)}$ 表示第 t 期一次移动平均值；n 为跨越期数，即参加移动平均的历史数据的个数。

一次移动平均法一般只适用于水平型时间序列的预测。若时间序列的观察值呈现上升趋势，由于 $M_t^{(1)}$ 是第 t 期及其前面 $n-1$ 期各项观察值的平均值，因此 $M_t^{(1)}$ 必小于第 $t+1$ 的观察值 y_{t+1}，这种现象称为"滞后"现象。

在移动平均法的实际应用中，跨越期数 n 的取值至关重要。当数据的随机因素较大

时，宜选用较大的 n，这样有利于较大限度地平滑由随机性所带来的严重偏差；反之，当数据的随机因素较小时，宜选用较小的 n，这有利于跟踪数据的变化。在运用移动平均消除周期波动时，跨越期数 n 应取周期长度。选择最佳的 n 值的有效方法是比较若干模型的预测误差，选择均方预测误差最小者。

8.2.3 二次移动平均法

二次移动平均法是指在一次移动平均的基础上再进行第二次移动平均，以一次移动平均值和二次移动平均值为依据，建立线性预测模型进行预测的方法。

二次移动平均值的计算公式为

$$M_t^{(2)} = \frac{M_t^{(1)} + M_{t-1}^{(1)} + \cdots + M_{t-n+1}^{(1)}}{n} \tag{8-2}$$

二次移动平均法的预测模型为

$$\begin{aligned} \hat{y}_{t+T} &= a_t + b_t T \\ a_t &= 2M_t^{(1)} - M_t^{(2)} \\ b_t &= \frac{2}{n-1}(M_t^{(1)} - M_t^{(2)}) \end{aligned} \tag{8-3}$$

式中　T 为向未来预测的期数；a_t 为截距，即第 t 期现象的基础水平；b_t 为斜率，即第 t 期现象单位时间的变化量。

二次移动平均法纠正了一次移动平均法的滞后偏差，并解决了一次移动平均法只能向未来预测一期的问题。因此二次移动平均法的适用面更广，在实践中应用较多。

在使用二次移动平均法进行预测时，需要注意几个问题：时间序列数据呈现线性趋势时，才能用二次移动平均法进行预测；计算 $M_t^{(1)}$ 和 $M_t^{(2)}$ 的 n 值应取同一数值；$M_t^{(1)}$ 和 $M_t^{(2)}$ 并不是直接用来预测的，而是用以求出线性预测模型的平滑系数。

移动平均法虽然计算简单、易于掌握，但也有其不可克服的缺点。第一，移动平均值并不总能很好地反映出趋势，由于是平均值，所以预测值总是停留在过去的水平上而无法预计会导致将来更高或更低的波动；第二，移动平均法中时间序列不同时期的数据的权重相同，而实际上往往是最新观察的值包含更多信息，应具有更大权重；第三，计算移动平均必须有 n 个过去观察值，当需要预测大量数值时，就必须有大量的历史数据才可以进行。

8.3 指数平滑法

8.3.1 指数平滑法概述

在移动平均法中,每个数据权重相等,即不同时间点上的数据具有相同价值,这在实际中显然是不合理的。指数平滑法(exponential smoothing,ES)是对移动平均法的改进,其特点在于赋予观测值不一样的权重,较近期观测值的权重比较远期观测值的权重要大。

指数平滑法的基本思想是:预测值是以前观测值的加权和,且对不同的数据给予不同的权数。对新数据给予较大的权数,对旧数据给予较小的权数。

指数平滑法的基本公式为

$$S_t = \alpha y_t + (1-\alpha)S_{t-1} \tag{8-4}$$

式中 S_t 为第 t 期的平滑值,α 为平滑系数,y_t 为第 t 期的实际值,S_{t-1} 为第 $t-1$ 期的平滑值。

为了进一步理解上述公式的实质,对其进行展开得:

$$\begin{aligned}
S_t &= \alpha y_t + (1-\alpha)S_{t-1} \\
&= \alpha y_t + (1-\alpha)[\alpha y_{t-1} + (1-\alpha)S_{t-2}] \\
&= \alpha y_t + (1-\alpha)\alpha y_{t-1} + (1-\alpha)^2 S_{t-2} \\
&\vdots \\
&= \alpha y_t + (1-\alpha)\alpha y_{t-1} + (1-\alpha)^2 \alpha y_{t-2} + \cdots + (1-\alpha)^j \alpha y_{t-j} + \cdots + (1-\alpha)^t S_0
\end{aligned} \tag{8-5}$$

由于 $0<\alpha<1$,当 $t \to \infty$ 时,$(1-\alpha)^t \to 0$,此时式(8-5)可写为

$$S_t = \alpha \sum_{j=0}^{\infty}(1-\alpha)^j y_{t-j} \tag{8-6}$$

由此可见,观察值 $y_t, y_{t-1}, \cdots, y_{t-j}, \cdots$ 的加权系数分别为 $\alpha, \alpha(1-\alpha), \cdots, \alpha(1-\alpha)^j, \cdots$,权数由近到远按指数规律递减。权数之和 $\sum_{j=0}^{\infty}(1-\alpha)^t = 1$,具有平滑作用,因而称之为指数平滑法。

指数平滑法是生产预测中常用的一种方法,也用于中短期经济发展趋势预测。它给时间序列上不同时期的数据不同权重,更重视近期数据;不损失数据个数,可以充分利用全部数据;运算比较简单。因此,在实际工作中,指数平滑法的应用十分广泛,是进行时间序列分析预测的重要方法。根据平滑次数不同,指数平滑法分为一次指数平滑法、二次指数平滑法等。下面将对一次指数平滑法和二次指数平滑法进行详细介绍。

8.3.2 一次指数平滑法

一次指数平滑法是指用第 t 期(本期)的一次指数平滑值作为第 $t+1$ 期(下期)的预

测值的方法。当时间序列无明显的趋势变化时，可用一次指数平滑法进行预测。

设观测序列为 $y_1, y_2, \cdots, y_t$，一次指数平滑法的预测模型为

$$\hat{y}_{t+1} = S_t^{(1)} = \alpha y_t + (1-\alpha)\hat{y}_t \tag{8-7}$$

式中　$\hat{y}_{t+1}$ 为第 $t+1$ 期的预测值，即本期（t 期）的平滑值 $S_t^{(1)}$，$\hat{y}_t$ 为第 t 期的预测值，即上期（$t-1$ 期）的平滑值 $S_{t-1}^{(1)}$，α 为平滑系数。

α 的取值反映了新、旧数据所占的分配比例，α 值越大，新数据在预测值中所占比重越大，平滑作用越弱；相反，α 值越小，新数据在预测值中所占比重越小，平滑作用越强。在指数平滑法的运用过程中，平滑系数 α 的取值至关重要。当时间序列呈稳定的水平趋势时，α 应取较小值，如 0.1～0.3；当时间序列波动较大，长期趋势变化的幅度较大时，α 应取中间值，如 0.3～0.5；当时间序列具有明显的上升或下降趋势时，α 应取较大值，如 0.6～0.8。在实际运用中，可取若干个 α 值进行试算比较，选择预测误差最小的 α 值。

用一次指数平滑法进行预测，除了要选择合适的平滑系数 α 外，还要确定初始值 S_0。从时间序列的项数来考虑：若时间序列的观察期 $n > 15$，初始值对预测结果的影响很小，则可以简单地选择第一期观测值作为初始值；若观察期 $n < 15$，初始值对预测结果的影响较大，则可以取最初几期的观测值的平均数作为初始值，通常取前 3 个观测值的平均值作为初始值。

一次指数平滑法的优点在于它在计算中将所有的观察值都考虑在内，对各期按时期的远近赋予不同的权重，使预测值更接近实际观察值。但一次指数平滑法只适合于水平趋势的时间序列分析，且只能对近期进行预测。如果时间序列具有上升或下降趋势，采用一次指数平滑法进行预测偏差会比较大，这时可用二次指数平滑法进行预测。

8.3.3　二次指数平滑法

二次指数平滑法是指在一次指数平滑的基础上再进行第二次指数平滑，利用滞后偏差的规律找出曲线的发展方向和发展趋势，从而建立直线趋势预测模型进行预测的方法。

在一次指数平滑的基础上再进行第二次指数平滑的计算公式为

$$S_t^{(2)} = \alpha S_t^{(1)} + (1-\alpha) S_{t-1}^{(2)} \tag{8-8}$$

式中　$S_t^{(2)}$ 为第 t 期的二次指数平滑值，$S_t^{(1)}$ 为第 t 期的一次指数平滑值，$S_{t-1}^{(2)}$ 为第 $t-1$ 期的二次指数平滑值，α 为平滑系数。

二次指数平滑法的预测模型为

$$\begin{aligned} \hat{y}_{t+T} &= a_t + b_t T \\ a_t &= 2S_t^{(1)} - S_t^{(2)} \\ b_t &= \frac{\alpha}{1-\alpha}(S_t^{(1)} - S_t^{(2)}) \end{aligned} \tag{8-9}$$

式中　T 为向未来预测的期数；$\hat{y}_{t+T}$ 为第 $(t+T)$ 期的预测值。

二次指数平滑法解决了一次指数平滑法不能用于有明显趋势现象的预测的问题，也弥补了一次指数平滑只能向未来预测一期的不足。

指数平滑法对不同时间的数据的非等权处理较符合实际情况，在实用中仅需选择一个模型参数 α 即可进行预测，简便易行，且预测模型能自动识别数据模式的变化而加以调整，具有适应性。但指数平滑法也存在一定的缺点：第一，指数平滑法对数据的转折点缺乏鉴别能力，这一点可通过调查预测法或专家预测法加以弥补；第二，指数平滑法长期预测的效果较差，因此多用于短期预测。

8.4 多项式曲线法

8.4.1 一次曲线法及其特征

在进行时间序列分析时，可以先将时间序列中的数值和时间顺序用直角坐标系反映出来，得到散点图，再对散点进行拟合。如果可用时间序列的时序编号 t 的 k 次多项式曲线（multinomial curve）较好地拟合散点，就可以用时间序列的时序编号 t 的 k 次多项式来描述时间序列，并据此进行预测，这就是多项式曲线法。

一次曲线法是根据时间序列数据的长期变动趋势，运用数理统计方法，把时间序列中的时间顺序作为自变量，把序列中的数值作为因变量，确定待定参数，建立一次曲线（直线）预测模型，并使用模型进行预测的一种定量预测分析方法，如图 8-1 所示。

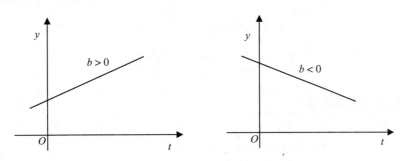

图 8-1　一次曲线（直线）

一次曲线法依据时间序列数据拟合一条直线，使该直线上的预测值与实际观察值之间的残差平方和最小。设待求的拟合直线为 AB，N 个观察值对该直线的残差分别为 e_1，e_2，…，e_N。其中在直线 AB 上方的残差为正残差，下方的残差为负残差。如果简单地以残差代数和 $\sum_{i=1}^{N} e_i$ 来反映直线是否为最佳拟合直线，则可能出现正、负残差相互抵消的情况，

这说明残差代数和 $\sum_{i=1}^{N} e_i$ 并不能正确反映拟合直线的优劣。因此，为了避免正、负残差的相互抵消，应采用残差平方和 $\sum_{i=1}^{N} e_i^2$ 的大小来反映直线的拟合效果。用最小二乘法确定参数，利用微分求极值原理，将残差平方和趋于最小时的拟合直线的方程作为最佳的预测方程，从而提高预测精度。

设一次曲线（直线）预测模型为

$$\hat{y}_t = a + bt \quad (8\text{-}10)$$

式中 $\hat{y}_t$ 表示第 t 期的预测值；a 表示直线在 y 轴上的截距；b 表示直线的斜率；t 为自变量，表示时间序列的时序编号。

假设 y_t 为时间序列第 t 期的实际观察值，第 t 期实际观察值与其预测值的残差 e_t 为

$$e_t = y_t - \hat{y}_t = y_t - a - bt \quad (8\text{-}11)$$

残差平方和 Q 为

$$Q = \sum_{i=1}^{N} e_i^2 = \sum_{i=1}^{N} (y_t - \hat{y}_t)^2 = \sum_{i=1}^{N} (y_t - a - bt)^2 \quad (8\text{-}12)$$

式（8-12）中，由于 y_t 和 t 的取值已经确定，Q 的大小取决于 a、b 的取值，也就是说，这实际上是以 a、b 为自变量的二元函数。因此，为使 Q 取最小值，分别对式（8-12）求 a、b 的偏导数并令之为 0，则得关于 a、b 的方程组：

$$\begin{cases} \dfrac{\partial Q}{\partial a} = 2na + 2b \sum_{i=1}^{N} t_i - 2 \sum_{i=1}^{N} y_i = 0 \\ \dfrac{\partial Q}{\partial b} = 2a \sum_{i=1}^{N} t_i + 2b \sum_{i=1}^{N} t_i^2 - 2 \sum_{i=1}^{N} t_i y_i = 0 \end{cases} \quad (8\text{-}13)$$

对上面的方程组求解得：

$$\begin{cases} a = \dfrac{1}{N} \sum_{i=1}^{N} y_i - b \dfrac{1}{N} \sum_{i=1}^{N} t_i = \bar{y} - b\bar{t} \\ b = \dfrac{N \sum_{i=1}^{N} t_i y_i - \sum_{i=1}^{N} t_i \cdot \sum_{i=1}^{N} y_i}{N \sum_{i=1}^{N} t_i^2 - \left(\sum_{t=1}^{N} t_i \right)^2} = \dfrac{\sum_{t=1}^{N} (t_i - \bar{t})(y_i - \bar{y})}{\sum_{i=1}^{N} (t_i - \bar{t})^2} \end{cases} \quad (8\text{-}14)$$

式中 N 表示时间序列中数据的个数，$\bar{t} = \dfrac{1}{N} \sum_{i=1}^{N} t_i$，$\bar{y} = \dfrac{1}{N} \sum_{i=1}^{N} y_i$。

时间序列的时序编号 t_i 的取值可以采用不同方式。可以取值为 $1 \sim n$，也就是说自变量 t_i 的取值等于其下标 i，如 $t_1=1$，$t_n=n$，这种方法称为顺序编号。我们也可以采用对称

编号的方法，当数据个数为奇数 $N=2n+1$ 时，将 t_i 编号为 $-n$，$-(n-1)$，$\cdots$，-2，-1，0，1，2，$\cdots$，$(n-1)$，n；当数据个数为偶数 $N=2n$ 时，将 t_i 编号为 $-(2n-1)$，$-(2n-3)$，$\cdots$，-3，-1，1，3，$\cdots$，$(2n-3)$，$(2n-1)$。采用对称编号的方法时，有 $\sum_{i=1}^{N} t_i = 0$，可以达到简化计算的目的，式（8-14）可简化为

$$\begin{cases} a = \dfrac{\sum\limits_{i=1}^{N} y_i}{N} = \overline{y} \\ b = \dfrac{\sum\limits_{i=1}^{N} t_i y_i}{\sum\limits_{i=1}^{N} t_i^2} \end{cases} \quad (8-15)$$

一次曲线法与平滑技术（移动平均法和指数平滑法）都是通过建立线性预测模型进行预测的，同样基于事物发展具有连续性的假设，且都适用于观测指标单位时间增（或减）量大体相同的长期趋势变动，即数据呈现直线趋势的上升（或下降）变化的时间序列。但它们之间也存在一定的区别：

（1）预测模型的参数取值方法不同。直线趋势延伸法模型参数依据最小二乘法进行数学推导；平滑技术主要靠经验判断决定或多次试算选择误差最小的参数值。

（2）预测模型参数计算的简便性不同。随着时间的推进，时间序列资料增加，一次曲线预测模型参数要重新计算，且与前面预测时点的参数计算无关；平滑技术模型参数同样要重新计算，但与前面预测时点的参数计算有关系。

（3）线性预测模型中的时间变量的取值不同。一次曲线法中时间变量取值决定于未来时间在时间序列中的时序；平滑技术模型中的时间变量取值决定于未来时间相距建模时点的时间周期数。

（4）模型适应市场的灵活性不同。一次曲线预测模型参数对时间序列中的数值不论其远近如何都一律同等看待，在拟合中消除了季节、不规则、循环三类变动因素的影响，反映了时间序列长期趋势的平均变动水平；平滑技术预测模型参数对时间序列资料则采用重近轻远原则，在拟合中能较灵敏地反映市场变动的总体水平。

一次曲线法的特点是拟合直线方程的一阶差分（逐期增长量）为常数，$\nabla \hat{y}_t = \hat{y}_t - \hat{y}_{t-1} = b$，即单位时间内 y_t 有等量的增长（或减少）。因此，当时间序列的一阶差分 Δy_t 近似为一常数时，可以采用一次曲线法进行预测。

8.4.2 二次曲线法及其特征

二次曲线法是建立二次曲线预测模型，并使用模型进行预测的一种定量预测分析方法，适用于观察值随时间变动呈现由高到低再到高（或由低到高再到低）趋势变化的时

间序列。由于时间序列观察值的散点图呈抛物线形状,故也被称为二次抛物线预测模型,如图 8-2 所示。

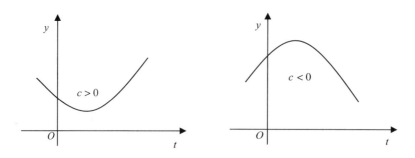

图 8-2 二次曲线

设二次曲线预测模型为

$$\hat{y}_t = a + bt + ct^2 \tag{8-16}$$

式中 $\hat{y}_t$ 表示第 t 期的预测值,t 为自变量,表示时间序列的时序编号,a、b、c 为待定参数,使用最小二乘法确定参数。

假设 y_t 为时间序列第 t 期的实际观察值,第 t 期实际观察值与其预测值的残差 e_t 为:

$$e_t = y_t - \hat{y}_t = y_t - a - bt - ct^2 \tag{8-17}$$

残差平方和 Q 为

$$Q = \sum_{i=1}^{N} e_i^2 = \sum_{i=1}^{N}(y_i - \hat{y}_i)^2 = \sum_{i=1}^{N}(y_i - a - bt_i - ct_i^2)^2 \tag{8-18}$$

与一次曲线法相同,分别对式(8-18)求 a、b、c 的偏导数并令之为 0,则得关于 a、b、c 的方程组:

$$\begin{cases} \dfrac{\partial Q}{\partial a} = 2Na + 2b\sum_{i=1}^{N} t_i + 2c\sum_{i=1}^{N} t_i^2 - 2\sum_{i=1}^{N} y_i = 0 \\ \dfrac{\partial Q}{\partial b} = 2a\sum_{i=1}^{N} t_i + 2b\sum_{i=1}^{N} t_i^2 + 2c\sum_{i=1}^{N} t_i^3 - 2\sum_{i=1}^{N} t_i y_i = 0 \\ \dfrac{\partial Q}{\partial c} = 2a\sum_{i=1}^{N} t_i^2 + 2b\sum_{i=1}^{N} t_i^3 + 2c\sum_{i=1}^{N} t_i^4 - 2\sum_{i=1}^{N} t_i^2 y_i = 0 \end{cases} \tag{8-19}$$

同样地,在采用对称编号的方法时,有 $\sum_{i=1}^{n} t_i = 0$,$\sum_{i=1}^{n} t_i^3 = 0$,…,因此式(8-19)可以简化为

$$\begin{cases} Na + c\sum_{i=1}^{N} t_i^2 - \sum_{i=1}^{N} y_i = 0 \\ b\sum_{i=1}^{N} t_i^2 - \sum_{i=1}^{N} t_i y_i = 0 \\ a\sum_{i=1}^{N} t_i^2 + c\sum_{i=1}^{N} t_i^4 - \sum_{i=1}^{N} t_i^2 y_i = 0 \end{cases} \quad (8\text{-}20)$$

对上面的方程组求解得：

$$\begin{cases} a = \dfrac{\sum_{i=1}^{N} t_i^4 \cdot \sum_{i=1}^{N} y_i - \sum_{i=1}^{N} t_i^2 \cdot \sum_{i=1}^{N} t_i^2 y_i}{N\sum_{i=1}^{N} t_i^4 - \left(\sum_{i=1}^{N} t_i^2\right)^2} \\ b = \dfrac{\sum_{i=1}^{N} t_i y_i}{\sum_{i=1}^{N} t_i^2} \\ c = \dfrac{\sum_{i=1}^{N} t_i^2 y_i - \sum_{i=1}^{N} t_i^2 \cdot \sum_{i=1}^{N} y_i}{N\sum_{i=1}^{N} t_i^4 - \left(\sum_{i=1}^{N} t_i^2\right)^2} \end{cases} \quad (8\text{-}21)$$

二次曲线法的特点是二次曲线方程的二阶差分（二级增长量）为常数，即 $\nabla^2 \hat{y}_t = \nabla \hat{y}_t - \nabla \hat{y}_{t-1} = 2c$。因此，当时间序列的二阶差分 $\Delta^2 \hat{y}_t$ 近似为一常数时，若散点图呈现向上凸或向下凹的曲线形状，则可以采用二次曲线法进行预测。

8.4.3 三次曲线法及其特征

三次曲线法是指建立三次曲线预测模型，并使用模型进行预测的一种定量预测分析方法，适用于观察值在历史发展过程中呈现出由低向高（或由高向低），后来又出现下降再上升（或上升再下降）的变动趋势的时间序列，如图 8-3 所示。

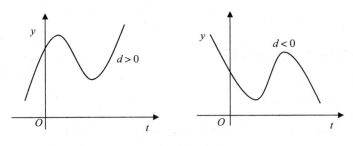

图 8-3　三次曲线

设三次曲线预测模型为

$$\hat{y}_t = a + bt + ct^2 + dt^3 \quad (8\text{-}22)$$

式中 $\hat{y}_t$ 表示第 t 期的预测值，t 为自变量，表示时间序列的时序编号，a、b、c、d 为待定参数，求解待定参数的方法与二次曲线法类似，在此不做赘述。

在采用对称编号的方法对时间序列的时序编号 t 进行取值时，解得待定参数 a、b、c、d 为

$$t\begin{cases} a = \dfrac{\sum_{i=1}^{N} y_i \cdot \sum_{i=1}^{N} t_i^4 - \sum_{i=1}^{N} t_i^2 \cdot \sum_{i=1}^{N} t_i^2 y_i}{N\sum_{i=1}^{N} t_i^4 - \left(\sum_{i=1}^{N} t_i^2\right)^2} \\[2ex] b = \dfrac{\sum_{i=1}^{N} t_i y_i \cdot \sum_{i=1}^{N} t_i^6 - \sum_{i=1}^{N} t_i^4 \cdot \sum_{i=1}^{N} t_i^3 y_i}{\sum_{i=1}^{N} t_i^2 \cdot \sum_{i=1}^{N} t_i^6 - \left(\sum_{i=1}^{N} t_i^4\right)^2} \\[2ex] c = \dfrac{N\sum_{i=1}^{N} t_i^2 y_t - \sum_{i=1}^{N} y_i \cdot \sum_{i=1}^{N} t_i^2}{N\sum_{i=1}^{N} t_i^4 - \left(\sum_{i=1}^{N} t_i^2\right)^2} \\[2ex] d = \dfrac{\sum_{i=1}^{N} t_i^2 \cdot \sum_{i=1}^{N} t_i^3 y_i - \sum_{i=1}^{N} t_i y_i \cdot \sum_{i=1}^{N} t_i^4}{\sum_{i=1}^{N} t_i^2 \cdot \sum_{i=1}^{N} t_i^6 - \left(\sum_{i=1}^{N} t_i^4\right)^2} \end{cases} \quad (8\text{-}23)$$

三次曲线法的特点是二次曲线方程的三阶差分（三级增长量）为常数，即 $\nabla^3 \hat{y}_t = \nabla^2 \hat{y}_t - \nabla^2 \hat{y}_{t-1} = 3d$。因此，当时间序列的三阶差分 $\nabla^3 \hat{y}_t$ 近似为一常数时，可以采用三次曲线法进行预测。

8.4.4 基于 SPSS 的实例分析

案例 8-1 ●━○━●━○━●

某百货商场 2001～2015 年的销售额如表 8-1 所示，试运用 SPSS，通过多项式曲线法对该商场 2016 年的销售额进行预测。

表 8-1　2001～2015 年某商场销售额

年份	时序编号 t	销售额 y（万元）
2001	−7	357
2002	−6	418
2003	−5	621
2004	−4	923
2005	−3	1 397
2006	−2	1 821
2007	−1	2 319
2008	0	2 806
2009	1	3 501
2010	2	4 123
2011	3	4 454
2012	4	4 901
2013	5	5 483
2014	6	5 904
2015	7	6 783

采用对称编号法对时间序列进行编号，将数据导入 SPSS 中，单击"分析→回归→曲线估计"，选择时序编号为自变量，销售额为因变量，模型分别选择"线性（一次曲线）""二次项（二次曲线）"和"立方（三次曲线）"复选框，如图 8-4 所示。

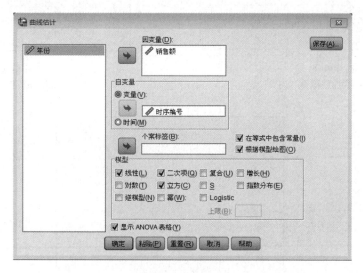

图 8-4　曲线估计

单击"确定"，输出模型统计与参数评估结果如表 8-2 所示，多项式曲线拟合如图 8-5 所示。

表 8-2　多项式曲线模型统计与参数评估

模　型		B	T 检验	显著性水平	R^2
一次曲线	时序编号	475.275	29.506	0.000	0.985
	常数	3 054.067	43.885	0.000	
二次曲线	时序编号	475.275	47.970	0.000	0.995
	时序编号 ^{2}	12.206	4.729	0.000	
	常数	2 826.228	43.851	0.000	
三次曲线	时序编号	528.450	26.869	0.000	0.997
	时序编号 ^{2}	12.206	6.051	0.000	
	时序编号 ^{3}	−1.592	−2.941	0.013	
	常数	2 826.228	56.114	0.000	

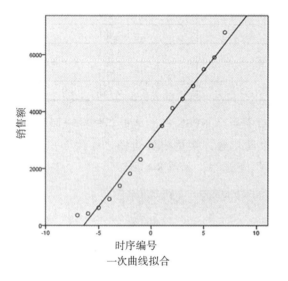

一次曲线拟合

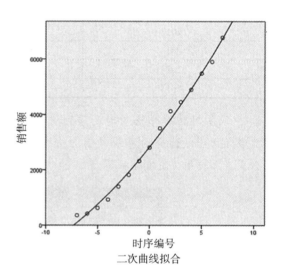

二次曲线拟合

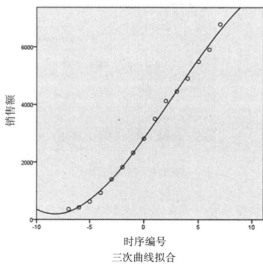

三次曲线拟合

图 8-5　多项式曲线拟合

由表 8-2 可知，一次曲线预测模型为

$$\hat{y}_t = 3\,054.067 + 475.275t$$

则一次曲线法预测 2016 年销售额为

$$\hat{y}_8 = 3\,054.067 + 475.275 \times 8 = 6\,854.276（万元）$$

二次曲线预测模型为

$$\hat{y}_t = 2\,826.228 + 475.275t + 12.206t^2$$

则二次曲线法预测 2016 年销售额为

$$\hat{y}_8 = 3\,054.067 + 475.275 \times 8 + 12.206 \times 8^2 = 7\,637.451（万元）$$

三次曲线预测模型为

$$\hat{y}_t = 2\,826.228 + 528.450t + 12.206t^2 - 1.592t^3$$

则三次曲线法预测 2016 年销售额为

$$\hat{y}_8 = 2\,826.228 + 528.450 \times 8 + 12.206 \times 8^2 - 1.592 \times 8^3 = 7\,019.908（万元）$$

从决定系数 R^2 来看，一次曲线拟合的决定系数为 0.985，二次曲线拟合的决定系数为 0.995，三次曲线拟合的决定系数为 0.997。R^2 的值越接近 1，说明回归曲线对观测值的拟合程度越好；反之，R^2 的值越接近 0，说明回归曲线对观测值的拟合程度越差。因此对于上述数据，三次曲线的拟合效果最好，一次曲线的拟合效果最差。

案例 8-2

2009～2019 年城镇居民消费水平如表 8-3 所示，试运用 SPSS，通过多项式曲线法对 2020 年的城镇居民消费水平进行预测。

表 8-3　2009～2019 年城镇居民消费水平

年份	时序编号 t	消费水平 y（元）
2009	−5	14 447
2010	−4	16 260
2011	−3	18 968
2012	−2	20 759
2013	−1	22 583
2014	0	24 508
2015	1	26 413
2016	2	28 600
2017	3	30 959
2018	4	33 308
2019	5	35 625

采用对称编号法对时间序列进行编号，将数据导入 SPSS 22.0 中，单击"分析→回归→曲线估计"，选择时序编号为自变量，销售水平为因变量，模型分别选择"线性（一次曲线）""二次项（二次曲线）"和"立方（三次曲线）"复选框，如图 8-6 所示。

图 8-6　曲线估计

单击"确定"，输出模型统计与参数评估结果如表 8-4 所示，多项式曲线拟合如图 8-7 所示。

表 8-4　多项式曲线模型统计与参数评估

模型		B	T 检验	显著性水平	R^2
一次曲线	时序编号	2 086.973	69.695	0.000	0.998
	常数	24 766.364	261.546	0.000	
二次曲线	时序编号	2 086.973	81.599	0.000	0.999
	时序编号 ^{2}	19.071	2.083	0.071	
	常数	24 575.653	201.146	0.000	
三次曲线	时序编号	1 964.963	39.605	0.000	0.999
	时序编号 ^{2}	19.071	2.767	0.028	
	时序编号 ^{3}	6.855	2.668	0.032	
	常数	24 575.653	267.223	0.000	

由表 8-4 可知，一次曲线预测模型为

$$\hat{y}_t = 24\,766.364 + 2\,086.973t$$

则一次曲线法预测 2020 年城镇居民消费水平为

$$\hat{y}_6 = 24\,766.364 + 2\,086.973 \times 6 = 37\,288.202\,（元）$$

二次曲线预测模型为

$$\hat{y}_t = 24\,575.653 + 2\,086.973t + 19.071t^2$$

则二次曲线法预测 2020 年城镇居民消费水平为

$$\hat{y}_6 = 24\,575.653 + 2\,086.973 \times 6 + 19.071 \times 6^2 = 37\,784.047 \text{（元）}$$

三次曲线预测模型为

$$\hat{y}_t = 24\,575.653 + 1\,964.963t + 19.071t^2 + 6.855t^3$$

则三次曲线法预测 2020 年城镇居民消费水平为

$$\hat{y}_6 = 24\,575.653 + 1\,964.963 \times 6 + 19.071 \times 6^2 + 6.855 \times 6^3 = 37\,289.767 \text{（元）}$$

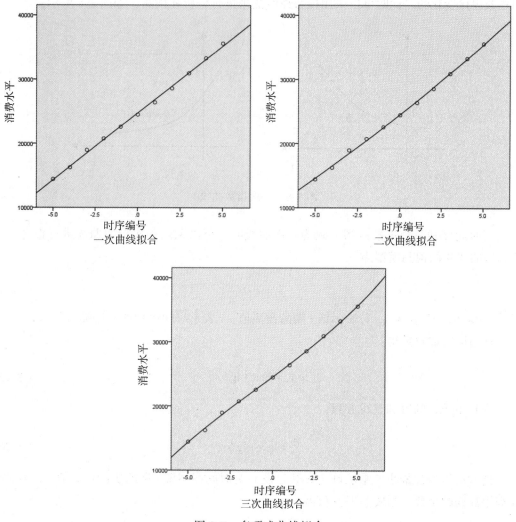

图 8-7　多项式曲线拟合

从决定系数 R^2 来看，一次曲线拟合的决定系数为 0.998，二次和三次曲线拟合的决定系数均为 0.999，R^2 的值越接近 1，说明回归曲线对观测值的拟合程度越好；反之，R^2 的值越接近 0，说明回归曲线对观测值的拟合程度越差。因此对于上述数据，二次曲线和三次曲线的拟合效果较好，一次曲线的拟合效果最差。

8.5 指数曲线法

8.5.1 一次指数曲线法

许多研究结果表明，一些观测对象会有一个高速发展时期。在这个时期内，观测对象的定量特性往往表现为按指数规律或近似指数规律增长。当时间序列的观测数据在散点图上的数据点构成指数曲线或近似指数曲线时，表明该事物的发展是按指数规律或近似指数规律变化的，此时可以采用指数曲线法来进行分析和预测，如图8-8所示。

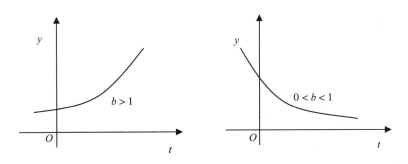

图8-8 一次指数曲线

当时间序列的数据散点图大致为一次曲线时，可以采用一次指数曲线进行拟合。一次指数曲线法的预测模型为

$$\hat{y}_t = a \cdot b^t \tag{8-24}$$

式中 $a > 0$，$0 < b \neq 1$，$\hat{y}_t$ 表示第 t 期的预测值，t 表示时间序列的时序编号。

两边同时取对数得：

$$\lg \hat{y}_t = \lg a + \lg b \cdot t \tag{8-25}$$

令 $\hat{Y}_t = \lg \hat{y}_t$，则得到直线方程：

$$\hat{Y}_t = \lg a + \lg b \cdot t \tag{8-26}$$

此时可以通过最小二乘法确定参数。设 y_t 为时间序列第 t 期的实际观察值，n 为时间序列中数据的个数，则残差平方和为

$$Q = \sum_{i=1}^{N} [\lg y_i - (\lg a + t_i)] \tag{8-27}$$

利用微分求极值原理，分别对式（8-27）求 a、b 的偏导数并令之为0，则得关于 a、b 的方程组：

$$\begin{cases} \dfrac{\partial Q}{\partial a} = -\dfrac{2}{a}\sum_{i=1}^{N}[\lg y_i - (\lg a + t_i \lg b)] = 0 \\ \dfrac{\partial Q}{\partial b} = 2\sum_{i=1}^{N}[\lg y_i - (\lg a + t_i \lg b)]\left(-\dfrac{t_i}{b}\right) = 0 \end{cases} \quad (8\text{-}28)$$

对方程组求解得：

$$\begin{cases} \lg a = \dfrac{\sum\limits_{i=1}^{N}\lg y_i \cdot \sum\limits_{i=1}^{N}t_i^2 - \sum\limits_{i=1}^{N}t_i \cdot \sum\limits_{i=1}^{N}t_i \lg y_i}{N\sum\limits_{i=1}^{N}t_i^2 - \left(\sum\limits_{i=1}^{N}t_i\right)^2} \\ \lg b = \dfrac{N\sum\limits_{i=1}^{N}t_i \lg y_i - \sum\limits_{i=1}^{N}t_i \cdot \sum\limits_{i=1}^{N}\lg y_i}{N\sum\limits_{i=1}^{N}t_i^2 - \left(\sum\limits_{i=1}^{N}t_i\right)^2} \end{cases} \quad (8\text{-}29)$$

同样地，在采用对称编号的方法对时间序列的时序编号 t 进行取值时，有 $\sum\limits_{i=1}^{N}t_i = 0$，因此式（8-29）可以简化为

$$\begin{cases} \lg a = \dfrac{\sum\limits_{i=1}^{N}\lg y_i}{N} \\ \lg b = \dfrac{\sum\limits_{i=1}^{N}t_i \lg y_i}{\sum\limits_{i=1}^{N}t_i^2} \end{cases} \quad (8\text{-}30)$$

当时间序列各期观察值的一阶差比率 y_t/y_{t-1} 近似为常数时，可以采用一次指数曲线法进行预测。

8.5.2 二次指数曲线法

对于处在发生和发展阶段的技术，指数曲线法是一种重要的预测方式。一次指数曲线因与这个阶段的发展趋势相适应，所以比较适合处于发生和发展阶段技术的预测，二次指数曲线则主要用于经济方面的预测，如图8-9所示。

二次指数曲线法的预测模型为

$$\hat{y}_t = a \cdot b^t \cdot c^{t^2} \quad (8\text{-}31)$$

式中 $a>0$，$b>0$，$c>0$，$\hat{y}_t$ 表示第 t 期的预测值，t 表示时间序列的时序编号。

两边同时取对数得：

$$\lg \hat{y}_t = \lg a + \lg b \cdot t + \lg c \cdot t^2 \qquad (8\text{-}32)$$

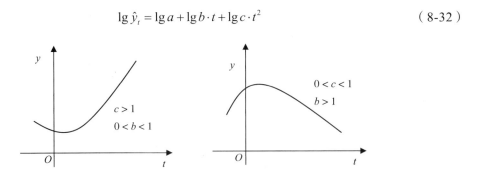

图 8-9 二次指数曲线

求解待定参数的方法与一次指数曲线法类似,在此不做赘述。采用对称编号的方法对时间序列的时序编号 t 进行取值,有:

$$\begin{cases} \lg a = \dfrac{\sum\limits_{i=1}^{N}\lg y_i \cdot \sum\limits_{i=1}^{N}t_i^4 - \sum\limits_{i=1}^{N}t_i^2 \cdot \sum\limits_{i=1}^{N}t_i^2 \lg y_i}{N\sum\limits_{i=1}^{N}t_i^4 - \left(\sum\limits_{i=1}^{N}t_i^2\right)^2} \\ \lg b = \dfrac{\sum\limits_{i=1}^{N}t_i \lg y_i}{\sum\limits_{i=1}^{N}t_i^2} \\ \lg c = \dfrac{N\sum\limits_{i=1}^{N}t_i^2 \lg y_i - \sum\limits_{i=1}^{N}t_i^2 \cdot \sum\limits_{i=1}^{N}\lg y_i}{N\sum\limits_{i=1}^{N}t_i^4 - \left(\sum\limits_{i=1}^{N}t_i^2\right)^2} \end{cases} \qquad (8\text{-}33)$$

由此可求得待定参数 a、b、c。

在观测对象发展初期,时间序列数据一般都可以采用一次或二次指数曲线模型来预测未来发展趋势与状态。

8.5.3 修正指数曲线法

用指数曲线模型进行拟合和预测时,往往会遇到一个问题:观测对象在大多数情况下不可能完全按指数曲线无限期地等比增长(或减少),总要达到一个饱和点。针对这个问题,人们对指数曲线进行了改造,提出了修正指数曲线。修正指数曲线模型比简单指数曲线模型多了一个参数 k,它是对简单指数曲线模型的某种"修正",故称之为修正指数曲线模型,如图 8-10 所示。

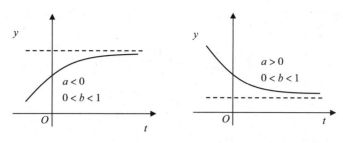

图 8-10 修正指数模型

修正指数曲线的预测模型为：

$$\hat{y}_t = k + a \cdot b^t \tag{8-34}$$

式中 $k>0$，$a \neq 0$，$0<b \neq 1$，$\hat{y}_t$ 表示第 t 期的预测值，t 表示时间序列的时序编号，a、b、k 为待定参数。

对 $\hat{y}_t$ 求一、二阶导数，有：

$$\begin{aligned}\hat{y}'_t &= (a\ln b) \cdot b^t \\ \hat{y}''_t &= (a\ln b)^2 \cdot b^t\end{aligned} \tag{8-35}$$

当 $a<0$，$0<b<1$ 时，有 $\hat{y}'_t>0$，$\hat{y}''_t<0$，所以 $\hat{y}_t$ 的图形是单调递增且凹的。当 $t=0$ 时，$\hat{y}_t = k+a$；当 $t \to +\infty$ 时，$\hat{y}_t \to k$，即 $y=k$ 是它的渐近线。

当 $a>0$，$0<b<1$ 时，有 $\hat{y}'_t<0$，$\hat{y}''_t>0$，所以 $\hat{y}_t$ 的图形是单调递减且凸的。当 $t=0$ 时，$\hat{y}_t = k+a$；当 $t \to +\infty$ 时，$\hat{y}_t \to k$，即 $y=k$ 是它的渐近线。

由此可见，修正指数曲线（$0<b<1$）可用来描述变量的变动规律是初期增长（或减小）较快，随后增长（或减小）逐渐放慢，最后趋向于停滞的现象和事物。

对于修正指数曲线模型的参数估计，传统方法是采用"三和法"（也叫分组法）。所谓"三和法"，就是把整个时间序列分成相等项数的三个组，再将三个组的变量总数联系起来，解含有三个未知参数的三个方程组。

先将时间序列数据的项数 N 三等分，即 $N=3n$。当 N 不能被完全三等分时，则舍弃远期的个别数据，使时间序列数据的总项数可以完全三等分。此时使用顺序编号的方法对时间序列的时序编号 t 进行取值，编号为 1，2，…，n，$n+1$，…，$2n$，$2n+1$，…，$3n$。

记第一组变量总和为 $\sum_1 y$，第二组变量总和为 $\sum_2 y$，第三组变量总和为 $\sum_3 y$，即

$$\begin{aligned}\sum_1 y &= \sum_{i=1}^{n} y_i = nk + ab + ab^2 + \cdots + ab^n = nk + ab \cdot \frac{b^n-1}{b-1} \\ \sum_2 y &= \sum_{i=n+1}^{2n} y_i = nk + ab^{n+1} + ab^{n+2} + \cdots + ab^{2n} = nk + ab^{n+1} \cdot \frac{b^n-1}{b-1} \\ \sum_3 y &= \sum_{i=2n+1}^{3n} y_i = nk + ab^{2n+1} + ab^{2n+2} + \cdots + ab^{3n} = nk + ab^{2n+1} \cdot \frac{b^n-1}{b-1}\end{aligned} \tag{8-36}$$

两两相减，得：

$$\sum_2 y - \sum_1 y = ab \cdot \frac{(b^n-1)^2}{b-1}$$
$$\sum_3 y - \sum_2 y = ab^{n+1} \cdot \frac{(b^n-1)^2}{b-1} \quad (8\text{-}37)$$

将式（8-37）中的两式相除，得：

$$a = \frac{b-1}{(b^n-1)^2 \cdot b} \cdot \left(\sum_2 y - \sum_1 y\right)$$
$$b^n = \frac{\sum_3 y - \sum_2 y}{\sum_2 y - \sum_1 y} \quad (8\text{-}38)$$

即

$$b = \left[\frac{\sum_3 y - \sum_2 y}{\sum_2 y - \sum_1 y}\right]^{\frac{1}{n}} \quad (8\text{-}39)$$

将 a、b 的值代入式（8-36）可得：

$$k = \frac{1}{n}\left(\sum_1 y - ab \cdot \frac{b^n-1}{b-1}\right) \quad (8\text{-}40)$$

由"三和法"求参数的过程可以看出，"三和法"求参数存在一定的局限性，必须要求时间序列的数据个数是 3 的倍数。当数据个数不是 3 的倍数时，则需要舍弃一个或两个数据，这在无形中使得所获信息的利用不充分。因此，研究者根据最小二乘法原理和修正指数曲线模型的性质，提出了新的参数估计方法，具体计算过程在此不再详述。

修正指数曲线模型的特点是：一阶差分的环比系数为一常数。因此，当时间序列的一阶差分的环比系数近似为常数时，可以配合修正指数曲线模型来预测。

8.5.4 基于 SPSS 的实例分析

案例 8-3

某地区 2006~2015 年的生产总值如表 8-5 所示，试运用 SPSS，通过多项式曲线法对该地区 2016 年的生产总值进行预测。

表 8-5　2006~2015 年某地区生产总值

年份	时序编号	生产总值（亿元）
2006	−9	1 558.6

(续)

年份	时序编号	生产总值（亿元）
2007	−7	1 805.2
2008	−5	2 144.3
2009	−3	2 457.1
2010	−1	2 970.6
2011	1	3 649.4
2012	3	4 305.1
2013	5	4 950.8
2014	7	5 821.3
2015	9	7 445.2

采用对称编号法对时间序列进行编号，将数据导入 SPSS 22.0 中，单击"分析→回归→曲线估计"，选择时序编号为自变量，生产总值为因变量，模型选择"指数分布"，单击"确定"，输出结果如表 8-6 所示，曲线拟合如图 8-11 所示。

表 8-6　指数分布曲线模型统计与参数评估

	B	T 检验	显著性水平	R^2
时序编号	0.086	57.804	0.000	
常数	3 289.720	117.163	0.000	0.998

注：因变量是 ln（生产总值）。

由表 8-6 可知，一次曲线预测模型为

$$\hat{y}_t = 3\,289.720 \times e^{0.086t}$$

则预测该地区 2016 年生产总值为

$$\hat{y}_{11} = 3\,289.720 \times e^{0.086 \times 11} = 8\,472.303\,7\,（亿元）$$

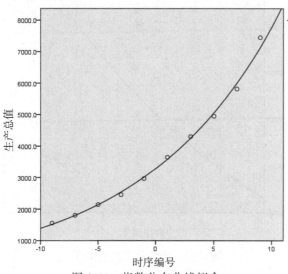

图 8-11　指数分布曲线拟合

案例 8-4

2010～2018年城镇非私营单位就业人员平均工资如表8-7所示，试运用SPSS，通过多项式曲线法对2019年的平均工资进行预测。

表8-7 2010～2018年城镇非私营单位就业人员平均工资

年份	时序编号 t	平均工资（元）
2010	−7	37 147
2011	−5	42 452
2012	−3	47 593
2013	−1	52 388
2014	1	57 361
2015	3	63 241
2017	5	68 993
2018	7	76 121

采用对称编号法对时间序列进行编号，将数据导入 SPSS 22.0 中，单击"分析→回归→曲线估计"，选择时序编号为自变量，平均工资为因变量，模型选择"指数分布"，单击"确定"，输出结果如表8-8所示，曲线拟合如图8-12所示。

表8-8 指数分布曲线模型统计与参数评估

	B	T 检验	显著性水平	R^2
时序编号	0.050	38.448	0.000	
常数	54 239.443	167.925	0.000	0.996

注：因变量是 ln（平均工资）。

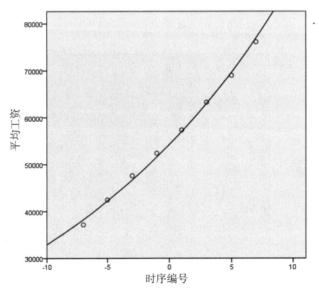

图8-12 指数分布曲线拟合

由表 8-8 可知，一次曲线预测模型为

$$\hat{y}_t = 54\ 239.443 \times e^{0.050t}$$

则预测 2019 年的城镇非私营单位就业人员平均工资为

$$\hat{y}_9 = 54\ 239.443 \times e^{0.050 \times 9} = 85\ 064（元）$$

8.6 生长曲线法

8.6.1 生长曲线模型概述

一般来说，事物生长的全过程分为三个阶段：发生、发展、成熟。首先是发生阶段，事物处于初生或初创时期，进展比较缓慢；其次是发展阶段，数量上出现明显的增长，是一个高速发展或突破性进展的时期；最后是成熟阶段，发展越来越慢，甚至趋于淘汰。生长曲线模型可以描述事物发生、发展和成熟的全过程。

生长曲线模型不仅可以描述事物发展的基本倾向，更重要的是，它可以说明事物的增长由高速发展变为缓慢发展的转折时期，为规划决策提供依据。因此，生长曲线模型在自然科学领域（动植物的生长、天体演化等）和社会科学领域（技术的发展、商品销售和需求、人口的增长等）都有广泛的运用。

生长曲线的形状大致呈"S"形，故又称"S"曲线。为了尽可能准确地拟合实际中各种各样的具体生长过程及其动态变化特征，学者们提出了多种不同形式的生长模型，其中最具有代表性的有两种：一种是 Logistic 曲线，这是一种对称的"S"曲线；另一种是 Gompertz 曲线，这是一种不对称的"S"曲线，如图 8-13 所示。

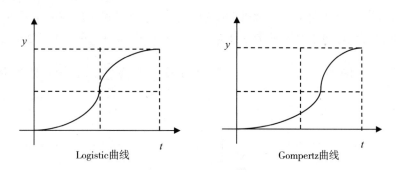

图 8-13 生长曲线

8.6.2 Logistic 曲线

Logistic 曲线是 1938 年比利时数学家 P. F. Verhulst 首先提出的一种特殊曲线。后来，美国生物学家和人口学家 R. Pearl 把此曲线应用于研究人口生长规律，所以这种曲线也被称为 Pearl 曲线。当事物的发展变化表现为初期增长速度缓慢，随后增长速度逐渐加快，达到一定程度后又逐渐减慢，最后达到成熟状态的趋势，即原时间序列倒数的一阶差分的环比为一个常数，可以用 Logistic 曲线来描述。因此，Logistic 曲线预测法是根据预测对象具有 Logistic 曲线变动趋势的历史数据，拟合成一条 Logistic 曲线，通过建立 Logistic 曲线模型进行预测的方法。

Logistic 曲线预测模型为

$$\hat{y}_t = \frac{1}{k + a \cdot b^t} \quad (8\text{-}41)$$

式中 $k>0, a>0, 0<b\neq 1, \hat{y}_t$ 表示第 t 期的预测值，t 表示时间序列的时序编号，a、b、k 为待定参数。a 值可改变曲线的位置，但不改变曲线的形状（斜率或上升速度），b 值可改变曲线的形状，但不改变上升速度，因此 b 为主要的影响参数。

对 $\hat{y}_t$ 求一、二阶导数，当 $k>0$，$a>0$，$0<b<1$ 时，一阶导数 $y'>0$ 恒成立，因此曲线单调，无极限。当 $t\to+\infty$ 时，$y\to 1/k$，即 y 值变化的上限为 $1/k$。令二阶导数 $y''=0$，可以求出曲线的拐点为 $\left(\dfrac{\ln k - \ln a}{\ln b}, \dfrac{1}{2k}\right)$，曲线过此点由凸变为凹，且曲线相对于拐点对称。

参数 a、b、k 的确定方法有很多种，其中最具有代表性的有两种。一种是线性变换法，首先对曲线进行线性变化，通过最小二乘法可以求出转化后的线性方程的参数，进而可以确定 Logistic 曲线模型的参数。

另一种是"三和法"，将式（8-39）两边同时取倒数，令 $\hat{Y}_t = 1/\hat{y}_t$，则：

$$\hat{Y}_t = k + a \cdot b^t \quad (8\text{-}42)$$

这就是我们前面已经讨论过的修正指数曲线，可以采用修正指数曲线求参数的"三和法"来确定参数。先将时间序列数据的项数 N 三等分，当 N 不能被完全三等分时，则舍弃远期的个别数据。时间序列的时序编号为 $1, 2, \cdots, n, n+1, \cdots, 2n, 2n+1, \cdots, 3n$。

记第一组变量倒数和为 $\sum_1 \dfrac{1}{y}$，第二组变量倒数和为 $\sum_2 \dfrac{1}{y}$，第三组变量倒数和为 $\sum_3 \dfrac{1}{y}$，即

$$\begin{aligned}
\sum_1 \frac{1}{y} &= \sum_{i=1}^{n} \frac{1}{y_i} \\
\sum_2 \frac{1}{y} &= \sum_{i=n+1}^{2n} \frac{1}{y_i} \\
\sum_3 \frac{1}{y} &= \sum_{i=2n+1}^{3n} \frac{1}{y_i}
\end{aligned} \quad (8\text{-}43)$$

求得参数 a、b、k 分别为

$$a = \left(\sum_2 \frac{1}{y} - \sum_1 \frac{1}{y}\right) \cdot \frac{b-1}{(b^n-1)^2}$$

$$b = \left[\frac{\sum_3 \frac{1}{y} - \sum_2 \frac{1}{y}}{\sum_2 \frac{1}{y} - \sum_1 \frac{1}{y}}\right]^{\frac{1}{n}} \quad (8\text{-}44)$$

$$k = \frac{1}{n}\left(\sum_1 \frac{1}{y} - ab \cdot \frac{b^n-1}{b-1}\right)$$

确定 k 值的大小时,应将定量计算和定性分析结合起来,力图得出较好的结果。需要注意的是,当原始数据不全面时,如反映初期发展的数据为主,生长曲线的后期趋势不明显时,仅仅利用公式计算出的 k 值可能误差很大。

Logistic 曲线模型的特点是:其倒数的一阶差分的环比系数为常数。因此,当时间序列倒数的一阶差分的环比系数近似为一常数时,可配合 Logistic 曲线模型来预测。

8.6.3 Gompertz 曲线

英国统计学家和数学家 B. Gompertz 于 1825 年提出了一条模拟生长过程的曲线——Gompertz 曲线,以此建立的生长模型称为 Gompertz 模型。

Gompertz 曲线预测模型为

$$\hat{y}_t = ka^{b^t} \quad (8\text{-}45)$$

式中 $k > 0$,$a > 0$,$0 < b \neq 1$,$\hat{y}_t$ 表示第 t 期的预测值,t 表示时间序列的时序编号,a、b、k 为待定参数。

对 $\hat{y}_t$ 求一、二阶导数,有:

$$\begin{aligned}\hat{y}'_t &= ka^{b^t} b^t \ln a (\ln b) \\ \hat{y}''_t &= ka^{b^t} b^t \ln a (\ln b)^2 (b^t \ln a + 1)\end{aligned} \quad (8\text{-}46)$$

当 $0 < a < 1$,$0 < b < 1$ 时,一阶导数 $y' > 0$ 恒成立,因此曲线单调,无极限。当 $t \to +\infty$ 时,$y \to k$,即 y 值变化的上限为 k。令二阶导数 $y''=0$,可以求出曲线的拐点为 $\left(\frac{\ln(-\ln a)^{-1}}{\ln b}, \frac{k}{e}\right)$,曲线过此点由凸变为凹,Gompertz 曲线拐点前后两部分是不对称的。

Gompertz 曲线模型的参数求解方法与 Logistic 曲线模型相似,将式(8-43)变形后两边取自然对数,并令 $\hat{Y}_t = \ln[\ln(\hat{y}_t/k)]$,则:

$$\hat{Y}_t = \ln(\ln a) + (\ln b)t \quad (8\text{-}47)$$

线性变换后的方程可以通过最小二乘法求解参数,在此不做详述。

此外，还可以通过"三和法"对于参数进行求解。将式（8-43）两边取对数：

$$\lg \hat{y}_t = \lg k + (\lg a)b^t$$

令 $\hat{Y}_t = \lg \hat{y}_t$，$K = \lg k$，$A = \lg a$，$B = \lg b$，则有：

$$\hat{Y}_t = K + A \cdot B^t$$

记第一组变量对数和为 $\sum_1 \lg y$，第二组变量对数和为 $\sum_2 \lg y$，第三组变量对数和为 $\sum_3 \lg y$，即

$$\sum\nolimits_1 \lg y = \sum_{i=1}^{n} \lg y_i$$

$$\sum\nolimits_2 \lg y = \sum_{i=n+1}^{2n} \lg y_i$$

$$\sum\nolimits_3 \lg y = \sum_{i=2n+1}^{3n} \lg y_i$$

求得参数 A、B、K 分别为

$$A = \left(\sum\nolimits_2 \lg y - \sum\nolimits_1 \lg y\right) \cdot \frac{B-1}{(B^n - 1)^2}$$

$$B = \left[\frac{\sum_3 \lg y - \sum_2 \lg y}{\sum_2 \lg y - \sum_1 \lg y}\right]^{\frac{1}{n}}$$

$$K = \frac{1}{n}\left(\sum\nolimits_1 \lg y - A \cdot B \cdot \frac{B^n - 1}{B - 1}\right)$$

经过转换后即可得 Gompertz 曲线模型的参数 a、b、k。

Gompertz 曲线模型的特点是：其对数的一阶差分（对数一级增长量）的环比系数相等，因此，当时间序列的对数一阶差分的环比系数近似为一常数时，可配合 Gompertz 曲线模型来预测。

8.6.4 基于 SPSS 的实例分析

案例 8-5 ●—○—●—○—●

不同生长时间的玉米叶龄观察结果如表 8-9 所示，试运用 SPSS，对该玉米的生长曲线进行拟合并预测第 56 天的玉米叶龄。

表 8-9　不同生长时间的玉米叶龄观察结果

天数	时序编号	叶龄
11	1	2.8
14	2	3.6
17	3	4.3
20	4	5.7
23	5	7.6
26	6	10.4
29	7	13.1
32	8	16.9
35	9	20.2
38	10	22.6
41	11	24.7
44	12	26.3
47	13	27.5
50	14	27.9
53	15	28.1

采用顺序编号法对时间序列进行编号，将数据导入 SPSS 中，单击"分析→回归→曲线估计"，选择时序编号为自变量，叶龄为因变量，模型选择"Logistic 曲线"。此时需要注意的是，需要给定一个上限，即用在回归方程中使用的上界值。该值必须是一个大于最大因变量值的正数，本次给定的上限是 30。输出结果如表 8-10 所示，曲线拟合如图 8-14 所示。

表 8-10　Logistic 曲线模型统计与参数评估

	B	T 检验	显著性水平	R^2
时序编号	0.677	109.860	0.000	
常数	0.585	12.083	0.000	0.993

注：因变量是 ln（1 / 叶龄 − 1 / 30.000）。

由表 8-10 可知，Logistic 曲线预测模型为

$$\hat{y}_t = \frac{1}{\frac{1}{30} + 0.585 \times 0.677^t}$$

则预测第 56 天的玉米叶龄为

$$\hat{y}_{16} = \frac{1}{\frac{1}{30} + 0.585 \times 0.677^{16}} = 29.01$$

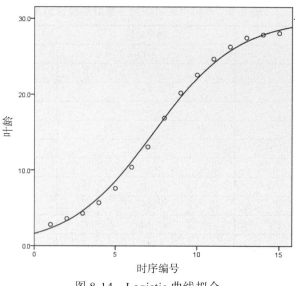

图 8-14 Logistic 曲线拟合

案例 8-6

某种病毒传播的第 3～17 天的感染人数如表 8-11 所示，试运用 SPSS，对该病毒传播的感染人数进行拟合，并预测第 18 天的感染人数。

表 8-11 某种病毒传播的第 3～17 天的感染人数

天　数	时序编号 t	感染人数（人）
3	1	41
4	2	45
5	3	62
6	4	291
7	5	440
8	6	571
9	7	830
10	8	1 287
11	9	1 975
12	10	2 744
13	11	3 567
14	12	4 188
15	13	4 654
16	14	4 987
17	15	5 122

采用顺序编号法对时间序列进行编号，将数据导入 SPSS 中，单击"分析→回归→曲线估计"，选择时序编号为自变量，感染人数为因变量，模型选择"Logistic 曲线"，给定

的上限是 5 500。输出结果如表 8-12 所示，曲线拟合如图 8-15 所示。

表 8-12　Logistic 曲线模型统计与参数评估

	B	T 检验	显著性水平	R^2
时序编号	0.572	65.777	0.000	
常数	0.049	7.235	0.000	0.990

注：因变量是 $\ln(1/\text{叶龄} - 1/30.000)$。

由表 8-12 可知，Logistic 曲线预测模型为

$$\hat{y}_t = \frac{1}{\frac{1}{5\,500} + 0.049 \times 0.572^t}$$

则预测第 18 天的感染人数为

$$\hat{y}_{16} = \frac{1}{\frac{1}{5\,500} + 0.049 \times 0.572^{16}} = 5\,312$$

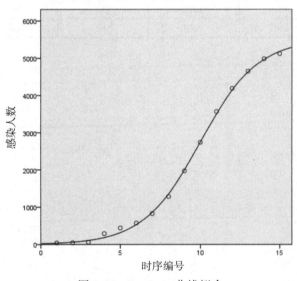

图 8-15　Logistic 曲线拟合

◎ 思考题

1. 在生产和生活中，有哪些常见的时间序列？
2. 用移动平均法确定移动项数时应注意哪些问题？
3. 移动平均法和指数平滑法的主要区别是什么？
4. 测定长期趋势有哪些常用的方法？其各自的特点是什么？

5. 生长曲线可划分为几期？划分的依据是什么？

6. 根据表 8-13 列出的某种技术参数的时间序列数据，预测未来一期参数值的逻辑曲线模型。

表 8-13　某种技术参数的时间序列数据

时间	1	2	3	4	5	6
原始数据 y_t	19.6	21.5	24	26.8	30.2	33.4

7. 某企业 1993～2007 年产品产量资料如表 8-14 所示。

要求：1）进行三项中心化移动平均修匀；

2）根据修匀后的数据用最小二乘法配合直线趋势方程；

3）预测 2009 年该企业的产品产量。

表 8-14　某企业 1993～2007 年产品产量资料　　　　　单位：件

年份	产量	年份	产量	年份	产量
1993	344	1998	468	2003	580
1994	416	1999	486	2004	569
1995	435	2000	496	2005	548
1996	440	2001	522	2006	580
1997	450	2002	580	2007	629

CHAPTER 9

第 9 章

聚类与判别分析法

多元分析有三大方法,分别是聚类分析、判别分析和回归分析,它们能够有效地解决多变量的统计分析问题。本章我们将分别介绍三种聚类分析方法:层次聚类法、非层次聚类法、二阶聚类法,两种判别分析方法:Bayes 判别法和 Fisher 判别法,以及它们在 SPSS 中的应用实例。

9.1 聚类分析法

9.1.1 聚类分析概述

在日常的生活中,我们经常会看到这样的现象,例如,在学校里,总有一些小的群体,这个群体里面的学生关系较为亲近,但是与群体外的同学来往较少,导致这种现象的原因大概就是人类与生俱来的分类本能。

人们总有一种将事物进行分类的倾向,往往能够将性质相似或者相同的事物归为一类,在上述现象中,既然能组成一个小团体,就说明团体中的伙伴们有着较多的相似之处,如家庭环境、成绩、兴趣爱好、性别、性格等因素;同时人类在认识较为复杂的事物时,通常情况下会从较为熟悉的事物开始进行分类,通过将问题不断地分解成若干个小问题,从而达到解决问题的目的。但是,随着社会的不断进步和人类研究问题的不断深入,面对较为庞大的数据量和错综复杂的变量时,人们还是感到无从下手。为了精确地对所要研究的事物进行分类,科学客观地揭露事物的本质特征,数学模型被引入分类研究中来,形成了数值分析学,聚类分析就是其中一个极其重要的分支。

俗话说:"物以类聚,人以群分",聚类就是将所要研究的一组对象按照其相似性划分成若干类。分类的目的是使同一组类别的个体间的相似性距离尽可能小，而不同的类别之间的距离则是越大越好，这样便于区分各个类别。

在聚类的分析中，有两种聚类的方法，即按样本聚类或按变量聚类。聚类分析的基本理论是在变量与变量间规定相似性的系数，在样本与样本之间定义相似性的距离，系数或者距离都代表着变量或样本之间存在的相似性。

9.1.2 相似性计算

上一节已经提到，为了将研究的问题进行聚类，需要研究变量和样本之间的关系。变量之间的聚类使用的是相似性系数，样本之间的聚类使用的是相似性距离。为清晰地说明问题，以表 9-1 为例。在表 9-1 中，一共有 p 个样品和 k 个变量。下面就参照表 9-1 的数据对这两种计算方法加以详细说明。

表 9-1　原始数据矩阵

变量	样本				
	X_1	X_2	X_3	$\cdots$	X_p
Z_1	Z_{11}	Z_{21}	Z_{31}	$\cdots$	Z_{p1}
Z_2	Z_{12}	Z_{22}	Z_{32}	$\cdots$	Z_{p2}
$\vdots$	$\vdots$	$\vdots$	$\vdots$	$\cdots$	$\vdots$
Z_k	Z_{1k}	Z_{2k}	Z_{3k}	$\cdots$	Z_{pk}

1. 相似性系数

对变量进行聚类分析时，常常使用相似性系数来对变量之间的相似性进行度量。相似性系数通常有两种计算方法：相关系数法和夹角余弦法。

（1）相关系数法。

设有 p 个样本，记为 x_1，x_2，x_3，$\cdots$，x_p，有 k 个变量，记为 Z_1，Z_2，Z_3，$\cdots$，Z_k。将这 k 个变量的相关矩阵记为 $\boldsymbol{R}$，协方差矩阵记为 $\boldsymbol{S}$，表达式分别为

$$\boldsymbol{R}=(r_{jn})_{k\times k} \qquad \boldsymbol{S}=(s_{jn})_{k\times k}$$

则变量 x_j 和 x_n 两者之间的相似性系数的表达式为

$$C_{jn}=\frac{s_{jn}}{\sqrt{s_{jj}s_{nn}}}=\frac{\sum_{i=1}^{p}(x_{ij}-\bar{x}_j)(x_{in}-\bar{x}_n)}{\sqrt{\sum_{i=1}^{p}(x_{ij}-\bar{x}_j)^2\sum_{i=1}^{p}(x_{in}-\bar{x}_n)^2}} \quad (9-1)$$

（2）夹角余弦法。

设变量 x_j 和 x_n 的原始数据分别为 $(x_{1j},x_{2j},x_{3j},\cdots,x_{pj})$ 和 $(x_{1n},x_{2n},x_{3n},\cdots,x_{pn})$，两者之间夹角余弦的表达式为

$$C_{jn} = \frac{\sum_{i=1}^{p} x_{ij} x_{in}}{\sqrt{\sum_{i=1}^{p} x_{ij}^2 \sum_{i=1}^{p} x_{in}^2}} \tag{9-2}$$

2. 相似性距离

相似性距离为样本之间相似性的计算，设样本中有 k 个变量，则可以将每一个样本看作 k 维空间的点，样本之间的距离其实就是点与点之间的距离，为了方便描述，设 α_i 为计算中第一个变样本在第 i 个变量上的数值，β_i 为计算中第二个变样本在第 i 个变量上的数值。

（1）欧式距离的计算公式为

$$d(\alpha, \beta) = \sqrt{\sum_{i=1}^{p} (\alpha_i - \beta_i)^2} \tag{9-3}$$

（2）欧式距离的平方的计算公式为

$$d(\alpha, \beta) = \sum_{i=1}^{p} (\alpha_i - \beta_i)^2 \tag{9-4}$$

（3）切比雪夫（Chebychev）距离的计算公式为

$$d(\alpha, \beta) = \max |\alpha_i - \beta_i| \tag{9-5}$$

（4）Block 距离的计算公式为

$$d(\alpha, \beta) = \sum_{i=1}^{p} |\alpha_i - \beta_i| \tag{9-6}$$

（5）明考斯基（Minkowski）距离的计算公式为

$$d(\alpha, \beta) = \sqrt[p]{\sum_{i=1}^{k} |\alpha_i - \beta_i|^p} \tag{9-7}$$

（6）用户自定义距离的计算公式为

$$d(\alpha, \beta) = \sqrt[r]{\sum_{i=1}^{k} |\alpha_i - \beta_i|^p} \tag{9-8}$$

（7）夹角余弦的计算公式为

$$d(\alpha, \beta) = \frac{\sum_{i=1}^{k} \alpha_i^2 \beta_i^2}{\sqrt{\left(\sum_{i=1}^{k} \alpha_i^2\right)\left(\sum_{i=1}^{k} \beta_i^2\right)}} \tag{9-9}$$

9.1.3 层次聚类法

层次聚类法又称为系统聚类法,它根据变量或者样本之间的相似程度进行聚类,将最为相似的分析对象归为一类,通过逐步聚集的形式,将原始数据进行分类,直到最后样本都聚集成一类结束。

层次聚类分为两种,一种是 Q 聚类,另一种是 R 聚类。Q 聚类是对样本的聚类,它使得具有相似特征的样本聚集在一起,目的是对不同类别的样本进行深入研究;R 聚类是对变量的聚类,它使得具有相似特征的变量聚集在一起,目的是从不同的类别中挑选出具有代表性的变量,从而在一定程度上减少变量分析的个数。由于 Q 聚类和 R 聚类的实现步骤相同,Q 聚类在研究过程中使用的频率也更高,故本节以 Q 聚类为主进行分析。

1. Q 聚类分析法的一般步骤

(1)首先将各个原始的样本划分为一类,若共有 k 个样本,就看成 k 类,计算样本之间的距离,构成初始的距离矩阵为

$$\boldsymbol{D}_{(0)} = \begin{bmatrix} 0 & d_{12} & \cdots & d_{1k} \\ d_{21} & 0 & \cdots & d_{2k} \\ \vdots & \vdots & \cdots & \vdots \\ d_{k1} & d_{k2} & \cdots & 0 \end{bmatrix}$$

不难看出,该矩阵是一个对称矩阵。

(2)在 $\boldsymbol{D}_{(0)}$ 中可看出距离最近的两个样本之间的距离,我们找出最近的距离,设为 D_{lm},D_{lm} 对应的两个样本分别为 G_l 和 G_m,将这两个样本自动并为一类,记为 G_p。

(3)计算新的类别 G_p 与样本之间的距离,并得到新的距离矩阵 $\boldsymbol{D}_{(1)}$,一直重复上一步,直到所有的样本最后都归为一类。

(4)根据样本之间距离计算方法的不同、类别与类别之间计算方法的不同,绘制分类的聚类图。

2. 类别之间的距离公式

我们在相似性的计算中已经详细介绍了样本之间距离的计算方法,这里具体介绍类别之间的距离计算。为了计算的方便,设 d_{pq} 表示两个变量 x_p 和 x_q 之间的距离,G_l 和 G_m 分别表示两个类别,它们当中分别包含着 l 和 m 个样本。其均值分别为

$$\overline{G}_l = \frac{1}{k_l}\sum_{p=1}^{k_l} x_p, \quad \overline{G}_m = \frac{1}{k_m}\sum_{a=1}^{k_m} x_q$$

(1)类别之间最短距离的计算公式为

$$D_{lm} = \min_{p \in G_l,\, q \in G_m} d_{pq} \tag{9-10}$$

(2)类别之间最长距离的计算公式为

$$D_{lm} = \max_{p \in G_l,\ q \in G_m} d_{pq} \qquad (9\text{-}11)$$

（3）类别之间的类平均距离的计算公式为

$$D_{lm} = \frac{1}{k_l k_m} \sum_{p \in G_l} \sum_{q \in G_m} d_{pq} \qquad (9\text{-}12)$$

（4）类别之间的重心距离的计算公式为

$$D_{lm} = d(\bar{G}_l, \bar{G}_m) \qquad (9\text{-}13)$$

（5）类别之间的离差平方和距离的计算公式（即常说的 Ward 聚类）为

$$D_{lm} = \frac{k_l k_m}{k_l + k_m} (\bar{G}_l - \bar{G}_m)^{\mathrm{T}} \qquad (9\text{-}14)$$

3. 基于 SPSS 的实例分析

案例 9-1

现在需要对我国 31 个省（自治区、直辖市）的居民消费水平进行聚类，聚类的指标共有 9 个，原始数据如表 9-2 所示。

表 9-2 我国居民消费水平聚类指标

地区	食品	烟酒及用品	衣着	家庭设备用品及维修	医疗保健以及个人用品	个人用品以及服务	交通以及通信	文化娱乐	居住
北京	104.7	100.1	101.5	101.7	100.2	98.4	99	103.9	105.6
天津	105.8	100.9	101.1	102	100.6	99.3	98.6	102.5	104.4
河北	105.9	100.6	102.7	101.4	101.9	102.1	99.7	101.7	102
山西	106.2	102.1	102	101.6	100.8	100.8	99.2	101.7	102.5
内蒙古	106.3	101.5	103.7	100.8	101.4	100.7	99.5	101.9	102.3
辽宁	104.6	100.6	102.1	101.2	101.5	102.1	99.7	100.9	102.3
吉林	105.7	100.7	102.1	100.6	101.3	101.7	99.5	102.3	102.4
黑龙江	104.3	101.6	102.2	100	101.4	101.2	98.7	100.7	102.4
上海	104.4	100.1	100	101.3	100	99.3	100.4	100.1	103.9
江苏	104.1	98.7	103.2	102.2	101.1	100.8	99.7	101.9	102.5
浙江	103.8	99.8	102.9	102.2	100.3	100.3	99.4	102.5	102.5
安徽	104.7	98.7	102.1	100.9	101.2	101	99.9	102.7	101.4
福建	104	99.7	101.9	100.4	101.4	100.1	99.8	101.9	103.3
江西	104.5	100.6	102.8	101	101.3	101.4	99.7	101.8	101.9
山东	104.8	100.3	103.3	100.3	101	101.5	99.3	101.3	101.4
河南	105.6	100.4	102.5	101.5	101.5	101.3	100.2	102.9	101.9
湖北	104.9	100.5	102.2	101.9	102.1	101.8	99.4	101.5	103.1
湖南	104.2	103.1	102.3	101.8	101.7	101.7	100	102.1	101.8

（续）

地区	食品	烟酒及用品	衣着	家庭设备用品及维修	医疗保健以及个人用品	个人用品以及服务	交通以及通信	文化娱乐	居住
广东	103.6	100.6	101.6	101.8	101.3	100.8	99.5	101.9	103.7
广西	103.8	99.8	102.3	101.1	100.7	100.2	99.9	100.8	102.7
海南	103.9	100.6	100.5	101.6	102.8	102.6	101.3	101.6	103.4
重庆	104.1	100.6	106.3	101.6	101	100.6	98.3	101.4	102.8
四川	104.8	99.4	100.8	101.9	102.2	102	100	101.6	103.7
贵州	104.1	101.5	102.3	101.1	101.5	102.2	99.6	101.8	103
云南	105.5	100.7	101	101.7	102.5	101.4	100.2	101.2	103.6
西藏	107.7	100.2	102.2	100.5	100.2	100.2	100.4	101.4	102.5
陕西	105.6	100.6	102.9	103	102.7	103	98.7	100.8	102.8
甘肃	105.6	101	102.7	101.8	102.1	100	100	101.6	102.7
青海	108.1	99.4	101.7	100.9	101.7	100.3	99	101	104.5
宁夏	107.2	99.8	103	101.3	103.2	102.7	98.6	99.7	102.2
新疆	108.5	101.7	99.8	101.3	101.4	101.3	100.1	101.1	103.4

（1）SPSS 操作流程。

1）单击"分析→聚类→系统聚类"，出现如图 9-1 所示的初始界面。

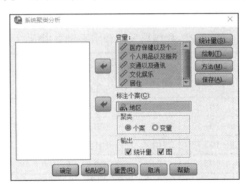

图 9-1　系统聚类分析的对话框

2）将左侧的变量添加到"变量"中，将"地区"添加到"标注个案"中，本案例是 Q 聚类，即以样本聚类，故选择"个案"选项，其余为默认选项。

3）在图 9-1 的窗口中，单击"统计量"，出现如图 9-2 所示的对话框。

"统计量"表示指定输出的统计变量，可以看到"合并进程表"已经默认勾选上，其他为默认选项。

4）单击"继续"，回到图 9-1 的主界面，单击"绘制"，出现如图 9-3 所示的对话框。

指定输出的聚类分析图，勾选输出层次聚类分析的"树状图"，其他为默认选项；"冰柱"选项中选择"所有聚类"，表示输出每个阶段层次聚类的冰柱图；"方向"表示冰柱图的显示方式，默认为垂直。

5）单击"继续"，回到图 9-1 的主界面，单击"方法"，出现如图 9-4 所示的对话框。

图 9-2 数据分析窗口　　　图 9-3 绘制分析窗口

"方法"窗口用来设定距离的计算方法,"聚类方法"可以选择多种聚类方法,本案例中采用 Ward 法;在"度量标准"中,"区间"用来确定样本之间的距离计算,共有 8 种方法,本案例使用欧氏距离的平方计算。其他选择默认选项。

6)单击"继续",回到图 9-1 的主界面,单击"保存",出现如图 9-5 所示的对话框。

图 9-4 方法分析窗口　　　图 9-5 保存分析窗口

"保存"表示将最终的结果以变量的形式保存到数据编辑的窗口中,SPSS 中默认为无,即不保存。单击"继续",回到主窗口,再单击"确定",即可输出结果。

(2)对输出结果的重点分析。

1)第一个表格是层次聚类总的概要结果,如表 9-3 所示。

从表中可以看出,本案例是对 31 个样本进行层次聚类,样本中不含缺失项。

2)第二个表格是凝聚状态表,如表 9-4 所示。

表 9-3 案例处理汇总

案例					
有效		缺失		总计	
N	百分比	N	百分比	N	百分比
31	100.0	0	0.0	31	100.0

表 9-4 凝聚状态表

阶	群及组合		系数	首次出现阶集群		下一阶
	群集 1	群集 2		群集 1	群集 2	
1	14	15	0.840	0	0	13
2	3	7	1.905	0	0	4
3	6	17	2.975	0	0	6
4	3	16	4.303	2	0	18
5	13	20	5.693	0	0	10
6	6	24	7.130	3	0	17
7	23	25	8.590	0	0	12
8	10	11	10.495	0	0	15
9	5	28	12.605	0	0	11
10	13	19	14.982	5	0	20
11	4	5	17.838	0	9	18
12	21	23	20.918	0	7	26
13	8	14	24.012	0	1	17
14	1	2	27.327	0	0	24
15	10	12	31.248	8	0	20
16	27	30	35.258	0	0	26
17	6	8	39.545	6	13	21
18	3	4	44.008	4	11	23
19	26	29	48.803	0	0	22
20	10	13	54.768	15	10	25
21	6	18	61.019	17	0	23
22	26	31	67.977	19	0	28
23	3	6	77.512	18	21	27
24	1	9	88.590	14	0	28
25	10	22	104.923	20	0	29
26	21	27	122.545	12	16	27
27	3	21	143.655	23	26	29
28	1	26	168.270	24	22	30
29	3	10	194.712	27	25	30
30	1	3	244.169	28	29	0

从表 9-4 中可以看出，该研究样本一共经过了 30 次聚类，第一行表示聚类的第一步首先将样本 14 和样本 15 进行聚类，两个样本之间的欧式距离的平方为 0.840，此次聚类的结果将会用在第 13 步聚类中；第二行表示，第二步聚类是将样本 3 和样本 7 进行聚类，两个样本之间的欧式距离的平方为 1.905，此次聚类的结果将会用在第 4 步聚类中；第三行表示，第三步聚类是将样本 6 和样本 17 进行聚类，两个样本之间的欧式距离的平方为 2.975，此次聚类的结果将会用在第 6 步聚类中；以此类推，直到所有的样本归为一类为止。

3）层次分析的树状图，如图 9-6 所示。

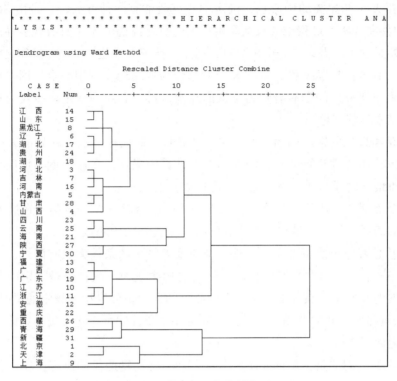

图 9-6　层次聚类的树状图

从图 9-6 中可以看出，层次聚类将我国 31 个省（自治区、直辖市）的居民的消费水平大致分为五类，第一类为上海、天津和北京；第二类为新疆、青海、西藏；第三类为重庆、安徽、浙江、江苏、广东、广西、福建；第四类为宁夏、陕西、海南、云南、四川；第五类为山西、甘肃、内蒙古、河南、吉林、河北、湖南、贵州、湖北、辽宁、黑龙江、山东、江西。此分析结果与各地经济发展水平大致相符，说明该聚类分析较为贴近实际。

9.1.4　非层次聚类法（K 均值聚类）

K 均值（K-means）聚类也称快速聚类，是由研究者或者操作者自身指定相对应的类别数，逐步完成聚类分析。快速聚类首先对原始数据进行相应的初始分析，然后通过不断的调整，得到最终的分类结果。

快速聚类与层次聚类的区别是：层次聚类会根据原始数据产生不同的聚类数，得出不同的聚类结果，而快速聚类则是根据用户的需求产生固定的聚类结果。

1. K-means 聚类的一般步骤

（1）指定相应的聚类次数 K：在快速聚类的过程中，由用户自行指定将原始的样本聚集的类数，最后输出的结果也是唯一的，这是与分层聚类的不同之处。

（2）分析 K 个初始类的中心点：确定中心点通常有两种方法，一是由 SPSS 系统指定，SPSS 软件在分析的过程中会根据原始数据的情况挑选出 K 个具有代表性的样本，将其确定为初始类的中心点；二是由用户自行指定，研究者在进行 SPSS 操作之前就应该准备好包含 K 个样本的数据文件，将这 K 个数据作为快速聚类的中心点。用户指定要求用户或者研究者对研究的问题有着较为丰富的经验，对中心点的指定应该较为合理，不然会导致分析结果不够理想。

（3）将距离最近的样本归为一类：逐步计算每个原始样本点到初始的 K 个中心点的欧式距离，欧氏距离的计算公式已经在相似性计算中提及，在这里就不加以赘述，将距离各个中心点最近的样本划分为一类，并形成 K 个分类。

（4）K 个类别中心点的重新确定：在上一步中已经形成 K 个分类，在这 K 个分类中计算变量之间的平均值，将得到的均值点作为 K 个类别的中心点。

（5）检验是否停止快速聚类的条件：快速聚类停止的条件大致有两个，一是迭代次数达到了 SPSS 中指定的次数时停止，默认的迭代次数为十次；二是类别中心点的偏移度，当新确定的类别中心点与上一个类别中心点的最大偏移度小于规定的量时停止聚类，SPSS 默认的偏移度为 0.02。以上条件只要满足一个条件即可停止聚类，如果不满足上述条件，将会返回第 3 步。

与分层聚类不同的是，K-means 聚类是一个反反复复迭代的过程，在进行聚类的过程中，样本所属于的类别会不断地进行调整，直到最后满足停止条件，达到稳定为止。

2. 基于 SPSS 的实例分析

案例 9-2

为了研究 20 家企业的运作情况，调查了这 20 家公司的员工的发展、盈利的能力、组织的文化以及领导的才能这四个方面的情况，试图将这 20 家企业分为四类，获得的原始数据如表 9-5 所示。

表 9-5　20 家公司的运作情况

公司序号	员工的发展（分）	盈利的能力（分）	组织的文化（分）	领导的才能（分）
1	51	61	76	74
2	91	84	71	79
3	61	60	81	86
4	81	84	79	76
5	96	81	91	66
6	71	51	59	66
7	84	51	61	61
8	96	91	91	86
9	74	71	91	81

(续)

公司序号	员工的发展（分）	盈利的能力（分）	组织的文化（分）	领导的才能（分）
10	91	86	79	81
11	54	56	79	71
12	66	61	76	66
13	96	86	56	61
14	79	71	61	66
15	86	81	79	71
16	71	66	89	86
17	82	61	71	76
18	79	76	86	76
19	92	81	86	91
20	74	81	81	81

（1）SPSS 的操作流程。

1）单击"分析→分类→K 均值聚类"，出现如图 9-7 所示的初始界面。

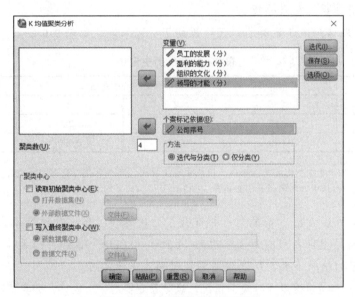

图 9-7　K 均值聚类的对话框

2）将"公司序号"添加到"个案标记依据"中，其余变量添加到"变量"中，由于将公司分为四类，所以"聚类数"中输入"4"，其他为默认选项。

3）在图 9-7 的对话框中，单击"迭代"，出现如图 9-8 所示的对话框。

"迭代"表示终止聚类的条件，其中最大的迭代次数系统默认为"10"，收敛性标准系统默认为"0"。

4）单击"继续"，回到图 9-7 的主界面，点击"保存"，出现如图 9-9 所示的对话框。

"保存"表示将快速聚类的结果以变量的形式保存至 SPSS 的编辑窗口中，其中聚类成员是保存的样本所属类别的序号。

5）单击"继续"，回到图9-7的主界面，单击"选项"，出现如图9-10所示的对话框。

  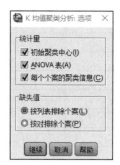

图9-8　迭代分析窗口　　　图9-9　保存分析窗口　　　图9-10　选项分析窗口

"选项"表示输出哪些分析结果以及对缺失项的处理。将"统计量"中的选项全部勾选上。"缺失值"按照系统默认选项。

单击"继续→确定"输出结果。

（2）对聚类结果的重点分析。

1）第一个表格是快速聚类的迭代过程的历史记录表，如表9-6所示。

表9-6　迭代历史记录

迭代	聚类中心的更改①			
	1	2	3	4
1	11.150	0.000	9.259	13.844
2	0.000	0.000	0.000	0.000

① 由于聚类中心没有变化或变化很小，因此实现了收敛。每个中心的最大绝对坐标变化为0.000，当前迭代为2，初始中心之间的最小距离为37.336。

从表9-6中可以看出，该聚类一共进行了两次迭代，第一次迭代后所形成的类别的中心点到初始的聚类点之间的距离依次为11.150、0.000、9.259、13.844，第二次迭代与第一次迭代相差的结果不大，所以该案例经过两次迭代即可。

2）第二个表格是快速聚类分类的情况，也是最重要的一个表格，分类情况如表9-7所示。

表9-7　聚类成员

案例号	公司序号	聚　类	距　离
1	1.00	3	13.762
2	2.00	4	12.193
3	3.00	3	9.259
4	4.00	4	7.796
5	5.00	4	17.528
6	6.00	1	11.739
7	7.00	1	11.150

(续)

案例号	公司序号	聚类	距离
8	8.00	4	16.415
9	9.00	3	17.070
10	10.00	4	6.515
11	11.00	3	13.015
12	12.00	3	13.294
13	13.00	2	0.000
14	14.00	1	12.721
15	15.00	4	8.641
16	16.00	3	14.250
17	17.00	1	12.482
18	18.00	4	11.566
19	19.00	4	13.844
20	20.00	4	13.760

分类的情况为

第一类：公司 6、7、14、17。

第二类：公司 13。

第三类：公司 1、3、9、11、12、16。

第四类：2、4、5、8、10、15、18、19、20。

3）最终的类别中心点的位置如表 9-8 所示。

表 9-8 最终聚类中心

	聚 类			
	1	2	3	4
员工的发展	79.00	96.00	62.83	87.33
盈利的能力	58.50	86.00	62.50	82.78
组织的文化	63.00	56.00	82.00	82.56
领导的才能	67.25	61.00	77.33	78.56

与表 9-7 进行比较，中心点的位置发生了变化，这就说明在迭代的过程中，中心点的位置发生了偏转。

4）最终的中心点之间的欧氏距离如表 9-9 所示。

表 9-9 最终聚类中心间的距离

聚 类	1	2	3	4
1		33.665	27.204	34.192
2	33.665		50.942	33.149
3	27.204	50.942		31.831
4	34.192	33.149	31.831	

从表 9-9 中可以看出，第二类的中心点和第三类的中心点之间的距离最大，为 50.942，第一类的中心点和第二类的中心点之间的距离最小，为 27.204。

5）各样本之间的 ANOVA（单因素方差分析）的结果如表 9-10 所示。

表 9-10 方差分析

	聚类		误差		F[①]	Sig.
	均方	df	误差	df		
员工的发展	826.972	3	63.052	16	13.116	0.000
盈利的能力	837.315	3	34.503	16	24.268	0.000
组织的文化	550.776	3	40.014	16	13.765	0.000
领导的才能	194.215	3	57.019	16	3.406	0.043

① F 检验应仅用于描述目的，因为选择集群是为了最大化不同集群中案例之间的差异。观察到的显著性水平没有对此进行修正，因此不能解释为聚类均值相等的假设检验。

从表 9-10 中我们可以看出，首先是员工的发展，其平均组之间的平方和为 826.972，F 统计量为 13.116，所对应的概率值为 0.000，小于 1% 的显著性水平，因此，针对员工的发展这一变量，可以说明，各个公司之间存在着明显的差异。

其次是盈利的能力，平均组之间的平方和为 837.315，F 统计量为 24.268，所对应的概率值为 0.000，小于 1% 的显著性水平，因此，针对盈利的能力这一变量，可以说明，各个公司之间存在着明显的差异。

再次是组织的文化，平均组之间的平方和为 550.776，F 统计量为 13.765，所对应的概率值为 0.000，小于 1% 的显著性水平，因此，针对组织的文化这一变量，可以说明，各个公司之间存在着明显的差异。

最后是领导的才能，平均组之间的平方和为 194.215，F 统计量为 3.406，所对应的概率值为 0.043，小于 5% 的显著性水平，因此，针对领导的才能这一变量，可以说明，各个公司之间存在着明显的差异。

因此从 ANOVA 结果来看，快速聚类是较为成功的。

6）四个类别中所包含的样本数如表 9-11 所示。

表 9-11 每个聚类中的案件数

聚类	1	4.000
	2	1.000
	3	6.000
	4	9.000
有效	—	20.000
缺失	—	0.000

从表 9-11 中可以看出，第二个分类中所包含的样本数最少，只有 1 个，第四个分类中所包含的样本数最多，一共有 9 个。此外，第一个分类中所包含的样本数为 4，第三个分类中所包含的样本数为 6。

9.1.5 二阶聚类法

在很多现实问题中,聚类的变量可能是连续数据,也可能是类别数据,前面讲到的层次聚类和 K 均值聚类不适用于类别变量的聚类。二阶聚类(two-step cluster)又叫两步聚类,顾名思义就是将整个聚类过程分为两部分来完成,并且可以同时基于类别变量和连续变量进行聚类。

1. 二阶聚类的一般步骤

(1)建立 CF 聚类特征树:对所有记录进行距离考察,构建 C 聚类特征树,然后利用距离测量作为相似准则,同一个树节点内的记录相似度高,而相似度低的记录则会生成新的节点。

(2)正式聚类:在聚类树的基础上,使用合并聚类算法对叶节点进行组合,可产生一组不同聚类数的聚类方案。然后,根据施瓦兹贝叶斯信息准则(BIC)对各种聚类方案进行比较,自动选择聚类个数得到最优的聚类方案。

2. 基于 SPSS 的实例分析

案例 9-3

对企业内部某部门 20 名员工的综合能力进行评估,评估数据分别为学历、性别、沟通能力、业务能力、领导能力,原始数据如表 9-12 所示。

表 9-12 20 名员工的各项数据

员工序号	学历	性别	沟通能力得分	业务能力得分	领导能力得分
1	本科	男	52	68	52
2	博士	女	78	76	47
3	硕士	男	75	59	30
4	硕士	男	46	69	39
5	硕士	男	52	70	59
6	本科	女	66	89	46
7	硕士	男	39	93	67
8	本科	女	81	67	42
9	本科	女	47	88	52
10	本科	男	35	82	29
11	本科	女	75	94	43
12	硕士	女	46	65	55
13	本科	男	72	79	39
14	博士	男	38	82	65
15	博士	女	40	95	71
16	本科	男	63	64	36
17	硕士	女	70	87	44

（续）

员工序号	学历	性别	沟通能力得分	业务能力得分	领导能力得分
18	博士	女	65	84	52
19	硕士	男	57	79	48
20	硕士	女	71	65	58

（1）SPSS 的操作流程。

1）单击"分析→分类→二阶聚类"，出现如图 9-11 所示的初始界面。

图 9-11 二阶聚类的对话框

2）将"学历"和"性别"添加到"分类变量"中，其余三个得分变量添加到"连续变量"中，其他为默认选项。

3）在图 9-11 的对话框中，单击"输出"，出现如图 9-12 所示的对话框，勾选"枢轴表""图表和表格"和"创建聚类成员变量"。

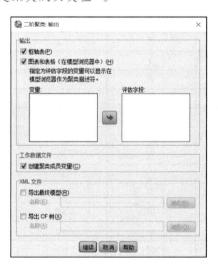

图 9-12 输出对话框

4）单击"继续",回到图 9-11 的主界面,单击"确定",输出结果。

（2）对聚类结果的分析。

1）第一个表格是自动聚类表,如表 9-13 所示。

表 9-13 自动聚类

聚类数	施瓦兹贝叶斯信息准则 BIC	BIC 变化①	BIC 变化的比率②	距离度量的比率③
1	136.954			
2	134.220	−2.734	1.000	1.522
3	141.676	7.457	−2.727	1.440
4	155.095	13.419	−4.908	1.398
5	172.367	17.272	−6.317	1.073
6	190.300	17.933	−6.559	2.008
7	212.767	22.466	−8.217	1.254
8	236.143	23.377	−8.550	1.114
9	259.887	23.744	−8.684	1.002
10	283.637	23.750	−8.686	1.052
11	307.544	23.907	−8.744	1.064
12	331.635	24.091	−8.811	1.807
13	357.007	25.373	−9.280	1.006
14	382.389	25.381	−9.283	1.366
15	408.194	25.805	−9.438	1.058

① 变化是相对于表中先前的聚类个数而言的。
② 变化的比率与两个聚类解的变化相关。
③ 距离度量的比率以当前聚类的个数为基础,而不是以先前的聚类个数为基础。

该结果通过借助"施瓦兹贝叶斯信息准则 BIC"帮助判断最佳分类数量。主要参考依据包括"BIC 值""BIC 变化量""BIC 变化率""距离测量比率"四个指标。BIC 数值越小,BIC 变化量的绝对值越大,距离测量比率越大,则说明聚类效果越好,因此我们可以判断,该例的最佳类别数目为 2。

2）第二个表格是聚类分布表,如表 9-14 所示。

表 9-14 聚类分布表

		N	组合（%）	总计（%）
聚类	1	8	40.0	40.0
	2	12	60.0	60.0
	组合	20	100.0	100.0
总计		20		100.0

由表 9-14 可见,软件给出了两类结果,并告知每一类的个案规模。这两类是不是最合适的,可以具体根据类的特征是否有现实意义来判断。

3）聚类概要文件如表 9-15 所示。

表 9-15 聚类概要文件

		沟通能力得分		业务能力得分		领导能力得分	
		均值	标准差	均值	标准差	均值	标准差
聚类	1	61.38	15.574	78.88	11.370	42.38	7.836
	2	56.42	14.866	77.00	11.615	52.92	12.049
	组合	58.40	14.950	77.75	11.252	48.70	11.608

表 9-15 展示了数据分布的平均位置，连续变量的集中趋势用均值体现。

4）频率分布如表 9-16 和表 9-17 所示。

表 9-16 学历频率分布

		本科		博士		硕士	
		频率	百分比	频率	百分比	频率	百分比
聚类	1	8	100.0%	0	0.0%	0	0.0%
	2	0	0.0%	4	100.0%	8	100.0%
	组合	8	100.0%	4	100.0%	8	100.0%

表 9-17 性别频率分布

		男		女	
		频率	百分比	频率	百分比
聚类	1	4	40.0%	4	40.0%
	2	6	60.0%	6	60.0%
	组合	10	100.0%	10	100.0%

如表 9-16 和表 9-17 所示，在学历方面，第一类全部是本科生，第二类为硕士生和博士生；在性别方面，两类男女频率一致。

5）双击"模型摘要图"，打开模型浏览器。模型浏览器使结果高度可视化，读取更直观。图 9-13 展示了模型概要和聚类大小，可见最终确定的聚类个数为 2 个，最大类含样本 12 例，最小类含样本 8 例，两者比为 1∶50。总体上给予本次聚类质量"尚可"的评价，尚能接受，还未达到良好的程度，有待进一步测试和优化。

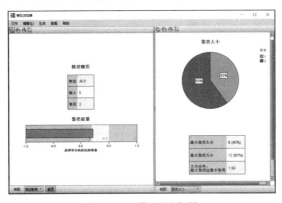

图 9-13 模型浏览器

在左下侧的视图下拉框中将"模型概要"选为聚类，显示如图 9-14 所示，可以看出这些变量的分布特征以及这些变量在聚类分析中的重要性。由图 9-14 可知，5 个变量的重要程度从高到低依次为：学历、领导能力得分、沟通能力得分、业务能力得分、性别。

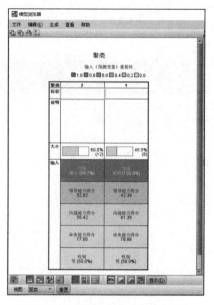

图 9-14　模型浏览器 – 聚类

单击图中任一变量，浏览器右侧会显示该变量在当前类别中的分布及该变量在总体中的分布，其中分类变量用柱形图呈现，连续变量用波浪图呈现。图 9-15 是领导能力得分在分类 I 中的分布示意图。

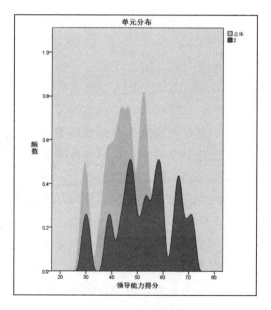

图 9-15　领导能力得分

在左下侧的视图下拉框中将聚类大小选择为"预测变量重要性",显示如图 9-16 所示,5 个变量的重要程度从高到低依次为:学历、领导能力得分、沟通能力得分、业务能力得分、性别。

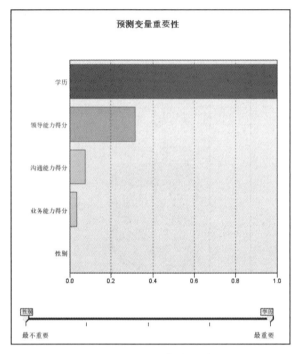

图 9-16　领导能力得分

至此,二阶聚类分析完毕,最终结果的可视化效果很好。

9.2　判别分析法

9.2.1　判别分析概述

前面我们讲到了聚类分析,就是在没有先验标准的情况下根据事物本身的特性来对样本进行分类。但是,在实际工作和学习中,我们常常需要根据设定好的分类标准来对样本进行分类,这就用到了判别分析。两者的区别在于,聚类分析之前,没有人知道怎么分的类,分了哪几大类;而判别分析是在类别已经分好了的前提下,观测没有分好类的数据,再将它们按照之前分好的类进行分类。

判别分析的应用十分广泛,例如在考古学中,考古学家根据人头盖骨的各种指标来判断其性别和年龄。又如,销售人员可以通过已有的客户数据对客户进行类别细分,从而有针对性地进行营销。判别方法有多种,这里仅介绍 SPSS 中能够实现的两种:Bayes 判别和 Fisher 判别。

9.2.2 Bayes 判别

1. Bayes 判别的基本思想

设有 m 个总体 $G_1, G_2, \cdots, G_m$，它们的分布密度分别为 $f_1(X), f_2(X), \cdots, f_m(X)$，先验概率分别为 $q_1, q_2, \cdots, q_m$（先验概率为这 m 个总体各自出现的概率）。在观测到一个样品 X 的情况下，可用 Bayes 公式来计算它来自总体的后验概率：

$$P(g/x) = \frac{q_g f_g(X)}{\sum_{i=1}^{m} q_g f_g(X)}, g = 1, 2, \cdots, m \qquad (9\text{-}15)$$

并且当：

$$P(h/x) = \max_{1 \leq g \leq m} P(g/x)$$

时，判定 X 来自总体 h。

对所有记录进行距离考察，构建 C 聚类特征树，然后将距离测量作为相似准则，同一个树节点内的记录相似度高，而相似度低的记录则会生成新的节点。

在聚类树的基础上，使用合并聚类算法对叶节点进行组合，可产生一组不同聚类个数的聚类方案。然后，根据施瓦兹贝叶斯信息准则（BIC）对各种聚类方案进行比较，自动选择聚类个数得到最优的聚类方案。

2. 多元正态总体的 Bayes 判别法

（1）判别函数的导出。

P 元正态分布密度函数为

$$f_g(X) = (2\pi)^{-\frac{p}{2}} \left| \sum\nolimits^{(g)} \right|^{-\frac{1}{2}} \cdot \exp\left\{-\frac{1}{2}(x-\mu^{(g)})' \sum\nolimits^{(g)^{-1}} (x-\mu^{(g)})\right\}$$

把 $f_g(X)$ 代入 $P(g/X)$。由于我们只想寻找使 $P(g/X)$ 达到最大的 g，并且不论 g 为何值，$P(g/X)$ 中的分母都是常数，故可令：

$$q_g f_g(X) \xrightarrow{g} \max$$

对 $q_g f_g(X)$ 取对数并去掉与 g 无关的项，记为

$$\begin{aligned}Z(g/X) &= \ln q_g - \frac{1}{2}\ln\left|\sum\nolimits^{(g)}\right| - \frac{1}{2}(x-\mu^{(g)})' \sum\nolimits^{(g)^{-1}} (x-\mu^{(g)}) \\ &= \ln q_g - \frac{1}{2}\ln\left|\sum\nolimits^{(g)}\right| - \frac{1}{2}x' \sum\nolimits^{(g)^{-1}} x - \frac{1}{2}\mu^{(g)'} \sum\nolimits^{(g)^{-1}} \mu^{(g)} + x' \sum\nolimits^{(g)^{-1}} \mu^{(g)}\end{aligned}$$

则问题可化为

$$Z(g/X) \xrightarrow{g} \max$$

（2）假定协方差阵相等。

假设这 m 个总体的协方差阵相同，即 $\sum^{(1)} = \sum^{(2)} = \cdots = \sum^{(m)} = \sum$，这时 $Z(g/x)$ 中 $\frac{1}{2}\ln\left|\sum^{(g)}\right|$ 和 $\frac{1}{2}x'\sum^{(g)-1}x$ 两项与 g 无关，在求最大值时可以去掉，最终得到的判别函数与判别准则如下：

$$\begin{cases} y(g/x) = \ln q_g - \frac{1}{2}\mu^{(g)'}\sum{}^{-1}\mu^{(g)} + x'\sum{}^{-1}\mu^{(g)} \\ y(g/x) \xrightarrow{g} \max \end{cases}$$

上述判别函数可以写成多项式形式：

$$y(g/x) = \ln q_g + C_0^{(g)} + \sum_{i=1}^{p} C_i^{(g)} x_i$$

（3）计算后验概率。

将判别函数 $y(g/x)$ 代入下式，可以计算出后验概率 $P(g/x)$：

$$P(g/x) = \frac{\exp\{y(g/x)\}}{\sum_{i=1}^{k} \exp\{y(i/x)\}}$$

由于 $y(g/x) = \ln(q_g f_g(x)) - \Delta(x)$，所以：

$$P(g/x) = \frac{q_g f_g(x)}{\sum_{i=1}^{k} q_i f_i(x)}$$

$$= \frac{\exp\{y(g/x) + \Delta(x)\}}{\sum_{i=1}^{k} \exp\{y(i/x) + \Delta(x)\}}$$

$$= \frac{\exp\{y(g/x)\}\exp\{\Delta(x)\}}{\sum_{i=1}^{k} \exp\{y(i/x)\}\exp\{\Delta(x)\}}$$

$$= \frac{\exp\{y(g/x)\}}{\sum_{i=1}^{k} \exp\{y(i/x)\}}$$

由上式可知，使 y 最大的 h 的 $P(h/x)$ 也为最大。我们将样品 x 代入判别式中，分别计算 $y(g/x)$，若 $y(h/x) = \max\limits_{1 \leq g \leq k}\{y(g/x)\}$，则将样品 x 归为第 h 总体。

9.2.3 Fisher 判别

Fisher 判别法基于统计中的 Fisher 准则，即判别的原则是使组间差异最大，组内差异最小。根据 Fisher 准则，确定线性判别函数（即 Fisher 判别函数，又叫典型判别函数）：

$$y = c_1 x_1 + c_2 x_2 + \cdots + c_p x_p \quad (9\text{-}16)$$

式中 $c_1, c_2, \cdots, c_p$ 为待求的判别函数的系数，其确定原则是使得组间差异最大并且组内差异最小。对于一个新的样品，将其 p 个指标的数值代入判别式中求得 y 值，将其与判别临界值进行比较，若两者的绝对离差最小，即可确定其属于该类。

9.3 案例

三种聚类方法的 SPSS 操作都已在相应小节后给出，这里仅给出判别分析的应用案例。

案例 9-4

20 种电视型号中，有 5 种属于畅销品，有 8 种是平销品，另外 7 种为滞销品，其各项指标如表 9-18 所示。销售状态一栏中：1 表示畅销，2 表示平销，3 表示滞销。研究质量评分、功能评分、销售价格这三个变量是否能够有效地区别不同电视的销售状态？其区别的正确率如何？

表 9-18 20 种电视的各项指标

编号	质量评分	功能评分	销售价格（百元）	销售状态（组别）
1	8.3	4.0	29	1
2	9.5	7.0	68	1
3	8.0	5.0	39	1
4	7.4	7.0	50	1
5	8.8	6.5	55	1
6	9.0	7.5	58	2
7	7.0	6.0	75	2
8	9.2	8.0	82	2
9	8.0	7.0	67	2
10	7.6	9.0	90	2
11	7.2	8.5	86	2
12	6.4	7.0	53	2
13	7.3	5.0	48	2
14	6.0	2.0	20	3
15	6.4	4.0	39	3

(续)

编号	质量评分	功能评分	销售价格（百元）	销售状态（组别）
16	6.8	5.0	48	3
17	5.2	3.0	29	3
18	5.8	3.5	32	3
19	5.5	4.0	34	3
20	6.0	4.5	36	3

1. SPSS 的操作流程

（1）单击"分析→聚类→判别分析"，出现如图 9-17 所示的初始界面。

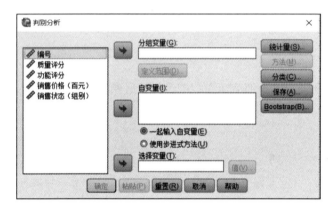

图 9-17　判别分析对话框

（2）将"销售状态（组别）"添加到"分组变量"中，将"质量评分""功能评分""销售价格（百元）"添加到"自变量"中。单击"分组变量"下的"定义范围"，设为 1 到 3，如图 9-18 所示。

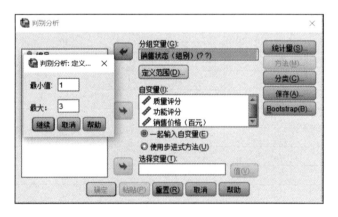

图 9-18　设置判别分析对话框

（3）在图 9-18 的对话框中，单击右侧"统计量"，出现如图 9-19 所示的对话框，在统计量窗口中选择"函数系数"下面的"Fisher"和"未标准化"判别方法。

Fisher：给出 Bayes 判别函数的系数（注意：这个选项不是要给出 Fisher 判别函数的系数。这个复选框的名字之所以是 Fisher，是因为按判别函数值最大的一组进行归类这种思想是由 Fisher 提出来的。这里极易混淆，请注意辨别。）

未标准化：给出未标准化的 Fisher 判别函数（即典型判别函数）的系数（SPSS 默认给出标准化的 Fisher 判别函数系数）。

图 9-19　统计量窗口

（4）单击"继续"，回到图 9-17 的主界面，单击"分类"，出现如图 9-20 所示的对话框，将"输出"选项组中的"个案结果"复选框勾选上，其余均保留系统默认设置。

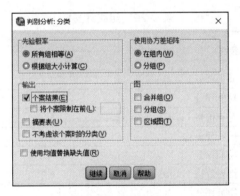

图 9-20　分类窗口

（5）单击"继续"，回到图 9-17 的主界面，单击"保存"，出现如图 9-21 所示的对话框，指定在数据文件中生成代表判别分组结果和判别得分的新变量，生成的新变量的含义如下。

图 9-21　保存窗口

预测组成员：存放判别样品所属组别的值。

判别分数：存放 Fisher 判别得分的值，有几个典型判别函数就有几个判别得分变量。

组成员概率：存放样品属于各组的 Bayes 后验概率值。

（6）单击"继续"，回到图 9-17 的主界面，单击"确定"，即可输出结果。

2. 对输出结果的重点分析

（1）输出结果的第一个部分如表 9-19 所示，显示的是案例处理摘要，共有 20 个样本作为判别基础数据进入分析环节。

表 9-19　分析案例处理摘要

未加权案例		N	百分比
有效		20	100.0
排除的	缺失或越界组代码	0	0.0
	至少一个缺失判别变量	0	0.0
	缺失或越界组代码，还有至少一个缺失判别变量	0	0.0
	合计	0	0.0
合计		20	100.0

（2）第二个表格是组统计量表，如表 9-20 所示。

表 9-20　组统计量

销售状态（组别）		有效的 N（列表状态）	
		未加权的	已加权的
1	质量评分	5	5.000
	功能评分	5	5.000
	销售价格（百元）	5	5.000
2	质量评分	8	8.000
	功能评分	8	8.000
	销售价格（百元）	8	8.000
3	质量评分	7	7.000
	功能评分	7	7.000
	销售价格（百元）	7	7.000
合计	质量评分	20	20.000
	功能评分	20	20.000
	销售价格（百元）	20	20.000

从表 9-20 中可见，共有三个组：第一组有 5 个样品，第二组有 8 个样品，第三组有 7 个样品。

（3）第三个表格如表 9-21 所示。

表 9-21 中有两个判别函数，其中，特征值越大表明判别函数的区分力越强。由表 9-21 可以看出，函数 1 的区分力更强。最后一列正则相关性表示的是判别函数分组与组别间的关联程度。

表 9-21 特征值

函数	特征值	方差的 %	累积 %	正则相关性
1	2.585①	74.0	74.0	0.849
2	0.907①	26.0	100.0	0.690

① 分析中使用了前 2 个典型判别式函数。

（4）第四个表格如表 9-22 所示。

表 9-22 Wilks 的 Lambda

函数检验	Wilks 的 Lambda	卡方	df	Sig.
1～2	0.146	30.756	6	0.000
2	0.524	10.327	2	0.006

表 9-22 对两个判别函数进行了显著性检验，由 Sig 值我们可以看出，两个判别函数的显著性水平都很高。

"1～2"是指两个判别函数的均值在这三个组之间的差异情况，由表格内的值我们可知已达到显著性水平。

"2"是指不考虑第一个判别函数，仅探究第二个判别函数在三个组之间的差异情况，由数据可知也达到了显著性水平。

（5）第五个表格如表 9-23 所示。

表 9-23 标准化的典型判别式函数系数

	函数	
	1	2
质量评分	0.650	–0.707
功能评分	0.767	–0.245
销售价格（百元）	–0.213	1.184

由表 9-23 我们可以得到两个判别函数的公式，分别如下：

函数 1：$D1=0.650\times$ 质量评分 $+0.767\times$ 功能评分 $-2.13\times$ 销售价格（百元）。

函数 2：$D2=-0.707\times$ 质量评分 $0.245\times$ 功能评分 $+1.184\times$ 销售价格（百元）。

（6）第六个表格如表 9-24 所示。

表 9-24 结构矩阵

	函数	
	1	2
质量评分	0.815①	–0.366
功能评分	0.794②	0.513
销售价格（百元）	0.651	0.732③

注：判别变量和标准化典型判别式函数之间的汇聚组间相关性按函数内相关性的绝对大小排序的变量。
①②③ 每个变量和任意判别式函数间最大的绝对相关性。

表9-24为结构矩阵表。相关系数的值越大,说明此变量对于判别函数的影响越大。从该表中我们可以看出:对于第一个函数,影响较大的因素为质量评分和功能评分;而对于第二个函数,影响较大的因素为销售价格。

(7)第七个表格如表9-25所示。

表9-25 典型判别式函数系数

	函数	
	1	2
质量评分	0.812	−0.884
功能评分	0.631	−0.201
销售价格(百元)	−0.016	0.088
常量	−8.662	3.015

注:非标准化系数。

表9-25列出了未标准化的两个判别函数系数,据此可以得到两个未标准化的判别函数。

(8)第八个表格是组质心处的典型判别函数值,如表9-26所示。

表9-26 组质心处的函数

销售状态(组别)	函数	
	1	2
1	1.118	−1.369
2	1.069	0.869
3	−2.020	−0.015

注:在组均值处评估的非标准化典型判别式函数。

从表9-26中我们可以看出,三个分组在两种不同判别函数下的质心的值。

(9)接下来是三个分类统计量表格,如表9-27、表9-28、表9-29所示。

表9-27 分类处理摘要

已处理的		20
已排除的	缺失或越界组代码	0
	至少一个缺失判别变量	0
用于输出中的		20

表9-28 组的先验概率

销售状态(组别)	先验	用于分析的案例	
		未加权的	已加权的
1	0.333	5	5.000
2	0.333	8	8.000
3	0.333	7	7.000
合计	1.000	20	20.000

表 9-29 分类函数系数

	销售状态（组别）		
	1	2	3
质量评分	13.022	11.004	9.279
功能评分	4.367	3.886	2.115
销售价格（百元）	−0.334	−0.136	−0.165
（常量）	−60.635	−52.853	−29.854

注：Fisher 的线性判别式函数。

表 9-27 为分类处理摘要；表 9-28 列出了这三个组事前的概率值，因为是均匀分布，所以先验概率均相等；表 9-29 是使用 Fisher 判别方法得到的线性判别函数，根据表中数据我们可得到这三组 Fisher 判别函数，分别为：

$F1 = 13.022*$ 质量评分 $+4.367*$ 功能评分 $-0.334*$ 销售价格 -60.635

$F2 = 11.044*$ 质量评分 $+3.886*$ 功能评分 $-0.136*$ 销售价格 -52.853

$F3 = 9.279*$ 质量评分 $+2.115*$ 功能评分 $-0.165*$ 销售价格 -29.854

（10）第十部分为这 20 种电视的实际分组摘要表，如表 9-30 所示。

表 9-30 按照案例顺序的统计量

案例数目		实际组	预测组	最高组				判别式得分	
				$P(D>d \mid G=g)$		$P(G=g \mid D=d)$	到质心的平方 Mahalanobis 距离	函数 1	函数 2
				p	df				
初始	1	1	1	0.297	2	0.983	2.428	0.141	−2.583
	2	1	1	0.383	2	0.794	1.919	2.392	−0.825
	3	1	1	0.729	2	0.937	0.633	0.370	−1.642
	4	1	1	0.707	2	0.654	0.695	0.971	−0.548
	5	1	1	0.831	2	0.905	0.370	1.713	−1.247
	6	2	1**	0.407	2	0.928	1.800	2.459	−1.362
	7	2	2	0.144	2	0.863	3.869	−0.379	2.200
	8	2	2	0.304	2	0.822	2.379	2.558	0.467
	9	2	2	0.895	2	0.811	0.223	1.190	0.413
	10	2	2	0.250	2	0.997	2.773	1.764	2.382
	11	2	2	0.269	2	0.997	2.627	1.187	2.486
	12	2	2	0.610	2	0.780	0.988	0.112	0.599
	13	2	3**	0.238	2	0.383	2.870	−0.340	−0.233
	14	3	3	0.465	2	0.999	1.531	−2.846	−0.937
	15	3	3	0.899	2	0.965	0.212	−1.559	−0.026
	16	3	3	0.433	2	0.678	1.674	−0.746	0.209
	17	3	3	0.573	2	1.000	1.113	−3.006	0.359
	18	3	3	0.974	2	0.996	0.053	−2.251	−0.009
	19	3	3	0.925	2	0.995	0.157	−2.211	0.331
	20	3	3	0.883	2	0.961	0.249	−1.521	−0.036

注：** 错误分类的案例。

（11）返回数据编辑窗口后，我们可以看到新增加了一列 Dis_1，其分类结果和销售状态（组别）是高度一致的。

◎ 思考题

1. 相似性距离有哪些计算方法？
2. 试述 K 均值聚类和层次聚类的基本思想，并说明两者的异同。
3. 简述判别分析的基本思想。
4. 分别简述 Fisher 判别、Bayes 判别的基本思想。
5. 试述聚类分析与判别分析的联系和区别。
6. 表 9-31 为某商场的客户数据，请选择合适的聚类方法对其进行聚类，并对结果进行解释说明。

表 9-31 某商场的客户数据

客户 ID	性别	年龄	年收入（万元）	消费积分
1	男	19	15	39
2	女	21	15	81
3	男	20	16	6
4	男	23	16	77
5	男	31	16	40
6	女	22	17	76
7	男	35	17	6
8	女	23	18	94
9	女	64	18	3
10	男	29	19	72
11	女	67	19	14
12	女	35	19	99
13	男	58	20	15
14	男	24	20	77
15	女	37	20	13
16	男	22	20	79
17	女	35	21	35
18	女	20	21	66
19	男	52	23	29
20	女	35	23	98

7. 6 名健康人和 6 名心梗患者的心电图指标值如表 9-32 所示。试判断两名待测人员是健康人还是心梗患者。

表 9-32 心梗患者的心电图指标值

类别	序号	指标 1	指标 2	指标 3
健康人	1	2.50	33.72	321.11
	2	2.48	31.46	297.91
	3	2.45	36.24	337.57
	4	2.37	35.07	298.46
	5	2.32	46.27	414.38
	6	2.29	39.39	347.68
心梗患者	7	2.13	47.21	367.25
	8	1.91	44.93	413.82
	9	1.84	82.35	503.73
	10	1.76	68.34	504.92
	11	1.65	57.30	483.78
	12	1.59	62.04	492.51
待测人员	13	1.99	31.76	333.41
	14	2.37	61.27	402.83

CHAPTER 10

第 10 章

分类分析法

分类就是将具有某种特征的数据赋予一个标志（或者叫标签），根据这个标志来分门别类。分类产生一个分类函数或者分类模型（也叫分类器），用于预测一些未知数据是否符合类别。分类与回归一般都能进行预测，但不同的是，回归输出的是有序的线性的值，而分类输出的是非线性的类型值。

在构造分类模型之前需要将数据集分为训练和测试两类，训练和测试的时候分别使用分类算法对训练数据集进行扫描，提取数据属性（也可称为标签），产生一种规则，代表相应的模型。分类算法只有在测试数据集上经过评估后才能在实际数据集中使用。

分类算法有很多，单一的分类方法主要包括决策树、贝叶斯、人工神经网络、$k-$ 近邻、支持向量机和基于关联规则的分类等，另外还有集成的学习算法，如 Bagging 和 Boosting 等。本章主要介绍四种机器学习方法中比较常用的分类分析方法，包括决策树、随机森林、支持向量机以及神经网络分析。

10.1 决策树

10.1.1 决策树概述

决策树是一种典型的分类方法，主要是利用归纳算法生成可读的规则和决策树，然后使用生成的规则和决策树对新数据进行分析。运用决策树通常有三个步骤：特征选择、决策树的生成、决策树的修剪。

决策树的基本组成部分：决策节点、分支和叶子。决策树的基本组成如图 10-1 所示。

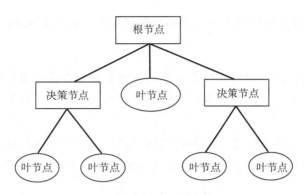

图 10-1 决策树的基本组成

- 决策树中最上面的节点称为根节点，是整个决策树的开始；
- 每个分支是一个新的决策节点，或者是树的叶子；
- 每个决策节点代表一个问题或者决策，通常对应待分类对象的属性；
- 每个叶节点代表一种可能的分类结果。

在沿着决策树从上到下的遍历过程中，每个节点都会进行一次测试，不同的测试输出会导致不同的分支，最后会达到一个叶节点——这一过程就是利用决策树进行分类的过程，利用若干个变量来判断属性的类别。

10.1.2 决策树的构建

决策树学习通常是一个递归地选择最优特征，并根据该特征对训练数据进行分割，使得各个子数据集有一个最好的分类的过程。这一过程对应着对特征空间的划分，也对应着决策树的构建。决策树的构建步骤如下：

（1）构建根节点，将所有训练数据都放在根节点，选择一个最优特征，按照这一特征将训练数据集分割成子集，使得各个子集有一个在当前条件下最好的分类；

（2）当这些子集已经基本能够被正确分类时，构建叶节点，并将这些子集分到所对应的叶节点中；

（3）如果还有子集不能够被正确地分类，那么就为这些子集选择新的最优特征，继续对其进行分割，构建相应的节点，如此进行递归，直至所有训练数据子集被基本正确地分类，或者没有合适的特征为止；

（4）每个子集都被分到叶节点上，即都有了明确的类，这样就生成了一棵决策树。

10.1.3 划分选择

构建决策树的关键是选择最优划分属性。一个属性会有多个取值，根据这个属性的不同取值可将输入的数据划分为多个样本集合，一个取值对应一个分支集合，使得每个取值分支集合中的样本尽可能属于同一类别，即分支集合的纯度较高。

1. 信息增益

在划分数据集前后信息发生的变化称为信息增益，获得信息增益最高的特征就是最好的选择，所以必须先学习如何计算信息增益。著名的ID3算法就是以信息增益为准则来划分选择属性的。

信息熵是度量样本集合纯度的一种最常用的指标。熵定义为信息的期望值，如果待分类的事物可能划分在多个类之中，则符号x_i的信息定义为

$$l(x_i) = -\log_2 p(x_i) \tag{10-1}$$

式中 $p(x_i)$是选择该分类的概率。为了计算熵，我们需要计算所有类别的所有可能值所包含的信息期望值，通过式（10-2）得到：

$$H = -\sum_{i=1}^{n} p(x_i) \log_2 p(x_i) \tag{10-2}$$

式中 n为分类数目，熵越大，随机变量的不确定性就越大。

当熵中的概率由数据估计（特别是最大似然估计）得到时，所对应的熵称为经验熵（empirical entropy）。什么叫由数据估计？假如有10个数据，一共有两个类别，A类和B类，其中有7个数据属于A类，则该A类的概率为7/10；有3个数据属于B类，则该B类的概率为3/10。对于数据估计，浅显的解释就是，概率是我们根据数据数出来的。我们定义贷款申请样本数据表中的数据为训练数据集D，则训练数据集D的经验熵为$H(D)$，$|D|$表示其样本容量及样本个数。设有K个类C_k（$k=1, 2, 3, \cdots, K$），$|C_k|$为属于类C_k的样本个数，经验熵公式可以写为

$$H(D) = -\sum \frac{|c_k|}{|D|} \log_2 \frac{|c_k|}{|D|} \tag{10-3}$$

以表10-1中的贷款数据集为例，通过所给的训练数据学习一个贷款申请的决策树，用以对未来的贷款申请进行分类，即当新的客户提出贷款申请时，根据申请人的特征，利用决策树决定是否批准贷款申请。特征选择就是决定用哪个特征来划分特征空间，比如，我们通过该数据表可以得到两个可能的决策树，分别由两个不同特征的根节点构成，如图10-2所示。

表10-1 贷款申请样本数据表

ID	年龄	有工作	有自己的房子	信贷情况	类别
1	青年	否	否	一般	否
2	青年	否	否	好	否
3	青年	是	否	好	是
4	青年	是	是	一般	是
5	青年	否	否	一般	否

(续)

ID	年龄	有工作	有自己的房子	信贷情况	类别
6	中年	否	否	一般	否
7	中年	否	否	好	否
8	中年	是	是	好	是
9	中年	否	是	非常好	是
10	中年	否	是	非常好	是
11	老年	否	是	非常好	是
12	老年	否	是	好	是
13	老年	是	否	好	是
14	老年	是	否	非常好	是
15	老年	否	否	一般	否

图 10-2 两个可能的决策树

如图 10-2a 所示的根节点的特征是年龄，有 3 个取值，对于不同的取值有不同的子节点。如图 10-2b 所示的根节点的特征是有工作，有 2 个取值，对于不同的取值有不同的子节点。两个决策树都可以从此延续下去。问题是，究竟选择哪个特征更好些？这就要求确定选择特征的准则。直观上，如果一个特征具有更好的分类能力，或者说，按照这一特征将训练数据集分割成子集，各个子集在当前条件下有最好的分类，那么就应该选择这个特征。信息增益能够很好地表示这一直观的准则。

根据式（10-3）计算经验熵 $H(D)$，分析贷款申请样本数据表中的数据。最终分类结果只有两类，即放贷和不放贷。根据表中的数据统计可知，在 15 个数据中，9 个数据的结果为放贷，6 个数据的结果为不放贷。所以数据集 D 的经验熵 $H(D)$ 为

$$H(D) = -\frac{9}{15}\log_2\frac{9}{15} - \frac{6}{15}\log_2\frac{6}{15} = 0.971 \qquad (10\text{-}4)$$

经过计算可知，数据集 D 的经验熵 $H(D)$ 的值为 0.971。

条件熵（conditional entropy）$H(Y|X)$ 表示在已知随机变量 X 的条件下随机变量 Y 的不确定性。在给定随机变量 X 的条件下随机变量 Y 的条件熵 $H(Y|X)$，定义为在给定条件 X 下，Y 的条件概率分布的熵对 X 的数学期望：

$$H(Y|X) = \sum_{i=1}^{n} p_i H(Y|X=x_i) \qquad (10\text{-}5)$$

式中　$p_i = P(X = x_i)$。

条件熵信息增益表示得知特征 X 的信息而使得类 Y 的信息不确定性减少的程度。

当熵 $H(X)$ 和条件熵 $H(Y|X)$ 中的概率由数据估计（特别是极大似然估计）得到时，所对应的分别为经验熵和经验条件熵，此时如果有 0 概率，令 $0\log 0 = 0$。

信息增益是相对于特征而言的。所以，特征 A 对训练数据集 D 的信息增益 $g(D, A)$，定义为集合 D 的经验熵 $H(D)$ 与特征 A 给定条件下 D 的经验条件熵 $H(D|A)$ 之差，即

$$g(D, A) = H(D) - H(D|A) \tag{10-6}$$

一般来说，熵 $H(D)$ 与条件熵 $H(D|A)$ 之差称为互信息（mutual information）。决策树学习中的信息增益等价于训练数据集中类与特征的互信息。

信息增益值的大小是相对于训练数据集而言的，并没有绝对意义。在分类问题困难时，也就是说在训练经验熵大的数据集中，信息增益值会偏大，反之，信息增益值会偏小。使用信息增益比可以对这个问题进行校正，这是特征选择的另一个标准。

2. 信息增益率

实际上，信息增益准则对可取值数目较多的属性有所偏好，为减少这种偏好可能带来的不利影响，著名的 C4.5 决策树算法不直接使用信息增益，而是使用"增益率"来选择最优划分属性。采用与式（10-3）与式（10-6）相同的符号表示，增益率定义为

$$\text{gr}(D, A) = \frac{g(D, A)}{H(D)} \tag{10-7}$$

需注意的是，增益率准则对可取值数目较少的属性有所偏好，因此，C4.5 决策树算法并不是直接选择增益率最大的候选划分属性，而是使用了一个启发式，即先从候选划分属性中找出信息增益高于平均水平的属性，再从中选择增益率最高的。

3. 基尼指数

CART 决策树算法就是使用基尼指数来选择划分属性，采用与式（10-2）相同的符号，数据集 D 的纯度可用基尼值来度量：

$$\text{Gini}(D) = 1 - \sum_{i=1}^{n} p^2(x_i) \tag{10-8}$$

对于分类树采用基尼指数最小化准则，$\text{Gini}(D)$ 越小，代表数据纯度越高。

假定属性 a 有 V 种取值，因此根据属性 a 可以将输入数据集合 D 划分为 V 个分支集合，属性 a 的基尼指数表示为

$$\text{GiniIndex}(D, a) = \sum_{v=1}^{V} \frac{D^v}{D} \text{Gini}(D^v) \tag{10-9}$$

根据使基尼指数最小的属性进行选择。

10.1.4 决策树的应用实例

威斯康星大学的威廉·沃尔伯格博士于 1990 年发布了威斯康星乳腺癌数据集。他搜集数据的目标是想辨别肿瘤活体检查结果是良性的还是恶性的。他的团队使用细针穿刺（FNA）技术收集样本。如果医生通过检查发现肿瘤或者通过透视发现异常组织，就会进行活体检查。FNA 是取得活体组织的安全方法，很少出现并发症。病理学家对活体组织进行检查，试图确定诊断结果（恶性或良性）。

诊断结果十分重要。良性的乳腺肿瘤并不危险，因为不存在异常组织扩散到身体其他部分的风险。如果良性肿瘤过大，就需要通过外科手术切除。而恶性肿瘤必须进行医疗干预，治疗的程度与很多因素有关，一般都要进行外科手术，然后进行放射性治疗或化学治疗。所以，误诊的后果是很严重的。误诊为恶性（false positive，假阳性）会导致昂贵但不必要的治疗费用，还会使患者背负巨大的心理和生理负担；误诊为良性（false negative，假阴性）会使患者得不到应有的治疗，造成癌细胞扩散，引起过早死亡。乳腺癌患者的早期医疗干预可以大大提高存活率。我们的任务是开发尽可能准确的机器学习诊断算法，帮助医疗团队确定肿瘤性质。

数据集包含 699 个患者的组织样本，保存在有 11 个变量的数据框中，如表 10-2 所示。

表 10-2 乳腺癌数据集变量说明

变量名	变量解释
ID	样本编码
V1	细胞浓度
V2	细胞大小均匀度
V3	细胞形状均匀度
V4	边缘黏着度
V5	单上皮细胞大小
V6	裸细胞核（16 个观测值缺失）
V7	平和染色质
V8	正常核仁
V9	有丝分裂状态
class	肿瘤诊断结果，良性或恶性

医疗团队对 9 个特征进行了评分和编码，评分的范围是 1~10。可以在统计分析开源软件 R 的 MASS 程序包中找到该数据框，名为 biopsy。为进行数据准备，我们加载这个数据框，确认数据结构，将变量重命名为有意义的名称，还要删除有缺失项的观测结果，然后开始对数据进行可视化探索。下面就是我们的工作代码，首先加载库文件和数据集，然后使用 str() 函数检查数据内部结构，如下所示：

```
> library(MASS)
> data(biopsy)
> str(biopsy)
```

```
'data.frame':    699 obs. of  11 variables:
 $ ID   : chr  "1000025" "1002945" "1015425" "1016277" ...
 $ V1   : int  5 5 3 6 4 8 1 2 2 4 ...
 $ V2   : int  1 4 1 8 1 10 1 1 1 2 ...
 $ V3   : int  1 4 1 8 1 10 1 2 1 1 ...
 $ V4   : int  1 5 1 1 3 8 1 1 1 1 ...
 $ V5   : int  2 7 2 3 2 7 2 2 2 2 ...
 $ V6   : int  1 10 2 4 1 10 10 1 1 1 ...
 $ V7   : int  3 3 3 3 3 9 3 3 1 2 ...
 $ V8   : int  1 2 1 7 1 7 1 1 1 1 ...
 $ V9   : int  1 1 1 1 1 1 1 1 5 1 ...
 $ class: Factor w/ 2 levels "benign","malignant": 1 1 1 1 2 1 1 1 1 ...
```

对数据结构进行检查发现，特征是整数型变量，结果变量是一个因子，不需要将数据转换为其他结构。加载数据之后，删除患者 ID，对特征进行重新命名，删除一些缺失值，然后建立训练数据集和测试数据集，代码如下所示：

```
> data(biopsy)
> biopsy <- biopsy[, -1]
> names(biopsy) <- c("thick", "u.size", "u.shape", "adhsn", "s.size", "nucl", "chrom", "n.nuc", "mit", "class")
> biopsy.v2 <- na.omit(biopsy)
> set.seed(123) #random number generator
> ind <- sample(2, nrow(biopsy.v2), replace = TRUE, prob = c(0.7, 0.3))
> biop.train <- biopsy.v2[ind == 1, ] #the training data set
> biop.test <- biopsy.v2[ind == 2, ] #the test data set
```

准备好合适的数据之后，要解决分类问题。在建立分类树之前，要确保结果变量是一个因子，可以用 str() 函数进行检查：

```
> str(biop.test)
'data.frame':    209 obs. of  10 variables:
 $ thick  : int  5 6 4 2 1 7 6 7 1 3 ...
 $ u.size : int  4 8 1 1 1 4 1 3 1 2 ...
 $ u.shape: int  4 8 1 2 1 6 1 2 1 1 ...
 $ adhsn  : int  5 1 3 1 1 4 1 10 1 1 ...
 $ s.size : int  7 3 2 2 1 6 2 5 2 1 ...
 $ nucl   : int  10 4 1 1 1 1 1 10 1 1 ...
 $ chrom  : int  3 3 3 3 3 4 3 5 3 2 ...
 $ n.nuc  : int  2 7 1 1 1 3 1 4 1 1 ...
 $ mit    : int  1 1 1 1 1 1 4 1 1 ...
 $ class  : Factor w/ 2 levels "benign","malignant": 1 1 1 1 1 2 1 2 1 1 ...
```

先生成树，然后检查输出中的表格，找到最优分裂次数：

```
> set.seed(123)
> tree.biop <- rpart(class ~ ., data = biop.train)
> tree.biop$cptable
          CP nsplit rel error    xerror       xstd
1 0.79651163      0 1.0000000 1.0000000 0.06086254
2 0.07558140      1 0.2034884 0.2616279 0.03710371
3 0.01162791      2 0.1279070 0.1511628 0.02882093
4 0.01000000      3 0.1162791 0.1511628 0.02882093
```

交叉验证误差仅在两次分裂后就达到了最小值（见第 3 行）。

现在可以对树进行剪枝，再在图中绘制剪枝树，看看它在测试集上的表现：

```
> cp <- min(tree.biop$cptable[3, ])
> prune.tree.biop = prune(tree.biop, cp <- cp)
> plot(as.party(prune.tree.biop))
```

上述命令输出如图 10-3 所示。

从对树图的检查中我们可以发现，细胞大小均匀度是第一个分裂点，第二个是 nucl。完整树还有一个分支是细胞浓度。使用 predict() 函数并指定 type="class"，在测试集上进行预测，如下所示：

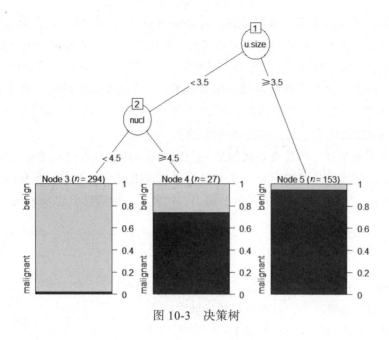

图 10-3　决策树

```
> rparty.test <- predict(prune.tree.biop, newdata = biop.test,
+                        type = "class")
> table(rparty.test, biop.test$class)

rparty.test benign malignant
   benign       136         3
   malignant      6        64
> (136+64)/209
[1] 0.9569378
```

这个只有两个分支的基本树模型给出了 95.6% 的正确率。

10.2　随机森林

10.2.1　随机森林概述

　　随机森林是利用多棵树对样本进行训练并预测的一种分类器。该分类器最早由 Leo Breiman 和 Adele Cutler 提出。在机器学习中，随机森林是一个包含多个决策树的分类器，其输出的类别由个别树输出的类别的众数而定。Leo Breiman 和 Adele Cutler 推论出随机森林的算法，并拥有"Random Forests"的商标。这个术语来源于 1995 年贝尔实验室的 Tin Kam Ho 所提出的随机决策森林（random decision forests），这个方法则是结合了 Breimans 的"装袋算法"（bootstrap aggregating，也称 bagging）想法和 Ho 的"随机子空间方法"（random subspace method）以建造决策树的集合。

　　随机森林（random forests，RF）是一种新兴的、高度灵活的机器学习算法，拥有广泛的应用前景，既可以用来做市场营销模拟的建模，统计客户来源，也可用来预测疾病的风险和病患者的易感性。

随机森林就是通过集成学习的思想,将多棵树集成的一种算法。它的基本单元是决策树,而它的本质属于机器学习的一大分支——集成学习(ensemble learning)方法。随机森林的名称中有两个关键词,一个是"随机",另一个就是"森林"。"森林"很好理解,一棵叫作树,那么成百上千棵就可以叫作森林了,这个比喻非常贴切,其实这也是随机森林的主要思想——集成思想的体现;"随机"则体现为每棵树的训练样本是随机的,树中每个节点的分裂属性集合也是随机选择确定的。

从直观角度来解释,每棵决策树都是一个分类器(假设现在针对的是分类问题),那么对于一个输入样本,N棵树会有N个分类结果。而随机森林集成了所有的分类投票结果,将投票次数最多的类别指定为最终的输出,这就是一种最简单的bagging思想。

10.2.2 随机森林的特点

随机森林是一种灵活实用的方法,它有如下几个特点:
(1)在当前所有算法中,具有极好的准确率;
(2)能够有效地运行在大数据集上;
(3)能够处理具有高维特征的输入样本,而不需要降维;
(4)能够评估各个特征在分类问题上的重要性;
(5)在生成过程中,能够获取到内部生成误差的一种无偏估计;
(6)对于默认值问题也能够获得很好的结果。

实际上,随机森林的特点不止这6点,我们几乎可以把任何问题交给随机森林来解决,它在绝大多数情况下都是可供使用的。

10.2.3 随机森林相关基础知识

(1)信息、熵以及信息增益的概念。

信息、熵以及信息增益这三个基本概念是决策树的根本,是决策树利用特征来分类时确定特征选取顺序的依据,这些内容在决策树部分有详细介绍。

(2)决策树。

决策树是一种树形结构,其中每个内部节点表示一个属性上的测试,每个分支代表一个测试输出,每个叶节点代表一种类别。常见的决策树算法有C4.5、ID3和CART。

(3)集成学习。

集成学习通过建立几个模型组合来解决单一预测问题。它的工作原理是生成多个分类器或模型,各自独立地学习并做出预测,最后将这些预测结合成一个预测,因此这个结果优于任何一个单分类做出的预测。

随机森林是集成学习的一个子类,它依靠于决策树的投票选择来决定最后的分类结果。

10.2.4 随机森林的生成

随机森林中有许多的分类树。要将一个输入样本进行分类，我们需要将输入样本输入每棵树中进行分类。打个形象的比喻：森林中召开会议，讨论某个动物到底是老鼠还是松鼠，每棵树都要独立地发表自己对这个问题的看法，也就是每棵树都要投票。该动物到底是老鼠还是松鼠，要依据投票情况来确定，获得票数最多的类别就是森林的分类结果。森林中的每棵树都是独立的，绝大多数不相关的树做出的预测结果涵盖所有的情况，这些预测结果将会彼此抵消。少数优秀的树的预测将会超脱于芸芸"噪声"，得到一个好的预测结果。将若干个弱分类器的分类结果进行投票选择，从而组成一个强分类器，这就是随机森林的 bagging 思想（bagging 思想的代价是，由于不用单棵决策树来做预测，因此我们无法获知具体是哪个变量起到了重要作用，所以 bagging 思想虽然改进了预测准确率，但损失了解释性）。

有了树我们就可以分类了，但是森林中的每棵树是怎么生成的呢？

每棵树按照如下规则生成：

（1）如果训练集大小为 N，对于每棵树而言，要随机且有放回地从训练集中抽取 N 个训练样本（这种采样方式称为 bootstrap sample 方法），作为该树的训练集。从这里我们可以知道，每棵树的训练集都是不同的，而且里面包含重复的训练样本。

训练集为什么要随机抽样？如果不进行随机抽样，每棵树的训练集都一样，那么最终训练出的树分类结果也是完全一样的，这就失去了 bagging 的意义。

为什么要有放回地抽样？如果不放回抽样，那么每棵树的训练样本是完全不同的，其学习器之间的相似性小，投票结果差，模型偏差大。

（2）如果每个样本的特征维度为 M，指定一个常数 $m<<M$，随机地从 M 个特征中选取 m 个特征子集，每次树进行分裂时，从这 m 个特征中选择最优的。

（3）每棵树都尽最大程度地生长，并且没有剪枝过程。

我们一开始提到的随机森林中的"随机"就是指这里的两个随机性，即"随机且有放回地从训练集中抽取 N 个训练样本"和"随机选择特征子集"。两个随机性的引入对随机森林的分类性能至关重要。它们的引入使得随机森林不容易陷入过拟合，并且具有很好的抗噪能力（比如对默认值不敏感）。

随机森林分类效果（错误率）与两个因素有关。

- 森林中任意两棵树的相关性：相关性越大，错误率越大。
- 森林中每棵树的分类能力：每棵树的分类能力越强，整个森林的错误率越低。

减小特征选择个数 m，树的相关性和分类能力也会相应降低；增大 m，两者也会随之增大。所以关键问题是如何选择最优的 m（或者是范围），这也是随机森林唯一的一个参数。

10.2.5 袋外错误率

构建随机森林的关键问题就是如何选择最优的 m，要解决这个问题需要计算袋外错误率（out-of-bag error，oob error）。

随机森林有一个重要的优点，即没有必要对它进行交叉验证或者用一个独立的测试集来获得误差的一个无偏估计。它可以在内部进行评估，也就是说，在生成的过程中就可以对误差建立一个无偏估计。

我们知道，在构建每棵树时，我们对训练集进行了不同的随机且有放回的抽取，所以对于每棵树而言（假设对于第 k 棵树），大约有 1/3 的训练实例没有参与第 k 棵树的生成，它们称为第 k 棵树的 oob 样本。

这样的采样特点就允许我们进行 oob 估计，它的计算方式如下：

（1）对每个样本，计算它作为 oob 样本的树对它的分类情况（约 1/3 的树）；
（2）然后以简单多数投票作为该样本的分类结果；
（3）最后用误分个数占样本总数的比例作为随机森林的 oob 误分率。

oob 误分率是随机森林泛化误差的一个无偏估计，它的结果近似于需要大量计算的 k 折交叉验证。

10.2.6 随机森林的应用实例

我们再次以 10.1.4 节中的乳腺癌数据集为例，在本例中，利用随机森林解决分类问题的效果非常好。我们从乳腺癌诊断数据开始，使用 randomForest 函数：

```
> set.seed(123)
> rf.biop <- randomForest(class ~ ., data = biop.train)
> rf.biop

Call:
 randomForest(formula = class ~ ., data = biop.train)
               Type of random forest: classification
                     Number of trees: 500
No. of variables tried at each split: 3

        OOB estimate of  error rate: 3.38%
Confusion matrix:
          benign malignant class.error
benign       294         8  0.02649007
malignant      8       164  0.04651163
```

oob（袋外数据）误差率为 3.38%。随机森林由默认的全部 500 棵树组成。画出表示误差和树的数量关系的统计图：

```
> plot(rf.biop)
```

上述命令的输出图如图 10-4 所示。

图 10-4 中显示，误差和标准误差的最小值是在树的数量很少的时候取得的，可以使用 which.min() 函数找出具体值。和前面不同的一点是，需要指定乳腺癌数据集第一列来得到误差率，这是整体误差率。算法会为每个类标号的误差率生成一个附加列，本例中

不需要它们。模型结果中没有 mse，而是代之以 err.rate。代码如下：

```
> which.min(rf.biop$err.rate[, 1])
[1] 125
```

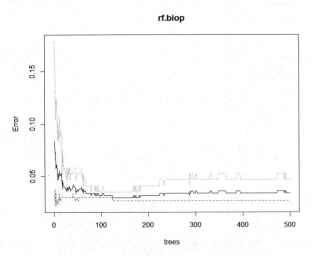

图 10-4　误差和树的数量关系的统计图

125 棵树就可以使模型正确率达到最优。通过如下代码进行实验，测试一下模型的表现：

```
> set.seed(123)
> rf.biop.2 <- randomForest(class ~ ., data = biop.train, ntree = 125)
> #getTree(rf.biop,1)
> rf.biop.2
Call:
 randomForest(formula = class ~ ., data = biop.train, ntree = 125)
               Type of random forest: classification
                     Number of trees: 125
No. of variables tried at each split: 3

        OOB estimate of  error rate: 2.95%
Confusion matrix:
          benign malignant class.error
benign       294         8  0.02649007
malignant      6       166  0.03488372
> rf.biop.test <- predict(rf.biop.2,
+                         newdata = biop.test,
+                         type = "response")
> table(rf.biop.test, biop.test$class)

rf.biop.test benign malignant
   benign       138         0
   malignant      4        67
> (139 + 67) / 209
[1] 0.9856459
```

可以看到，训练集上的误差率不到 3%，在测试集上的表现甚至会更好，这说明随机森林模型在乳腺癌数据上的效果是非常好的。

通过以下代码生成变量重要性统计图：

```
> varImpPlot(rf.biop.2)
```

上述命令的输出图如图 10-5 所示。

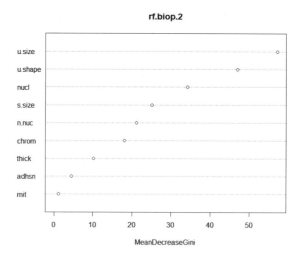

图 10-5　变量重要性统计图

变量重要性是指每个变量对基尼指数平均减少量的贡献，此处的变量重要性与单个树分裂时有很大区别。回忆一下，单个树是在细胞大小均匀度开始分裂的（与随机森林一致），然后是 nucl，接着是细胞密度。这揭示了随机森林技术具有非常大的潜力，不但可以提高模型预测能力，还可以改善特征选择的结果。

10.3　支持向量机（SVM）

10.3.1　间隔与支持向量

给定训练样本集 $D = \{(x_1, y_1), (x_1, y_2), \cdots, (x_m, y_m)\}$，$y_i \in \{-1, +1\}$，分类学习最基本的想法就是基于训练集 D 在样本空间中找到一个划分超平面，将不同类别的样本分开。但能将训练样本分开的划分超平面可能有很多，如图 10-6 所示，我们应该选择哪一个呢？

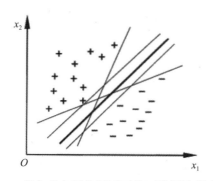

图 10-6　存在多个划分超平面将两类训练样本分开

在样本空间中,划分超平面可通过如下线性方程来描述:

$$w^T x + b = 0 \tag{10-10}$$

式中 $w = (w_1, w_2, \cdots, w_d)$ 为法向量,决定了划分超平面的方向,b 为位移项,决定了划分超平面与原点之间的距离。显然,划分超平面可被法向量 w 和位移 b 确定。

下面我们将其记为 (w, b)。样本空间中任意点 a 到划分超平面 (w, b) 的距离可写为

$$r = \frac{|w^T x + b|}{\|w\|} \tag{10-11}$$

假设划分超平面 (w, b) 能将训练样本正确分类,即对于 $(x_i, y_i) \in D$,若 $y_i = +1$,则有 $w^T x_i + b > 0$;若 $y_i = -1$,则有 $w^T x_i + b < 0$。

$$\begin{cases} w^T + b \geqslant +1, y_i = +1 \\ w^T + b < +1, y_i = -1 \end{cases} \tag{10-12}$$

如图 10-7 所示,距离划分超平面最近的这几个训练样本点使式(10-12)成立,它们被称为"支持向量"(support vector),两个异类支持向量到划分超平面的距离之和为

$$\gamma = \frac{2}{\|w\|} \tag{10-13}$$

它被称为"间隔"(margin)。

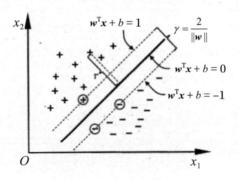

图 10-7 支持向量与间隔

要找到具有"最大间隔"(maximum margin)的划分超平面,也就是要找到能满足式(10-12)中约束的参数 w 和 b,使得 γ 最大,即:

$$\max_{w, b} \frac{2}{\|w\|}$$

$$\text{s.t.} \, y_i(w^T x_i + b) \geqslant 1, i=1, 2, \cdots, m \tag{10-14}$$

显然,要最大化间隔,仅需最大化 $\|w\|^{-1}$,这等价于最小化 $\|w\|^2$。于是,式(10-14)

可重写为

$$\min_{w,b} \frac{1}{2}\|w\|^2$$

$$\text{s.t. } y_i(w^T x_i + b) \geq 1, i=1, 2, \cdots, m \quad (10\text{-}15)$$

这就是支持向量机的基本形式。

10.3.2 对偶问题

对式（10-15）使用拉格朗日乘子法得到其对偶问题，该问题的拉格朗日函数可以写为

$$L(w, b, \alpha) = \frac{1}{2}\|w\|^2 + \sum_{i=1}^{m} \alpha_i [1 - y_i(w^T x_i + b)] \quad (10\text{-}16)$$

分别对 w 和 b 求偏导数：

$$\frac{\partial L}{\partial w} = w - \sum_{i=1}^{m} \alpha_i y_i x_i \quad (10\text{-}17)$$

$$\frac{\partial L}{\partial b} = \sum_{i=1}^{m} \alpha_i y_i \quad (10\text{-}18)$$

令其分别为 0，可以得到：

$$w = \sum_{i=1}^{m} \alpha_i y_i x_i \quad (10\text{-}19)$$

$$\sum_{i=1}^{m} \alpha_i y_i = 0 \quad (10\text{-}20)$$

将式（10-19）、式（10-20）代入式（10-16），可得：

$$L(w, b, \alpha) = \sum_{i=1}^{m} \alpha_i - \frac{1}{2} \sum_{i=1}^{m} \sum_{j=1}^{m} \alpha_i \alpha_j y_i y_j x_i x_j$$

$$\text{s.t. } \sum_{i=1}^{m} \alpha_i y_i = 0, \quad \alpha_i \geq 0, \quad i = 1, 2, \cdots, m \quad (10\text{-}21)$$

此时，原问题就转化为以下问题：

$$\max_{\alpha} \sum_{i=1}^{m} \alpha_i - \frac{1}{2} \sum_{i=1}^{m} \sum_{j=1}^{m} \alpha_i \alpha_j y_i y_j x_i x_j$$

$$\text{s.t. } \sum_{i=1}^{m} \alpha_i y_i = 0, \quad \alpha_i \geq 0, \quad i = 1, 2, \cdots, m \quad (10\text{-}22)$$

求解后，根据式（10-19）可以求得 w，进而求得 b，可以得到模型：

$$f(x) = w^{\mathrm{T}}x + b = \sum_{i=1}^{m} \alpha_i y_i x_i^{\mathrm{T}} x + b \tag{10-23}$$

由于式（10-15）中有不等式的约束，因此上述过程需要满足的 KKT（Karush-Kuhn-Tucker）条件为

$$\begin{cases} \alpha_i \geqslant 0 \\ y_i f(x_i) - 1 \geqslant 0 \\ \alpha_i [y_i f(x_i) - 1] = 0 \end{cases} \tag{10-24}$$

对于任意的训练样本 (x_i, y_i)：
- 若 $\alpha_i = 0$，则式（10-23）的求和项中不会出现 α_i，也就是说它不影响模型的训练；
- 若 $\alpha_i > 0$，则 $y_i f(x_i) - 1 = 0$，也就是说 $y_i f(x_i) = 1$，即该样本一定在边界上，是一个支持向量。

这里显示出了支持向量机的重要特征：当训练完成后，大部分样本都不需要保留，最终模型只与支持向量有关。

10.3.3 非线性数据

在之前的所有例子中，数据都是线性可分的，然而，大多数数据都不是线性的。以图10-8中的数据为例，很显然使用直线并不能将两类样本分开，但是可以使用一条椭圆曲线（非线性模型）将它们分开。由于非线性问题往往不好求解，所以希望能用解线性分类问题的方法来求解，这时可以采用非线性变换，将非线性问题变换成线性问题。

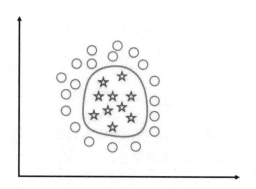

图10-8 非线性数据的划分

对于这样的问题，可以将训练样本从原始空间映射到一个更高维的空间，使得样本在这个空间中线性可分。如果原始空间维数是有限的，即属性是有限的，那么一定存在一个高维特征空间是样本可分的。令 $\phi(x)$ 表示将 x 映射后的特征向量，于是在特征空间中，划分超平面所对应的模型可表示为

$$f(x) = \boldsymbol{w}^\mathrm{T}\boldsymbol{\phi}(\boldsymbol{x}) + b \tag{10-25}$$

于是有最小化函数：

$$\min_{\boldsymbol{w},b} \frac{1}{2}\|\boldsymbol{w}\|^2, \quad \text{s.t.} \quad y_i[(\boldsymbol{w}^\mathrm{T}\boldsymbol{\phi}(\boldsymbol{x}_i) + b] \geq 1 \quad (i = 1, 2, \cdots, m) \tag{10-26}$$

其对偶问题为

$$\max_{\alpha} \sum_{i=1}^{m}\alpha_i - \frac{1}{2}\sum_{i=1}^{m}\sum_{j=1}^{m}\alpha_i\alpha_j y_i y_j \boldsymbol{\phi}(\boldsymbol{x}_i)^\mathrm{T}\boldsymbol{\phi}(\boldsymbol{x}_j)$$
$$\text{s.t.} \quad \sum_{i=1}^{m}\alpha_i y_i = 0, \qquad \alpha_i \geq 0, \quad i = 1, 2, \cdots, m \tag{10-27}$$

若要对式（10-27）进行求解，会涉及计算 $\boldsymbol{\phi}(\boldsymbol{x}_i)^\mathrm{T}\boldsymbol{\phi}(\boldsymbol{x}_j)$，这是样本 x_i 和 x_j 映射到特征空间之后的内积，由于特征空间的维数可能很高，甚至是无穷维，因此直接计算 $\boldsymbol{\phi}(\boldsymbol{x}_i)^\mathrm{T}\boldsymbol{\phi}(\boldsymbol{x}_j)$ 通常是很困难的，于是想到这样一个函数：

$$\kappa(\boldsymbol{x}_i, \boldsymbol{x}_j) = <\boldsymbol{\phi}(\boldsymbol{x}_i), \boldsymbol{\phi}(\boldsymbol{x}_j)> = \boldsymbol{\phi}(\boldsymbol{x}_i)^\mathrm{T}\boldsymbol{\phi}(\boldsymbol{x}_j) \tag{10-28}$$

即 $\boldsymbol{x}_i$ 和 $\boldsymbol{x}_j$ 在特征空间中的内积等于它们在原始样本空间中通过函数 $\kappa(x_i, x_j)$ 计算的函数值，于是式（10-27）可以写为

$$\max_{\alpha} \sum_{i=1}^{m}\alpha_i - \frac{1}{2}\sum_{i=1}^{m}\sum_{j=1}^{m}\alpha_i\alpha_j y_i y_j \kappa(\boldsymbol{x}_i, \boldsymbol{x}_j)$$
$$\text{s.t.} \quad \sum_{i=1}^{m}\alpha_i y_i = 0, \qquad \alpha_i \geq 0, \quad i = 1, 2, \cdots, m \tag{10-29}$$

求解后得到：

$$\begin{aligned} f(x) &= \boldsymbol{w}^\mathrm{T}\boldsymbol{\phi}(\boldsymbol{x}) + b \\ &= \sum_{i=1}^{m}\alpha_i y_i \boldsymbol{\phi}(\boldsymbol{x}_i)^\mathrm{T}\boldsymbol{\phi}(\boldsymbol{x}_j) + b \\ &= \sum_{i=1}^{m}\alpha_i y_i \kappa(\boldsymbol{x}_i, \boldsymbol{x}_j) + b \end{aligned} \tag{10-30}$$

这里的 $\kappa(\boldsymbol{x}_i, \boldsymbol{x}_j)$ 就是核函数，在实际应用中，人们通常会从一些常用的核函数里加以选择（根据样本数据的不同选择不同的参数，实际上就得到了不同的核函数）。常用的核函数如下。

- 线性核函数：$\kappa(\boldsymbol{x}_i, \boldsymbol{x}_j) = \boldsymbol{x}_i \cdot \boldsymbol{x}_j$，无须转换。
- 多项式核函数：$\kappa(\boldsymbol{x}_i, \boldsymbol{x}_j) = (\gamma \boldsymbol{x}_i \cdot \boldsymbol{x}_j + c)^d$，$d$ 为多项式的次数。
- 径向基核函数：$\kappa(\boldsymbol{x}_i, \boldsymbol{x}_j) = \mathrm{e}(-\gamma|\boldsymbol{x}_i - \boldsymbol{x}_j|^2)$。
- sigmod 核函数：$\kappa(\boldsymbol{x}_i, \boldsymbol{x}_j) = = \tanh(\gamma \boldsymbol{x}_i \cdot \boldsymbol{x}_j + c)$。

至于如何在非线性技术中选择核函数，可能需要反复实验。

10.3.4 应用案例

iris 数据集中的数据源于 1936 年费希尔法发表的一篇论文，他搜集了三种鸢尾花（分别标记为 setosa、versicolor 和 virginical）的花萼和花瓣数据，包括花萼的长度和宽度，以及花瓣的长度和宽度。我们将根据这四个特征来建立支持向量机模型，从而实现对三种鸢尾花的分类判别任务。

有关数据可以从 datasets 软件包中的 iris 数据集里获取。下面我们演示性地列出了前 5 行数据。成功载入数据后，我们可以看到其中共包含了 150 个样本（被标记为 setosa、versicolor 和 virginica 的样本各 50 个），以及 4 个样本特征，分别是 Sepal.Length、Sepal.Width、Petal.Length 和 Petal.Width。

```
> iris
   Sepal.Length Sepal.Width Petal.Length Petal.Width Species
1           5.1         3.5          1.4         0.2  setosa
2           4.9         3.0          1.4         0.2  setosa
3           4.7         3.2          1.3         0.2  setosa
4           4.6         3.1          1.5         0.2  setosa
5           5.0         3.6          1.4         0.2  setosa
6           5.4         3.9          1.7         0.4  setosa
7           4.6         3.4          1.4         0.3  setosa
8           5.0         3.4          1.5         0.2  setosa
9           4.4         2.9          1.4         0.2  setosa
10          4.9         3.1          1.5         0.1  setosa
```

在正式建模之前，我们也可以通过一个图形来初步判定数据的分布情况，为此在 Rstudio 中使用如下代码来绘制（仅选择 Petal.Length 和 Petal.Width 这两个特征时）数据的划分情况。

```
library(lattice)
xyplot(Petal.Length ~ Petal.Width, data = iris,
       groups = Species,
       auto.key = list(corner=c(1, 0)))
```

上述代码的执行结果如图 10-9 所示，从中不难发现，标记为 setosa 的鸢尾花可以很容易地被划分出来。而在仅使用 Petal.Length 和 Petal.Width 这两个特征时，versicolor 和 virginica 之间尚不是线性可分的。

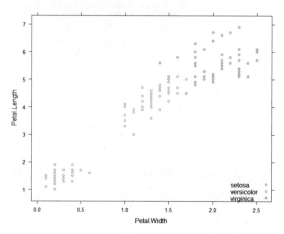

图 10-9 鸢尾数据的分布情况

接着，根据既定公式建立支持向量机分类模型，此时的函数使用格式为：svm（formula，data= NULL，subset，na.action = na.omit，scale= TRUE），其中：
- formula 表示函数模型的形式；
- data 表示在模型中包含的有变量的一组可选格式数据；
- 参数 na.action 用于指定当样本数据中存在无效的空数据时，系统应该进行怎样的处理，默认值 na.omit 表示程序会忽略那些数据缺失的样本，另外一个可选的赋值为 na.fail，它指示系统在遇到空数据时给出一条错误信息；
- 参数 scale 为一个逻辑向量，用来指定特征是不是需要标准化（默认标准化为均值 0，方差 1）；
- 索引向量 subset 用于指定那些将来被用来训练模型的采样数据。

例如，已经知道仅用 Petal.Length 和 Petal.Width 这两个特征时标记为 setosa 和 versicolor 的鸢尾花是线性可分的，所以我们用下面的代码来构建 SVM 模型：

```
data(iris)
attach(iris)
subdata <- iris[iris$Species != 'virginica', ]
subdata$Speices <- factor(subdata$Species)
model1 <- svm(Species ~ Petal.Length + Petal.Width,
              data = subdata)
plot(model1, subdata, Petal.Length ~ Petal.Width)
```

上述命令构建的模型如图 10-10 所示。

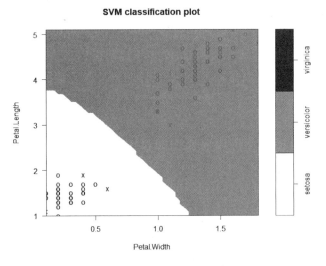

图 10-10　SVM 模型

若使用数据中的全部特征变量作为模型特征变量，可以简要地使用"Species~."中的"."代替全部的特征变量。例如，下面的代码就利用了全部四种特征来对三种鸢尾花进行分类：

```
> model2 <- svm(Species~., data = iris)
> summary(model2)
Call:
svm(formula = Species ~ ., data = iris)

Parameters:
   SVM-Type:  C-classification
 SVM-Kernel:  radial
       cost:  1

Number of Support Vectors:  51

 ( 8 22 21 )


Number of Classes:  3

Levels:
 setosa versicolor virginica
```

通过 summary 函数可以得到关于模型的相关信息：

- SVM-Type 项目说明本模型的类别为 C 分类器模型；
- SVM-Kernel 项目说明本模型所使用的核函数为高斯内积函数且核函数中参数 gamma 的取值为 0.25；
- cost 项目说明本模型确定的约束违反成本为 1；
- 此外我们可以看到，模型找到了 51 个支持向量，第一类包含 8 个支持向量，第二类包含 22 个支持向量，第三类包含 21 个支持向量；
- 最后一行说明模型中的三个类别分别为 setosa、versicolor 和 virginica。

10.4 神经网络分析

10.4.1 神经网络简介

1943 年心理学家 W.McCulloch 和数理逻辑学家 Pitts 首先提出神经网络分析，旨在寻求神经系统的计算模拟。许多科学家为了揭开大脑机能的奥秘，进行了长期、不懈的努力探索，逐渐形成了一个多学科交叉的前沿技术领域——神经网络。

一般认为，生物神经并不是一开始就具有很好的识别能力的，而是在其成长过程中通过学习逐步获得的。人类出生后的几年时间里，大脑接收了大量的环境信息。随着经验的积累，神经元之间的关系不断变化，从而完成智能、思维、情绪等精神活动。当人类刚刚出生的时候，神经元存储的信息相当于一张白纸，在环境中各种输入信号的刺激下，神经元之间的连接关系逐渐发生变化，最终对信号做出正确反应。

人工神经网络（ANN）是一种在生物神经网络的启示下建立的数据处理模型，用来建立一种不依赖于具体数学模型的研究方法，主要针对高度非线性、不确定性的系统。它通过不断学习，接收来自领域神经元的刺激，训练神经元的决策能力，训练完成后可具有智能预测和决策的功能。人工神经网络的主要研究内容有：

1）理论研究：ANN 模型及其学习算法，一方面试图从数学上描述 ANN 的动力学过程，建立相应的 ANN 模型，另一方面在该模型的基础上，对于给定的学习样本，找出一种能以较快的速度和较高的精度调整神经元间互连权值，使系统达到稳定状态，满足学习要求的算法。

2）应用研究：探讨如何应用 ANN 解决实际问题，如模式识别、故障检测、智能机器人等。

一般而言，ANN 与经典计算方法相比并非优越，只有当常规方法解决不了或效果不佳时，ANN 方法才显示出其优越性。尤其对于对问题的机理不甚了解，或不能用数学模型表示的系统，如故障诊断、特征提取和预测等问题，ANN 往往是最有力的工具。同时，ANN 对处理原始数据量巨大且不能用规则或公式描述的问题，表现出极大的灵活性和自适应性。

10.4.2 神经网络的特点

神经网络是对人脑生物神经网络的简化、抽象与模拟，是一种模仿人脑结构及功能的信息处理系统，它可以呈现出人脑的许多特征，并具有人脑的一些基本功能。

1. 基本特征

（1）结构特征。

- 并行处理：神经网络是由大量简单处理元件相互连接构成的高度并行的非线性系统，具有大规模并行性处理特征。
- 分布式存储：结构上的并行性使神经网络的信息存储必然采用分布式方式，分布在网络所有的连接权中。
- 容错性：神经网络的容错性表现为两个方面。其一，网络中部分神经元损坏时不会对系统的整体性能造成影响；其二，神经网络能通过联想恢复完整的记忆，实现对不完整输入信息的正确识别。

（2）能力特征。

- 自学习能力：神经网络的自学习能力是指当外界环境发生变化时，经过一段时间的训练或感知，神经网络能自动调整网络结构参数，使得对于给定输入能产生期望的输出。
- 自组织能力：神经网络的自组织能力是指神经系统能在外部刺激下，按一定规则调整神经网络元之间的突触连接，逐渐构建起神经网络。
- 自适应性：神经系统的自适应性是指神经系统通过改变自身的性能，以适应环境变化的能力。实际上自适应性包含了自学习和自组织两层含义，它是通过学习和自组织实现的。

2. 主要功能

人工神经网络具有人脑生物神经系统的某些智能特点。

（1）联想记忆。

神经网络具有分布存储信息和并行计算的能力，因此，它具有对外界刺激信息和输入模式进行联想记忆的能力。联想记忆又分为自联想和异联想记忆两种。

（2）非线性映射。

神经网络通过对系统输入输出样本对照进行自动学习，能够以任意精度逼近任意复杂的非线性映射。

（3）分类与识别。

由于神经网络可以很好地实现对非线性曲面的逼近，因此，对于在样本空间上区域分割曲面十分复杂的事物，神经网络具有很强的识别和分类能力。

（4）优化计算。

优化计算指在已知的约束条件下，寻找一组参数组合，使由该组合确定的目标函数达到最小值。神经网络将目标函数设计为网络的能量函数，无须对目标函数求导即可求解。神经网络的工作状态以动态系统方程描述，当系统趋于稳定时，神经网络方程的解可以作为输出优化结果。

（5）知识处理。

与人脑类似，神经网络可以从对象的输入输出信息中抽取规律而获得关于对象的知识，并将知识分布在网络的连接中予以存储。

10.4.3 神经元模型

神经元是神经网络中最基本的结构，也可以说是神经网络的基本单元，它的设计灵感完全来源于生物学上神经元的信息传播机制。神经元有两种状态：兴奋和抑制。一般情况下，大多数的神经元处于抑制状态，但是一旦某个神经元收到刺激，导致它的电位超过一个阈值，那么这个神经元就会被激活，进入兴奋状态，进而向其他的神经元传播化学物质（其实就是信息）。

根据神经元的特性和功能，可以把神经元抽象为一个简单的数学模型。工程上用的人工模型如图 10-11 所示，它是一个多输入单输出的非线性元件，其输入输出关系可以描述为

$$I_i = \sum_{j=1}^{n} w_{ji} x_j - \theta_i$$
$$y_i = f(I_i)$$
（10-31）

式中 x_j, $j = 1, 2, \cdots, n$，是从其他细胞传递来的输入信号，θ_i 为神经元的阈值；w_{ji} 表示从细胞 j 到细胞 i 的连接权值（对于激发状态，w_{ji} 取正值；对于抑制状态，w_{ji} 取负值）；n

为输入信号数目；y_i 为神经元输出；$f(\cdot)$ 为传递函数，有时候称为激发或者激励函数，往往采用 0 和 1 二值函数或者 S 形函数，这一种函数都是连续和非线性的。

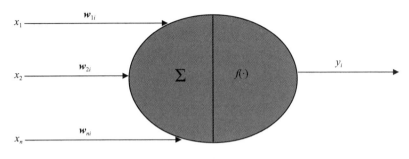

图 10-11　神经元结构模型

传递函数可以为线性函数，但是通常为像阶跃函数或者 S 形曲线那样的非线性函数。比较常用的神经元非线性函数如下。

- 阈值型函数：$f(x) = \begin{cases} 1, x \geqslant 0 \\ 0, x < 0 \end{cases}$。

- S 形函数：$f(x) = \dfrac{1}{1+e^{-\beta x}}$ 或者 $f(x) = \tanh(x')$。

有时候在网络中还采用简单的非线性函数：$f(x) = \dfrac{x}{1+|x|}$。

10.4.4　常见的神经网络模型

1. Boltzmann 机和 RBM

神经网络中有一类模型是为网络状态定义一个"能量"，能量最小化时网络达到理想状态，而网络的训练就是在最小化这个能量函数。Boltzmann（玻尔兹曼）机就是基于能量的模型的，其神经元分为两层：显层和隐层。显层用于表示数据的输入和输出，隐层则被理解为数据的内在表达。Boltzmann 机的神经元都是布尔型的，即只能取 0、1 值。

标准的 Boltzmann 机是全连接的，也就是说各层内的神经元都是相互连接的，因此计算复杂度很高，而且难以用来解决实际问题。因此，我们经常使用一种特殊的 Boltzmann 机——受限 Boltzmann 机（restricted boltzmann machine，RBM），它的层内无连接，层间有连接，可以看成是一个二部图。图 10-12 为 Boltzmann 机和 RBM 的结构示意图。

RBM 常常用对比散度（contrastive divergence，CD）来进行训练。

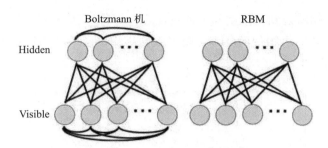

图 10-12　Boltzmann 机和 RBM 的结构示意图

2. RBF 网络

径向基函数（radial basis function，RBF）网络是一种单隐层前馈神经网络，它使用径向基函数作为隐层神经元激活函数，而输出层则是对隐层神经元输出的线性组合。图 10-13 为一个 RBF 神经网络示意图。

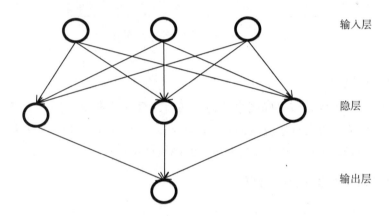

图 10-13　RBF 神经网络示意图

训练 RBF 网络通常采用两步：
1）确定神经元中心，常用的方式包括随机采样、聚类等；
2）确定神经网络参数，常用算法为 BP 算法。

3. ART 网络

自适应谐振理论（adaptive resonance theory，ART）网络是竞争型学习的重要代表，该网络由比较层、识别层、识别层阈值和重置模块构成。ART 比较好地缓解了竞争型学习中的"可塑性-稳定性窘境"（stability-plasticity dilemma），可塑性是指神经网络要有学习新知识的能力，而稳定性则指的是神经网络在学习新知识时要保持对旧知识的记忆。这就使得 ART 网络具有一个很重要的优点——可进行增量学习或在线学习。

4. SOM 网络

自组织映射（self-organizing map，SOM）网络是一种竞争学习型的无监督神经网络，它能将高维输入数据映射到低维空间（通常为二维），同时保持输入数据在高维空间的拓扑结构，即将高维空间中相似的样本点映射到网络输出层中的临近神经元。图 10-14 为 SOM 网络的结构示意图。

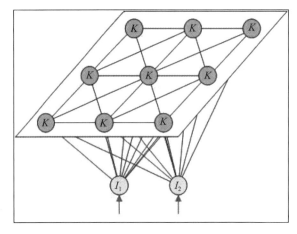

图 10-14　SOM 网络的结构示意图

5. 结构自适应网络

一般的神经网络都是先指定好网络结构，训练的目的是利用训练样本来确定合适的连接权、阈值等参数。结构自适应网络则与此不同，其将网络结构也当作学习的目标之一，并希望在训练过程中找到最符合数据特点的网络结构。

6. 递归神经网络以及 Elman 网络

与前馈神经网络不同，递归神经网络（recurrent neural networks，RNN）允许网络中出现环形结构，从而让一些神经元的输出反馈回来作为输入信号，这样的结构与信息反馈过程，使得网络在 t 时刻的输出状态不仅与 t 时刻的输入有关，还与 $t-1$ 时刻的网络状态有关，从而能处理与时间有关的动态变化。

Elman 网络是最常用的递归神经网络之一，其结构如图 10-15 所示。

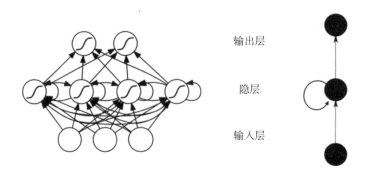

图 10-15　Elman 网络的结构示意图

RNN 一般采用推广的 BP 算法进行训练，如图 10-16 所示。值得一提的是，RNN 在 $t+1$ 时刻网络的结果 $O_{(t+1)}$ 是该时刻输入和所有历史共同作用的结果，这样就实现了对时间序列建模的目的。因此，从某种意义上讲，RNN 可以被视为时间深度上的深度学习。

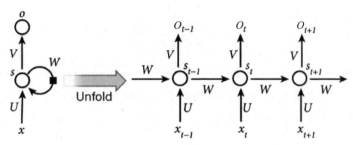

图 10-16　RNN 训练算法示意图

RNN 在 $t+1$ 时刻网络的结果 $O_{(t+1)}$ 是该时刻输入和所有历史共同作用的结果，这个说法其实也不是很准确，因为"梯度发散"同样也会发生在时间轴上，也就是说对于 t 时刻来说，它产生的梯度在时间轴上向历史传播几层之后就消失了，根本无法影响太遥远的过去。因此，"所有的历史"只是理想的情况。在实际中，这种影响只能维持若干个时间戳而已。换句话说，后面时间步的错误信号，往往不能回到足够远的过去，像更早的时间步一样去影响网络，这使它很难学习远距离的影响。

为了解决时间轴上的梯度发散问题，机器学习领域发展出了长短时记忆单元（long-short term memory，LSTM），通过门的开关实现时间上的记忆功能，并防止梯度发散。其实除了学习历史信息，RNN 和 LSTM 还可以被设计成双向结构，即双向 RNN、双向 LSTM 可以同时利用历史和未来的信息。

10.4.5　神经网络的应用实例

在案例中，我们将开发一个神经网络模型，来回答"航天飞机是否应该使用自动着陆系统"这一问题。虽然默认的决策是让机组人员控制飞船着陆，但在以下两种情况下需要自动着陆系统：一是当机组人员失去控制飞船的能力时；二是当飞船脱离轨道之后重新进入轨道，从而需要对抗重力时。

数据是由计算机模拟产生的，不是从实际的飞行过程中得来的。实际上，自动着陆系统通过了一些非常严格的测试，在绝大多数情况下，在飞船着陆的过程中会由宇航员决定是否使用自动着陆系统。

数据保存在 MASS 包中，数据集包括 256 个观测和 7 个变量，所有变量都是分类变量，数据集中的变量如表 10-3 所示。

表 10-3 shuttle 数据集变量说明

变量名	变量解释
stability	能否稳定定位（stab/xstab）
error	误差大小（MM/SS/LX）
sign	误差的符号，正或负（pp/nn）
wind	风向的符号（head/tail）
magn	风力强度（light/medium/strong/out of range）
vis	能见度（yes/no）
use	是否使用自动着陆（auto/no auto）

神经网络的数据准备非常重要，因为所有协变量和响应变量都必须是数值型的。在这个案例中，虽然所有变量都是分类变量，但 caret 包可以帮助我们快速建立虚拟变量作为输入特征：

```
> dummies <- dummyVars(use ~. ,shuttle, fullRank = T)
> dummies
Dummy Variable Object

Formula: use ~ .
7 variables, 7 factors
Variables and levels will be separated by '.'
A full rank encoding is used
```

如果想把这个虚拟变量对象放到数据框中，需要使用虚拟变量预测现有数据（自身数据或其他数据），并通过 as.data.frame 转换。很显然，我们需要预测自身数据：

```
> names(shuttle.2)
 [1] "stability.xstab" "error.MM"     "error.SS"     "error.XL"     "sign.pp"
 [6] "wind.tail"       "magn.Medium"  "magn.Out"     "magn.Strong"  "vis.yes"
> head(shuttle.2)
  stability.xstab error.MM error.SS error.XL sign.pp wind.tail magn.Medium magn.Out magn.Strong
1               1        0        0        0       1         0           0        0           0
2               1        0        0        0       1         0           1        0           0
3               1        0        0        0       1         0           0        0           1
4               1        0        0        0       1         1           0        0           0
5               1        0        0        0       1         1           1        0           0
6               1        0        0        0       1         1           0        0           1
  vis.yes
1       0
2       0
3       0
4       0
5       0
6       0
```

现在，我们得到了具有 10 个变量的输入特征空间。对于 stability，0 表示 stab，1 表示 xstab，error 的基准是 LX，用 3 个变量表示其他分类。

可以用 ifelse() 函数建立响应变量：

```
> shuttle.2$use <- ifelse(shuttle$use == "auto", 1, 0)
> table(shuttle.2$use)

  0   1
111 145
```

接下来要生成训练数据集和测试数据集，做法是为每个观测值赋予一个索引标记，或者标记为训练数据，或者标记为测试数据，然后依照索引进行分类。我们按 7∶3 的比例划分训练数据和测试数据，如下所示：

```
> set.seed(123)
> trainIndex <- createDataPartition(shuttle.2$use, p = .7,
+                                   list = F)
```

trainIndex 中的值是行编号,在上面的代码中,用数据框 shuttle.2 中占总数 70% 的行编号。这样即可轻松建立训练集或测试集:

```
> shuttleTrain <- shuttle.2[ trainIndex, ]
> shuttleTest  <- shuttle.2[-trainIndex, ]
```

接下来就可以开始建立神经网络模型,使用 neuralnet 包构建模型,使用 as.formula() 函数,先建立一个保存变量名的对象,然后将这个对象作为输入。在 nerualnet 包中,我们要使用的函数的名字就叫作 nerualnet()。除了模型公式,还有 4 个关键参数需要说明。

- hidden:每层中隐藏神经元的数量,最多可以设置 3 个隐藏层,默认值为 1。
- act.fct:激活函数,默认为逻辑斯蒂函数,也可以设置为 tanh 函数。
- err.fct:计算误差,默认为 sse,因为我们处理的是二值结果变量,所以要设置成 ce,使用交叉熵。
- linear.output:逻辑参数,控制是否忽略 act.fct,默认值为 TRUE,对于我们的数据来说,需要设置为 FALSE。

模型还可以指定算法,默认算法是弹性反向传播算法,本案例使用的就是这种算法,隐藏层的隐藏神经元也使用这种算法,使用默认值 1,整体结果如下:

```
> fit$result.matrix
                                       [,1]
error                             0.006745424
reached.threshold                 0.008028217
steps                           251.000000000
Intercept.to.1layhid1            -2.913396291
stability.xstab.to.1layhid1       1.061971240
error.MM.to.1layhid1             -1.507105083
error.SS.to.1layhid1             -1.960491707
error.XL.to.1layhid1             -0.557518418
sign.pp.to.1layhid1              -0.362270154
wind.tail.to.1layhid1            -0.093003853
magn.Medium.to.1layhid1           0.012907060
magn.Out.to.1layhid1              1.118360425
magn.Strong.to.1layhid1           0.257518170
vis.yes.to.1layhid1               4.650735293
Intercept.to.1layhid2             1.560214842
stability.xstab.to.1layhid2      -1.204509288
error.MM.to.1layhid2             -0.000887696
error.SS.to.1layhid2              0.904825578
error.XL.to.1layhid2             -0.231255788
sign.pp.to.1layhid2               0.382575500
wind.tail.to.1layhid2             0.592086158
magn.Medium.to.1layhid2           0.058625357
magn.Out.to.1layhid2             -1.051535539
magn.Strong.to.1layhid2           0.179652043
vis.yes.to.1layhid2              -2.693403633
Intercept.to.2layhid1             1.615079923
1layhid1.to.2layhid1            -15.554046037
1layhid2.to.2layhid1             14.713278061
Intercept.to.use                -12.182285372
2layhid1.to.use                  24.844204493
```

从结果中可以看到,误差仅为 0.006 7,非常低。steps 的值是算法达到阈值所需的训练次数,也就是说误差函数的偏导数的绝对值小于阈值(默认为 0.1)时的训练次数,权重最高的神经元是 vis.yes.to.1layhid1,权重值为 4.65。

将神经网络的结果进行可视化,结果如图 10-17 所示。

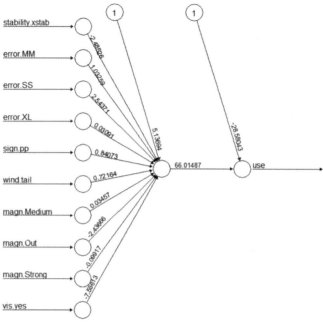

图 10-17　神经网络可视化结果

从神经网络可视化结果这张图中，我们清楚地看到截距和每个变量的权重，现在看看模型的表现如何，可以通过在 compute() 函数中指定 fit 模型和协变量来实现，语法与在测试集和训练集上进行预测是一样的。计算完成之后，通过 \$net.result 会得到一个预测值列表：

```
> resultsTrain <- compute(fit, shuttleTrain[, 1:10])
> predTrain <- resultsTrain$net.result
```

由于上面得到的结果是概率的形式，所以要将结果转换成 0 或 1，然后生成混淆矩阵：

```
> predTrain <- ifelse(predTrain >= 0.5, 1, 0)
> table(predTrain, shuttleTrain$use)

predTrain   0   1
        0  73   0
        1   0 107
```

可以看到，神经网络模型在训练集上的正确率达到了 100%！接下来看看它在测试集上的表现：

```
> resultsTest <- compute(fit, shuttleTest[,1:10])
> predTest <- resultsTest$net.result
> predTest <- ifelse(predTest >= 0.5, 1, 0)
> table(predTest, shuttleTest$use)

predTest  0  1
       0 38  2
       1  0 36
```

测试集中只有两个误预测，准确率也是十分高的。

◎ **思考题**

1. 简述决策树构造的一般步骤。
2. 根据表 10-1 所给的训练数据集,利用信息增益比(C4.5 算法)生成决策树。
3. 某投资者预投资兴建一工厂,建设方案有两种:1) 大规模投资 300 万元; 2) 小规模投资 160 万元。两个方案的生产期均为 10 年,其每年的损益值及销售状态的规律如表 10-4 所示。试用决策树法选择最优方案。

表 10-4 训练数据集

销售状态	概率	损益值(万元/年)	
		大规模投资	小规模投资
销路好	0.7	100	60
销路差	0.3	−20	20

4. 试分析随机森林为何比决策树 Bagging 集成的训练速度更快。
5. 简述 SVM 的原理及应用,并试着分析 SVM 对噪声敏感的原因。
6. 讨论 BP 神经网络的学习过程,并讨论 BP 神经网络有哪些常见应用。

CHAPTER 11

第 11 章

结构方程模型

我们在实际研究的过程中，经常会遇到如此的困惑，例如我们要研究优秀、满意、健康、公正以及乐观这几者之间的关系，可以明显看出，这些指标变量无法通过数据直接获得。我们将这些指标变量称为隐性指标，有时候在研究的过程中，我们需要知道这些隐形指标之间的关系。结构方程模型就是研究隐形变量之间关系的模型。

结构方程模型（structure equation modeling，SEM），是目前为止比较常用的较为重要的一种线性统计建模的技术，它在很多领域得到了应用，如心理学、行为科学、经济学、社会学等。它最早出现于 20 世纪 60 年代的论文中，在 90 年代得到了广泛的应用，因子分析、多元回归以及通径分析都是其特例。

结构方程模型实质上是反映隐性变量和显性变量关系的一组联立方程，它的目的就是通过显性变量的测量（即原始数据）来推断或表示隐性变量，并对模型假设的正确性或者合理性进行相关的检验。结构方程模型是一种检验模型的技术，即我们使用结构模型进行分析的过程其实就是对假设模型检验的过程。在某个专业的领域或者学科中，研究者需要根据其所具备的本学科的知识，建立相关的结构模型。但是人无完人，研究者在建立相关模型的过程中，可能由于知识的不全面，导致所构建的模型不能客观地反映各个事物之间的关系，可能存在与事实的偏离和认识的主观性。那么，怎样才能发现模型中存在的问题，如何将结构模型修正到最佳状态，这正是结构方程模型所要解决的问题。

一般来说，结构方程的分析步骤是：为了证实该模型的合理性，首先要检验方程是不是可识别的方程；对于可以识别的方程，通过搜集显性变量的相关值，利用最小二乘法或者最大似然估计的方法对未知的参数进行相关估计；对于模型输出的结果，则需要进行相关的拟合效果评价，如果拟合的效果比较理想，就可以通过检验，完成模型；如果拟合的效果不理想，往往需要对模型进行修正，重新设定相关模型。这样的过程需要反复多次。

11.1 结构方程模型的建模步骤

结构方程模型的建模步骤通常分为五步,即模型设定、模型识别、模型估计、模型评价以及模型修正,如图 11-1 所示。

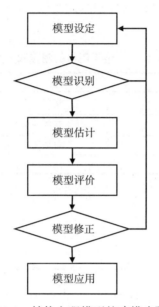

图 11-1 结构方程模型的建模步骤图

11.1.1 模型设定

模型设定是指在进行模型的估计之前,研究者首先要根据相关领域的理论、经验或者相关的研究成果来设定初始的理论模型。

1. 相关概念

我们所检验的线性结构方程模型是一般化的模型(即 GLM)的一个拓展形式,即可以进行传统意义上的线性模型的分析,也可以直接进行验证性因子分析。

(1)显性变量:可以直接进行测量的变量,如价格、年纪、身高等。

(2)隐性变量:不可以直接进行测量,但可以被显性变量反映出来的变量,如顾客的满意程度、学术的成就、社会地位等。

(3)内生变量:受整个系统的影响并且具有测量误差的变量。内生变量既包括显性变量,也包括隐性变量。例如,人们的收入水平往往会受到收入分配政策和经济增长的影响,我们将收入水平称为内生变量。

(4)外生变量:影响整个系统,但不存在测量误差的相关变量。外生变量既包括显性变量,也包括隐性变量。在上述的例子中,我们可以将收入的分配政策称为外生变量。

2. 路径图的简介

结构方程模型往往需要通过路径图将其表示出来,对于较为复杂的模型更是如此,所以路径图是研究结构方程模型的基础。

(1)路径图中的图标和含义。

路径图中的变量也包含着显性变量和隐性变量。各种常用的路径图中的图标和含义如表 11-1 所示。

表 11-1　路径图中的图标和含义

图标	含　义
矩形	矩形,表示显性变量
椭圆	椭圆或者圆形,表示隐性变量
→	单项箭头,表示单项影响或者因果关系
↔	双向箭头,表示相关关系或者协方差

(2)路径图的演示模型。

路径图的演示模型如图 11-2 所示。

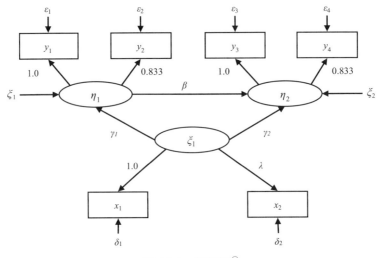

图 11-2　路径图⊖

此模型是路径研究中较为经典的案例,是调查"神经错乱平稳性"的案例,其中给出的数据使用的是伊利诺伊州农村地区 932 个人的调查数据。图 11-2 中各个变量的含义分别如下所示。

y_1:1967 年的异常程度。

y_2:1967 年的软弱程度。

y_3:1971 年的异常程度。

⊖ 此模型是由本特勒首先进行分析,再由樵瑞斯考格和索尔波姆修改获得的。模型的来源为何晓群《多元统计回归》。

y_4：1971 年的软弱程度。

x_1：上学年数。

x_2：当地社会的经济指数。

上述六个变量均为显性变量，其中"异常程度"和"软弱程度"这两个指标测量的是"神经错乱因子"，而"上学年数"和"当地社会的经济指数"这两个指标测量的是"社会经济状况的因子"。

图 11-2 中还包含着三个隐性变量，其代表的意义分别如下。

η_1：1967 年的神经错乱因子。

η_2：1971 年的神经错乱因子。

ζ_1：社会经济的状况。

图 11-2 的路径图其实提供的是一个假设模型，它表示的是显性变量与隐性变量之间可能存在的相互关系。这种相互关系可以通过路径系数来测量，其中显性变量是可以测量的，而隐性变量则是通过显性变量表示出来的，每个隐性变量都对应着几个显性变量。因此，我们可以通过显性变量的数据来建立结构方程的模型，从而进一步检验模型的合理性，并确定模型的路径系数。

3. 结构方程模型的设定

结构方程模型通常情况下分为两个部分：测量模型和结构模型。测量模型表示的是隐性变量和显性变量之间的关系，结构模型反映的是隐性变量之间的关系。

（1）测量模型。

测量模型反映的是显性和隐性变量之间的关系，通常情况下，测量方程表示为如下形式：

$$z = \Lambda_z \eta + \varepsilon \tag{11-1}$$

$$x = \Lambda_x \zeta + \delta \tag{11-2}$$

式（11-1）和式（11-2）两个方程即为测量模型，反映的是显性变量与隐性变量之间的关系，由显性变量来定义隐性变量。式（11-1）表示将内生的隐性变量 ε 与内生标识（即 z）相连接，式（11-2）表示将外生的隐性变量 δ 与内生标识（即 x）相连接。矩阵 Λ_z 和 Λ_x 是 x 和 y 分别对 ζ 和 η 关系的强弱程度的系数矩阵，也就是相关系数。ε 和 δ 分别表示 y 和 x 的测量误差。

在测量模型当中，测量误差应当满足以下的假设：

1）方差是常数，其均值为 0；

2）序列间不存在相关关系；

3）与内生、外生的隐性变量之间不存在相关关系；

4）与结构方程的误差不存在相关关系。

（2）结构模型。

结构模型表示的是隐性变量之间存在的相互关系，可用如下的关系式表示：

$$\eta = A\eta + \Gamma\zeta + \zeta \quad (11\text{-}3)$$

式（11-3）反映的是各个隐性变量之间的相关关系。内生的隐性变量以及外生的隐性变量是通过矩阵 A 和矩阵 Γ 以及误差向量连接起来。在式（11-3）中，Γ 表示外生变量对内生变量的影响，A 表示的是内生变量之间的影响，ζ 表示的是误差项。

在结构模型当中，误差项应当满足以下的假设：

1）方差是常数，其均值为 0；
2）序列间不存在相关关系；
3）与外生的隐性变量之间不存在相关关系。

根据以上结构方程的定义，路径图（图 11-2）的结果方程可以写成：

$$y_1 = 1.0\eta_1 + \varepsilon_1$$
$$y_2 = 0.833\eta_1 + \varepsilon_2$$
$$y_3 = 1.0\eta_2 + \varepsilon_3$$
$$y_4 = 0.833\eta_2 + \varepsilon_4$$
$$x_1 = 1.0\zeta_1 + \delta_1$$
$$x_2 = \lambda\zeta_1 + \delta_2$$
$$\eta_1 = \gamma_1 \zeta_1 + \zeta_1$$
$$\eta_1 = \beta\eta_1 + \gamma_2 \zeta_1 + \zeta_2$$

这样，测量方程与结构方程均已建立。这只是一个初始的模型，要想得到一个较为理想的模型，还需进行模型的评估和修正。

11.1.2 模型识别

模型识别是指要确定模型参数估计是否能获得唯一解。在一些情况下，如果有些模型被错误地估计，则求不出唯一的估计解，使得模型无解。

由于结构方程模型具有复杂性，还没有一个统一的判别标准，往往需要具体情况具体分析，但是经常使用的是 t 法则。

在结构方程模型中，设一共有 $m+n$ 个可观测的显性变量，所以一共产生不同的方差以及协方差的个数为 $[(m+n)(m+n+1)/2]$。根据 $\sum(\theta) = \Sigma$，可以得到 $[(m+n)(m+n+1)/2]$ 个不相同的方程。所以，在结构方程模型中需要进行求解的参数个数 t 就必须满足以下不等式：

$$t \leq [(m+n)(m+n+1)/2] \quad (11\text{-}4)$$

式中　t 为待评估模型自由参数的个数。我们将其称为 t 法则，它是进行模型识别的一个必要条件，如果所要设定的模型不满足 t 法则，说明该模型是不可识别的，则需要对模型进行重新设定。一般情况下，我们在使用软件（例如 AMOS、LISREL）时，都会对模型进行自动识别。

11.1.3 模型参数估计

结构方程模型参数估计采用的是方差最小化的原理,利用原始数据值的协方差矩阵 S 来估计模型成立的时候所提及的理论协方差的矩阵 Σ,如果估计的模型正确,则有:$\sum(\theta)=\Sigma$。由于矩阵 Σ 常常是未知的,在处理问题的时候,可以用 S 来替代 Σ。这就要求根据结构方程模型求得的参数必须使得 S 和 Σ 的差异尽可能小,对于两者的差异,定义一个拟合函数表示,记为 $F(S, \sum(\theta))$。检验模型拟合度的好坏,其实就是考虑两者之间的差异是否足够小,参数估计的本质就是要求所求得的参数值 θ 的估计值 $\hat{\theta}$,使得 $F[S, \sum(\theta)]$ 最小,为了表述方便,令 $A=\sum(\theta)$。

结构方程模型对数据拟合程度所采用的综合指标常常用 F 来表示,则有方程:

$$F = 0.5 t_r[w^{-1}(S-A)^2] \qquad (11\text{-}5)$$

式中 t_r 表示的是矩阵对角线上所有元素的和,w 是人为规定的,不同的 w 通常有不同的拟合方法,一般有两种方法,即极大似然估计法和最小二乘法。

1. 极大似然估计法(ML)

极大似然估计的拟合函数为

$$F_{\text{ML}} = t_r(SA^{-1}) - n + \ln[\det(A)] - \ln[\det(S)] \qquad (11\text{-}6)$$

式中 n 表示显性变量的个数,$\det(\cdot)$ 表示的是矩阵的行列式。

在极大似然估计拟合函数中,需要符合两个条件:1)所观测的变量要满足多元正态分布;2)变量之间是线性可加的。

2. 最小二乘法(LS)

最小二乘法大致分为四类,即非加权最小二乘法、广义最小二乘法、加权最小二乘法、对角线加权最小二乘法,其中最为常用的是前三类。

(1)非加权最小二乘法(ULS)。

非加权最小二乘法的拟合函数为

$$F_{\text{ULS}} = 0.5 t_r[(S-A)^2] \qquad (11\text{-}7)$$

在式(11-7)中,将 F 最小化,就可得到估计值。这一拟合函数对变量无特殊的要求,但是 F 值是随着原始数据单位的不同而发生变化的。如果采用相关矩阵或者协方差矩阵进行不同的分析,得到的估计结果也会不同。在 ULS 中,其实已经做出了一个假设,即所有的变量都具有相同的方差和协方差,如果不符合这一条件,只能采用广义最小二乘法。

(2)广义最小二乘法(GLS)。

广义最小二乘法的拟合函数为

$$F_{\text{ULS}} = 0.5 t_r[w^{-1}(S-A)^2] \qquad (11\text{-}8)$$

这一拟合方差适用于变量之间具有不同的方差和协方差的情况。式（11-8）的实质就是将样本的协方差矩阵（S）的逆矩阵作为其加权矩阵。

（3）加权最小二乘法（WLS）。

加权最小二乘法的拟合函数为

$$F_{\text{WLS}}=\text{Vec}(S_{ij}-A_{ij})' w^{-1}\text{Vec}(S_{ij}-A_{ij}) \tag{11-9}$$

在式（11-9）中，$\text{Vec}(S_{ij}-A_{ij})$ 表示的是对称的矩阵 ($S-A$) 的下三角的 $[n(n+l)/2]$ 个元素组成的向量，其中 w 表示正定矩阵，其中的元素是矩阵 S 的渐进协方差的估计量。WLS 对参数的分布、偏度以及峰度要求不是很严格，不依赖于分布。

11.1.4 模型评价

模型评价是指在取得参数估计值之后，对模型与数据之间的拟合度进行评价，并与替代模型的拟合指标进行比较。

在实际的案例当中，研究者提出了一个相关模型，我们需要对模型的合理性以及正确性进行检验。在结构方程模型中，进行模型检验的思路就是将已经搜集到的原始数据应用于假设模型，计算模型方差，根据已经求得的未知参数求解各个显性变量之间的相关系数矩阵，进而通过原始数据就可以直接计算出显性变量之间的样本相关系数矩阵。在理论上，这两个系数矩阵应该相等，所以我们就可以通过构造的指标或者统计量来检验模型的拟合程度。

值得注意的是，结构方程虽然对样本量有比较严格的要求，但是各种研究表明，样本量不能过少。当样本数量小于 100 的时候，即使是正态分布完全满足要求，也会出现解的精确度不够、计算结果反常、不收敛等情况。所以，必须有足够大的样本量。另一个需要我们注意的问题就是，χ^2 检验中要求其样本量处在 100 ~ 200 之间，样本量过大或者过小对结果都存在影响。

模型拟合的好坏通过以下指标评价，评价指标及其标准如表 11-2 所示。

表 11-2 指标评价标准

指标名称	评价标准
拟合准则（F）	越接近 0，拟合效果越好
拟合优度指标（GFI）	最大值为 1，越接近 1，拟合效果越好
调整自由度的 GFI 指标（AGFI）	越大越好
均方差残差（RMR）	越小越好
本特勒比较拟合指数（CFI）	越接近 1，拟合效果越好
AIC 准则	AIC 达到最小值最好
CAIC 准则	达到最小值最好
SBC 准则	越小越好
正规指数（NI）	越接近 1，拟合效果越好

(续)

指标名称	评价标准
非正规指数（NNI）	越接近1，拟合效果越好
节俭指数（PI）	越大越好
临界指数（CN）	越大越好

11.1.5 模型修正

我们对模型进行评价的最终目的不是简单地接受或者拒绝一个模型，而是通过不断的修正，使得该模型变得符合实际，并通过检验。一个好的模型应该满足以下几个条件。

条件1：在测量模型中所有的因子负荷以及结构模型中结构系数的估计值应当都有实际意义。

条件2：在模型中，所有固定参数的修正指数（即MI）均不能过高。

条件3：上述的几个拟合指数均达到一般的要求。

条件4：决定系数 R^2 应当足够大。

条件5：所有的标准拟合残差均小于1.96。

如果上述的一个或者几个条件没有实现，我们就需要对模型进行修正，根据具体的结果可以做出如下几点改变：

（1）当不满足上述条件1时，可以将这些参数均固定为0，也就是剔除了相关的自由参数。

（2）当不满足上述条件2时，理论上应当只将最大的MI参数改为自由参数，即只修改一个固定的路径，然后重新计算所有固定路径的MI。但是由于对MI进行修改之后，其相对应的样本容量也会随之改变，故不能将MI的数值作为修改的唯一依据。

（3）当不满足上述条件4时，可能是这几个方面的原因：①缺少较为重要的观察变量；②样本的容量不够大；③设定的初始模型不够准确。

（4）当不满足上述条件5时，分为两种情况：①当检验结果中有较大的负标准残差时，需要在初始的模型中添加一个与之相对应的自由参数；②有较大的正标准残差时，需要在初始的模型中删除一个与之相对应的自由参数。针对以上两种情况，不断重复添加或删除，直到标准残差均小于2的时候停止。

11.2 基于AMOS的建模实例分析

目前，B2B电子商务平台（e-platform）逐渐成为新兴产业的重要组成部分，成为引领社会生产方式变革的重要推动力之一。然而，由于电子商务网站信息充分透明、技术标准化等因素，竞争者之间的差距缩小，用户在相似网站之间可以随意切换，电子商务领域中出现了普遍存在且不同于传统经济的特殊现象：用户满意度很高，同时流失率也很高。用户忠诚度是一个 B2B 电子商务平台利润的源泉，也是拥有更强的市场竞争力的基础。因此，如何充分掌握与理解 B2B 电子商务平台用户忠诚形成的机理及其影响因素，如何有效地培养和维系忠诚的用户，是 B2B 电子商务企业管理和运营实践中至关重要的问题。

11.2.1　AMOS 操作之前的准备

该模型中一共包含六个潜在变量：直接网络外部性、间接网络外部性、感知价值、用户满意、转移成本、用户忠诚。

（1）设计的结构路径图如图 11-3 所示。

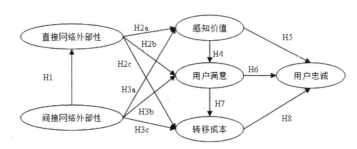

图 11-3　B2B 电子商务平台卖家用户忠诚结构路径图

（2）基本路径假设如下所示。

H1：间接网络外部性对直接网络外部性有直接的正向作用。

H2a：直接网络外部性对感知价值有直接的正向作用。

H3a：间接网络外部性对感知价值有直接的正向作用。

H2b：直接网络外部性对用户满意有直接的正向作用。

H3b：间接网络外部性对用户满意有直接的正向作用。

H2c：直接网络外部性对转移成本有直接的正向作用。

H3c：间接网络外部性对转移成本有直接的正向作用。

H4：感知价值对用户满意有直接的正向作用。

H5：感知价值对用户忠诚有直接的正向作用。

H6：用户满意对用户忠诚有直接的正向作用。

H7：用户满意对转移成本有直接的正向作用。

H8：转移成本对用户忠诚有直接的正向作用。

（3）参考上述模型构建的具体情况，对隐性变量定义其线性变量，具体描述如表 11-3 所示。

本案例通过相应的问卷来搜集相对应的数据。

表 11-3　模型变量的对应表

隐性变量	显性变量	
感知价值	公平感知价值	
	同类相比价值	
用户满意	内容满意	
	过程满意	
	总体满意	
用户忠诚	行为忠诚	
	态度忠诚	
网络外部性	直接网络外部性	感知网络大小
		感知外部信誉
	间接网络外部性	支持工具
		平台活动
转移成本	程序性转移成本	
	财务性转移成本	
	关系性转移成本	

11.2.2　AMOS 软件操作流程

1. 模型设定

根据图 11-3 在 AMOS 软件的主菜单中绘制路径图，如图 11-4 所示。

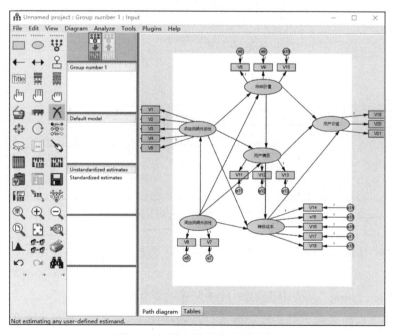

图 11-4　用户满意度的路径图

（1）对图中的不同形状进行说明：

"〇"表示隐性变量；

"□"表示显性变量；

"○"表示误差变量。

在绘制路径图的时候，可以使用"👥"这一图形以简化操作。

（2）为变量命名。

双击需要进行命名的图形，会出现如图11-5所示的对话框。

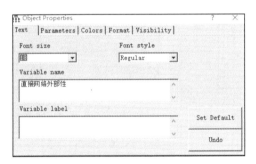

图11-5　变量名称的设置

在"Variable name"中输入命名，需要注意的是，对显性变量的命名应该与问卷中收集数据的命名一一对应，不然AMOS就会出现警告提示。

（3）将数据导入AMOS系统。

单击"File"→"Data File"，会出现如图11-6所示的对话框。

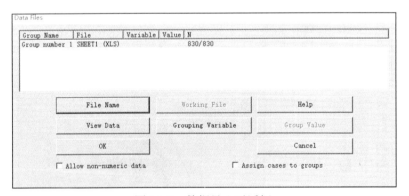

图11-6　数据导入对话框

通过单击"File Name"导入所需要的数据，通常情况下较多使用xls和sav格式的数据。

单击"View Name"，会出现如图11-7所示的对话框。

这个步骤可以检验数据是否成功导入，是否存在与变量命名不符的情况。

至此，我们就完成了结构方程模型的设定。

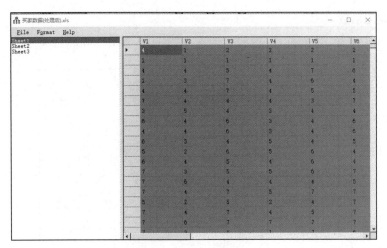

图 11-7　数据浏览

2. 模型的估计与评价

（1）参数估计的方法选择。

模型运算是建模过程中较为重要的一个环节，也是利用软件进行模型操作的过程。AMOS 软件提供了较多的运算方法。单击"View"→"Analysis Properties"，出现如图 11-8 所示的界面。

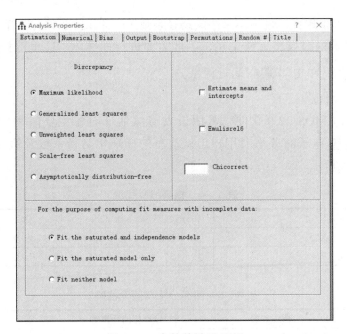

图 11-8　参数估计的选项

本案例选择"Maximum Likeihood"，即极大似然估计。

（2）标准化系数。

在图 11-8 中选择"Output"选项，出现如图 11-9 所示的界面。

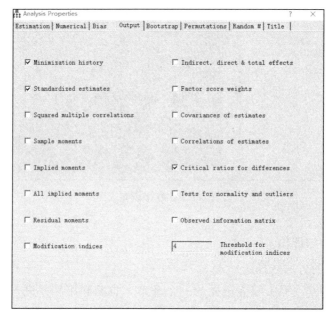

图 11-9 标准化系数的计算

如果不进行关系选择，输出结果中的路径系数（或者载荷系数）没有进行标准化，在之后比较路径系数的时候将无法使用，因此需要进行标准化。这里选择"Standardized estimates"复选框，单击"▦"运行程序。

（3）模型的评价。

本例中应用 AMOS 22.0 软件，采用极大似然估计对各主要因素的相互影响进行验证，得出某 B2B 电子商务平台用户忠诚模型的标准化路径系数及假设检验，结果如表 11-4 和表 11-5 所示。

表 11-4 模型拟合优度

拟合指数	χ^2	df	χ^2/df	CFI	GFI	RMESA
评价标准	越小越好	—	<5	>0.9	>0.9	<0.08
估计值	953.774	158	6.037	0.956	0.932	0.061

表 11-5 路径分析与假设检验

假设	假设路径	标准化路径系数	T 值	检验结果
H1	间接网络外部性→直接网络外部性	0.641	15.121	支持
H2a	直接网络外部性→感知价值	0.666	17.535	支持
H2b	直接网络外部性→用户满意	−0.057	−0.805	不支持
H2c	直接网络外部性→转移成本	0.251	5.076	支持

(续)

假设	假设路径	标准化路径系数	T值	检验结果
H3a	间接网络外部性→感知价值	0.327	9.008	支持
H3b	间接网络外部性→用户满意	−0.040	−0.838	不支持
H3c	间接网络外部性→转移成本	0.128	3.028	支持
H4	感知价值→用户满意	1.001	9.789	支持
H5	感知价值→用户忠诚	0.346	6.052	支持
H6	用户满意→用户忠诚	0.442	5.842	支持
H7	用户满意→转移成本	0.389	7.291	支持
H8	转移成本→用户忠诚	0.170	6.321	支持

从表 11-4 中可以看出，在各项拟合指标中，χ^2/df 的值不能达到拟合标准，同时从表 11-5 中可以看出，"感知价值→用户满意"标准化后的路径系数为 1.001，超过了 1，说明模型的构建存在一定的问题，需要修正。在表 11-5 中，"直接网络外部性→用户满意"和"直接网络外部性→转移成本"存在问题，因此要对这两条路径进行修正。

3. 模型的修正

从上述的分析中，我们可以看出"直接网络外部性→用户满意"和"直接网络外部性→转移成本"存在问题，故将路径图进行修改，如图 11-10 所示。

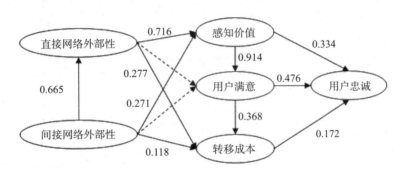

图 11-10　修正后的路径图

修正的部分用虚线表示，在重复前面的步骤之后，重新对模型进行检验，检验的结果如表 11-6 和 11-7 所示。

表 11-6　模型修正过程

修正过程	χ^2	df	χ^2/df	CFI	GFI	RMESA	修正内容
M	953.774	158	6.037	0.956	0.932	0.061	原模型
M1	694.505	157	4.424	0.970	0.949	0.050	建立感知网络大小（他人）残差项与感知网络大小（商业伙伴）使用数量残差项之间的相互关系
M2	766.861	178	4.308	0.969	0.946	0.050	删除网络外部性到用户满意之间的路径关系

修正后的模型的标准化路径系数及假设检验结果见表 11-7，修正后的模型中各路径

假设关系均通过检验。

表 11-7 模型路径分析与假设检验（修正后）

假设	假设路径	标准化路径系数	T 值	检验结果
H1	间接网络外部性→直接网络外部性	0.665	15.097	支持
H2a	直接网络外部性→感知价值	0.716	18.073	支持
H2c	直接网络外部性→转移成本	0.277	4.996	支持
H3a	间接网络外部性→感知价值	0.271	7.970	支持
H3c	间接网络外部性→转移成本	0.118	2.759	支持
H4	感知价值→用户满意	0.914	26.390	支持
H5	感知价值→用户忠诚	0.334	5.296	支持
H6	用户满意→用户忠诚	0.476	7.304	支持
H7	用户满意→转移成本	0.368	6.514	支持
H8	转移成本→用户忠诚	0.172	6.872	支持

从上述的分析结果看，我们可以认为图 11-10 的结构方程模型通过了检验。

◎ **思考题**

1. 结构方程模型适用于什么问题？
2. 如何理解和使用结构方程模型？
3. 简述结构方程模型的原理及其应用。
4. 简述结构方程模型对于调查样本容量的要求。

第 12 章

层次分析法

层次分析法（the analytic hierarchy process，AHP），在 20 世纪 70 年代中期由美国运筹学家托马斯·赛蒂（T. L. Saaty）正式提出。层次分析法是一种定性和定量相结合的、系统化、层次化的分析方法。由于它在处理复杂的决策问题上的实用性和有效性，得到世界范围的认可和重视，其应用已遍及经济计划和管理、能源政策和分配、行为科学、军事指挥、运输、农业、教育、人才、医疗和环境等领域。层次分析法将一个复杂的多目标决策问题作为一个系统，将目标分解为多个目标或准则，进而分解为多指标（或准则、约束）的若干层次，通过定性指标模糊量化方法算出层次单排序（权数）和总排序，以作为目标（多指标）、多方案优化决策的系统方法。将决策问题按总目标、各层子目标、评价准则直至具体的备择方案的顺序分解为不同的层次结构，然后用求解判断矩阵特征向量的办法，求得每一层次的各元素对上一层次某元素的优先权重，最后用加权和的方法递阶归并各备择方案对总目标的最终权重，此最终权重最大者即为最优方案。

12.1 层次分析法概述

12.1.1 层次分析法的产生

决策是人们几乎每时每刻都需要面临的一种对于行为的选择与判断。在决策活动中，往往有两种倾向：一种是片面强调定性分析，依赖决策者的经验、知识、智慧进行决策，与小生产方式相适应；另一种则是单纯依赖定量分析，凭借数学模型来解决决策问题。随着大社会、大科学、大工程的出现，其广博性、综合性和多分支性使得个人经验决策不再适用于大规模决策。为此，众多专家学者加入科学决策的行列中，应用诸如数理统计方法、数量经济模型、数学规划方法等数学工具发展最优化技术。然而，到了20世纪70年代末，最优化理论发展得越来越为抽象，其形式之高深、算法之复杂使得决策者无所适从，造成了方法与现实应用的脱节。同时，大量实践证明，决策过程中会存在大量无法定量的因素，定量技术的合理应用与数学模型的正确建立同样离不开决策者的经验判断。因此，研究者开始将人的判断与决策思维渗透到数理模型中。层次分析法正是在这样一种环境背景下，由美国运筹学家、匹兹堡大学教授萨蒂提出。

1971年萨蒂在美国"应急计划"的研究中，逐步形成了AHP的核心思想：决策问题的关键往往就是对方案、决策对象进行评价，且这种评价总是要求把对象进行优劣排序，建立完整的评价系统，通过对评价的综合计算处理得到关于方案、决策对象的优劣排序，从而为决策者提供定量形式的决策支持。1972年萨蒂发表了《用于排序和计划的特征根分配模型》，1973年为苏丹政府研究苏丹运输问题，结合AHP获得令人瞩目的成果。1975年出版《层次和排序——特征根分析》，并于1977年在第一届国际数学建模会议上发表《无结构决策模型——层次分析理论》，正式提出层次分析法理论。自此，AHP开始受到学术界与实业界的关注。1980年开始，萨蒂陆续发表关于AHP的专著，系统论述AHP的数学基础与基本原理。AHP在1982年引入我国并获得了迅速传播。许树柏、李左风、张世英、刘豹于1982年发表国内第一篇介绍AHP的文章《层次分析法——决策的一种实用方法》。在短短5年的时间里，AHP迅速地在国内能源系统分析、城市规划、经济管理、科研成果管理等众多领域得到应用。

12.1.2 层次分析法的基本思想与基本概念

层次分析法将定性与定量分析完美结合，整体过程体现了人的决策思维活动中分析、判断和综合等基本特征，并将人的主观比较、判断用数量形式进行表达和处理。其基本思路是：首先，找出影响决策对象的主要因素，将这些因素按其关联、隶属关系构成递阶层次模型；其次，对同一层次的各元素关于上一层次中某一个准则的重要性进行两两比较，构建两两比较矩阵；最后，在计算被比较元素对于该准则的相对权重的基础上，计算各层元素对系统目标的合成权重并进行排序。

层次分析法的操作顺序如图12-1所示。

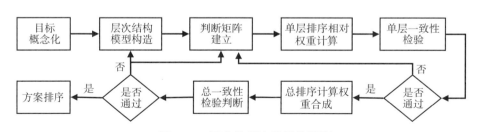

图 12-1 层次分析法的操作顺序

图12-1表示了AHP的基本操作顺序：①将目标概念化，找出研究对象涉及的主要

因素；②分析各项因素的关联、隶属关系，构建递阶层次结构；③对于同一层次的各因素关于上一层次中某一准则的重要性进行两两比较，构建判断矩阵；④比较因素对上一层次该准则的相对权重，并进行一致性检验；⑤在单层一致性检验通过的基础上，计算各层次因素相对于系统目标的合成权重，并进行层次总排序；⑥总一致性检验。

虽然 AHP 在应用上需要借助一定的数学工具，而从本质上看，AHP 是一种思维方法，并不是一种数学模型，是定量分析与定性分析结合的典范，具有高度可靠性、有效性和普适性。

12.2 层次分析法的基本原理与计算方法

12.2.1 递阶层次结构

在运用 AHP 方法进行决策时，首先要把问题条理化、层次化，构建出一个层次分析的结构模型。该结构模型将复杂问题分解为不同层次，同一层次的元素作为准则受到上一层次元素的支配，同时对下一层次的某些元素起支配作用。这些层次大体上被分为三类：

（1）目标层：这一层次为整个层次结构中的最高层，整个层次只有一个元素，表示分析问题的预定目标或理想结果。

（2）中间层（准则层、子准则层）：为实现目标层所涉及的中间环节，由若干个层次构建而成。

（3）方案层：表示实现目标层的各种可供选择的措施、决策方案等。

我们称这种自上而下的层次结构为递阶层次结构。一个典型的递阶层次结构模型如图 12-2 所示。

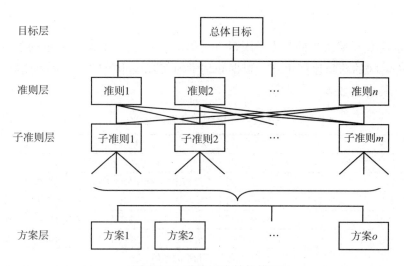

图 12-2 递阶层次结构模型

AHP 层次结构具有如下几大特征：

（1）整体结构按自顶向下的顺序存在支配关系。

（2）最高层次的元素，即目标只能有一个；层次数与问题待分析的详细程度及问题的复杂程度有关，理论上可以不受限制，而层次结构中的元素过多会造成两两比较的困难，因此，一般而言，每一层次中各元素所支配的子元素不要超过9个，元素过多时需要进一步分组。

（3）层次中属于同一元素的子元素之间的内部联系比子元素与同层次的其他元素的联系要强得多，同一层次的各元素视为互相独立。

12.2.2 判断矩阵的建立

在确定递阶层次模型后，上下层次之间的元素隶属关系得以确定。接下来，需要按照某种准则对层次间的元素进行比较，构建判断矩阵。在一般的分析评估中，构造判断矩阵的方法是给出一个固定尺度，通过所有因素与之的比值，得出评价量值，即判断矩阵元素值，这种方式被称为绝对标度。然而，对于大多数经济、人文、政治问题，难以找出同一度量的尺度，且不易定量测量。为此，萨蒂改进传统做法，提出了相对标度以构建层次分析中的判断矩阵，即不把所有因素放在一起比较，而是采用元素间两两比较的方式，反映所要比较元素之间的差异性。判断矩阵的一般表达形式可用图12-3表示。

a_k	B_1	B_2	$\cdots$	B_n
B_1	b_{11}	b_{12}	$\cdots$	b_{1n}
B_2	b_{21}	b_{22}	$\cdots$	b_{2n}
$\cdots$	$\cdots$	$\cdots$	$\cdots$	$\cdots$
B_n	b_{n1}	b_{n2}	$\cdots$	b_{nn}

图 12-3 判断矩阵的一般表达形式

其中，a_k表示A层次中的第k个因素，$B_1, B_2, \cdots, B_n$表示受到a_k制约的下一层次因素，b_{ij}为B_i与B_j之间的两两比值矩阵。根据心理学与实际应用效果，萨蒂为比值矩阵设计了1~9尺度法，其含义如表12-1所示。

表 12-1 比例标度及其含义

标　度	含　义
1	表示两个因素相比，具有同样的重要性
3	表示两个因素相比，一个因素比另外一个因素稍微重要
5	表示两个因素相比，一个因素比另外一个因素明显重要
7	表示两个因素相比，一个因素比另外一个因素强烈重要
9	表示两个因素相比，一个因素比另外一个因素极端重要
2、4、6、8	上述两相邻判断的中值
$1、\dfrac{1}{2}、\cdots、\dfrac{1}{9}$	因素i与j比较的判断a_{ij}，则因素j与i比较的判断$a_{ji}=1/a_{ij}$

将两两比较的相对标度方法与传统的绝对标度方法相比，不仅可以减少比较的次数，还可以降低个别判断错误对总体排序所造成的影响，进而避免系统性判断错误。当然，在两两比较时，由于客观事物的复杂性与人们认知能力的局限性，不一致性在所难免，此时就需要对判断矩阵的一致性进行程度估计与控制，一致性检验的详细介绍将在12.2.4 节给出。

12.2.3 单一准则下的排序

这一步我们要在上述准则已建立的情况下，解决元素权重排序的计算问题。由元素之间两两比较判断矩阵导出排序权重的方法有很多，例如和积法、特征根法、对数最小二乘法、上三角元素法等，其中特征根法是最早提出，应用最广泛且包含重要理论意义的方法。

首先举一个例子。假设有 n 个成年人 $A_1, A_2, \cdots, A_n$，其身高分别为 $L_1, L_2, \cdots, L_n$，将这些成年人的身高相互比较，可得到将高度比值作为元素构成的判断矩阵 A：

$$A = \begin{bmatrix} \dfrac{L_1}{L_1} & \dfrac{L_1}{L_2} & \cdots & \dfrac{L_1}{L_n} \\ \dfrac{L_2}{L_1} & \dfrac{L_2}{L_2} & \cdots & \dfrac{L_2}{L_n} \\ \vdots & \vdots & \ddots & \vdots \\ \dfrac{L_n}{L_1} & \dfrac{L_n}{L_2} & \cdots & \dfrac{L_n}{L_n} \end{bmatrix} = (a_{ij})_{n \times n} \tag{12-1}$$

显然有：$a_{ij}=1/a_{ji}$，$a_{ij}=a_{ik}/a_{jk}$，$(i, j, k=1, 2, \cdots, n)$。

用向量 $\boldsymbol{L}=(L_1, L_2, \cdots, L_n)^{\mathrm{T}}$ 右乘矩阵 A 得：

$$\boldsymbol{AL} = \begin{bmatrix} \dfrac{L_1}{L_1} & \dfrac{L_1}{L_2} & \cdots & \dfrac{L_1}{L_n} \\ \dfrac{L_2}{L_1} & \dfrac{L_2}{L_2} & \cdots & \dfrac{L_2}{L_n} \\ \vdots & \vdots & \ddots & \vdots \\ \dfrac{L_n}{L_1} & \dfrac{L_n}{L_2} & \cdots & \dfrac{L_n}{L_n} \end{bmatrix} \begin{bmatrix} L_1 \\ L_2 \\ \vdots \\ L_n \end{bmatrix} = n \begin{bmatrix} L_1 \\ L_2 \\ \vdots \\ L_n \end{bmatrix}, \quad 即 \ \boldsymbol{AL}=n\boldsymbol{L} \tag{12-2}$$

根据矩阵原理，若矩阵满足式（12-1）和式（12-2），则说明矩阵具有完全一致性，且 n 是矩阵 A 的唯一非零的、最大的特征根，$\boldsymbol{L}$ 是与最大特征根对应的特征向量。要使得最大特征根存在，即要使 $\boldsymbol{AL}=\lambda_{\max}\boldsymbol{L}$ 存在非零解向量。因此，通过判断矩阵求解矩阵最大特征根的方式，就可以获得子准则对上一准则的相对重要性排序。

计算特征根与对应特征向量的方法有很多种，一般采用幂法。在精度要求不高的情况下，还可以采用和积法和方根法近似计算。

1. 幂法

幂法的计算步骤为

（1）设初始正向量为 w_0，例如 $x_0=(x_1^{(0)}, x_2^{(0)}, \cdots x_n^{(0)})^T$。

（2）$k=0$，计算

$$m_0 = \| x_1^{(0)} \|_\infty = \max_i \{x_i^{(0)}\}$$

$$y^{(0)} = \frac{1}{m_0} x^{(0)}$$

这一步为数据归一化。

（3）迭代计算。

$$x^{(k+1)} = Ay^{(k)}$$

$$m_{k+1} = \| x^{(k+1)} \|_\infty$$

$$y^{(k+1)} = \frac{x^{(k+1)}}{m_{k+1}}$$

（4）当 $|m_{k+1}-m_k|<\varepsilon$ 时，停止迭代计算。

（5）计算

$$w = \frac{y^{(k+1)}}{\| y^{(k+1)} \|_1} \quad \| y^{(k+1)} \|_1 = \sum_{i=1}^n y_i^{(k+1)}$$

$$\lambda_{\max} = m_{k+1}$$

式中 $\lambda_{\max}$ 和 w 就是所要求的特征根和相应的特征向量。

2. 和积法

设判断矩阵为图 12-3 所设形式，和积法的计算步骤如下：

（1）将判断矩阵按列进行归一化处理。

$$\bar{b}_{ij} = \frac{b_{ij}}{\sum_{i=1}^n b_{ij}} (i, j = 1, 2, \cdots, n)$$

（2）将归一化后的矩阵按行相加。

$$\bar{w}_{ij} = \sum_{j=1}^n b_{ij} (i = 1, 2, \cdots, n)$$

（3）将所得向量归一化，得排序权向量 w_i。

$$w_i = \frac{\bar{w}_i}{\sum_{k=1}^n \bar{w}_k} (i = 1, 2, \cdots, n)$$

式中 w_i 即为判断矩阵的特征向量。

（4）计算最大特征根。

$$\lambda_{\max} = \sum_{i=1}^{n} \frac{(Aw)_i}{nw_i} (i = 1, 2, \cdots, n)$$

式中 $(Aw)_i$ 表示向量 Aw 的第 i 个元素。

3. 方根法

同样设判断矩阵为图 12-3 的形式，方根法的计算步骤如下。

（1）判断矩阵元素按行相乘，得 M_i：

$$M_i = \prod_{j=1}^{n} b_{ij} \ (i = 1, 2, \cdots, n)$$

（2）将 M_i 开 n 次方，得 $\overline{w}_i$：

$$\overline{w}_i = \sqrt[n]{M_i}$$

（3）将方根向量归一化，得排序权向量 w_i：

$$w_i = \frac{\overline{w}_i}{\sum_{k=1}^{n} \overline{w}_k} \ (i = 1, 2, \cdots, n)$$

（4）计算最大特征根：

$$\lambda_{\max} = \sum_{i=1}^{n} \frac{(Aw)_i}{nw_i}$$

式中 $(Aw)_i$ 表示向量 Aw 的第 i 个元素。

12.2.4 一致性检验

在 12.2.2 节的介绍中，我们提出了一致性的概念，并在 12.2.3 节中加以说明，在判断矩阵具有完全一致性时，具有最大特征根为 n。然而在现实判断中，由于判断条件的多样性与复杂性，要求专家前后判断完全符合一致性，显得太过苛刻。萨蒂认为，若不一致性在很小且在允许的范围之内，则可以考虑接受所得到的判断结论；如果不一致性超出一定范围，则拒绝专家的对比判断。那么，什么是不一致性的允许范围？在应用中，可以使用特征 $\lambda_1, \lambda_2, \cdots, \lambda_n$ 的负平均值偏离零的大小来衡量判断矩阵不一致程度。

$$C.I. = \frac{\lambda_{\max} - n}{n - 1} \tag{12-3}$$

式中 $C.I.$ 为判断矩阵的一致性指标，用于评估判断矩阵的一致性大小。显然，$C.I.$ 的值越小，判断矩阵的一致性就越好。然而判断矩阵的一致性不仅受专家的知识、经验的影响，还会受到矩阵阶数即判断元素个数多少的影响。所需比较的元素越多，判断矩阵的阶数越高，判断矩阵的一致性就越难达到，因此，判断矩阵的接受临界值不能一概而论，需要根据矩阵的不同阶数予以修正。应用中普遍被接受的是萨蒂提出的用平均一致性指标 $R.I.$ 修订 $C.I.$ 的方法，其计算过程如下：

1）对于 n 阶矩阵，独立重复随机地从 $1, 2, \cdots, 9, \frac{1}{2}, \cdots, \frac{1}{9}$ 中取值，作为矩阵上三角元素，主对角线元素取 1，上三角元素的倒数作为下三角元素；

2）计算矩阵的一致性指标 $C.I.$；

3）重复以上步骤以获得足够数量的样本，计算 $C.I.$ 的样本平均值。

萨蒂在 1980 年做了样本容量为 500 的 1~11 阶矩阵实验，获得如表 12-2 所示的平均随机一致性指标。

表 12-2　R.I. 取值表

n	1	2	3	4	5	6	7	8	9	10	11	12	13	14	15
$R.I.$	0.00	0.00	0.58	0.90	1.12	1.24	1.32	1.41	1.45	1.49	1.52	1.54	1.56	1.58	1.59

在获得平均随机一致性指标的基础上，计算一致性指标 $C.I.$ 与同阶平均随机一致性之比，称为随机一致性比率，记为 $C.R.$：

$$C.R. = \frac{C.I.}{R.I.} \tag{12-4}$$

萨蒂指出，当 $C.R. \leq 0.1$ 时，矩阵一致性令人满意。然而，从理论上讲，将 $C.R.$ 作为一致性检验的指标是存在一定缺陷的：首先，用 0.1 作为一致性检验的临界值没有直接的客观标准；其次，用 $R.I.$ 作为 $C.I.$ 的修订标准也缺乏足够的理论依据，需要一致性假设检验的进一步发展。

12.2.5　层次总排序

在获得单一准则排序后，还需进行整体的层次总排序，此时采用逐层叠加的方法，自顶向下逐层进行合成计算。假设准则层的第一层次 A 包含 m 个元素 $A_1, A_2, \cdots, A_m$，下一层次的子准则层包含 n 个元素 $B_1, B_2, \cdots, B_n$，已知 A 层单层排序权值 $a_1, a_2, \cdots, a_m$ 及 B 层对于 A 层元素 A_j 的层次排序权值 $b_{1j}, b_{2j}, \cdots, b_{nj}$，则层次 B 对总目标的层次总排序值由表 12-3 给出。

其中，$a_j b_{ij}$ 为元素 b_i 对总目标的权重贡献，$\sum_{j=1}^{m} a_j b_{ij}$ 为元素 b_i 相对于总目标的合成权重。以此类推，可以推算出所有层次对总目标的层次总排序值。当然，层次总排序同样需要进行一致性检验。与单层排序一致性检验相同，假设 B 层次构建的判断矩阵的一致性指标为 $C.I._j$，相应的平均随机一致性指标为 $R.I._j$，则 B 层次的总排序的随机一致性比率 $C.R.$ 为

$$C.R. = \frac{\sum_{j=1}^{m} a_j C.I._j}{\sum_{j=1}^{m} a_j R.I._j} \tag{12-5}$$

表 12-3 层次总排序计算表

层次 B \ 层次 A	$A_1, A_2, \cdots, A_m$ $a_1, a_2, \cdots, a_m$	层次总排序权值
B_1	$b_{11}, b_{12}, \cdots, b_{1m}$	$\sum_{j=1}^{m} a_j b_{1j}$
B_2	$b_{21}, b_{22}, \cdots, b_{2m}$	$\sum_{j=1}^{m} a_j b_{2j}$
......	......	......
B_n	$b_{n1}, b_{n2}, \cdots, b_{nm}$	$\sum_{j=1}^{m} a_j b_{nj}$

同样，与单一准则排序类似，当 $C.R. \leq 0.1$ 时，可以认为总排序结果具有令人满意的一致性。

12.3 层次分析法的应用实例

稀土是我国重要的战略性矿产资源，在我国的储量非常丰富，生产规模和出口量居于世界首位。然而，根据国家有关部门、相关机构开展的关于稀土资源矿产开发利用、市场及管理状况的调查研究显示，我国稀土资源开发仍存在无序、混乱、资源利用率低与环境不友好等问题。如何实现稀土资源的高效开发，促进稀土资源的社会效益和经济效益提升，值得我们的思考。本节以稀土资源开发为例，说明 AHP 的具体应用。

1. 层次结构模型构建

稀土资源开采的整体目标是实现开采效益的最大化。稀土资源的整体开采效益受到多方面因素的影响，根据实际情况，将评价指标（准则）分为资源利用、节能、环境、社会经济四类。

（1）资源利用：整体开发过程中对稀土资源的利用率，决定稀土资源是粗放式开采还是其他。

（2）节能：开发过程中能源消耗的多少。

（3）环境：包括开发过程中对当地植被的破坏、水资源的污染以及其他生态环境的破坏。

（4）社会经济：开发方案带来的经济利益及对区域其他产业的拉动效应、就业效果等。

假设现有三种开采方案（甲、乙、丙），甲开采方案资源利用率较高，节能一般，环境友好性较强，社会经济效益一般；乙开采方案资源利用率较低，节能较强，环境友好性一般，社会经济效益较高；丙开采方案资源利用率较高，节能一般，环境友好性较差，社会经济效益一般。最终建立如图 12-4 所示的层次结构模型。

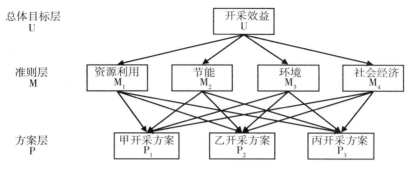

图 12-4　开采效益层次结构模型

2. 建立判断矩阵

根据各个方案的不同属性，运用层次分析法的 1～9 标度方式，建立各判断矩阵。对于资源利用（M_1）准则而言，判断矩阵如表 12-4 所示。

表 12-4　资源利用（M_1）判断矩阵

资源利用（M_1）	甲（P_1）	乙（P_2）	丙（P_3）
甲（P_1）	1	5	3
乙（P_2）	1/5	1	1
丙（P_3）	1/3	1	1

对于节能（M_2）准则而言，判断矩阵如表 12-5 所示。

表 12-5　节能（M_2）判断矩阵

节能（M_2）	甲（P_1）	乙（P_2）	丙（P_3）
甲（P_1）	1	1/5	1/2
乙（P_2）	5	1	3
丙（P_3）	2	1/3	1

对于环境（M_3）准则而言，判断矩阵如表 12-6 所示。

表 12-6　环境（M_3）判断矩阵

环境（M_3）	甲（P_1）	乙（P_2）	丙（P_3）
甲（P_1）	1	3	5
乙（P_2）	1/3	1	4
丙（P_3）	1/5	1/4	1

对于社会经济（M4）准则而言，判断矩阵如表 12-7 所示。

表 12-7　社会经济（M_4）判断矩阵

社会经济（M_4）	甲（P_1）	乙（P_2）	丙（P_3）
甲（P_1）	1	1/5	3
乙（P_2）	5	1	7
丙（P_3）	1/3	1/7	1

根据现实需求，建立四个准则对目标层的总目标而言的评定顺序，社会经济为最优先考虑准则，其次为能源消耗低，接着为环境友好，最后为资源利用率高，则判断矩阵如表 12-8 所示。

表 12-8　判断矩阵

开采效益（U）	资源利用（M_1）	节能（M_2）	环境（M_3）	社会经济（M_4）
资源利用（M_1）	1	1/5	1/3	1/7
节能（M_2）	5	1	5	1/3
环境（M_3）	3	1/5	1	1/5
社会经济（M_4）	7	3	5	1

3. 单层次排序

采用 12.2.3 节介绍的方根法进行单层次权值排序的求解，以准则一资源利用（M_1）为例。

（1）求 M_1 判断矩阵中各行元素之积：

$$N_1 = 1 \times 5 \times 3 = 15$$
$$N_2 = 1/5 \times 1 \times 1 = 0.2$$
$$N_3 = 1/3 \times 1 \times 1 = 0.333\,3$$

（2）求 $N_i(i=1, 2, 3)$ 的 n 次方根 $\bar{W}_i$：

$$\bar{W}_1 = \sqrt[3]{15} = 2.466\,2$$
$$\bar{W}_2 = \sqrt[3]{0.2} = 0.584\,8$$
$$\bar{W}_1 = \sqrt[3]{1/3} = 0.693\,4$$

（3）对向量 $\bar{W}=[2.466\,8, 0.584\,8, 0.693\,4]^T$ 做归一化处理得：

$$\bar{W}_1 = \frac{2.466\,2}{2.466\,2 + 0.584\,8 + 0.693\,4} = 0.658\,6$$
$$\bar{W}_2 = \frac{0.584\,8}{2.466\,2 + 0.584\,8 + 0.693\,4} = 0.156\,2$$
$$\bar{W}_1 = \frac{0.693\,4}{2.466\,2 + 0.584\,8 + 0.693\,4} = 0.185\,2$$

即 $W=[0.658\,6, 0.156\,2, 0.185\,2]^T$ 就是所求的特征向量。

（4）最大特征根 $\lambda_{\max}$ 求解：

$$(NW)_1 = 1 \times 0.658\,6 + 5 \times 0.156\,2 + 3 \times 0.185\,2 = 1.995\,2$$
$$(NW)_2 = 1/5 \times 0.658\,6 + 1 \times 0.156\,2 + 1 \times 0.185\,2 = 0.473\,1$$
$$(NW)_3 = 1/3 \times 0.658\,6 + 1 \times 0.156\,2 + 1 \times 0.185\,2 = 0.560\,9$$
$$\lambda_{\max} = \frac{1}{n}\sum_{i=1}^{n}\frac{(NW)_i}{W_i} = \frac{1}{3}\left(\frac{1.995\,2}{0.658\,6} + \frac{0.473\,1}{0.156\,2} + \frac{0.560\,9}{0.185\,2}\right) = 3.029\,0$$

（5）一致性检验：

$$C.I. = \frac{\lambda_{max} - n}{n-1} = \frac{3.029 - 3}{3-1} = 0.0145$$

查表12-2得当 $n=3$ 时，$R.I.=0.58$，则：

$$C.R. = \frac{C.I.}{R.I.} = \frac{0.0145}{0.58} = 0.025 \leq 0.1$$

这说明关于资源利用的判断矩阵具有令人满意的一致性。采用相同方法，可求得其他元素判断矩阵的单层排序，最终获得如表12-9所示的单层次排序结果。

表12-9 单层次排序结果

P	M			
	M_1	M_2	M_3	M_4
	0.053 9	0.292 9	0.101 5	0.551 8
P_1	0.658 6	0.122 0	0.626 7	0.188 4
P_2	0.156 2	0.648 3	0.279 7	0.730 6
P_3	0.185 2	0.229 7	0.093 6	0.081 0

4. 总层次排序

通过上述单层次排序的计算，分别获得甲、乙、丙对四个决策因素的影响顺序及四个因素对于总目标的影响顺序。

总层次排序结果的计算过程如下：

$W_1 = 0.0539 \times 0.6586 + 0.2929 \times 0.1220 + 0.1015 \times 0.6267 + 0.5518 \times 0.1884 = 0.2388$

$W_2 = 0.0539 \times 0.1562 + 0.2929 \times 0.6483 + 0.1015 \times 0.2797 + 0.5518 \times 0.7306 = 0.6298$

$W_3 = 0.0539 \times 0.1852 + 0.2929 \times 0.2297 + 0.1015 \times 0.0936 + 0.5518 \times 0.0810 = 0.1314$

接下来进行类似的一致性检验，这里不再赘述。

从总层次排序计算结果可以得出，三种方法的权重分别为0.2388、0.6298、0.1314，根据层次分析法的判断，选择乙开采方案作为最终的最优方案。

上述计算过程也可通过层次分析法软件yaahp来实现。yaahp（Yet Another AHP）是一个提供方便层次模型构造、判断矩阵录入、权重排序计算及数据导出功能的实用软件。下面同样以稀土资源开采为例，简要介绍yaahp软件的使用。

（1）层次结构模型构建。

打开软件，进入层次结构模型建立界面。根据已建立层次结构模型，分别选择"决策目标"节点、"中间层要素"节点、"备选方案"节点绘制各层次元素，并用有向线段连接有支配关系的元素，整体层次模型如图12-5所示。

（2）建立判断矩阵。

选择判断矩阵选项卡，进行判断矩阵录入，如图12-6所示。

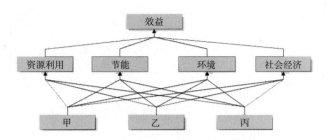

图 12-5　yaahp 层次结构模型图

图 12-6　yaahp 矩阵录入

①表示各个判断矩阵，选择不同矩阵即可进行相应元素判断矩阵的录入，出现 ▦ 说明矩阵录入完全并通过一致性检验。

②表示判断矩阵录入界面，双击即可实现数据的录入。

③表示判断矩阵参数的可视化选择，单击选择②中相应单元格，滑动③中刻度条上的滑块，软件自动输入相应的 1～9 比较值。

④表示判断矩阵一致性检验的实时显示，当小于 0.1 时，通过一致性检验。

（3）模型排序。

在所有矩阵输入完整并通过一致性检验后，选择"计算结果"选项卡，即可查看模型的计算结果，如图 12-7 所示。

单击"显示详细数据"，即可查看所有判断矩阵的计算结果和最终方案的选择结果，如图 12-8 所示。

可以看到，除了小数约简上的误差，软件计算结果与手工计算结果完全一致，大大方便了 AHP 的实际应用。

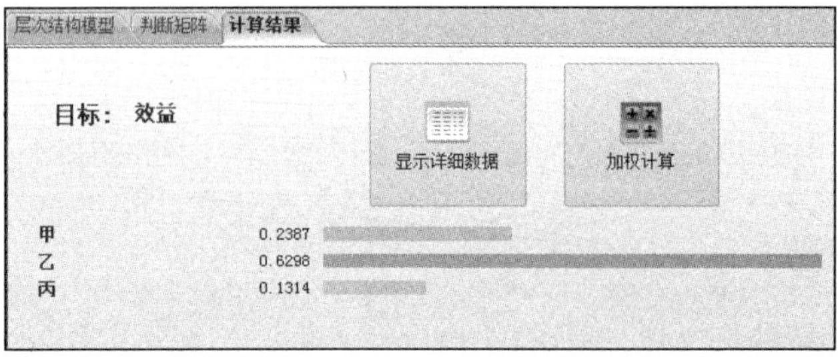

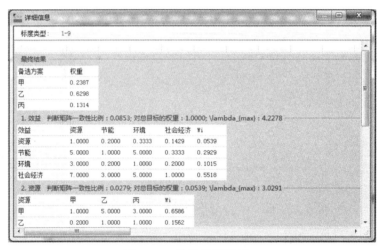

图 12-7　软件计算结果 1

图 12-8　软件计算结果 2

◎ 思考题

1. 层次分析法可应用于哪些领域？
2. 简述层次分析法的基本步骤及优缺点。
3. 判断矩阵的最大特征根是否为正数？特征向量是否为正向量？一致性检验能否反映判断矩阵接近一致矩阵的程度？
4. 怎样简化计算判断矩阵的最大特征根和特征向量？
5. 为什么将特征向量作为权向量？
6. 当层次结构不完全或成对比阵有空缺时，怎样运用层次分析法？
7. 求 $A = \begin{pmatrix} 1 & 7 & \frac{1}{5} \\ \frac{1}{7} & 1 & \frac{1}{8} \\ 5 & 8 & 1 \end{pmatrix}$ 的排序向量，并检验异质性。

CHAPTER 13

第 13 章

模糊综合评价法

客观世界中存在着大量模糊现象及模糊概念，同时，随着科学与社会的快速发展，研究问题不断复杂化，研究系统难以被精确地计量。模糊数学就是用来解决模糊事物计量方面问题的数学工具。模糊综合评价法是借助模糊数学的一些概念，对实际问题进行综合评价的方法。通过模糊数学的隶属度理论将事物的模糊评价指标进行量化，能对非确定性的问题做出比较科学、合理、贴近实际的量化评价。常见的模糊集隶属度方法主要有模糊统计法、三分法、二元比较法、套用函数分布法四种。本章将对模糊综合评价法的基本思想、基本原理、计算步骤以及应用实例等做详细的介绍。

13.1 模糊综合评价法概述

13.1.1 模糊综合评价法的产生

众所周知，随着数学理论与应用的发展，数学已然成为各门科学的基础。19 世纪末，德国数学家乔治·康托（George Contor）创立集合论，奠定了经典数学的基础。集合论以逻辑真值 {0,1} 为数理逻辑基础，善于研究确定性现象，其严谨、精确一度成为数学的显著特征。但是随着社会的发展与科学研究的不断深入，研究的对象越来越复杂，越复杂的系统越难以精确化。复杂化与精确化的矛盾被科技工作者总结为"不兼容原理"，即当一个系统的复杂性增大时，其精确化的能力将减小，在达到一定阈值后，复杂性和精确性将互相排斥。这一原理指出了高精确性与高复杂性不兼容的特性。究其原因是复杂系统的多数概念具有模糊性，而传统的数学无法描述和处理具有模糊性的概念。所以，模糊数学的诞生是数学在自身发展过程中适应应用需要的必然结果。

美国控制学家 L.A.Zadeh 同南加州大学教授 R.E.Bellman 一起提出了模糊决策的基本模型，并于 1965 年在期刊《信息与控制》(Information and Control) 上发表了著名论文《模糊集合论》。他们提出使用"隶属函数"概念描述现象差异的中间过渡，打破了数学中人们对事物"非此即彼"的认知，标志着模糊数学的产生。模糊数学研究的是本身具有模糊性概念的事物，因此这个概念的界限难以划分，一个对象是否符合这个概念难以确定。与随机性不同，模糊性是由概念外延的模糊而产生的，而随机性描述的是确定的对象出现规律的不确定性。模糊数学自诞生至今已有 50 余年的时间，从诞生之初的无人问津，到 20 世纪 70 年代后的逐渐被接受，直至如今被广泛应用。然而，模糊数学不是将精确的数学变得模棱两可，更不可能替代精确数学。模糊数学本身是精确的，是用精确的数学方法描述和研究模糊现象，是精确数学的延伸和拓展，而不是对立。

模糊综合评价是以综合评价为基础，借助模糊数学的部分概念，应用模糊关系合成原理，将一些不易定量的、边界不清的概念定量化，从而进行综合评价的一种方法，适用于评价因素具有模糊性的综合评价系统。

13.1.2 模糊综合评价法的基本思想与基本概念

综合评价是对受到多种因素影响的事物或系统的总评估。当影响因素具有模糊性时，该评价方法被称为模糊综合评价。模糊综合评价从本质上讲是一种综合评价方式，因此在介绍模糊综合评价之前，首先解释一下综合评价。

对于一个复杂事物（项目、产品、系统、人），不能只从某一因素去评价，往往要对多个指标（因素）进行综合评估。例如在选购一台打印机时，不见得价格昂贵的便是性能最好的，需要对打印机的打印精度、每分钟打印数、品牌、卡纸率等多方面因素进行考量。在总体打分上，最简单的方式有两种：一是总分法，即将所有评判因素的得分简单相加；二是在第一种方法的基础上，根据因素重要程度为评判指标赋予权重，然后将单项得分乘以相应权重后求和得出最终得分。上述两种方式都以分数的形式展现最终结果，适用于简单问题的处理，而面对复杂系统的综合评价，可以采用模糊综合评价的方法。

模糊综合评价通过构造等级模糊子集把事物的模糊评价指标进行量化（即确定隶属度），然后利用模糊变换原理对各指标评价进行综合，一般由以下过程组成：

（1）确定评价对象的影响因素论域。

$$U = \{u_1, u_2, \cdots, u_n\} \quad (13\text{-}1)$$

以上文提到的打印机为例，对其整体性能进行评估，可以制定打印精度（u_1）、打印速度（u_2）、卡纸率（u_3）三个因素。

（2）确定评价等级论域。

$$V = \{v_1, v_2, \cdots, v_m\} \quad (13\text{-}2)$$

即事物总体评价等级，每一个等级对应一个模糊子集。设定打印机各项性能的评价等级为 $m=5$，以价值量分别表示为 0.9、0.7、0.5、0.3、0.1。在这里，评价等级 m 为 [3, 7] 中的整数，m 过小不满足综合评价的质量要求，m 过大又存在难以描述、不易判断等级归属的问题。一般情况下，m 取奇数，以便存在一个中间等级，方便专家判断被评事物的等级归属。

（3）建立模糊评判矩阵 R。

从每个因素 $u_i(i=1, 2, 3, \cdots, p)$ 对被评事物逐个进行量化，即从单因素评价被评事物对各个评价等级的隶属度（$R|u_i$），从而得到模糊评判矩阵 R。

$$R = \begin{bmatrix} R|u_1 \\ R|u_2 \\ \cdots \\ R|u_p \end{bmatrix} = \begin{bmatrix} r_{11} & r_{12} & \cdots & r_{1m} \\ r_{21} & r_{22} & \cdots & r_{2m} \\ \vdots & \vdots & \ddots & \vdots \\ r_{p1} & r_{p2} & \cdots & r_{pm} \end{bmatrix}_{p \times m} \tag{13-3}$$

式中　$r_{ij}(i=1, 2, \cdots, p; j=1, 2, \cdots, m)$ 表示某个被评事物从评价因素 u_i 来看属于评价等级 v_j 的隶属度。

（4）确定评价因素的权值向量。

$$A = (a_1, a_2, \cdots, a_p) \tag{13-4}$$

这一步骤确定了 p 个评价因素对被评事物的重要性。权向量中 a_i（$i=1, 2, \cdots, p$）表示因素 u_i 对被评事物的重要程度。在模糊评判矩阵合成之前，权值向量需要进行归一化。

（5）计算模糊综合评价向量 B。

采用合适的合成算法将评判矩阵 R 与权值向量 A 合成，得到各个被评事物的模糊综合评价结果向量 $B=(b_1, b_2, \cdots, b_m)$。

$$AR = (a_1, a_2, \cdots, a_p) \begin{bmatrix} r_{11} & r_{12} & \cdots & r_{1m} \\ r_{21} & r_{22} & \cdots & r_{2m} \\ \vdots & \vdots & \ddots & \vdots \\ r_{p1} & r_{p2} & \cdots & r_{pm} \end{bmatrix} = B \tag{13-5}$$

式中　$b_j(j=1, 2, \cdots, m)$ 是由 A 与 R 的列运算所得的，表示被评事物从整体上看对 v_j 等级的隶属度。

（6）分析模糊综合评价向量。

每一个模糊综合评价向量对应一个被评事物的模糊综合评价结果，对其进行排序、分析，实现模糊综合评价的实际应用。

在上述模糊综合评价的 6 个基本步骤中，单因素评价矩阵 R 和权重向量 A 的建立是两项最为关键性的工作，一般采用统计实验或专家评分方法求得。

13.2 基本原理与计算方法

13.2.1 模糊隶属度与隶属函数

模糊隶属度与隶属函数是模糊数学的重要概念,也是模糊数学区别于经典数学的最显著特征之一。根据经典集合论,一个概念的内涵和外延必须是明确的,能够用"真"或"假"进行描述。例如,"这瓶饮料重500g"只能判断为"真"或"假"。然而,如果判断模糊概念时,如评价这瓶饮料是否好喝,"好喝"这个概念不能仅用单纯的"真"或"假"进行度量。为此,Zadeh把集合从"0"或"1"的二取值推广到 [0, 1] 闭区间,用0 到 1 之间的实数进行概念的度量,这个实数即为隶属度。当用一个函数描述隶属度的变化规律时,这个描述函数即为隶属函数。上述例子中,当90%的人认为该饮料好喝时,我们就可以认为,命题"这瓶饮料好喝"的隶属度为 0.9。

那么,隶属函数又该如何确定呢?实际应用中,常见的确定模糊集隶属函数的方法主要有模糊统计法、三分法、二元对比法、套用函数分布法四种。

(1) 模糊统计法。

模糊统计法借用概率统计思想,通过大量实验操作的方式确定隶属度,是确定隶属函数的一种主要方法。

模糊统计法较为经典的案例是张南纶在武汉建材学院关于"青年人"这个概念的隶属函数模糊统计。其以"青年人"为模糊集,尝试通过模糊统计确定命题"青年人为27岁"($x_0=27$) 对"青年人"的隶属度。他选择了129位人选,让他们独立思考"青年人"的含义并提出他们认为定义"青年人"最合适的范围。再按照岁数分组,计算每个年龄出现的频率数和相对频率数。如 35.5~36.5 岁之间的 35 岁出现 1 次,那么其相对概率就为 1/129=0.078。接着计算 129 组年龄范围的中值,做中值频率分布表,根据以上数据得到最终隶属函数,并确定 $x_0=27$ 时,对应的隶属度为 0.78。

(2) 三分法。

三分法的基本思想是用随机区间来处理模糊性的实验模型,将模糊实验转换为以下随机实验。

设 (ξ, η) 是满足 $P(\xi \leq \eta)=1$ 的二位随机变量。对于通过抽样调查求得 ξ 和 η 的概率分布 (ξ, η) 的任意取点,都有这样一个映射:

$$f(\xi,\eta): X \to P_3 = \{\tilde{A}_1, \tilde{A}_2, \tilde{A}_3\}$$

$$f(\xi,\eta)(x): X \to P_3 = \begin{cases} \tilde{A}_1, x < \xi \\ \tilde{A}_2, \xi \leq x \leq \eta \\ \tilde{A}_3, x > \eta \end{cases}$$

由此,模糊统计试验所确定的三项隶属函数为

$$\tilde{A}_1(x) = \int_x^{+\infty} P_\xi(t)dt$$
$$\tilde{A}_3(x) = \int_{-\infty}^x P_\eta(t)dt$$
$$\tilde{A}_2(x) = 1 - \tilde{A}_1(x) - \tilde{A}_3(x)$$

式中　$P_\xi(x)$ 和 $P_\eta(x)$ 分别为 ξ、η 边缘分布密度函数，一般为正态分布，如图 13-1 所示。

设 $\xi: N(a_1, \sigma_1^2), \eta: N(a_2, \sigma_2^2)$，则上述三项隶属函数为

$$\tilde{A}_1(x) = 1 - \phi\left(\frac{x-a_1}{\sigma_1}\right)$$
$$\tilde{A}_3(x) = \phi\left(\frac{x-a_2}{\sigma_2}\right)$$
$$\tilde{A}_2(x) = \phi\left(\frac{x-a_1}{\sigma_1}\right) - \phi\left(\frac{x-a_2}{\sigma_2}\right)$$

式中　$\phi(x) = \int_{-\infty}^x \frac{1}{\sqrt{2\pi}} e^{-\frac{t^2}{2}} dt$。

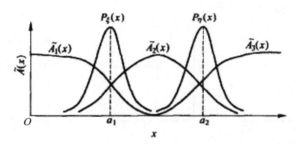

图 13-1　三项隶属函数示意图

（3）二元对比法。

二元对比法是通过将事物两两对比，据此确定排序，从而大致确定隶属函数的方法。在现实应用中，被调查者往往很难直接评价事物对某个模糊集的隶属程度，而更习惯于两两比较，即二元对比。例如，在"饮料是否好喝"上，人们难以评价一瓶饮料究竟有多好喝，而对两种饮料口味的对比则显得更为简单。如果评价为甲饮料比乙饮料好喝，那么在"好喝"这个模糊概念上，甲的隶属度就要比乙高，据此可以推断隶属函数的大致形状。二元对比法按照整体排序方式可分为优先关系定序法、择优比较法、相对比较法和对比平均法四种，这里介绍优先关系定序法这一排序方法。

设有 $S=\{s_1, s_2, \cdots, s_n\}$ 个对象。先在这些对象之间建立一种优先关系。以 c_{ij} 表示 s_i 相较于 s_j 的优先成分，要求满足：

$$\begin{cases} c_{ii} = 0, 0 \leqslant c_{ij} \leqslant 1 (i \neq j) \\ c_{ij} + c_{ji} = 1 \end{cases}$$

上述两式表示两个对象相比，与自身相比没有优势而言，因此 $c_{ii}=0$；将一者优于另一者的地方合在一起算作优越成分的总量，记为 1，即 $c_{ji}+c_{ij}=1$。按照这种评判规则得到优先关系矩阵 $\boldsymbol{C}=(c_{ij})$。

取一定阈值 $\lambda \in [0, 1]$，求得截割矩阵 $C_\lambda=(C_{ij}^\lambda)$：

$$c_{ij}^\lambda = \begin{cases} 1, & c_{ij} \geq \lambda \\ 0, & c_{ij} < \lambda \end{cases}$$

将 λ 从 1 到 0 依次递减选取，若首次出现截割矩阵的某一行元素除对角线元素之外的元素全为 1 的情况，那么那一行元素代表的对象为第一优先对象，可以不唯一。去除第一优先对象后获得新的优先关系矩阵，使用类似方式获得第二优先对象，以此类推，直至获得所有对象的优先排序。

（4）套用函数分布法。

上述三种模糊函数确定方法中，模糊统计法的时间耗费较大，而三分法和二元对比法的计算较为复杂。当处理一般问题时，可采用一些常用的隶属函数以简化整体运算过程。在这里，我们列举了国内外研究常用的集中分布隶属函数及其图形。

1）矩形分布，如图 13-2 所示。

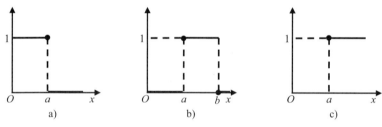

图 13-2　矩形分布隶属函数图示

①偏小型 [图 13-2a)]。

$$\tilde{A}(x) = \begin{cases} 1, x \leq a \\ 0, x > a \end{cases}$$

②中间型 [图 13-2b)]。

$$\tilde{A}(x) = \begin{cases} 0, x < a \\ 1, a \leq x < b \\ 0, x \geq b \end{cases}$$

③偏大型 [图 13-2c)]。

$$\tilde{A}(x) = \begin{cases} 0, x < a \\ 1, x \geq a \end{cases}$$

2）梯形分布，如图13-3所示。

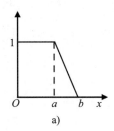
a)
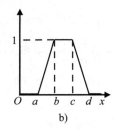
b)
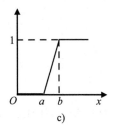
c)

图 13-3　梯形分布隶属函数图示

①偏小型 [图 13-3a)]。

$$\tilde{A}(x) = \begin{cases} 1, & x < a \\ \dfrac{b-x}{b-a}, & a \leqslant x \leqslant b \\ 0, & x > b \end{cases}$$

②中间型 [图 13-3b)]。

$$\tilde{A}(x) = \begin{cases} 0, & x < a \\ \dfrac{x-a}{b-a}, & a \leqslant x < b \\ 1, & b \leqslant x < c \\ \dfrac{d-x}{d-c}, & c \leqslant x < d \\ 0, & x \geqslant d \end{cases}$$

③偏大型 [图 13-3c)]。

$$\tilde{A}(x) = \begin{cases} 0, & x < a \\ \dfrac{x-a}{b-a}, & a \leqslant x \leqslant b \\ 1, & x > b \end{cases}$$

3）抛物线形分布，如图13-4所示。

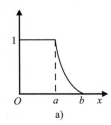
a)
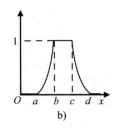
b)
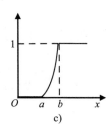
c)

图 13-4　抛物线形分布隶属函数图示

①偏小型 [图 13-4a)]。

$$\tilde{A}(x) = \begin{cases} 1, & x < a \\ \left(\dfrac{b-x}{b-a}\right)^k, & a \leqslant x \leqslant b \\ 0, & x > b \end{cases}$$

②中间型 [图 13-4b)]。

$$\tilde{A}(x) = \begin{cases} 0, & x < a \\ \left(\dfrac{x-a}{b-a}\right)^k, & a \leqslant x < b \\ 1, & b \leqslant x < c \\ \left(\dfrac{d-x}{d-c}\right)^k, & c \leqslant x < d \\ 0, & x \geqslant d \end{cases}$$

③偏大型 [图 13-4c)]。

$$\tilde{A}(x) = \begin{cases} 0, & x < a \\ \left(\dfrac{x-a}{b-a}\right)^k, & a \leqslant x \leqslant b \\ 1, & x > b \end{cases}$$

4）柯西分布，如图 13-5 所示。

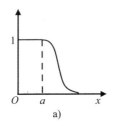 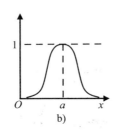 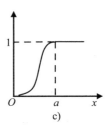

图 13-5　柯西分布隶属函数图示

①偏小型 [图 13-5a)]。

$$\tilde{A}(x) = \begin{cases} 1, & x \leqslant a \\ \dfrac{1}{1+\alpha(x-a)^\beta}, & x > a\,(\alpha > 0, \beta > 0) \end{cases}$$

②中间型 [图 13-5b)]。

$$\tilde{A}(x) = \dfrac{1}{1+\alpha(x-a)^\beta} \quad (\alpha > 0, \beta \text{ 为正偶数})$$

③偏大型 [图 13-5c)]。

$$\tilde{A}(x) = \begin{cases} \dfrac{1}{1+\alpha(x-a)^{\beta}}, & x \leqslant a(\alpha>0, \beta>0) \\ 1, & x > a \end{cases}$$

5）正态分布，如图 13-6 所示。

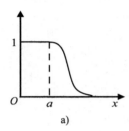 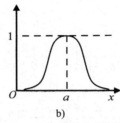 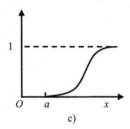

图 13-6　正态分布隶属函数图示

①偏小型 [图 13-6a)]。

$$\tilde{A}(x) = \begin{cases} 1, & x \leqslant a \\ e^{-\left(\frac{x-\alpha}{\sigma}\right)^2}, & x > a \end{cases}$$

②中间型 [图 13-6b)]。

$$\tilde{A}(x) = e^{-\left(\frac{x-\alpha}{\sigma}\right)^2}, -\infty < x < +\infty$$

③偏大型 [图 13-6c)]。

$$\tilde{A}(x) = \begin{cases} 0, & x \leqslant a \\ 1 - e^{-\left(\frac{x-\alpha}{\sigma}\right)^2}, & x > a \end{cases}$$

6）岭形分布，如图 13-7 所示。

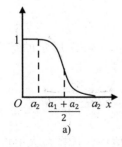 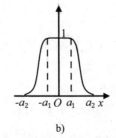 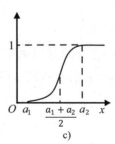

图 13-7　岭形分布隶属函数图示

①偏小型 [图 13-7a)]。

$$\tilde{A}(x) = \begin{cases} 1, & x \leq a_1 \\ \frac{1}{2} - \frac{1}{2}\sin\frac{\pi}{a_2 - a_1}\left(x - \frac{a_1 + a_2}{2}\right), & a_1 < x \leq a_2 \\ 0, & x > a_2 \end{cases}$$

②中间型 [图 13-7b)]。

$$\tilde{A}(x) = \begin{cases} 0, & x \leq -a_2 \\ \frac{1}{2} + \frac{1}{2}\sin\frac{\pi}{a_2 - a_1}\left(x - \frac{a_1 + a_2}{2}\right), & -a_2 < x \leq -a_1 \\ 1, & -a_1 < x \leq a_1 \\ \frac{1}{2} - \frac{1}{2}\sin\frac{\pi}{a_2 - a_1}\left(x - \frac{a_1 + a_2}{2}\right), & a_1 < x \leq a_2 \\ 0, & x > a_2 \end{cases}$$

③偏大型 [图 13-7c)]。

$$\tilde{A}(x) = \begin{cases} 0, & x \leq a_1 \\ \frac{1}{2} + \frac{1}{2}\sin\frac{\pi}{a_2 - a_1}\left(x - \frac{a_1 + a_2}{2}\right), & a_1 < x \leq a_2 \\ 1, & x > a_2 \end{cases}$$

上面介绍的6种模糊分布在实际应用中可根据评价对象的属性特征，选择最为接近的一种，并根据实际数量级修改相应的参数，以便写出模糊评价的隶属函数。

13.2.2 数学模型

在13.1.2节的第五步中提到，采用合适的合成算法实现评判矩阵 R 与权值向量 A 的合成，从而获得模糊评价矩阵，这里的合成算法即为模糊综合评价的数学模型，一般有以下五种：

（1）模型一：$M(\wedge, \vee)$。

模型一主要通过取大取小计算实现矩阵合成，在如式（13-5）所示的综合评价中，$\tilde{B}$ 中的第 j 个元素 b_j 可通过以下公式计算：

$$b_j = \bigvee_{i=1}^{n}(a_i \wedge r_{ij}) \quad j = 1, 2, \cdots, m \tag{13-6}$$

这种方式先在 a_i 与 r_{ij} 之间选择较小值，再从 n 个较小值中，选择最大值作为计算结果。模型只对主要因素做出评判，忽略次要因素作用，且当评判因素过多时，由于 a_i 较小，所以评判结果得到的 b_j 不能反映实际情况。在实际应用中，人们常常将模型一结合其他类型的"与""或"算子搭配使用。

（2）模型二：$M(\cdot, \vee)$。

这种模型与矩阵点乘类似，不同的是对各项相乘的结果没有采用相加的方式，而是取大运算。此时，b_j 的计算为

$$b_j = \bigvee_{i=1}^{n}(a_i \cdot r_{ij}) \quad j = 1, 2, \cdots, m \tag{13-7}$$

该模型较好地反映了单因素评价结果的重要程度。

（3）模型三：$M(\wedge, \oplus)$。

该模型结合了取小运算与环和运算两种计算方式。其中环和运算 $\oplus$ 表示上限为 1 求和运算，即两数相加，若小于 1，则取相加结果，若大于等于 1，则取 1。利用这两种计算方式，b_j 的计算为

$$b_j = \min\left[1, \sum_{i=1}^{n} a_i \wedge r_{ij}\right] \quad j = 1, 2, \cdots, m \tag{13-8}$$

（4）模型四：$M(\cdot, \oplus)$。

类似地，有：

$$b_j = \min\left[1, \sum_{i=1}^{n} a_i \cdot r_{ij}\right] \quad j = 1, 2, \cdots, m \tag{13-9}$$

（5）模型五：$M(\cdot, +)$。

该模型即为原始的矩阵点乘方式，计算公式为

$$b_j = \sum_{i=1}^{n} a_i \cdot r_{ij} \quad j = 1, 2, \cdots, m \tag{13-10}$$

模型五保留了单因素评价的所有信息，考虑了所有因素对评价结果的影响。需要注意的是，使用该模型进行计算之前要对 a_i 进行归一化。

上述五种数学模型中，模型一到模型四都是在某些限制条件下计算评价结果的，在一定程度上丢失了部分重要信息，适用于单因素侧重评价的环境；模型五则保留了所有评价信息，更适用于需要全面考虑各因素影响的情况。在具体的实际应用中，需根据评价侧重点和评价对象特点选择合适的数学模型。

13.3 模糊综合评价法的应用实例

模糊综合评价法在实际工作中有着广泛的应用，下面以员工绩效考评为例，对模糊综合评价的现实应用加以说明。

员工绩效考评是企业日常运行中的重要环节。某家企业在一年一度的绩效考评中，设定业务能力、工作态度、指导协调、管理能力四个方面对员工的综合能力进行考评。

设 U 为绩效考核因素集合，有：

$U=\{$ 业务能力（u_1），工作态度（u_2），指导协调（u_3），管理能力（u_4）$\}$

设定评价等级为 V，有：

$V=\{$ 很好（v_1），较好（v_2），一般（v_3），较差（v_4），很差（v_5）$\}$

调查包括小组领导在内的10位同事对三位员工（甲、乙、丙）的工作绩效的评议情况，获得对该三位员工各因素的评价，以甲员工为例，其绩效考评如表13-1所示。

表13-1 甲员工工作绩效考评表

	很好（v_1）	较好（v_2）	一般（v_3）	较差（v_4）	很差（v_5）
业务能力（u_1）	2	5	2	1	0
工作态度（u_2）	4	2	4	0	0
指导协调（u_3）	1	4	2	1	2
管理能力（u_4）	3	2	4	1	0

表13-1中的数据表示对 U 中某一因素，评委会评价某位员工归为某一等级的人数，据此可建立甲员工模糊矩阵 $\boldsymbol{R}_1$。

$$\boldsymbol{R}_1 = \begin{bmatrix} 0.2 & 0.5 & 0.2 & 0.1 & 0 \\ 0.4 & 0.2 & 0.4 & 0 & 0 \\ 0.1 & 0.4 & 0.2 & 0.1 & 0.2 \\ 0.3 & 0.2 & 0.4 & 0.1 & 0 \end{bmatrix}$$

假定权重分配为：

$A=(0.3, 0.2, 0.1, 0.4)$

选择13.2.2节中的模型五进行矩阵合成，经检验，$\sum_{i=1}^{4}\alpha_i = 1$，所以无须进行归一化，直接代入公式，得模糊矩阵 B_1 为

$$B_1 = AR_1 = (0.3 \quad 0.2 \quad 0.1 \quad 0.4) \begin{bmatrix} 0.2 & 0.5 & 0.2 & 0.1 & 0 \\ 0.4 & 0.2 & 0.4 & 0 & 0 \\ 0.1 & 0.4 & 0.2 & 0.1 & 0.2 \\ 0.3 & 0.2 & 0.4 & 0.1 & 0 \end{bmatrix}$$

$= (0.27 \quad 0.31 \quad 0.32 \quad 0.08 \quad 0.02)$

评判结果表明，对甲员工的工作表现评价为很好的占27%，较好的占31%，一般的占32%，较差的占8%，很差的占2%。相应地用5分、4分、3分、2分、1分表示5个评价等级，则甲员工的工作绩效得分为

$$M_1 = (0.27\ 0.31\ 0.32\ 0.08\ 0.02)\begin{bmatrix}5\\4\\3\\2\\1\end{bmatrix} = 3.73$$

同理可以计算求得乙、丙的模糊综合评价得分，从而对这三位员工的绩效进行排序考评。

◎ 思考题

1. 模糊综合评价法可以应用于哪些方面？
2. 模糊综合评价法的优缺点是什么？
3. 试说明模糊统计法、三分法、二元对比法及套用函数分布法的基本思想及适用情况。
4. 对某厂生产的服装进行评价，其中因素集合 U={ 花色（u_1），式样（u_2），耐穿程度（u_3），价格（u_4）}，评价等级 V={ 很受欢迎（v_1），较受欢迎（v_2），不太受欢迎（v_3），非常不受欢迎（v_4）}。模糊矩阵为

$$R_1 = \begin{bmatrix}0.2 & 0.6 & 0.2 & 0\\0.5 & 0.2 & 0.1 & 0.2\\0 & 0.4 & 0.5 & 0.1\\0.3 & 0.2 & 0.5 & 0\end{bmatrix}$$

给定权重分配为 A=(0.1, 0.2, 0.3, 0.4)，请分别用各模型进行评判。

5. 模糊综合评价法的基本步骤是什么？请举例说明模糊综合评价法在论文中的应用。

参 考 文 献

[1] CHEN J F, HSIEH H N, DO Q H. Evaluating teaching performance based on fuzzy AHP and comprehensive evaluation approach[J]. Applied Soft Computing, 2015(28): 100-108.

[2] DIMITROV B, et al. On statistical hypothesis testing via simulation method [J]. Information Theories & Applications, 2009(10):404-413.

[3] DU Y W, WANG S S, WANG Y M. Group fuzzy comprehensive evaluation method under ignorance[J]. Expert Systems with Applications, 2019, 126: 92-111.

[4] FENG S, XU L D. Decision support for fuzzy comprehensive evaluation of urban development[J]. Fuzzy Sets and Systems, 1999, 105(1): 1-12.

[5] GRIFFEE D T. Research in practice: understanding significance testing program evaluation [J]. Journal of Developmental Education, 2004(3):29-31.

[6] GUO L, GAO J, YANG J, et al. Criticality evaluation of petrochemical equipment based on fuzzy comprehensive evaluation and a BP neural network[J]. Journal of Loss Prevention in the Process Industries, 2009, 22(4): 469-476.

[7] JACKSON J E. A user's guide to principal components[M]. New York: A Wiley-Interscience Publication, 1992.

[8] JANOSKY J E. Pearson correlation coefficients vs reliability coefficients. [J]. Journal of the American Dietetic Association, 1991, 91(8): 912-3.

[9] JIANG H. Application of principal component analysis in synthetic appraisal for multi-objects decision-making.[J]. Journal of Wu-han University of Technology, 2004(3): 26-28.

[10] JOHN W. Fraas: testing for statistical and practical significance: a suggested technique using a randomization Test[J]. Annual Meeting of the Mid-Western Educational Research Association, 2000(10):25-28.

[11] SAATY T L. The analytic hierarchy process[M]. New York: McGraw-Hill，1980.

[12] SUN J. A note on principal component analysis for multi-dimensional data[J]. Statistics & Probability Letter，2000(46)：69-73.

[13] 包昌火. 竞争情报导论 [M]. 北京：清华大学出版社，2011.

[14] 车尧. 基于情报学的"信息分析"研究 [J]. 图书情报工作，2013，57(4)：99-105.

[15] 车尧，侯人华，沈丹. 情报学下的"信息分析"研究 [J]. 情报科学，2014，32(7)：33-38.

[16] 陈鹤阳，朝乐门. 信息分析的若干核心问题探讨 [J]. 情报理论与实践，2016，39(2)：38-43.

[17] 陈希镇，曹慧珍. 判别分析和 SPSS 的使用 [J]. 科学技术与工程，2008(13)：3567-3571，3574.

[18] 陈雨桐. 集成学习算法之随机森林与梯度提升决策树的分析比较 [J]. 电脑知识与技术，2021，17(15)：32-34.

[19] 储节旺，卢静. 知识管理的研究方法综述——以 2007—2011 年硕博论文为例 [J]. 现代情报，2012，32(8)：173-177.

[20] 邓晓林，陈毅红，王登辉. 大数据环境下决策树的研究 [J]. 太原师范学院学报（自然科学版），2021，20(2)：47-57.

[21] 邓雪，江璐瑶，孙全德. 多元统计分析方法的理论研究及应用分析 [J]. 数学的实践与认识，2016，46(4)：190-197.

[22] 邓雪，李家铭，曾浩健，等. 层次分析法权重计算方法分析及其应用研究 [J]. 数学的实践与认识，2012，42(7)：93-100.

[23] 丁建琴. 信息分析方法体系的构建 [J]. 情报探索，2011，4(7)：30-32.

[24] 丁士晟. 多元分析方法及其应用 [M]. 长春：吉林人民出版社，1981.

[25] 丁雪梅，张蓼红，赵耀东，等. Logistic 回归分析在实验教学效果评价中的应用及在 SPSS19.0 上的实现 [J]. 黑龙江畜牧兽医，2017(17)：261-265.

[26] 关静，张玉环，史道济. 应用数理统计 [M]. 天津：天津大学出版社，2016.

[27] 官思发，朝乐门. 大数据时代信息分析的关键问题、挑战与对策 [J]. 图书情报工作，2015，59(3)：12-18，34.

[28] 郭显光. 如何用软件进行主成分分析 [J]. 统计与信息论坛，1998(2)：60-64.

[29] 韩明. 应用多元统计分析 基于 R 的实验 [M]. 上海：同济大学出版社，2019.

[30] 何国民. 应用统计学案例教程 以 SPSS 为计算工具 [M]. 武汉：华中科技大学出版社，2013.

[31] 何清，李宁，罗文娟，等. 大数据下的机器学习算法综述 [J]. 模式识别与人工智能，2014，27(4)：327-336.

[32] 何蓉. 浅谈公安情报分析方法中的头脑风暴法 [J]. 情报杂志，2011，30(增刊2)：111-112，101.

[33] 化柏林. 网络海量信息环境下的情报方法体系研究 [J]. 情报理论与实践，2012，35(11)：1-5.

[34] 黄爽，安胜利.应用SPSS软件进行多分类Logistic回归分析[J].数理医药学杂志，2001，4(6)：548-549.

[35] 蒋沁，王昌亚.情报研究[M].武汉：武汉大学出版社，1989.

[36] 焦李成.神经网络系统理论[M].西安：西安电子科技大学出版社，1990.

[37] 冷伏海，冯璐.情报研究方法发展现状与趋势[J].图书情报工作，2009，53(2)：29-33.

[38] 冷建飞，高旭，朱嘉平.多元线性回归统计预测模型的应用[J].统计与决策，2016(7)：82-85.

[39] 李博.机器学习实践作用[M].北京：人民邮电出版社，2017.

[40] 李刚，梁家卷，潘建新，等.多元统计分析及其应用[J].中国科学：数学，2020，50(5)：571-584.

[41] 李国秋，龙怡.预测市场应用于技术预见的优势分析——对13种常用技术预见方法的20个维度的实证研究[J].图书馆杂志，2014，33(8)：11-28.

[42] 李海林.基于变量相关性的多元时间序列特征表示[J].控制与决策，2015，30(3)：441-447.

[43] 李海林，杨丽彬.时间序列数据降维和特征表示方法[J].控制与决策，2013，28(11)：1718-1722.

[44] 李素兰，陈建兰.多元统计分析在大学各学科能力因素分析中的应用[J].数学的实践与认识，2005，35(6)：25-29.

[45] 李清华，郭耀煌.主成分分析用于多指标评价的方法研究[J].管理工程学报，2002(1)：39-43.

[46] 李荣钧，邝英强.运筹学[M].广州：华南理工大学出版社，2002.

[47] 梁兴堃.图情档研究中的回归分析：常见问题[J].图书情报知识，2021，38(3)：165-176.

[48] 柳顺，杜树新.基于数据包络分析的模糊综合评价方法[J].模糊系统与数学，2010，24(2)：93-98.

[49] 刘霞，王运锋.基于最小二乘法的自动分段多项式曲线拟合方法研究[J].科学技术与工程，2014，14(3)：55-58.

[50] 刘艺容，蔡伟.中国31个地区城镇居民消费结构比较研究[J].消费经济，2014，30(3)：35-41.

[51] 刘运哲.关于假设检验中显著性水平的选择[J].数理统计与管理，1987(1)：26-28.

[52] 卢小宾.信息分析概论[M].北京：电子工业出版社，2014.

[53] 卢小宾，郭亚军.信息分析理论与实践[M].北京：清华大学出版社，2013.

[54] 卢小宾，宋姬芳.中外信息分析方法的研究热点分析[J].情报科学，2013，31(9)：151-155.

[55] 骆正清，杨善林.层次分析法中几种标度的比较[J].系统工程理论与实践，2004(9)：51-60.

[56] 吕晓玲，宋捷.大数据挖掘与统计机器学习[M].北京：中国人民大学出版社，2016.

[57] 马费成，张瑞，李志元．大数据对情报学研究的影响 [J]．图书情报知识，2018，4(5)：4-9．

[58] 毛厚高．系统工程 [M]．北京：人民邮电出版社，1988．

[59] 茆诗松，程依明，濮晓龙．概率论与数理统计教程 [M]．北京：高等教育出版社，2004．

[60] 孟生旺．用主成分分析法进行多指标评价应注意的问题 [J]．统计研究，1992(4)：67-68．

[61] 彭国甫，李树丞，盛明科．应用层次分析法确定政府绩效评估指标权重研究 [J]．中国软科学，2004(6)：136-139．

[62] 仇立平．社会研究方法 [M]．重庆：重庆大学出版社，2015．

[63] 任丽华．模糊综合评价法的数学建模方法简介 [J]．商场现代化，2006(20)：8-9．

[64] 任若恩，王惠文．多元统计数据分析 [M]．北京：国防工业出版社，1997．

[65] 任雪松，于秀林．多元统计分析 [M]．北京：中国统计出版社，2010．

[66] 沙勇忠，牛春华，等．信息分析 [M]．北京：科学出版社，2009．

[67] 邵亚军，徐黎明，李宁，等．烟草商业企业卷烟消费调查探究与运用 [J]．中国烟草学会 2015 年度优秀论文汇编，2015．

[68] 沈进昌，杜树新，罗祎，等．基于云模型的模糊综合评价方法及应用 [J]．模糊系统与数学，2012，26(6)：115-123．

[69] 宋辞，裴韬．基于特征的时间序列聚类方法研究进展 [J]．地理科学进展，2012，31(10)：1307-1317．

[70] 孙瑞英．从定性、定量到内容分析法——图书、情报领域研究方法探讨 [J]．现代情报，2005，25(1)：2-6．

[71] 孙小素，霍玉娇．大学生成绩综合评价研究——基于多元统计分析方法 [J]．高等财经教育研究，2019，22(4)：16-22．

[72] 陶长琪，徐晔，万建香，等．计量经济学 [M]．南京：南京大学出版社，2021．

[73] 童品德．竞争情报及其在我国发展问题研究 [D]．北京：首都经济贸易大学，2006．

[74] 王爱民．神经网络应用于模糊综合评价的研究 [J]．系统工程理论与实践，1995(10)：37-42．

[75] 王蓓．关于信息分析方法的研究 [J]．企业导报，2012(6)：259．

[76] 汪存友，余嘉元．SPSS 两阶聚类法如何自动确定聚类数 [J]．中国卫生统计，2010，27(2)：202-203．

[77] 汪冬华．多元统计分析与 SPSS 应用 [M]．2 版．上海：华东理工大学出版社，2018．

[78] 王芳．主成分分析与因子分析的异同比较及应用 [J]．统计教育，2003(5)：14-17．

[79] 王汉生．社会调查中的抽样 [J]．青年研究，1993(4)：38-42，48．

[80] 王莲芬，许树柏．层次分析法引论 [M]．北京：中国人民大学出版社，1990．

[81] 王伟军．信息分析方法与应用 [M]．北京：清华大学出版社，2014．

[82] 王祥之．回归分析中相关系数和相关指数的概念剖析 [J]．数学学习与研究，2017，4(12)：8．

[83] 汪应洛. 系统工程 [M]. 北京：机械工业出版社，2003.

[84] 王忠武. 论现代社会调查研究的三维规范体系 [J]. 社会科学，2013(4)：83-91.

[85] 文庭孝，姜坷炘，赵阳，等. 大数据时代的信息分析变革研究 [J]. 图书情报知识，2015，4(5)：66-73.

[86] 熊志正，官思发，朝乐门. 计算机辅助信息分析的技术框架及其发展趋势 [J]. 图书情报工作，2015，59(3)：19-25.

[87] 徐超. 科学研究第四范式对信息分析的挑战与应对 [J]. 情报资料工作，2017，4(4)：53-60.

[88] 徐芳. 情报分析方法研究进展 [J]. 情报理论与实践，2009，32(8)：121-124.

[89] 徐建华，路锦怡，汪汉清. 2017年图书馆学期刊问卷调查法文章分析 [J]. 图书情报工作，2019，63(12)：37-43.

[90] 徐敏，李广建. 第四范式视角下情报研究的展望 [J]. 情报理论与实践，2017，40(2)：7-11.

[91] 许树柏. 层次分析法原理 [M]. 天津：天津大学出版社，1998.

[92] 许章华，李聪慧，刘健，等. 马尾松毛虫害等级的Fisher判别分析 [J]. 农业机械学报，2014，45(6)：275-283.

[93] 杨海民，潘志松，白玮. 时间序列预测方法综述 [J]. 计算机科学，2019，46(1)：21-28.

[94] 杨涛. 主题法在网络信息组织中的应用 [J]. 图书馆建设，2002(1)：50-52.

[95] 姚菊香，王盘兴，鲍学俊，等. 相关系数显著性检验的几何意义 [J]. 南京气象学院学报，2007(4)：566-570.

[96] 查先进. 信息分析 [M]. 武汉：武汉大学出版社，2011.

[97] 章登义，欧阳黜霏，吴文李. 针对时间序列多步预测的聚类隐马尔科夫模型 [J]. 电子学报，2014，42(12)：2359-2364.

[98] 张宏硕，庞凯民，徐淼，等. 基于SPSS的多元分析在山东省物流产业中的应用 [J]. 软件，2020，41(5)：160-165.

[99] 张建同. 实用多元统计分析 [M]. 上海：同济大学出版社，2016.

[100] 张静虚. 逻辑思维方法的若干问题 [J]. 社会科学研究，1980(5)：89-94.

[101] 张文彤，董伟. SPSS统计分析高级教程 [M]. 3版. 北京：高等教育出版社，2018.

[102] 赵仁义，朱玉辉. 关于时间序列预测法的探讨 [J]. 科技信息，2011，4(15)：192-193.

[103] 赵阳. 数学概念教学的创造性过程——以相关系数概念的教学为例 [J]. 大学数学，2020，36(6)：75-79.

[104] 周志华. 机器学习 [M]. 北京：清华大学出版社，2016.

[105] 朱元琨. 多元统计分析方法介绍及在经济研究中的运用 [J]. 中国商论，2019(3)：234-235.

数据科学与大数据管理丛书

运筹学：原理、技术及应用

作者：肖勇波 编著　ISBN：978-7-111-67203-6　定价：49.00元

Python基础与应用

作者：林志杰 陈宇乐 编著　ISBN：978-7-111-70454-6　定价：55.00元

Python应用基础

作者：谢志龙 李庆 著　ISBN：978-7-111-68513-5　定价：49.00元

人工智能：技术、商业与社会

作者：闵庆飞 刘志勇 编著　ISBN：978-7-111-67648-5　定价：49.00元